校企合作双元开发新形态教材
职业教育技能型人才培养实用教材
职业本科 · 新能源汽车类专业教材

新能源汽车控制技术

高庆华　朱启晨　贺利涛　主　编
叶荣飞　姜　锋　李自勇　副主编

人民交通出版社
北　京

内 容 提 要

本书是职业本科新能源汽车类专业教材。全书包括 7 个模块 23 个工作任务，主要包括新能源汽车控制技术认知、车载网络传输控制技术、整车控制器及电路控制、新能源汽车高压电控技术、驱动系统与动力控制技术、动力蓄电池管理控制技术、新能源汽车辅助控制技术。

本书可作为职业本科新能源汽车工程技术专业和高等职业学校新能源汽车技术专业教学用书，也可以作为汽车维修专业培训用书和相关技术人员的参考书。

本教材配套电子课件，任课老师可通过加入 QQ 群（群号：64428474）获取。

图书在版编目（CIP）数据

新能源汽车控制技术 / 高庆华, 朱启晨, 贺利涛主编. — 北京 ：人民交通出版社股份有限公司，2025. 5.
ISBN 978-7-114-20467-8
Ⅰ. U469. 72
中国国家版本馆 CIP 数据核字第 2025QA1580 号

Xinnengyuan Qiche Kongzhi Jishu
书　　名：新能源汽车控制技术
著 作 者：高庆华　朱启晨　贺利涛
责任编辑：时　旭　孙　璐
责任校对：赵媛媛
责任印制：张　凯
出版发行：人民交通出版社
地　　址：（100011）北京市朝阳区安定门外外馆斜街 3 号
网　　址：http://www.ccpcl.com.cn
销售电话：（010）85285911
总 经 销：人民交通出版社发行部
经　　销：各地新华书店
印　　刷：北京印匠彩色印刷有限公司
开　　本：787×1092　1/16
印　　张：23.5
字　　数：568 千
版　　次：2025 年 5 月　第 1 版
印　　次：2025 年 5 月　第 1 次印刷
书　　号：ISBN 978-7-114-20467-8
定　　价：65.00 元

PREFACE 前言

在全球能源结构转型与环保意识增强的背景下，新能源汽车产业迎来了前所未有的发展机遇，社会对新能源汽车专业技术人才的需求日益迫切，对从业人员的专业知识、操作技能和创新能力提出了更高要求。与此同时，我国职业教育改革不断深化，中共中央办公厅、国务院办公厅印发的《关于深化现代职业教育体系建设改革的意见》《关于推动现代职业教育高质量发展的意见》等文件为职业教育发展指明了方向，强调要优化职业教育供给结构，深化“三教”改革，提升职业学校关键办学能力。在此背景下，职业学校新能源汽车相关专业的招生规模持续扩大，教学内容与方法亟待与时俱进、不断创新。为满足新时代职业教育发展的迫切需求，培养适应新能源汽车产业发展的高素质技术技能人才，云南交通运输职业学院组织教学一线精英教师团队，精心编写了本教材。

教材的编写理念与创新点如下：

1. 实践经验融合与编写理念创新

在本教材的编写过程中，我们充分借鉴全国职业学校多年来在新能源汽车技术教育领域的宝贵经验，紧密结合新能源汽车企业职业岗位的实际需求，同时吸收并融合了先进的职教理念。我们力求通过这本教材，全面展现职业教育的特色、使命与培养目标，不仅传授理论知识，更注重培养学生的实践能力和创新精神。

2. 理论与实践的深度融合

为了使教材内容更加生动、直观，我们在编写模式上进行了大胆创新，大量采用图片、图表和实例分析等形式，将复杂的技术原理和知识点以更加简洁明了的方式呈现出来。希望通过这样的教学方式，为学生营造一个更加直观、易于理解的学习环境，帮助他们在理论学习与实践操作之间架起一座坚实的桥梁。

3. 核心知识全覆盖

本教材内容涵盖了新能源汽车控制技术的多个核心领域，包括新能源汽车蓄电池管理系统、电机驱动与控制系统、整车控制器系统、充电技术与设施、故障诊断与排除、辅助控制技术等。通过系统学习，学生将能够掌握新能源汽车控制技术的基本理论和前沿知识，具备独立分析、解决新能源汽车技术问题的能力，并能够在团队协作中发挥积极作用。

4. 行业知识拓展视野

本教材引入"知识拓展"和"任务拓展"板块，对教材中重点的理论及实操知识做拓展延伸，让学生了解行业最新前沿技术、拓展视野的同时，也对我国的最新先进科技有进一步的认识，增强民族文化与科技自豪感，为未来投身新能源汽车产业，打下良好基础。

5. 精准定位助力学生成长

本教材精准定位高等职业教育需求，技能培养对标企业岗位，理论知识对标职业本科水平。通过实践案例与前沿理论的结合，助力学生技能与认知双提升，为职业发展筑牢根基。

我们希望本教材的出版，能为推动我国新能源汽车产业的发展、培养更多高素养的技术人才贡献一份力量。

本教材由高庆华、朱启晨、贺利涛担任主编，由叶荣飞、姜锋、李自勇担任副主编。其中，贺利涛编写模块一；李自勇编写模块二；叶荣飞编写模块三；罗宗剑编写模块四的任务 1；高庆华编写模块四的任务 2～任务 4；姜锋编写模块五；刘应材编写模块六；于跃编写模块七的任务 1 和任务 2；朱启晨编写模块七的任务 3 和任务 4。全书由高庆华、朱启晨两位老师审阅和校对。在此一并表示感谢！

由于编者水平有限，书中难免有疏漏和不足之处，恳请广大读者提出宝贵的意见，以便进一步完善。

编　者

2025 年 3 月

CONTENTS 目录

模块一

新能源汽车控制技术认知

任务 1 新能源汽车控制系统组成与功能认知

学习目标

知识目标

（1）熟悉新能源汽车控制系统的基本组成。

（2）了解控制系统对车辆整体性能的影响。

（3）熟悉新能源汽车控制系统的功能。

技能目标

能在实车上指出新能源汽车控制系统的各个模块。

素养目标

（1）建立新能源汽车整车控制系统全局意识。

（2）培养团队合作意识与沟通表达能力。

（3）培养良好的职业素养和职业道德。

（4）结合自动驾驶、人工智能等多领域知识，培养跨学科综合应用能力。

任务描述

你将作为一名 4S 店的技术人员，需要维修某款新能源汽车的控制系统。你知道新能源汽车控制系统由哪些模块组成吗？各个模块的功能是什么？

知识准备

一、新能源汽车控制系统概述

新能源汽车控制系统是指在新能源汽车中用于管理和调控动力、蓄电池、制动能量回收、充电和热管理等各项功能的电子控制系统。相比传统燃油车，新能源汽车的控制系统更为复杂，它集成了传感、计算和执行等模块，通过实时监测和调节车辆的各项参数，使整车在不同驾驶条件下都能实现高效、安全和稳定的运行。

新能源汽车控制系统具有以下显著特点：

（1）精确的动力控制。纯电动汽车的电驱动系统响应速度快，可在加速和制动时实现即时动力输出或制动能量回收，带来平稳和高效的驾驶体验。针对混合动力电动汽车，控制系统可智能调节纯电系统或混合动力系统的动力输出，确保在不同工况下都能实现最佳的动力和能效。

（2）高效的能量管理。电动汽车控制系统可对蓄电池的充放电、制动能量回收进行高效管理，在不同工况（如加速、制动、怠速）下优化能量的分配和使用，从而提升电池的使用寿命和续航能力。

（3）先进的热管理。电动汽车的蓄电池和驱动电机在不同温度条件下性能差异较大，控制系统中的热管理模块可以监控并调节各关键部件的温度，确保其工作在适宜温度范围内，避免过热或低温对性能和寿命的影响。

（4）高度集成与模块化。控制系统将蓄电池、驱动电机、充电、热管理等多个系统集成，实现各模块协调工作。集成化设计减少了部件间的复杂连接，提升了整车效率，各模块独立运作且可更换，便于系统的维护、升级和扩展。

（5）智能化与网联化。新能源汽车控制系统通常集成了高级驾驶辅助系统（ADAS），提升了驾驶安全性和便捷性。通过 V2X（车辆与外界互联）技术，控制系统可以通过云端与其他车辆通信，提供远程监控、诊断等服务，实现智能化的远程管理。

二、新能源汽车控制系统的基本组成

新能源汽车控制系统的基本组成主要包括车载信息与通信系统、整车控制器（Vehicle Control Unit，VCU）、高压电控系统、动力控制系统、蓄电池管理系统（Battery Management System，BMS）、辅助控制系统等核心模块，如图 1-1-1 所示。

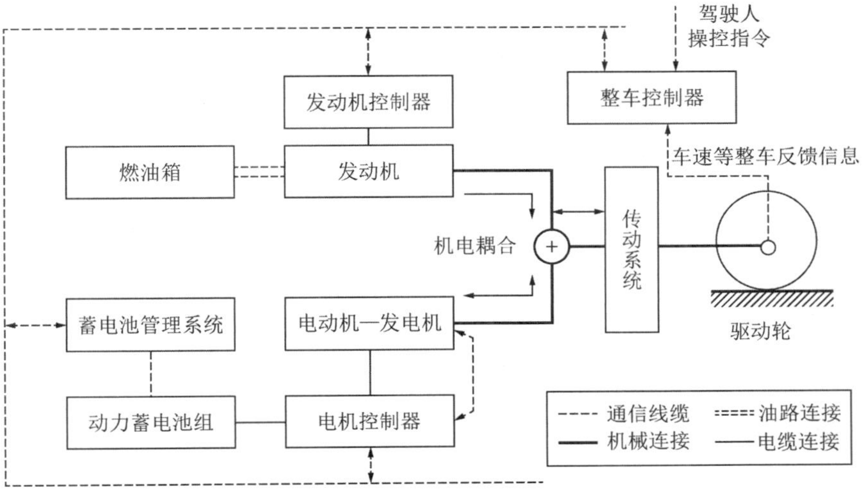

图 1-1-1　新能源汽车控制系统的基本组成

三、新能源汽车控制系统的功能

（一）车载信息与通信系统

车载信息与通信系统通过传感器和信息总线（如 CAN 总线）将车辆内部信息、外部数据收集并传递到控制单元，可实现对车辆控制系统的实时监控、远程升级、故障诊断、智能决策等功能，并为驾驶人提供反馈和操作界面。同时，车载信息与通信系统也支持车联网（V2X）技术，能与外部设备进行信息交换，提供智能驾驶辅助功能，如图 1-1-2 所示。

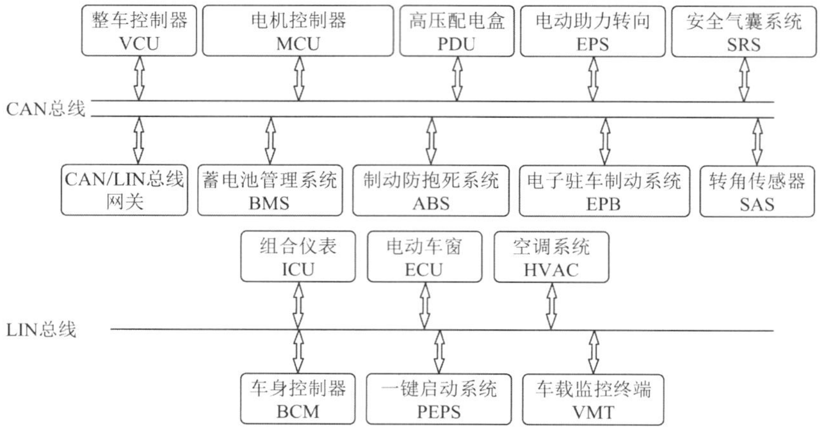

图 1-1-2　新能源汽车车载信息与通信系统

（二）整车控制器

整车控制器（VCU）是新能源汽车控制系统的大脑，负责协调和调度所有子系统之间的工作。整车控制器可接收来自各个模块的输入信息，进行处理和决策后输出指令，从而控制其他子系统的运行，优化车辆性能和能效。

（三）高压电控系统

高压电控系统示意如图 1-1-3 所示。作为新能源汽车管理和控制高压电力的核心系统，高压电控系统可实现高压配电管理、驱动电机控制、充电管理安全防护等功能，以保障车辆的高效、安全和稳定运行。高压电控系统还支持与其他车辆控制模块的通信，提升整车性能和续航能力，确保驾驶体验的平顺性和安全性。

（四）动力控制系统

纯电动汽车的电机控制系统负责控制驱动电机的运行状态，包括起动、加速、制动、停止等过程。通过调节电机的转矩和转速来实现动力输出，可确保驱动电机在各个驾驶模式下能够提供精准的动力输出，优化加速、爬坡、能量回收等性能，提高整体驾驶体验和能效。

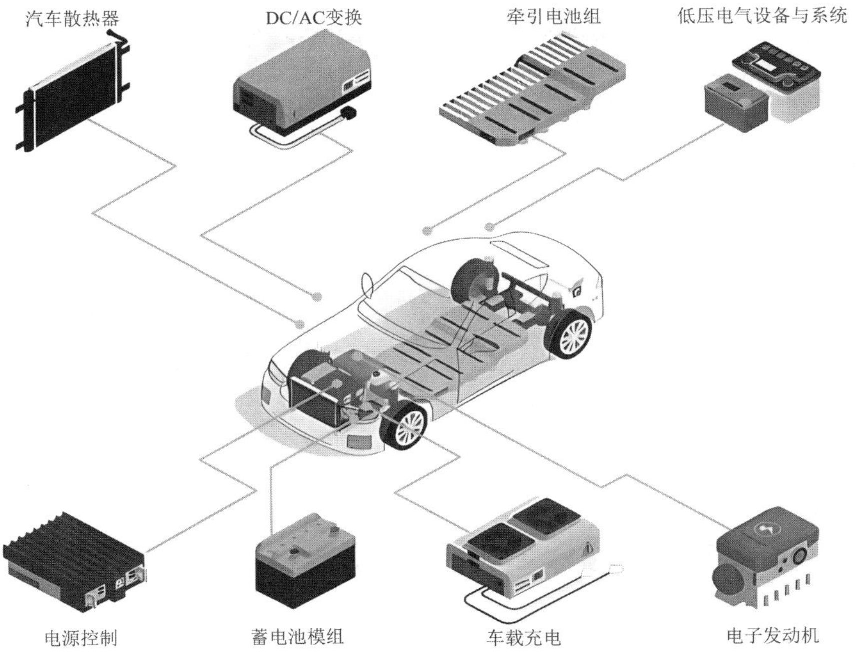

图 1-1-3　新能源汽车高压电控系统

混合动力车辆中的动力分配系统，负责根据驾驶工况和蓄电池状态，在不同的驾驶模式下选择最适合的动力源，提高整体性能和燃油经济性。

（五）蓄电池管理系统

蓄电池管理系统负责监控和管理电池的状态，确保电池在安全范围内工作，主要功能包括电池充电、放电、电池状态监测、电池平衡、温度控制、过充/过放保护等。新能源汽车蓄电池管理系统如图 1-1-4 所示。

蓄电池管理系统中通常还包含能量回收系统和热管理系统。能量回收系统通过驱动电机反向工作，在车辆减速、制动时将动能转化为电能，回馈至蓄电池中，是电动汽车节能和提高续驶能力的一个重要组成部分。热管理系统主要负责控制蓄电池温度，通过冷却和加热措施，防止由于蓄电池温度过高或过低导致的性能下降、效率损失或损坏，确保蓄电池的工作稳定性和安全性。

（六）辅助控制系统

新能源汽车辅助控制系统是指除了驱动系统和电源系统之外，为车辆提供辅助功能的系统，包括制动系统、助力转向系统、空调系统和高级驾驶辅助系统（Advanced Driver Assistance System，ADAS）等。这些辅助系统通过电子控制优化车辆运动性能，提供舒适的车内环境，并增加驾驶辅助功能，如自动巡航、车道保持和碰撞预警等，不仅保障了行车安全，还可改善驾驶体验。

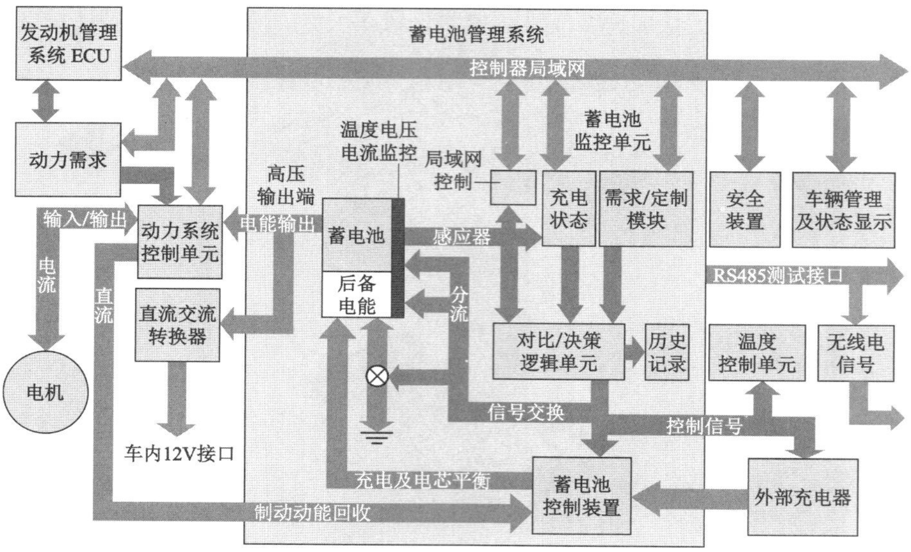

图 1-1-4　新能源汽车蓄电池管理系统

知识延伸

新能源汽车控制系统发展趋势

新能源汽车控制系统未来发展会重点聚焦控制系统智能化和网络化、人工智能在新能源汽车控制中的应用，以及自动驾驶系统与控制系统的协同发展，这些趋势会极大推动新能源汽车在性能、驾驶体验、安全性等方面的提升。

1. 控制系统智能化和网络化

随着控制系统智能化的提升，新能源汽车能够根据实时路况、天气等因素智能调整能量分配和驾驶模式，并根据驾驶需求在动力、舒适性和节能等方面进行自动调节，从而有效提高车辆的能效和续驶能力。网络化使新能源汽车具备实时数据交换和远程监控能力，通过车与车、车与基础设施之间的实时互联，控制系统可以接收实时交通数据，进行导航优化和拥堵规避等，实现更安全高效的协同驾驶体验。此外，网络化控制系统支持远程升级，使车企能够定期更新系统、添加新功能和修复漏洞，车辆故障信息也可以通过网络上传至云端，便于实时监测和维护。

2. 人工智能应用

人工智能（Artificial Intelligence，AI）算法可以优化能量管理系统的策略，提高电池效率和延长电池寿命。例如，通过机器学习模型预测驾驶人的驾驶模式和行为，智能调整驱动电机的功率输出和能量回收策略，实现更高效的能量利用。AI 在车辆故障诊断和预测维护中也发挥着重要作用，通过对车辆传感器数据的分析，AI 算法能够提前预测出可能的故障并发出警报，减少故障发生的概率，并降低维修成本。

3. 自动驾驶系统与控制系统的协同发展

自动驾驶的实现依赖于车辆对环境的精准感知，控制系统将整合来自摄像头、雷达、激光雷达等传感器的数据，通过AI算法实时处理周围的环境信息并进行决策。控制系统协助执行自动驾驶指令，使车辆完成转向、加速、制动等操作，确保车辆在行驶过程中的安全性和实时性。随着自动驾驶功能的增多，控制系统与自动驾驶的协同发展也包含了冗余设计，尤其在执行制动和转向等关键操作时，通过双重或多重控制单元确保安全性。今后，新能源汽车将支持从L2到L4不同级别的自动驾驶功能，控制系统必须具备灵活的任务管理和执行能力，确保在不同驾驶级别下的平稳和安全过渡。

任务实施

新能源汽车控制系统组成与功能认知

请根据工作任务单（表 1-1-1）的指引在车上指出整车控制器、高压电控系统、动力控制系统、蓄电池管理系统和辅助控制系统的安装位置，识别各系统的连接方式。

新能源汽车控制系统组成与功能认知工作页　　表 1-1-1

<table>
<tr><td colspan="5" rowspan="2">新能源汽车控制系统组成与功能认知</td><td colspan="1">班级：</td></tr>
<tr><td>姓名：</td></tr>
<tr><td colspan="3">实训地点：</td><td colspan="3">实训时间：</td></tr>
<tr><td colspan="6">1. 车辆信息记录</td></tr>
<tr><td>品牌</td><td></td><td>整车型号</td><td></td><td>生产年月</td><td></td></tr>
<tr><td>驱动电机型号</td><td></td><td>电池电量</td><td></td><td>行驶里程</td><td></td></tr>
<tr><td>车辆识别码</td><td colspan="5"></td></tr>
<tr><td colspan="6">2. 作业场地准备</td></tr>
<tr><td colspan="5">检查设置隔离栏</td><td>□是　□否</td></tr>
<tr><td colspan="5">检查设置安全警示牌</td><td>□是　□否</td></tr>
<tr><td colspan="5">检查灭火器压力、有效期</td><td>□是　□否</td></tr>
<tr><td colspan="5">安装车辆挡块</td><td>□是　□否</td></tr>
<tr><td colspan="6">3. 对仪器进行检查</td></tr>
<tr><td colspan="5">检查仪器名称</td><td>是否正常</td></tr>
<tr><td colspan="5">防护用具：绝缘手套、车辆防护用具</td><td>□是　□否</td></tr>
<tr><td colspan="6">4. 检查与维护前的准备工作</td></tr>
<tr><td colspan="5">实施步骤</td><td>是否完成</td></tr>
<tr><td colspan="5">查找整车控制器的安装位置及连接部件的信息</td><td>□是　□否</td></tr>
<tr><td colspan="5">查找高压电控系统各部件位置及连接</td><td>□是　□否</td></tr>
<tr><td colspan="5">查找动力控制系统各部件位置及连接</td><td>□是　□否</td></tr>
<tr><td colspan="5">查找蓄电池管理系统各部件位置及连接</td><td>□是　□否</td></tr>
<tr><td colspan="5">查找辅助控制系统各部件位置及连接</td><td>□是　□否</td></tr>
<tr><td colspan="6">5. 7S 管理</td></tr>
<tr><td colspan="5">建立安全操作环境</td><td>□是　□否</td></tr>
<tr><td colspan="5">清理及整理工具量具</td><td>□是　□否</td></tr>
<tr><td colspan="5">清理及复原车辆正常状况</td><td>□是　□否</td></tr>
<tr><td colspan="5">清洗场地</td><td>□是　□否</td></tr>
<tr><td colspan="5">物品回收和环保</td><td>□是　□否</td></tr>
<tr><td colspan="5">完善和检查工作</td><td>□是　□否</td></tr>
<tr><td colspan="3">实训人（签字）：</td><td colspan="3">监督人（签字）：</td></tr>
</table>

任务评价

通过自评、互评及师评对本任务学习情况进行考评（表 1-1-2），掌握学习效果。

新能源汽车控制系统组成与功能认知考核评分　　表 1-1-2

<table>
<tr><td colspan="4">新能源汽车控制系统组成与功能认知</td><td colspan="4">实习日期：</td></tr>
<tr><td colspan="2">姓名：</td><td colspan="2">班级：</td><td colspan="2">学号：</td><td colspan="2" rowspan="3">导师签名：</td></tr>
<tr><td colspan="2">自评：□熟练 □不熟练</td><td colspan="2">互评：□熟练 □不熟练</td><td colspan="2">师评：□合格 □不合格</td></tr>
<tr><td colspan="2">日期：</td><td colspan="2">日期：</td><td colspan="2">日期：</td></tr>
<tr><td colspan="8">评分细则</td></tr>
<tr><td>序号</td><td>评分项</td><td>得分条件</td><td>分值（分）</td><td>评分要求</td><td>自评</td><td>互评</td><td>师评</td></tr>
<tr><td>1</td><td>安全/7S/态度</td><td>□ 1. 能进行工位 7S 操作
□ 2. 能进行设备和工具安全检查
□ 3. 能进行车辆安全防护操作
□ 4. 能进行工具清洁、校准、存放操作
□ 5. 能进行三不落地操作</td><td>15</td><td>未完成1项扣3分</td><td>□熟练
□不熟练</td><td>□熟练
□不熟练</td><td>□合格
□不合格</td></tr>
<tr><td>2</td><td>专业技能能力</td><td>□ 1. 能说出新能源汽车控制系统的特点
□ 2. 能说出新能源汽车控制系统的组成
□ 3. 能正确查找控制系统各部件的安装位置
□ 4. 能说出各系统模块的功能</td><td>50</td><td>未完成1项扣15分，扣分不得超过50分</td><td>□熟练
□不熟练</td><td>□熟练
□不熟练</td><td>□合格
□不合格</td></tr>
<tr><td>3</td><td>工具及设备的使用能力</td><td>□ 1. 能正确使用系统控制面板
□ 2. 能正确使用维护工具
□ 3. 能正确技术资料</td><td>10</td><td>未完成1项扣4分，扣分不得超过10分</td><td>□熟练
□不熟练</td><td>□熟练
□不熟练</td><td>□合格
□不合格</td></tr>
<tr><td>4</td><td>资料、信息查询能力</td><td>□ 1. 能正确查询控制系统的功能
□ 2. 能正确使用车辆使用手册查询资料
□ 3. 能正确记录查询资料章节页码</td><td>10</td><td>未完成1项扣4分，扣分不得超过10分</td><td>□熟练
□不熟练</td><td>□熟练
□不熟练</td><td>□合格
□不合格</td></tr>
<tr><td>5</td><td>数据判断和分析能力</td><td>□ 1. 能判断车辆上电是否正常
□ 2. 能判断控制面板工作是否正常
□ 3. 能判断控制系统工作是否正常</td><td>10</td><td>未完成1项扣4分，扣分不得超过10分</td><td>□熟练
□不熟练</td><td>□熟练
□不熟练</td><td>□合格
□不合格</td></tr>
<tr><td>6</td><td>表单填写及报告撰写能力</td><td>□ 1. 字迹清晰
□ 2. 语句通顺
□ 3. 无错别字
□ 4. 无抄袭</td><td>5</td><td>未完成1项扣1分</td><td>□熟练
□不熟练</td><td>□熟练
□不熟练</td><td>□合格
□不合格</td></tr>
<tr><td colspan="8">总分：</td></tr>
</table>

任务拓展

比亚迪 DM-i 混合动力系统

思考测试

一、填空题

新能源汽车控制系统的基本组成主要包括__________、整车控制器、__________、动力控制系统、__________、辅助控制系统等核心模块。

二、判断题

相比传统燃油车，新能源汽车的控制系统更为复杂。 ( )

任务2　新能源汽车控制系统故障诊断与排除

学习目标

知识目标

（1）掌握新能源汽车故障排除的整体思路。

（2）掌握汽车诊断仪的使用方法。

（3）掌握具体故障排除流程。

技能目标

（1）能够根据具体故障制定诊断思路。

（2）能够正确使用汽车诊断仪。

素养目标

（1）培养良好的安全意识。

（2）培养团队合作意识与沟通表达能力。

（3）培养良好的职业素养和职业道德。

（4）能够通晓故障诊断流程，培养故障诊断思维能力。

任务描述

一辆比亚迪电动汽车的车主反映车辆无法上电，维修师傅让你读取故障码和数据流，并将故障码及异常数据告知维修师傅，为后续的维修作业提供参考，你能进行操作吗？

知识准备

一、新能源汽车故障诊断概述

（一）车辆故障的形成原因

车辆故障的形成原因多样，主要包括车辆本身的易损零件、零部件质量差异、消耗品质量、使用环境、驾驶方式及诊断维修技术等方面。首先，车辆中一些易损的保养件需要定期更换，而零件质量的差异性也是不可避免的。其次，燃油、润滑油、冷却液等消耗品存在质量和更换周期的差异，也会影响车辆的运行状态。此外，不同的使用环境对车辆造成不同影响，如严寒与温暖地区的差异带来的特定故障。驾驶技术和方法也十分关键，不当的操作或粗暴驾驶会显著加速车辆损耗。最后，维修技术的规范性也不容忽视，不当的维修方法可能引发新的故障。因此，车辆故障的成因复杂，涉及保养、质量、环境、驾驶方式及技术因素的综合影响。

（二）车辆故障发生的规律

汽车故障的出现有其一定规律，这种规律用故障率来表示。故障率是指汽车发生故障的频率随行驶里程或行驶时间而变化的规律。了解和掌握这一规律，对我们正确使用和维护车辆，准确及时判断和排除故障，优质高效地修理汽车都有重要意义。图 1-2-1 所示为汽车的故障率曲线。图中，横坐标t代表时间（行驶里程），纵坐标λ代表故障率。曲线两端高、中间低平，由于呈浴盆状，所以也被称为“浴盆曲线”。为分析故障规律，我们将该曲线分为三段，对应故障率随时间变化的三个时期。

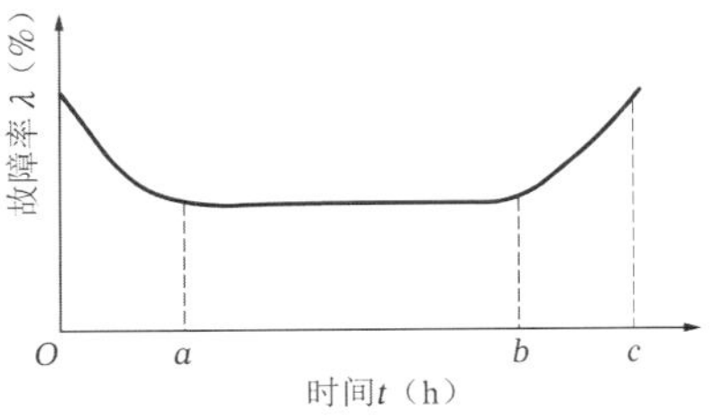

图 1-2-1　汽车故障率曲线

（1）早期故障期（Oa）。

早期故障期是新车或刚大修过的汽车的使用初期。由于材料缺陷、零件加工、工艺过程引起的应力、装配与调整的质量不适应汽车使用条件等，使故障率较高。随着早期故障期的结束，故障率迅速下降。

（2）随机故障期（ab）。

随机故障期是汽车的正常使用时期，此时期的故障率较低，故障率不随时间的增加而变化。

（3）耗损故障期（bc）。

随着行驶里程的延长，汽车零件失效增多，可靠性下降，故障率急剧上升，进入换件（定期更换易损件）、大修或报废期。

（三）新能源汽车控制系统常见故障

现代汽车结构复杂，出现的故障多种多样，对其归纳分类，有助于故障成因分析和部位的诊断。新能源汽车控制系统常见故障主要集中在蓄电池管理系统（Battery Management System，BMS）、驱动电机控制系统、充电系统和热管理系统等模块，如果这些模块出现故障，就会影响车辆的正常运行和行驶的安全性，如表 1-2-1 所示。

新能源汽车控制系统常见故障　　表 1-2-1

序号	系统模块	常见故障
1	车载信息与通信系统	CAN/LIN 总线故障
		整车控制器故障或通信中断
2	高压电控系统	高压系统漏电或短路

续上表

序号	系统模块	常见故障
2	高压电控系统	继电器故障
3	动力控制系统	电机或控制器故障
		功率器件、位置传感器等硬件故障
		线路和连接器故障
4	蓄电池管理系统	单体蓄电池过充/过放
		电池均衡故障
		SOC 计算误差
5	热管理系统	冷却、加热系统故障
		温度传感器故障

（四）故障诊断基本思路及注意事项

1. 诊断思路

在实际汽车维修的过程中，一般遵循问诊→试车→分析→假设→验证的思路，在排除故障过程中，遵循先简后繁，先易后难；先思后行，先熟后生；先上后下，先外后里；先备后用，代码优先的四大原则。

2. 故障诊断注意事项

（1）抓住引起故障现象的特征。

先全面搜集、了解故障的全部现象，弄清是车辆在使用中逐渐出现的还是突然出现的，是保养出现的还是大修后出现的，在什么情况、条件下现象明显。在允许的条件下，改变汽车工作状况以了解故障现象的变化，从中抓住故障现象特征。

（2）分析造成故障原因的实质。

任一故障的发生总是由 1～2 个实质性的原因所造成，必须经过分析确定后再查找，以免走弯路。要能准确抓住造成车辆故障的关键是必须熟悉汽车的结构、工作原理及正常工作所具备的条件。

（3）避免盲目性。

在诊断故障过程中，尽量避免盲目地拆卸，否则将造成人力、材料和时间的浪费。同时，更要注意防止因不正确的拆卸而造成新的故障。

二、诊断仪的使用

（一）汽车诊断仪介绍

汽车诊断仪是一款专门针对汽车检测的专业仪器，可实时检测车辆的性能，并对车辆故障进行检测。其中，新能源汽车诊断仪专门用于检测和分析新能源汽车各控制系统的运行状况，能够实时监测蓄电池、电机、充电系统等关键部件的性能。汽车诊断仪通过与车辆电子控制单元（Electrical Control Unit，ECU）和传感器的数据通信，采集故障码（Diagnostic Trouble Code，DTC）和动态数据流，快速识别和定位故障，以帮助技术人员进行故障排查、预防性维护和性能优化。

（二）汽车诊断仪的使用

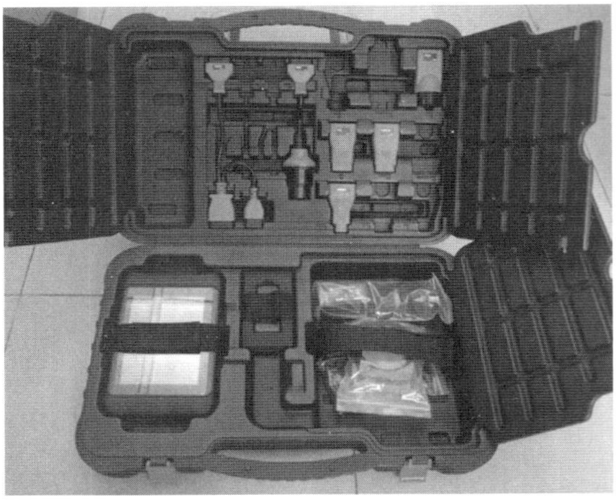

图 1-2-2　MaxiSys 906S 诊断仪套装

目前各汽车生产厂家都生产有自己品牌车辆专用的汽车诊断仪。此外，许多通用类型的汽车诊断仪可以诊断绝大多数的车型。其中 MaxiSys 906S 汽车诊断仪就是代表之一，如图 1-2-2 所示。本文将以 MaxiSys 906S 汽车诊断仪为例，介绍诊断仪的使用。

1. 汽车诊断仪的连接

（1）将 MaxiFlash XLink 设备通过 2.0 版本测试主线与车辆诊断座连接。

（2）启动平板诊断设备，确保平板内置电池充足或已连接至直流电源。如图 1-2-3 所示，可从蓝牙、Wi-Fi 或 2.0 版本 USB 线三种连接方式中选择一种，将平板诊断设备与 MaxiFlash XLink 设备连接，并建立通信。若使用编程功能，则只能选择 USB 连接。

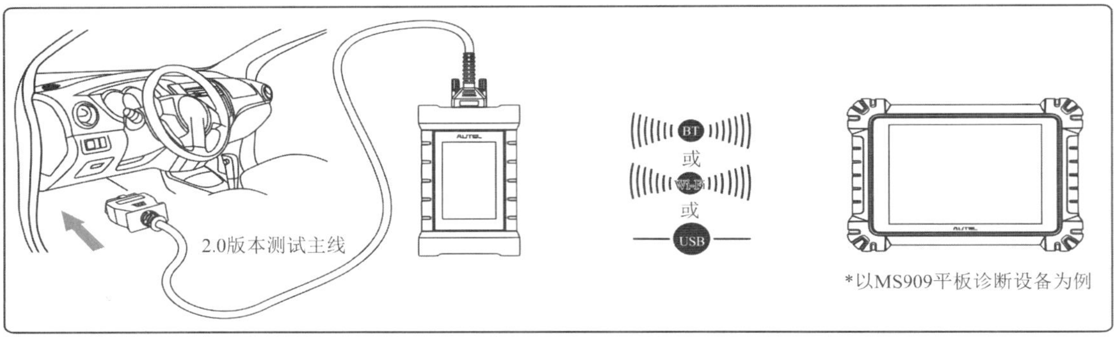

图 1-2-3　诊断仪连接方式

2. 诊断仪的使用

打开诊断仪，单击桌面上的“MaxiSys”图标，即可进入诊断仪主程序。主界面分为 4 页，包含了诊断、维修保养及新能源等功能，如图 1-2-4 所示。

（1）诊断功能。

诊断功能是维修人员实际使用中较常用的功能，因此也被放置到了主页面的第一位，单击该按钮后，弹出诊断主界面，如图 1-2-5 所示。

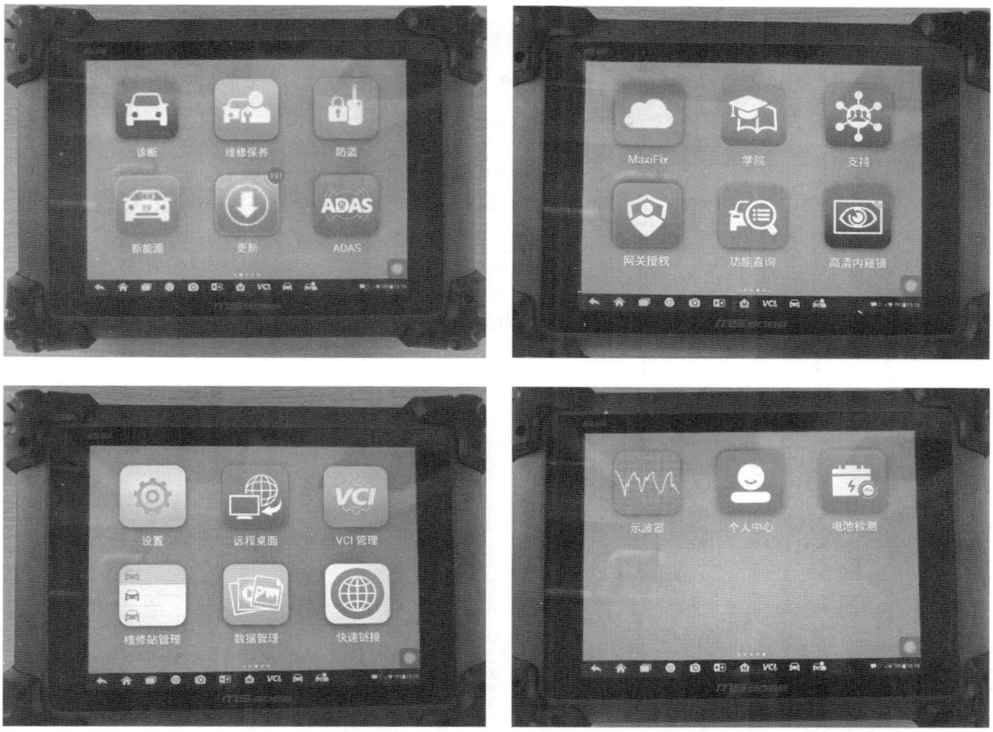

图 1-2-4　诊断仪主程序

在诊断主界面，单击排在第一位的“Eobd”图标，进入快速诊断界，就可以根据国际通用的 ISO 或 SAE 标准通信协议对系统进行快速诊断。在快速诊断界面，可以实现读取故障码和冻结帧、I/M 诊断、读取数据流以及执行元件测试等功能，如图 1-2-6 所示。

图 1-2-5　诊断主界面

图 1-2-6　快速诊断

（2）故障码的读取。

除快速诊断外，诊断仪还可以针对各品牌车型进行深度诊断。进行车型诊断时，既可以通过手动选择品牌及车型的方式与车辆建立通信，也可以单击左上角的“VIN”按钮，通过自动识别或手动输入车辆 VIN 码的方式与车辆建立通信。进一步单击“诊断”按钮，会出现“自动扫描”和“控制单元”两个选项。对于常规的车辆检测，可以选择“自动扫描”选项让系统逐一检测车辆所有配置的控制单元，虽然耗费时间长一些，但是可以全面检测车辆，也可以帮助维修人员发现一些尚未形成明显故障现象的问题。

如果维修人员对故障已经有了一定的判断，可以直接单击“控制单元”按钮，选择故障所在的控制系统，快速读取故障码及数据流，或者进行执行元件测试等。“自动扫描”完成后，系统会给出所有控制单元的列表并显示出故障码数量，如图 1-2-7 所示。选中需要进一步检测的控制单元，单击最右侧的箭头或者下面的“确定”按钮，均可以进入到该控制单元。需要注意的是，单击页面下方的“报告”按钮，可以生成一份包含所有控制单元检测结果的报告，以 PDF 或者图片的形式保存，或者直接连接打印机进行打印。在进入某一控制单元后，可以进一步选择读取故障码、读取数据流和动作测试等功能，如图 1-2-8 所示。在读取故障码页面，单击故障码后面的雪花图标或者屏幕下方的“冻结帧”按钮，均可以进入冻结帧页面。

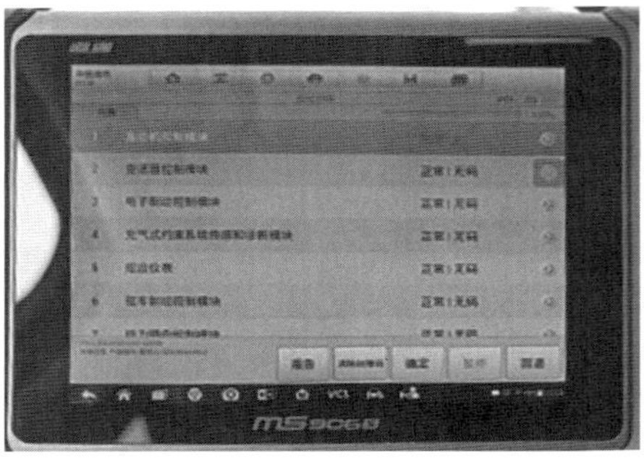

图 1-2-7　故障扫描结果

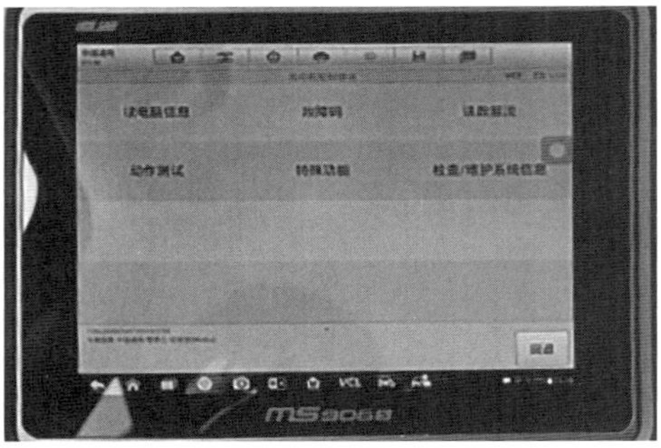

图 1-2-8　进入某一单独控制单元情况

（3）数据流读取。

在读取数据流界面，单击数据项目后的下拉箭头，可以选择数据的展现形式，包括数字、波形、仪表指针及柱状图四种形式，可以满足维修人员不同使用习惯或不同使用场景的需求，如图 1-2-9 所示。例如，在动态试驾的过程中，仪表指针的显示方式要比数值显示更为直观。此外，选择多项数据后，单击屏幕下方的“曲线融合”按钮，还可以在同一波形图中显示多项数据，便于比对它们之间的相关性。

图　1-2-9

图 1-2-9　各种数据显示方式

三、故障检修案例

1. 故障现象

一辆 2018 年产比亚迪唐运动型多功能电动汽车，配备前置单电机、三元锂电池，搭载 2.0T 发动机和双离合变速器，当前行驶里程 40000km。用户反映车辆充电时经常在电量充至 90% 时自动断开。打开点火开关或起动车辆后，仪表板会提示“低压电池电量低　进入智能充电模式”，而且每次充电都会出现此提示，如图 1-2-10 所示。

图 1-2-10　故障仪表显示

2. 检查分析

为了确认故障现象并排查充电设备是否存在故障，将故障车辆连接店内的 3.3kW 充电桩进行充电测试。充电前车辆剩余电量 40%，当充电至 86%时自动断开，故障现象与用户描述基本一致。连接诊断仪检测，读取到车载充电机有故障“P157513—低压输出断线”。查看车载充电机数据流，发现低压系统的电压为 12V。清除故障码后再次进行充电测试，充电功能恢复正常，可将电量充至 100%。

维修人员怀疑是车载充电机程序错乱或搭铁不良，在经过打磨搭铁线接线柱和紧固螺栓并重新刷写车载充电机程序的处理后，外出试车，以纯电驱动的模式将动力蓄电池的电量消耗至 5%左右，回到维修厂充电。发现可以将电量顺利充至 100%，且过程无中断，仪表板也未出现故障提示。

为了确保故障彻底排除，与用户协商后将车辆留在厂内做进一步测试。将动力蓄电池的电量消耗至约10%后，再次进行充电测试，次日观察充电结果时发现，充电已断开但电量只有92%。打开点火开关，看到仪表板上的提示信息再次出现。连接诊断仪，看到与此前相同的故障码。据此推测，可能是车载充电机故障导致车辆12V供电系统无输出。车辆在充电时，其他用电器由12V蓄电池供电，当检测到12V蓄电池电压过低后，高压供电系统为了保护12V蓄电池，避免其过度放电而断开对高压蓄电池的充电，进入以动力蓄电池为12V蓄电池充电的智能充电模式。

拓展案例：
故障案例知识点

3. 故障排除

车辆的充电功能由车载充电机控制，且车载充电机的数据流表明可以识别到低压供电系统电压正常。但动力蓄电池在充电时依旧会进入智能充电模式，因此怀疑是车载充电机内部存在故障。更换车载充电机后反复进行充放电测试，故障未再出现，故障排除。

知识延伸

新能源汽车控制系统故障诊断的发展趋势

新能源汽车控制系统故障诊断的发展趋势主要集中在智能化诊断、远程诊断与云平台支持、基于模型的故障诊断和自动化诊断和自我修复技术等方面，以提升诊断效率、降低维护成本，确保车辆安全可靠。

1. 智能化诊断

随着人工智能（AI）和机器学习技术的发展，故障诊断系统正在逐步实现智能化。基于大数据和深度学习算法，诊断系统能够分析历史故障数据和运行状态，识别复杂故障模式，实现自学习和自适应功能，从而提高诊断的准确性和故障预测能力。

2. 远程诊断与云平台支持

物联网技术的普及使得远程诊断成为可能。通过车载通信模块将车辆数据实时上传至云平台，诊断系统可以在云端进行数据处理和故障分析，并将诊断结果反馈至车辆端或维修人员，实现远程故障监控、早期预警和快速响应，提升维护效率。

3. 基于模型的故障诊断

随着新能源汽车控制系统的复杂化，基于物理模型和仿真技术的故障诊断逐渐成为主流。基于模型的诊断方法通过构建系统的正常运行模型，实时监测实际运行状态与模型输出的偏差，从而检测异常情况。该方法能够提供精细化的故障识别和定位，适用于蓄电池管理系统、驱动电机系统等关键模块。

4. 自动化诊断和自我修复技术

未来的故障诊断系统将逐步具备自动化故障检测与自我修复功能。利用传感器网络和智能算法，车辆可以自主完成常规故障检测，并在故障发生时自动调整运行参数或采取应急措施，以维持系统稳定运行。这种自动化、自我修复功能有助于减少人为干预，提高车辆的可靠性。

任务实施

诊断仪使用

请根据工作任务单的指引（表 1-2-2），连接诊断仪，完成自动扫描车辆、读取及删除故障码、读取电池管理器数据流等任务。

诊断仪使用工作页　　表 1-2-2

诊断仪使用				班级： 姓名：	
实训地点：			实训时间：		
1. 车辆信息记录					
品牌		整车型号		生产年月	
驱动电机型号		电池电量		行驶里程	
车辆识别码					
2. 作业场地准备					
检查设置隔离栏					□是　□否
检查设置安全警示牌					□是　□否
检查灭火器压力、有效期					□是　□否
安装车辆挡块					□是　□否
3. 对仪器进行检查					
检查仪器名称					是否正常
防护用具：绝缘手套、车辆防护用具、万用表、解码器					□是　□否
4. 检查与维护前的准备工作					
实施步骤					是否完成
通过有线连接诊断仪					□是　□否
通过无线连接诊断仪					□是　□否
自动扫描车辆					□是　□否
读取故障码					□是　□否
删除故障码					□是　□否
通过控制模块进入读取电池管理器数据流					□是　□否
退出诊断仪					□是　□否
5. 7S 管理					
建立安全操作环境					□是　□否
清理及整理工具量具					□是　□否
清理及复原车辆正常状况					□是　□否
清洗场地					□是　□否
物品回收和环保					□是　□否
完善和检查工作					□是　□否
实训人（签字）：			监督人（签字）：		

任务评价

通过自评、互评及师评对本任务学习情况进行考评（表 1-2-3），掌握学习效果。

诊断仪使用考核评分　　表 1-2-3

诊断仪使用			实习日期：				
姓名：		班级：	学号：		导师签名：		
自评：□熟练 □不熟练		互评：□熟练 □不熟练	师评：□合格 □不合格				
日期：		日期：	日期：				
评分细则							
序号	评分项	得分条件	分值（分）	评分要求	自评	互评	师评
1	安全/7S/态度	□ 1. 能进行工位 7S 操作 □ 2. 能进行设备和工具安全检查 □ 3. 能进行车辆安全防护操作 □ 4. 能进行工具清洁、校准、存放操作 □ 5. 能进行三不落地操作	15	未完成 1 项扣 3 分	□熟练 □不熟练	□熟练 □不熟练	□合格 □不合格
2	专业技能能力	□ 1. 能通过有线连接诊断仪 □ 2. 能无线连接诊断仪 □ 3. 能进行自动扫描读取故障码 □ 4. 能删除故障码 □ 5. 能通过控制模块进入特定的模块 □ 6. 能读取数据流 □ 7. 能正确退出诊断软件	70	未完成 1 项扣 10 分	□熟练 □不熟练	□熟练 □不熟练	□合格 □不合格
3	工具及设备的使用能力	□ 1. 能正确使用解码器 □ 2. 能正确室内外防护套件	10	未完成 1 项扣 5 分	□熟练 □不熟练	□熟练 □不熟练	□合格 □不合格
4	资料、信息查询能力	□ 1. 字迹清晰 □ 2. 语句通顺 □ 3. 无错别字 □ 4. 无抄袭	5	未完成 1 项扣 1 分	□熟练 □不熟练	□熟练 □不熟练	□合格 □不合格
总分：							

任务拓展

车辆故障自诊断系统发展历程

思考测试

1. OBD（On-Board Diagnostics）是__________，通过监测车辆各个系统的运行情况，检测潜在的故障并提供相关的__________。

2. 在实际汽车维修的过程中，一般遵循__________的思路。

3. 在排除故障过程中，遵循__________；先思后行，先熟后生；先上后下，先外后里；__________的四大原则。

4. 诊断仪与车辆连接一般有__________、__________或__________三种连接方式。

5. 通过自动识别或手动输入车辆 VIN 码的方式与车辆建立通信。进一步单击“诊断”按钮，则会出现“__________”和“__________”两个选项。

模块二

车载网络传输控制技术

任务1 车载网络系统的认知

学习目标

知识目标

（1）能复述电动汽车车载网络系统的概念。
（2）能描述车载网络系统的工作原理。
（3）能说出车载网络系统的组成结构。
（4）能描述电动汽车车载网络系统的分类。
（5）能说明网关的作用。

技能目标

能在实车上根据教师提供的电路图，找到一条总线上的一个模块的安装位置和这个模块插头处的总线针脚及线束。

素养目标

（1）培养观察能力。
（2）培养全局意识。
（3）培养良好的职业素养和职业道德。

任务描述

一辆比亚迪新能源汽车的驾驶人抱怨该车有许多故障，经维修师傅诊断后，发现某一条总线存在短路故障。维修师傅让你在电路图上找到这条总线，并确认在这条总线上安装有哪些模块。你能完成此任务吗？

知识准备

一、车载网络系统概述

（一）车载网络系统的概念及作用

1. 车载网络系统的概念

车载网络系统指的是车辆上装载的网络系统，是汽车内部传感器、控制器和执行器之间用点对点的连线方式连成的复杂网状结构。其本质是通过对车外以及车体情况的感知，实现信息从车外、车体到车内控制系统，再到车内人员的反应机制的信息流动。整车车载网络系统如图 2-1-1 所示。

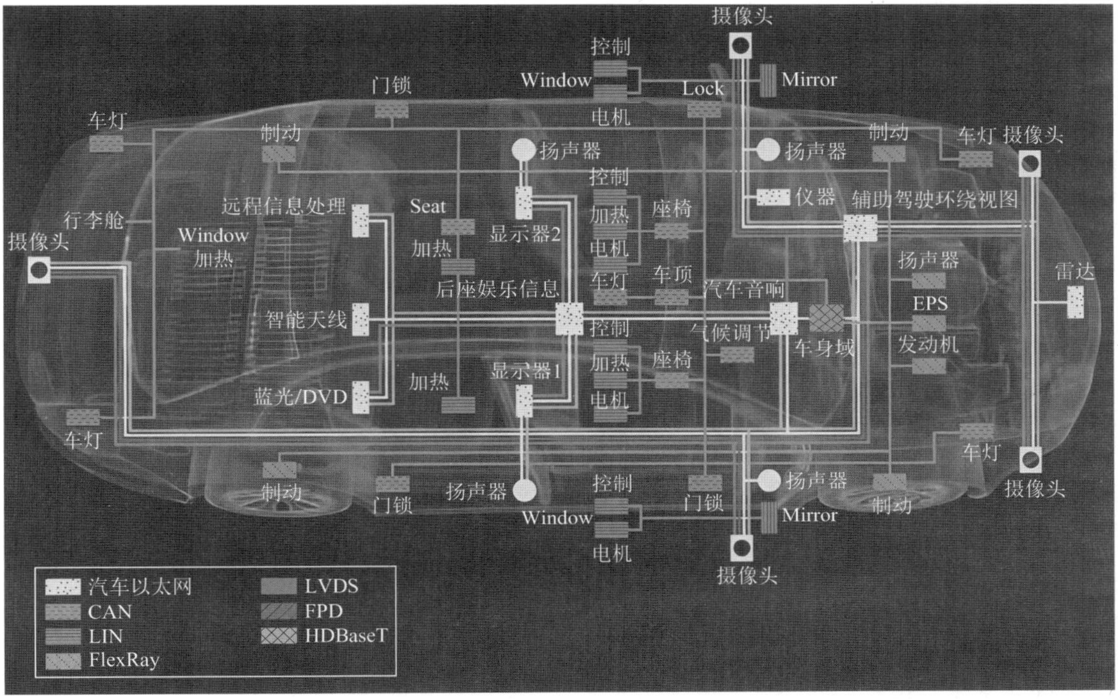

图 2-1-1　整车车载网络系统

2. 车载网络系统的作用

（1）提高汽车的智能化水平。

车载网络系统通过将汽车的行驶状态参数传输到显示屏上，实现系统的灵活性，提高驾驶安全性。同时，它还能通过系统软件实现系统功能的改变和数据的共享，提高系统故障的诊断能力。

（2）实现信息共享。

车载网络系统可以将汽车与道路、汽车与汽车、汽车与城市网络相互连接，为车主提供更加精彩、便捷、全面的汽车生活服务。它是基于内联网、车联网和车载移动互联网的技术，让汽车与道路、汽车与行人之间、汽车与互联网之间实现信息共享和智能操作功能。

（3）简化电路。

传统的点对点导线连接无法满足汽车电子控制系统实时交换大量控制信号的需求，而车载网络系统可以简化电路，提高信息传输的速度和可靠性，降低故障率。

（4）减少车内连线。

车载网络系统有效减少了车身电气线束的数量，解决了因车内线束增多而带来的可靠性、安全性低以及质量增加方面的问题。

（二）车载网络系统的组成及工作原理（以 CAN 总线为例）

1. 车载网络系统的组成

控制器局域网络（Controller Area Network，CAN）数据总线由一个控制器、一个收发器、两个数据传输终端以及两条数据传输线组成，如图 2-1-2 所示。除了数据传输线，其他元件都置于控制单元内部，控制单元的功能不变。

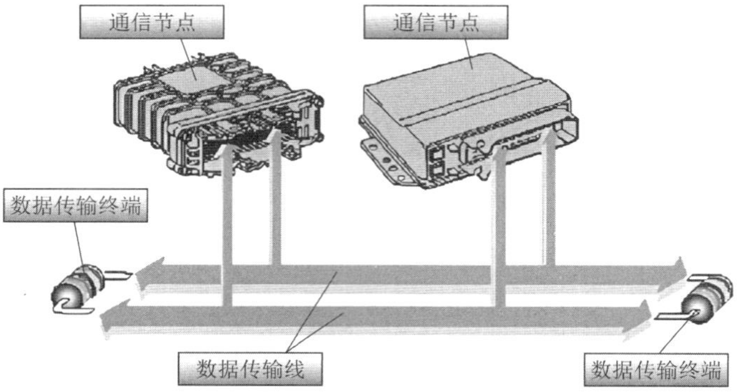

图 2-1-2　CAN 总线组成图

（1）CAN 控制器。

CAN 控制器接收控制单元发送来的数据，对其进行处理后再发送给 CAN 收发器。CAN 控制器也接收由 CAN 收发器发送来的数据，对其进行处理后再发送给控制单元中的微型计算机中。

（2）CAN 收发器。

CAN 收发器兼具接收与发送功能，可将 CAN 控制器发送来的数据转化为电信号并将其发送给数据传输线，也为 CAN 控制器接收和转化数据。

（3）数据传输终端。

数据传输终端是一个电阻器，可防止数据在线终端被反射，避免影响数据的传输。

（4）数据传输线。

数据传输线可双向对数据进行传输，两条线分别被称为 CAN 高线（CAN-H）和 CAN 低线（CAN-L）。数据总线并没有指定的数据接收者，数据在数据总线中传输，被所有用户接收和计算。

车载网络系统中有一个连接每个控制单元的处理二进制数据的系统处理器，将接收和发送的数据在 CAN 控制器中转换，形成 CAN 总线的统一语言。CAN 数据总线是一种控制单元间的数据传输形式，它将各控制单元连接成一个整体，控制单元对整个系统状态了解得越多，就越能协调彼此的功能。以传动系为例，该系统由发动机控制单元、自动变速器控制单元、ABS/ESP 控制单元等部件组成；舒适系统由中央控制单元、车门控制单元等部件构成。汽车 CAN 总线组成如图 2-1-3 所示。

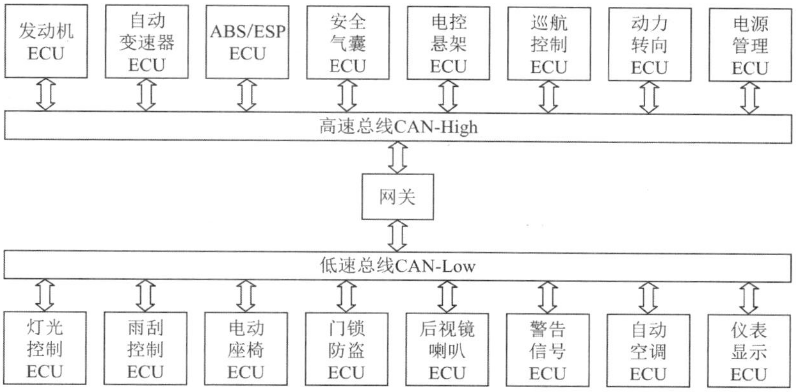

图 2-1-3　**汽车 CAN 总线组成图**

2. 车载网络系统的工作原理

CAN 数据总线的数据传输原理在很大程度上类似于电话会议的方式。一个用户（控制单元）向网络中“说出”数据而其他用户“收听”这些数据。一些用户可能对这些数据感兴趣并应用这些数据，其他用户也许不愿理会这些数据。

（1）数据传输过程。

车载网络系统数据传输的过程包含提供数据、发出数据、接收数据、检测数据及认可数据，如图 2-1-4 所示。控制单元向 CAN 控制器提供数据用于传输，CAN 收发器从 CAN 控制器处接收数据，并将其转化为电信号发送给接收器。控制单元对接收到的数据进行检测，如果接收到的数据是重要的，它将被认可及处理；反之，则将其忽略。

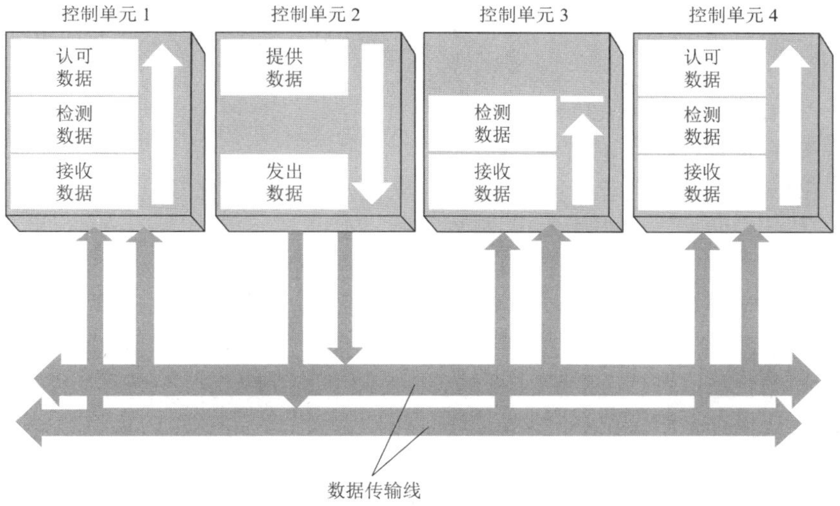

图 2-1-4　**汽车 CAN 总线工作原理**

（2）数据传输信息结构。

车载网络系统以短促的时间间隔在控制单元之间传输数据列，数据列中的比特数由数据区域的大小决定。图 2-1-5 所示为一个数据列的格式，该格式在两条数据线中是相同的。为简便起见，以一条数据线为例来加以说明。比特是二进制的“位”，它是信息的最小单位（每单位时间一个电路状态），仅存在值“0”或“1”，即“是”或“否”。

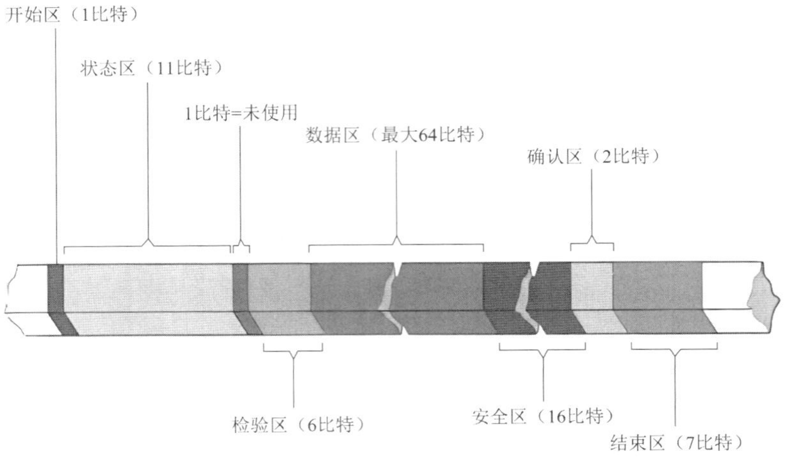

图 2-1-5　汽车 CAN 总线数据传输信息结构

（3）信息区域组成。

信息由开始区、状态区、检验区、数据区、安全区、确认区和结束区共七个区域组成。

开始区：标志数据列的开始。CAN 高线送出的比特大约为 5V（由系统决定），CAN 低线大约为 0V。

状态区：确定数据列的优先级。例如，若两个控制单元想在同时送出数据列，优先级较高的数据列先行。

检验区：显示数据区中包含的数据数目。该区允许接收者检验其是否收到传输来的全部信息。

数据区：传给其他控制单元的信息。

安全区：检验是否存在传输错误。

确认区：接收者发给发送者的信号，用来告知已正确收到数据列。若有错误被检验到，则迅速通知发送者，以便发送者再次发出该数据列。

结束区：标志数据列的结束。结束区为显示错误并重新发送的最后可能区域。

（4）数据列产生原理。

数据列由一串若干个比特组成，每个比特只能有值“0”或“1”。以电灯为例，电灯的开关表示两种不同的状态，若值为“1”，则表示开关闭合，电灯亮；若值为“0”，则表示开关断开，电灯熄灭。从原理上看，CAN 数据总线的作用方式与之相同，收发器也能产生两种不同的状态，值为“1”的比特态表示收发器开，在舒适系统中开关打到 5V（传动系中约为 2.5V）；值为“0”的比特态表示收发器关，此时开关接地，数据传输线上的电压为 0V。

（三）车载网络的应用场景

典型的车载网络的应用场景如碰撞预警、紧急制动警告、并线警告和交叉路口违规警告等先进驾驶辅助系统（Advanced Driver Assistance Systems，ADAS），如图 2-1-6 和图 2-1-7 所示。

图 2-1-6　紧急制动警告

图 2-1-7　并线警告

二、车载网络系统通信总线的分类及应用

车载网络系统中的通信总线可实现智能汽车车载网络数据的共享和快速交换，减少车内连线的同时，还能提高可靠性。常用车载网络传输控制系统见表 2-1-1。

常用车载网络通信总线的分类及应用　　表 2-1-1

序号	通信总线	通信速度	形式	应用
1	K 线	10.4 kbit/s	单电缆	诊断仪与控制单元之间的通信
2	高速 CAN 总线	125 kbit/s～1Mbit/s	双绞电缆	与行车安全相关的控制单元
3	低速 CAN 总线	10～125 kbit/s	双绞电缆	与乘员舒适性相关的控制单元
4	LIN 总线	1～20 kbit/s	单电缆	与行车安全无关的控制单元/智能传感器/智能执行器
5	MOST 总线	24.5～150 Mbit/s	光纤	娱乐系统多媒体信号的传送
6	FlexRay 总线	最高 10 Mbit/s	双绞电缆	与行车安全相关的控制单元，常用于驾驶辅助系统

利用计算机网络技术，将车载控制单元通过车载网络连接起来，可实现数据信息的高效传输。车载网络系统形式多种多样，目前应用最为广泛的是 CAN 总线（BUS）系统。如图 2-1-8 所示，CAN 总线系统中的所有信息都通过两根数据线进行传递，相同的数据只需在数据系统中传递一次。

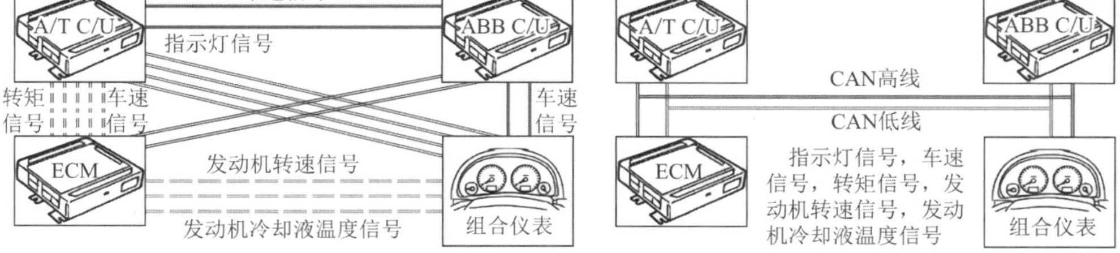

a) 传统通信方式　　b) CAN 通信方式

图 2-1-8　不同车载网络系统对比

CAN 总线系统的优点：①数据传输速度快，最高可达 1Mbit/s；②系统可靠性高，能准确

识别数据传输故障，具有较强的抗干扰和应急运行能力；③减少线束，降低成本；④系统配置更加灵活便利；⑤通过网络对网络中各系统实现高效诊断。

LIN 总线网络作为一种低成本、高效率的串行通信网络，已经普遍应用于现在的汽车上，它可以为现有的汽车网络（CAN 总线）提供辅助功能。CAN 总线和 LIN 总线的特性对比见表 2-1-2。

CAN 总线和 LIN 总线　　表 2-1-2

特性	LIN	CAN
工作方式	一主多从式	多主控方式
仲裁机制	无须仲裁	位仲裁
物理层（数据传输线）	单线，12V	双绞线，5V
驱动方式	偏压驱动	差压驱动
总线最远传输距离	40m	10km
信息标识符（ID）位数（bit）	6	11 或 29
总线最大节点数	16	110
每帧信息数据量（B）	2 或 4 或 8	0～8
错误检测	8 位累加和校验	15 位循环冗余校验（CRC）
石英/陶瓷振荡器	主节点需要，从节点不需要	每个节点都需要

除了以上介绍的普遍应用于现在汽车上的两种总线外，一些品牌车上还使用其他总线：如 FlexRay 总线、MOST 总线、以太网总线等。

三、车载网络系统网关

不同的总线系统会有不同的传输速率，这就给不同总线系统间的通信造成了一定的麻烦。它就相当于联合国开大会，每个成员国都讲自己国家的语言，如果要想互相听懂，就必须有位能精通所有语言的翻译来进行信息的传递。车载网络系统中很重要的一个控制单元就是“网关”，它同时连接多种不同的 CAN 数据总线，并在传递数据时起翻译作用。如图 2-1-9 所示，OBD 诊断接口连接在网关上，车辆故障诊断仪可以通过 OBD 诊断接口与全车控制单元之间进行信息交换。

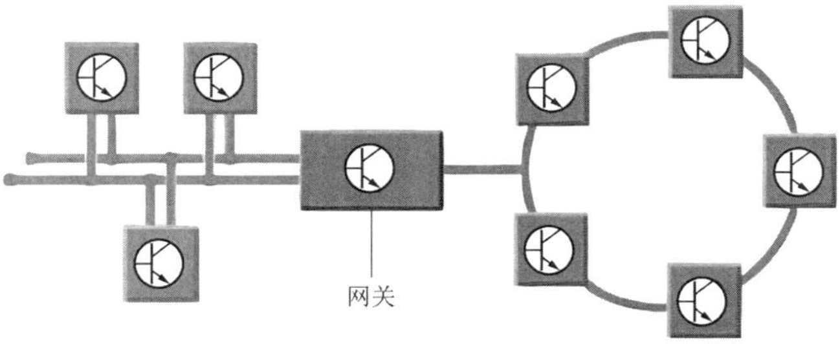

图 2-1-9　网关结构示意图

如图 2-1-10 所示，从属于驱动总线系统的室外温度传感器将检测到的温度信号发送给仪表盘控制单元，仪表盘控制单元将此信号发送到 CAN 驱动总线系统上，该信号被发动机控制单元采集到，同时经过网关的“翻译”继续传递到 CAN 车身总线系统上。而从属于 CAN 车身总线系统上的自动空调控制单元会收到此信号，并据此做出加大制冷量或者减小吹风量等动作。这样的一个过程体现了整个车载网络的信息共享。图 2-1-11 显示了比亚迪新秦乘用车网关及车载网络系统框图。

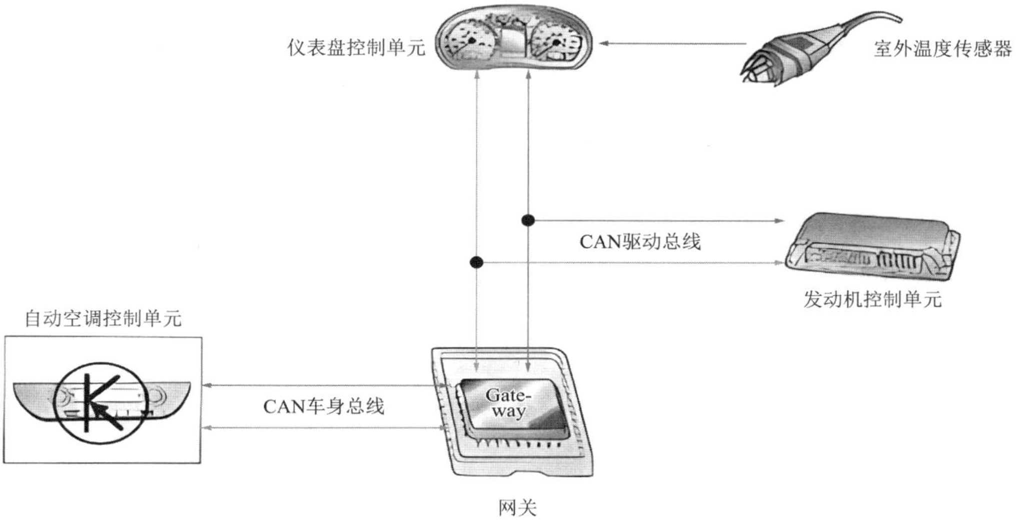

图 2-1-10　网关实例

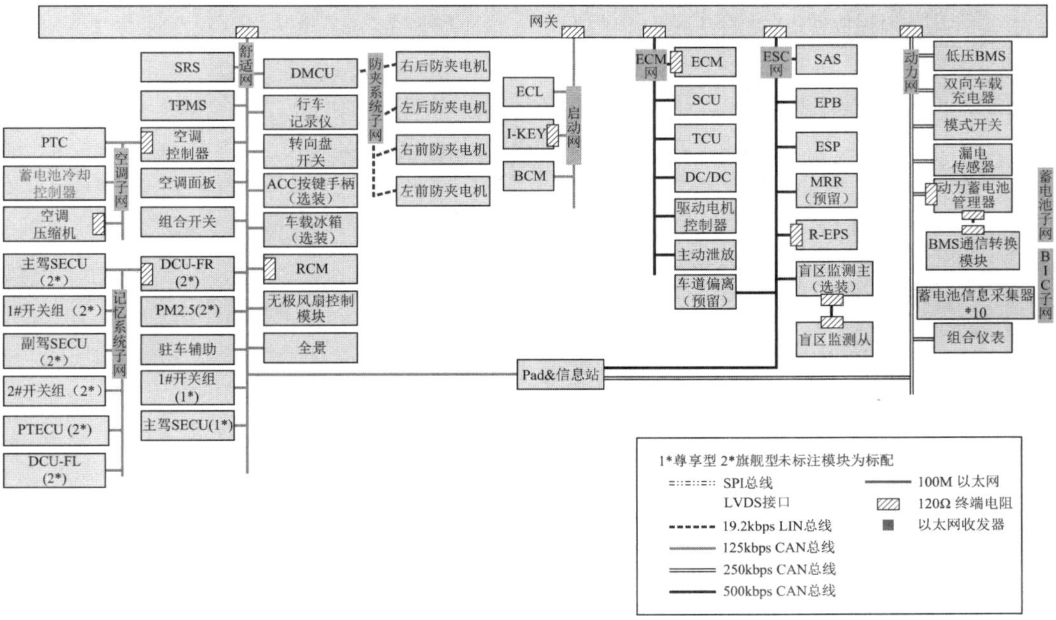

图 2-1-11　比亚迪新秦乘用车网关及车载网络系统框图

● 知识延伸

宝马 G28 车辆车载网络及 FlexRay 总线的应用

宝马 G28 车辆车载网络系统框图如图 2-1-12 所示。FlexRay 是一种新的总线协议，也是新一代汽车（含智能网联汽车）内部网络的主干网络。采用 FlexRay 总线是为了满足智能网联汽车对控制单元联网结构更高的要求，特别是为了实现更快的数据传输率、更强的实时控制和更高的容错运算能力。

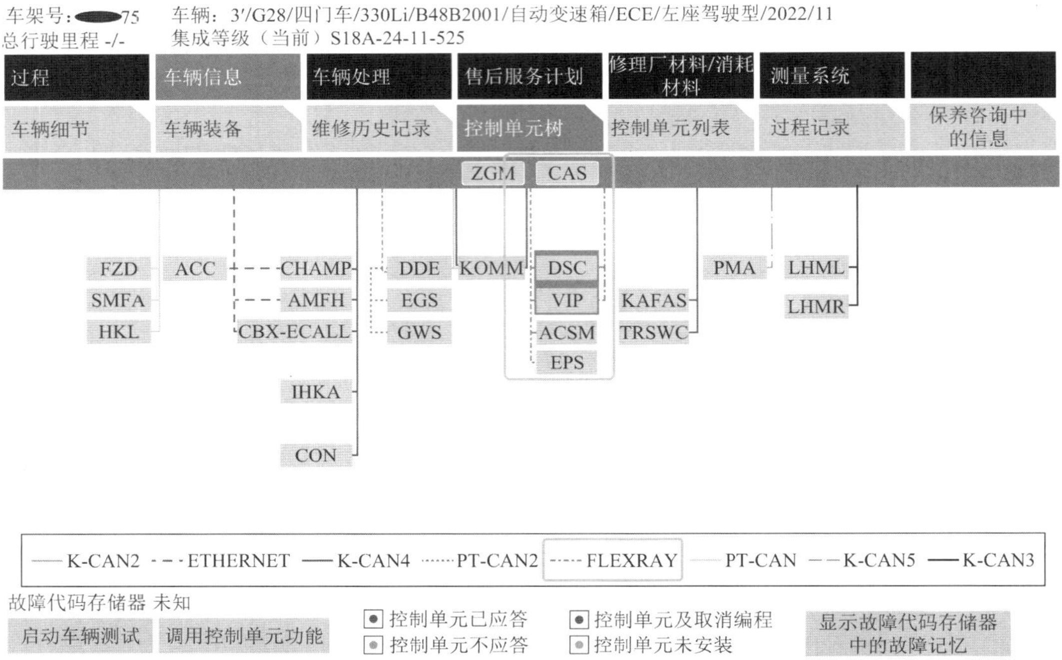

图 2-1-12　宝马 G28 车辆车载网络系统框图

任务实施

新能源汽车车载网络系统认知

请根据工作任务单指引（表 2-1-3），描述车载网络系统的概念、作用、组成、特点、应用等，并在实车上指出一个总线模块安装位置、总线针脚及线束。

新能源汽车车载网络系统认知工作页　　表 2-1-3

<table>
<tr><td colspan="4" rowspan="2">新能源汽车车载网络系统认知</td><td colspan="2">班级：</td></tr>
<tr><td colspan="2">姓名：</td></tr>
<tr><td colspan="3">实训地点：</td><td colspan="3">实训时间：</td></tr>
<tr><td colspan="6">1. 车辆信息记录</td></tr>
<tr><td>品牌</td><td></td><td>整车型号</td><td></td><td>生产年月</td><td></td></tr>
<tr><td>驱动电机型号</td><td></td><td>电池电量</td><td></td><td>行驶里程</td><td></td></tr>
<tr><td>车辆识别码</td><td colspan="5"></td></tr>
<tr><td colspan="6">2. 作业场地准备</td></tr>
<tr><td colspan="5">检查设置隔离栏</td><td>□是　□否</td></tr>
<tr><td colspan="5">检查设置安全警示牌</td><td>□是　□否</td></tr>
<tr><td colspan="5">检查灭火器压力、有效期</td><td>□是　□否</td></tr>
<tr><td colspan="5">安装车辆挡块</td><td>□是　□否</td></tr>
<tr><td colspan="6">3. 对仪器进行检查</td></tr>
<tr><td colspan="5">检查仪器名称</td><td>是否正常</td></tr>
<tr><td colspan="5">防护用具：绝缘手套、车辆防护用具</td><td>□是　□否</td></tr>
<tr><td colspan="6">4. 检查与维护前的准备工作</td></tr>
<tr><td colspan="5">实施步骤</td><td>是否完成</td></tr>
<tr><td colspan="5">描述车载网络系统的概念及作用</td><td>□是　□否</td></tr>
<tr><td colspan="5">描述车载网络系统的组成和工作原理</td><td>□是　□否</td></tr>
<tr><td colspan="5">描述车载网络系统通信总线的分类及应用</td><td>□是　□否</td></tr>
<tr><td colspan="5">描述 CAN 总线的特点</td><td>□是　□否</td></tr>
<tr><td colspan="5">描述网关的作用</td><td>□是　□否</td></tr>
<tr><td colspan="5">根据教师提供的电路图，在实车上找到一个总线模块安装位置、总线针脚及线束</td><td>□是　□否</td></tr>
<tr><td colspan="6">5. 7S 管理</td></tr>
<tr><td colspan="5">建立安全操作环境</td><td>□是　□否</td></tr>
<tr><td colspan="5">清理及整理工具量具</td><td>□是　□否</td></tr>
<tr><td colspan="5">清理及复原车辆正常状况</td><td>□是　□否</td></tr>
<tr><td colspan="5">清洗场地</td><td>□是　□否</td></tr>
<tr><td colspan="5">物品回收和环保</td><td>□是　□否</td></tr>
<tr><td colspan="5">完善和检查工作</td><td>□是　□否</td></tr>
<tr><td colspan="3">实训人（签字）：</td><td colspan="3">监督人（签字）：</td></tr>
</table>

任务评价

通过自评、互评及师评对本任务学习情况进行考评（表 2-1-4），掌握学习效果。

新能源汽车车载网络系统认知考核评分　　表 2-1-4

新能源汽车车载网络系统认知				实习日期：			
姓名：		班级：		学号：		导师签名：	
自评：□熟练 □不熟练		互评：□熟练 □不熟练		师评：□合格 □不合格			
日期：		日期：		日期：			
评分细则							
序号	评分项	得分条件	分值（分）	评分要求	自评	互评	师评
1	安全/7S/态度	□ 1. 能进行工位 7S 操作 □ 2. 能进行设备和工具安全的检查 □ 3. 能进行车辆安全防护的操作 □ 4. 能进行工具清洁、校准、存放操作 □ 5. 能进行三不落地操作	15	未完成 1 项扣 3分	□熟练 □不熟练	□熟练 □不熟练	□合格 □不合格
2	专业技能能力	□ 1. 能说出常用车载网络系统的名称和作用 □ 2. 能说出网关的作用 □ 3. 能正确查找车载网络系统各部件的安装位置 □ 4. 能说出各系统模块的功能	50	未完成 1 项扣 15 分，扣分不得超过 50 分	□熟练 □不熟练	□熟练 □不熟练	□合格 □不合格
3	工具及设备的使用能力	□ 1. 能正确描述车载网络系统作用 □ 2. 能正确使用维护工具 □ 3. 能正确查阅技术资料	10	未完成 1 项扣 4 分，扣分不得超过 10 分	□熟练 □不熟练	□熟练 □不熟练	□合格 □不合格
4	资料、信息查询能力	□ 1. 能正确查询车载网络系统功能 □ 2. 能正确使用车辆使用手册查询资料 □ 3. 能正确记录查询资料章节页码	10	未完成 1 项扣 4 分，扣分不得超过 10 分	□熟练 □不熟练	□熟练 □不熟练	□合格 □不合格
5	数据判断和分析能力	□ 1. 能判断车辆上电是否正常 □ 2. 能判断控制面板工作是否正常 □ 3. 能判断车载网络系统工作是否正常 □ 4. 能判断车载网络系统工作是否需要维修	10	未完成 1 项扣 3 分，扣分不得超过 10 分	□熟练 □不熟练	□熟练 □不熟练	□合格 □不合格
6	表单填写及报告撰写能力	□ 1. 字迹清晰 □ 2. 语句通顺 □ 3. 无错别字 □ 4. 无抄袭	5	未完成 1 项扣 1分	□熟练 □不熟练	□熟练 □不熟练	□合格 □不合格
总分：							

任务拓展

新能源汽车总线系统的新技术

思考测试

一、填空题

1. 车载网络系统指的是车辆上装载的__________，是汽车内部传感器、__________和执行器之间的__________用__________的连线方式连成的复杂网状结构。其本质是通过对车外以及车体情况的感知，实现信息从车外、车体到车内控制系统，再到车内人员的反应机制的__________流动。

2. 车载网络系统的作用：__________、__________、__________、__________。

3. 车载网络系统中很重要的一个控制单元就是__________，它同时连接多种不同的 CAN 数据总线，并在传递数据时起翻译作用。

二、单选题

1. 以下总线不是用电缆传输信号的是（　　）。以下总线的传输速率为 500kbit/s 的是（　　）。

A. 高速 CAN 总线　　B. LIN 总线　　C. MOST 总线　　D. FlexRay 总线

2. 根据比亚迪新秦乘用车车载网络系统框图填写。空调控制器属于（　　）网；车身控制模块 BCM 属于（　　）网；驱动电机控制器属于（　　）网；动力蓄电池管理器属于（　　）网。

A. ESC　　B. 动力　　C. 启动　　D. 舒适

三、多选题

CAN 数据总线的组成（　　）。

A. 控制器　　B. 收发器　　C. 数据传输终端　　D. 数据传输线

四、判断题

1. 车载网络系统是现代汽车的重要组成部分，它负责实现车辆内部各个电子控制单元（ECU）之间的通信。（　　）

2. 所有车型的车载网络系统都使用相同的通信协议和总线技术。（　　）

任务2 车载网络系统 CAN 总线的波形分析及故障诊断

学 习 目 标

知识目标

（1）能描述车载网络系统 CAN 总线的概念、分类和特点。
（2）能描述 CAN 总线的组成和工作原理。

技能目标

（1）能采集 CAN 总线波形并进行分析。
（2）能对车载网络系统 CAN 总线进行故障诊断。
（3）能维修 CAN 总线电缆。

素养目标

（1）培养故障诊断分析能力。
（2）培养良好的团队合作意识。
（3）培养良好的职业素养和职业道德。
（4）培养设备操作精益求精的工匠精神。

任务描述

一辆新能源汽车无法行驶，仪表显示“请检查车辆网络”“请检查电子驻车系统”“请检查 ESP 系统”“请检查助力转向系统”等多个故障信息。如果你作为新能源汽车维修高级技师，应该如何检测诊断故障呢？

知识准备

一、车载网络系统 CAN 总线概述

（一）CAN 数据总线的概念及显隐性状态

CAN 总线是一种常用于汽车和工业控制系统中的通信协议，全称为控制器局域网络

（Controller Area Network）。为了增强数据传送的安全性，CAN 数据总线系统都具有差动数据传送的双绞线性质，导线可分为 CAN 高线（CAN-High，CAN-H）和 CAN 低线（CAN-Low，CAN-L），当其在显性和隐性状态间变换时，CAN 导线会存在电压差。以驱动系统 CAN 数据总线为例，信号模型如图 2-2-1 所示。当 CAN 数据总线处于静止状态（隐性状态）时，两种电线对信号水平拥有相同的默认设置（约为 2.5V），能通过在联网中连接的任何控制单元进行变换。当 CAN 数据总线处于显性状态时，CAN 高线电压会增加预设量（至少为 1V），CAN 低线电压相应降低，从而导致活动状态的 CAN 高线电压至少增加到 3.5V，CAN 低线电压至少降低到 1.5V。因此，在隐性状态时，CAN 高线与 CAN 低线之间的电压差为 0V；而在显性状态下，至少为 2V。

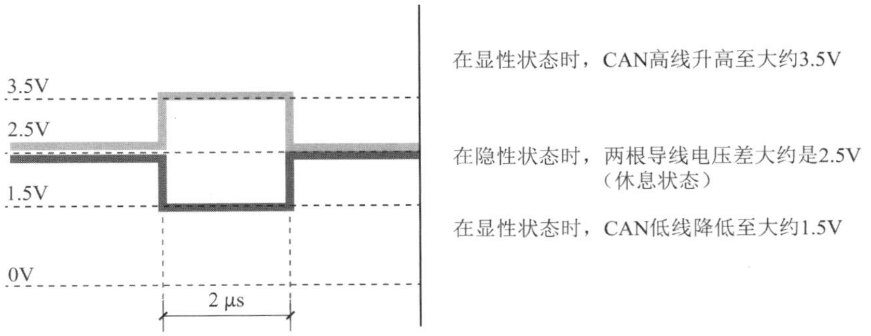

图 2-2-1 CAN 总线信号模型

（二）车载网络系统 CAN 总线的分类

车载网络系统 CAN 总线用于连接车内各种电子控制单元，可在高噪声环境下可靠传输数据，支持多个节点同时发送和接收数据，具有较高的带宽和实时性。车载网络系统 CAN 总线根据功能范围划分为动力网、舒适网和信息娱乐网等，比亚迪唐车型的车载网络系统总线拓扑图如图 2-2-2 所示。

（三）车载网络系统 CAN 总线的特点

CAN 总线系统将各个功能件连在一起，构成的完整的网络系统可以实现信息与数据的全车共享，使汽车在控制方面更加智能、精确。

与传统布线方式相比，CAN 总线具有以下优点。

（1）数据传输速度更高；

（2）节省线束，降低了车身质量，同时优化了车身的布线方式；

（3）控制单元中有一个发生故障，其他控制单元仍可发送各自的数据，且互不影响；

（4）CAN 数据总线为双线制，如果有一条发生故障，CAN 系统会转为单线运行模式，提高了整车的稳定性；

（5）CAN 系统的双线可有效防止电磁波干扰和向外辐射；

（6）基于 CAN 总线系统可实现更丰富的车辆功能。

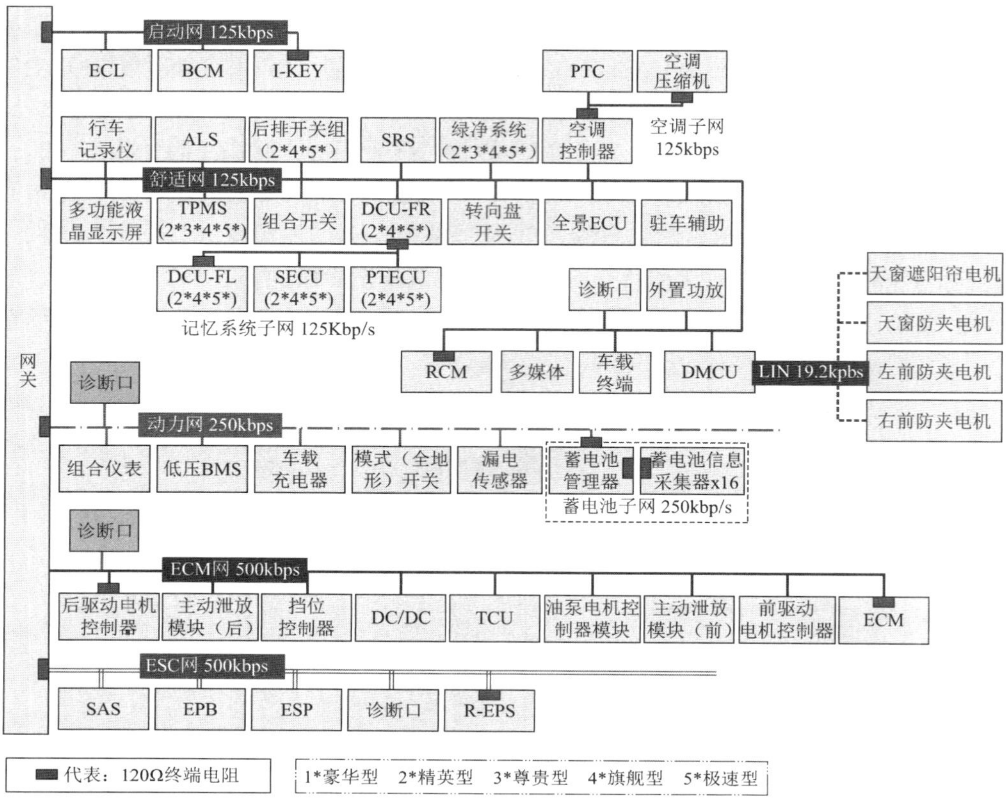

图 2-2-2 比亚迪唐车载网络系统总线拓扑图

二、车载网络系统 CAN 总线的组成及工作原理

（一）CAN 总线的组成

CAN 总线由物理层和节点组成。物理层由双绞线构成传输介质，包括 CAN 高线和 CAN 低线两根线，采用差分信号传输方式。每个节点都有自己的处理器和 CAN 总线接口控制器，用于数据的发送和接收。

（二）CAN 总线的工作原理

当 CAN 总线上的某个节点需要发送数据时，会先将数据和自己的标识符传给总线控制接口，然后组装成报文以广播的形式发送到总线上。节点根据报文的标识符决定是否接收该报文，如果需要接收，则会对报文进行 CRC 校验，确保数据的正确性。CAN 总线采用非破坏性为仲裁总线结构机制，当多个节点同时发送报文时，优先级高的节点会继续发送，而优先级低的节点会停止发送，每个节点在发送和接收数据时都会进行 CRC 校验，如果数据出错，就会进行错误处理并重传。

控制单元通过收发器与驱动系统 CAN 总线连接，收发器里装有差动放大器，其原理如图 2-2-3 和图 2-2-4 所示。通过将 CAN 高线电压值与 CAN 低线电压值相减，差动放大器定出输出电压，并将其传送到控制单元的 CAN 接收区。此时，休息状态（2.5V 驱动系统 CAN 数据总线）或其他耦合电压将被清除。

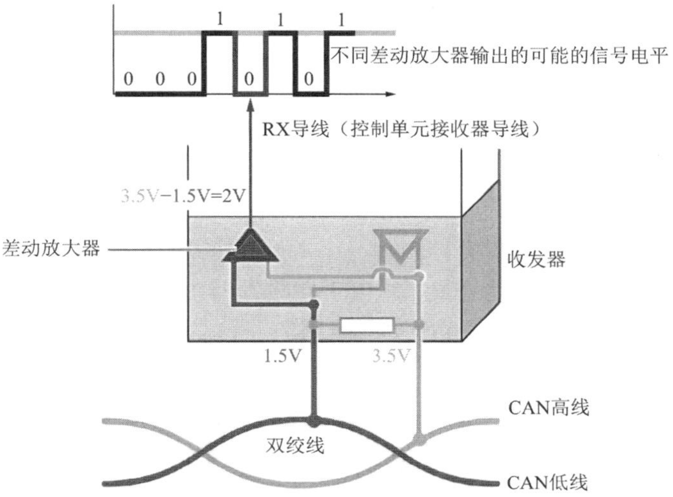

图 2-2-3　差动放大器原理图

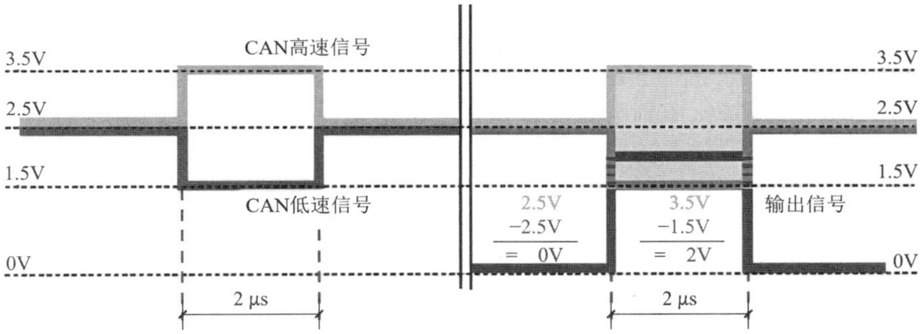

图 2-2-4　差动放大器的信号转换

（三）驱动系统 CAN 总线上差动放大器的干扰滤除

由于数据总线需穿过发动机舱，所以差动放大器会遇到不同类型的干扰。差动传送技术是在差动放大器中的 CAN 高线和 CAN 低线的信号估值，其优势在于车载电源中的波动（例如，当发动机起动时）不会影响到独立的控制单元的数据传送（传送安全），可有效滤除干扰。

图 2-2-5 所示为 CAN 总线信号干扰下的信号输出，这种传送类型的效果是非常明显的。由于 CAN 高线和 CAN 低线（双绞线）是绞合形式，干扰因素 X 通常会对两根导线产生同等影响。在差动放大器中，由于 CAN 低线中的电压值是从 CAN 高线的电压值中扣除的，干扰在估值时已被排除，并在差动信号中不再显现。

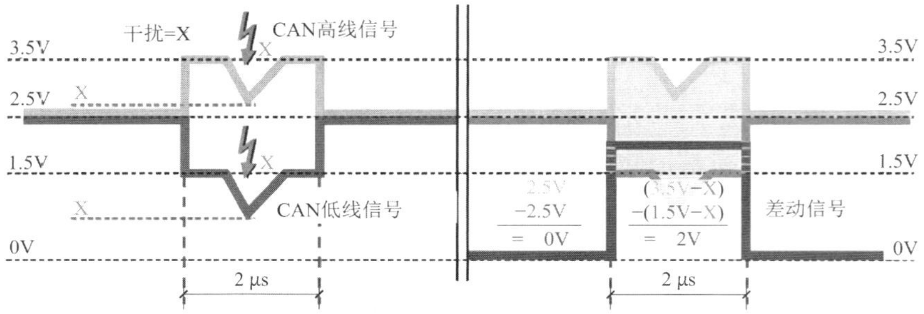

图 2-2-5　CAN 总线信号干扰下的信号输出

（四）收发器中信号的放大

在传感器端，收发器负责放大控制单元中 CAN 总线相对较弱的信号，使其在 CAN 导线和控制单元输出时达到规定的信号电平。由于在收发器中安装了电子部件，所以连接 CAN 总线控制单元的反馈方式与 CAN 导线中负载电阻的一致。

（五）终端电阻

终端电阻也叫负载电阻，用于确保总线系统内准确的信号流程。终端电阻位于总线系统的控制单元内或集成在一个终端电阻器盒内。数据传递的终端实际是一个电阻器，作用是避免数据传输终了反射回来，产生的反射波使数据遭到破坏。通常每条 CAN 总线在两个控制单元内分别设置一个终端电阻，每个终端电阻阻值为 120Ω，采用并联方式连接。用万用表测量终端电阻时，如果在并联电路上测量，测量值为 60Ω。如果断开其中一个终端电阻，另一个终端电阻的测量值为 120Ω。图 2-2-6 中，在驱动系统 CAN 总线的 CAN 高线和 CAN 低线之间加载一个 66Ω 的电阻，其他控制单元在数据总线上加载一个 2600Ω 的电阻。

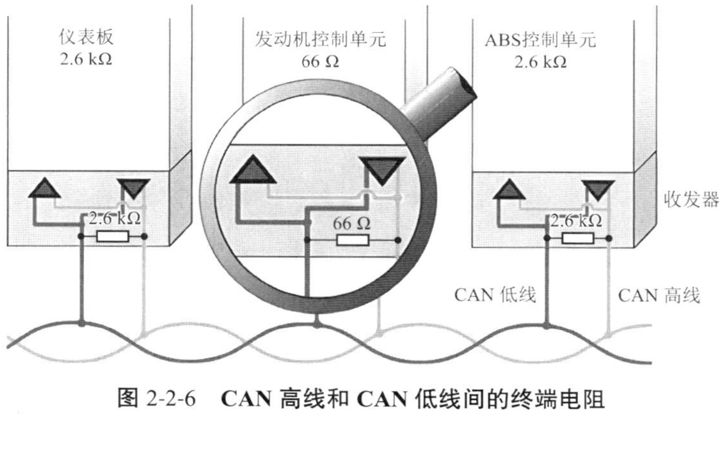

图 2-2-6　CAN 高线和 CAN 低线间的终端电阻

三、车载网络系统 CAN 总线的波形分析及故障诊断

车载网络传输控制系统的波形分析是理解和诊断车载网络故障的重要手段。通过波形分

析，可以快速定位故障点、评估数据传输状态并采取相应的维修措施。

（一）波形分析工具与方法

1. 波形分析工具

示波器是波形分析的主要工具之一，能够实时捕捉并显示信号波形。在车载网络系统中，常使用双通道示波器来同时监测 CAN 高线和 CAN 低线的电压变化，如图 2-2-7 所示。一些专业的 CAN 总线分析工具软件能够提供更为详细和直观的波形分析功能，如自动测量电压、频率等参数，并与标准波形进行对比等。

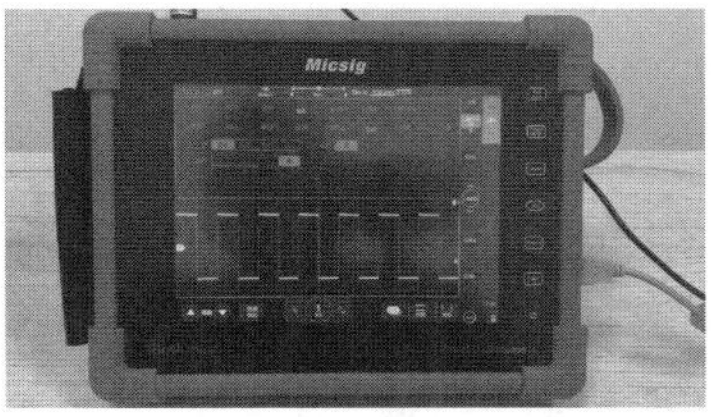

图 2-2-7　示波器示意图

2. 波形采集和分析

波形采集是指通过特定的设备和技术手段，获取汽车在运行过程中产生的各种电信号随时间变化的图形化信息。波形分析是指对波谱曲线的形态进行分析，提取表征曲线形态的参量，以这些参量的相似性作为波谱相似性的测度。在车载网络系统中，波形分析主要应用于分析 CAN 总线等网络传输介质的信号波形，以评估数据传输的状态和诊断潜在的故障。

（1）按照图 2-2-8 所示步骤，准确连接示波器：确保示波器的探头正确连接到 CAN 总线的相应端子上。

（2）调整示波器设置：根据实际需要调整示波器的时间值、电压值和触发信号等设置，以便清晰地显示信号波形。

（3）观察与分析波形：仔细观察波形图上的振幅、频率和相位等特征参数，并与标准波形进行对比分析。

①　　②　　③

①示波器端两个通道分别接正极（红色）两根、负极（黑色）两根测试线
②车辆CAN总线针脚插头端两根正极红色测试线分别插入CAN高线和CAN低线信号线测量盒对应的针脚孔中
③车辆端两根黑色测试线同时可靠连接地（车身）

图 2-2-8　示波器测量连接步骤

（二）CAN 总线波形特征

CAN 总线是车载网络系统中常用的通信协议之一，其波形特征对于理解数据传输过程至关重要。CAN 总线上的信号是以差分电压的形式进行传输的，如图 2-2-9 所示，这种传输方式具有很强的抗干扰能力，能够保证数据传输的可靠性和稳定性。

1. 显性位与隐性位

显性位：当 CAN 高线上的电压为 3.5V，CAN 低线上的电压为 1.5V 时，表示显性位（逻辑 0），此时两线之间的电压差为 2V。

隐性位：当 CAN 高线和 CAN 低线上的电压均为 2.5V 时，表示隐性位（逻辑 1），此时两线之间的电压差为 0V。

2. CAN 总线波形分析要点

CAN 总线波形分析需着重观察振幅、频率及相位等参数，如图 2-2-10 所示。

振幅：观察 CAN 高线和 CAN 低线的电压振幅是否符合上述显性位和隐性位的标准。

频率：分析信号的频率特性，确保信号在传输过程中未发生异常变化。

相位：对于 CAN 总线等差分信号传输系统，相位分析虽然不如振幅和频率直观，但仍是评估信号完整性的重要方面。

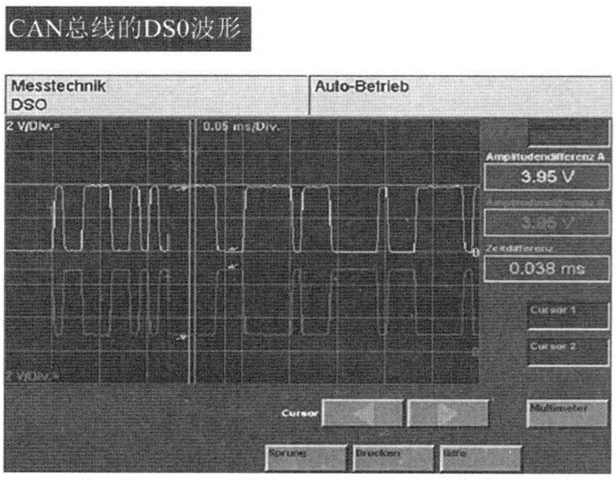

图 2-2-9 **CAN 总线波形图**

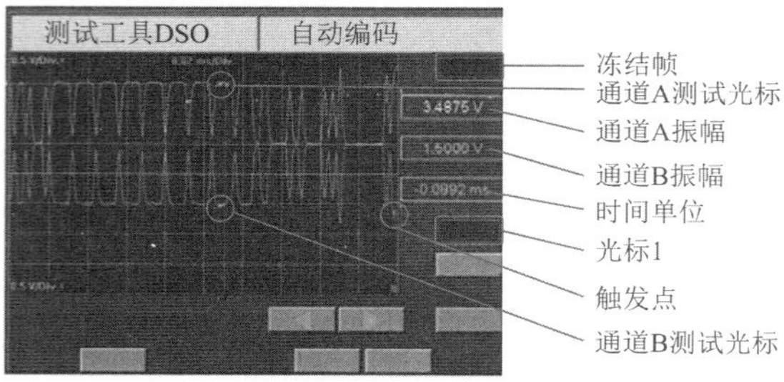

显性和隐性电平交替
CAN高线在3.48V，CAN低线在1.5V
设置：0.5/DIV，0.02MS/DIV

图 2-2-10 **CAN 总线分析**

（三）波形分析在故障诊断中的应用

通过波形分析，可以快速定位车载网络传输控制系统中的故障点，提高故障检修的效率。以下是一些常见的故障波形场景。

1. 短路故障

当 CAN 总线发生短路时，波形分析可以显示出异常的电压变化，如图 2-2-11 所示，在短路情况下，CAN 高线和 CAN 低线的电压可能会同时偏离正常值，且两线之间的电压差不再保持为 2V 或 0V。

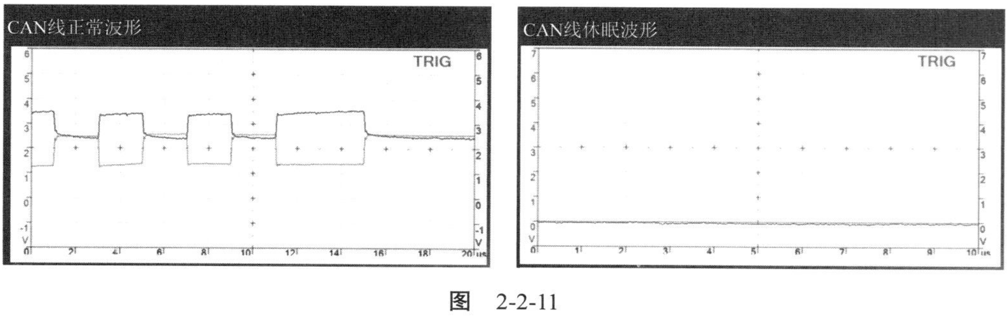

图 2-2-11

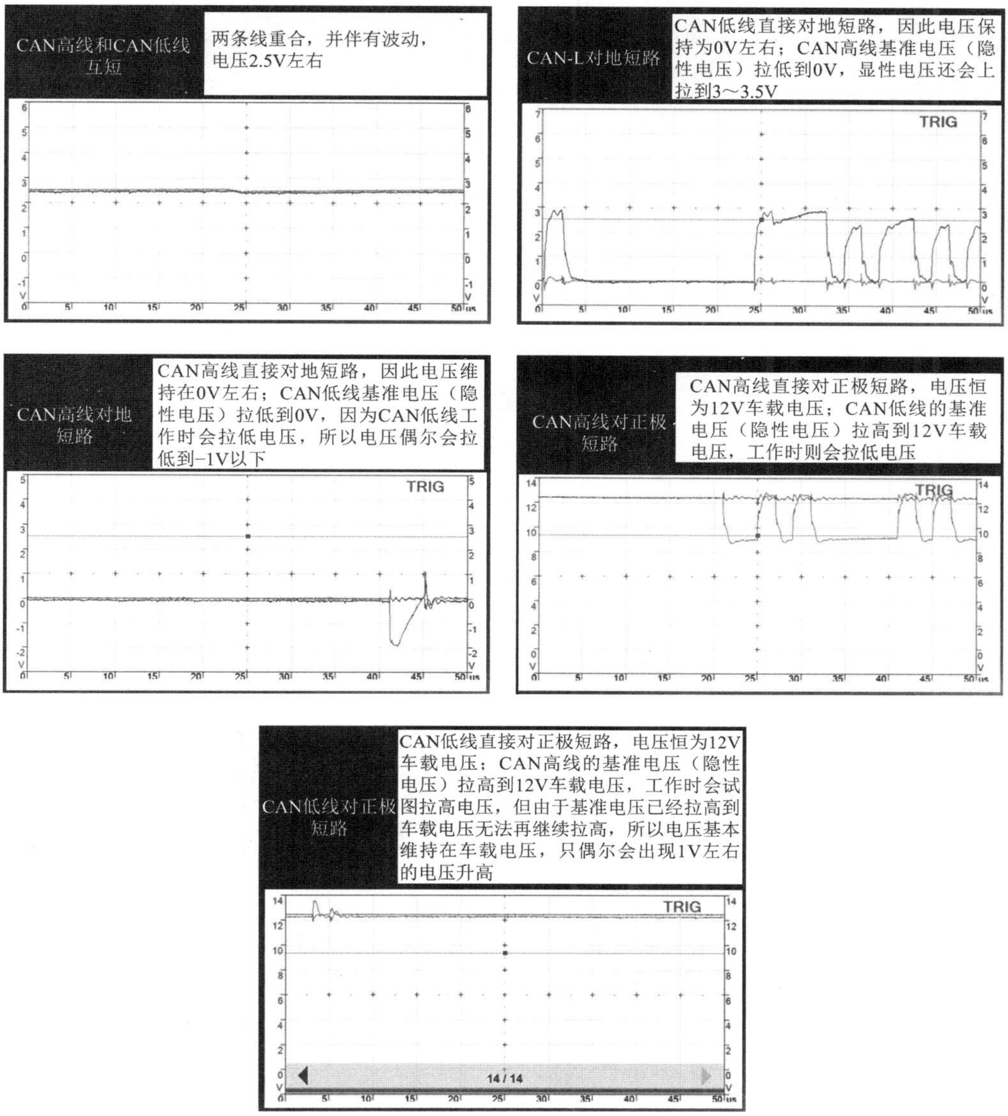

图 2-2-11　CAN 总线正常波形、休眠波形与短路故障波形分析

2. 断路故障

断路故障可能导致 CAN 总线上的信号无法有效传输。在波形分析中，可以观察到信号在某一点突然中断或振幅显著降低的现象，如图 2-2-12 所示。

3. 电磁干扰

电磁干扰可能导致 CAN 总线上的信号波形出现毛刺儿或畸变。通过波形分析，可以识别出这些异常现象，并采取相应的电磁屏蔽和滤波措施来降低干扰。如图 2-2-13 所示，显性电压确实发生变化，但差距相同。

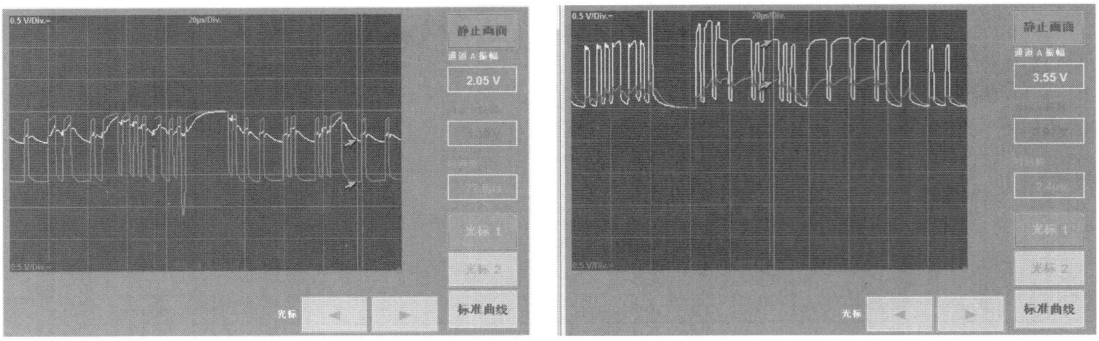

a) CAN 高线断路波形图　　b) CAN 低线断路波形图

图 2-2-12　**CAN 总线断路故障波形分析**

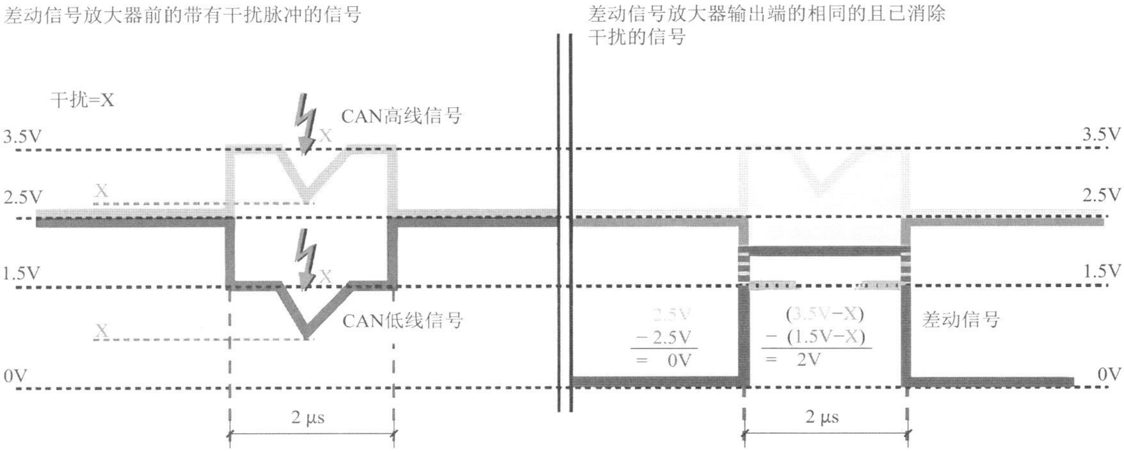

图 2-2-13　**CAN 总线受干扰波形模拟图**

（四）车载网络系统 CAN 总线的故障诊断

1. 正常波形

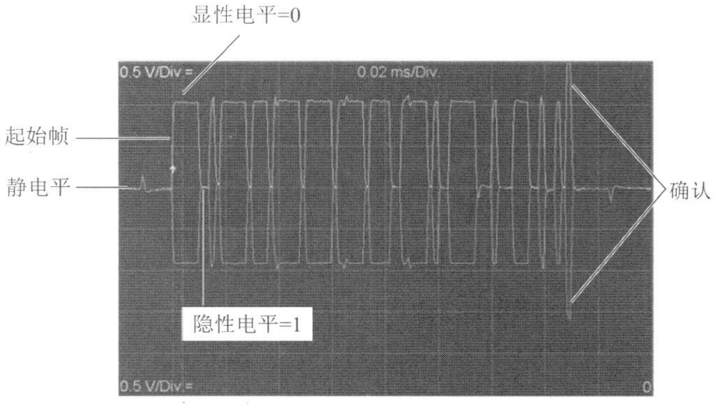

图 2-2-14　**CAN 总线正常工作波形图**

如图 2-2-14 所示，CAN 高线上有信号传输时，总线电压在 2.5～3.5V 间高频波动；CAN 低线信号在总线空闲时电压约为 2.5V，有信号传输时电压在 1.5～2.5V 间高频波动。

起始帧：一个或多个控制单元以一个信息开始，所有控制单元在此时是同步的，信息的优先级决定随后的数字“0”的个数。

显性电平：从 CAN 高线至 CAN

低线的显性电平相当于一个二进制“0”，隐性电平相当于一个“1”。

确认：所有控制单元用数字“0”确认信息。在确认后下一帧开始前，控制单元连续发出5个“1”，即可控制信息之间的间隙时间。

2. 故障波形产生的原因

信号干扰波形：数据包的某些位出现错误，导致通信失败，可能由外部电磁干扰、电源干扰或地线干扰引起。

碰撞波形：两个或多个节点同时发送数据，导致数据包碰撞，通常表现为数据包的部分或全部位出现错误。

过载波形：网络负载过高，数据传输速度降低甚至通信失败，表现为数据包传输延迟增加或丢失。

硬件故障波形：硬件设备损坏或故障，导致数据传输异常，表现为数据包传输中断或丢失。

软件故障波形：软件程序错误或配置不当，导致数据传输异常，表现为数据包格式错误或丢失。

3. 故障诊断

了解系统特点：首先了解车型的汽车多路传输系统特点，包括传输介质、子网及结构形式等。

检查电源系统：检查汽车电源系统是否存在故障，如交流发电机的输出波形是否正常。

检查链路故障：采用替换法或跨线法检测汽车多路信息传输系统的链路是否存在故障。

节点故障检测：节点故障只能采用替换法进行检测，确保控制模块电源和搭铁电路正常后再进行。

测量电压和电阻：使用万用表测量 CAN 高线和 CAN 低线的对地电压，以及两者之间的电阻值，判断线路是否存在短路、断路或对电源/地短路等故障。

波形测量与分析：使用检测仪读取控制单元数据，结合波形分析，确定故障原因。

四、车载网络系统 CAN 总线的维修

由于车载总线技术的可靠性较强，故障率不高，一般为传输信号线（Bus）机械性损坏（短路、断路）或控制单元本身的软件、硬件故障。

1. CAN 总线系统故障诊断工具

进行 CAN 总线系统的检修，需要以下诊断工具：

（1）诊断设备：能进行 CAN 总线故障检测的诊断仪器（含原厂和通用型仪器）。

（2）检测设备：汽车专用电表、示波器等。

（3）技术资料：相关车型 CAN 总线系统结构图、线路图。

2. CAN 总线的故障种类和故障部位

（1）全部控制单元不能和诊断仪器通信，其故障部位包括诊断接头、总线、网关等。

（2）部分控制单元不能和诊断仪器通信，其故障部位包括对应的总线、控制单元等。

（3）控制单元记忆系统相关的故障码，或采用 CAN 系统控制的功能故障，其故障部位包括对应的总线、控制单元、相关元件等。

3. CAN 总线的故障现象

（1）断路或短路的故障。

出现断路时，总线上无电压；出现对正极短路时，总线上无电压变化，总线电压为蓄电池电压；对地短路时，总线上无电压变化，总线电压为零。出现断路或短路的原因包括导线中断、导线局部磨损、线束连接损坏/触头损坏/污垢、控制单元损坏或控制单元供电故障等。

（2）控制单元的故障。

控制单元的故障原因可能由软件引起，其症状为电码干扰而导致的功能无法执行或功能异常。确定干扰总线系统控制单元的方法如下：

① 依次取下每根总线上连接的控制单元熔断器，脱开相应的控制单元。

② 每脱开一个控制单元后，重复总线测试。

③ 如果在脱开某个控制单元后数据传送恢复正常，则表明该控制单元干扰了数据交换。

④ 如果确定控制单元硬件故障，可更换相关的控制单元。

⑤ 如果确定控制单元软件故障，可对相关的控制单元进行重新编程。

4. CAN 总线的维修

拆开在损坏点处的缠绕线，对损坏点处进行维修。为了屏蔽干扰，尽可能少拆解缠绕节，维修后非缠绕部分最长不超过 50mm，维修点之间的距离应保持至少 100mm，如图 2-2-15 所示。

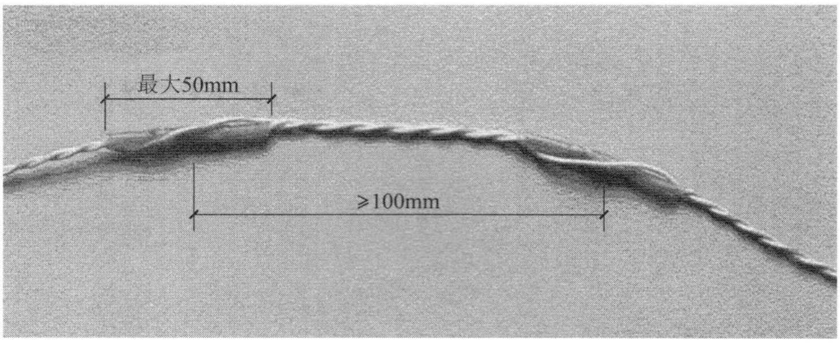

图 2-2-15　CAN 总线的维修

知识延伸

MOST 总线

除了人们熟悉的 CAN 总线外，还有一种光学数据总线系统即 MOST 总线，它起源于“面向媒体的系统传送（MOST）合作组织”。该组织是由多个汽车制造商、汽车供应商以及软件公司组成的协会，旨在开发一种标准化的高速数据传输系统。术语“面向媒体的系统传送”代表了一种以媒体为核心的数据传输网络，与 CAN 总线不同，它通过基于地址的方式将信息传递到特定的接收设备。

这一技术被用于汽车中的信息娱乐系统，以传输与娱乐相关的数据，如图 2-2-16 所示。由于光学数据传输能够提供足够高的传输速度，它成为支持复杂信息娱乐系统的理想选择。相比之下，传统的 CAN 总线数据传输速度不足以满足高数据量传输的需求。比如，传输视频和音频信息需要每秒数兆比特(Mbit/s)的速率，而传输立体声数字电视信号大约需要 6Mbit/s。MOST 总线则支持高达 21.2Mbit/s 的传输速率，可以轻松满足这类需求。

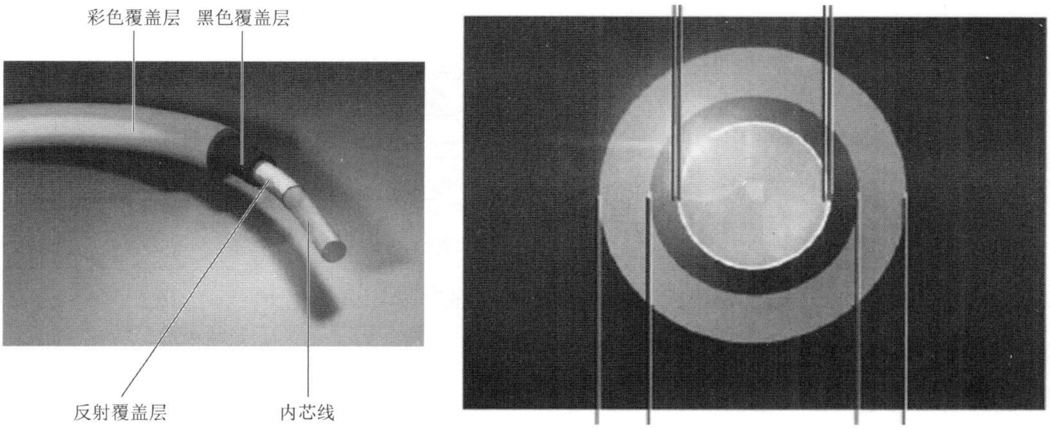

图 2-2-16　MOST 总线

任务实施

车载网络系统 CAN 总线的波形分析及故障诊断

请根据工作任务单的指引（表 2-2-1），读取 CAN 总线波形，并对 CAN 总线故障进行诊断与维修。

车载网络系统 CAN 总线的波形分析及故障诊断工作页　　表 2-2-1

车载网络系统 CAN 总线的波形分析及故障诊断				班级：	
				姓名：	
实训地点：			实训时间：		
1. 车辆信息记录					
品牌		整车型号		生产年月	
驱动电机型号		电池电量		行驶里程	
车辆识别码					
2. 作业场地准备					
检查设置隔离栏					□是　□否
检查设置安全警示牌					□是　□否
检查灭火器压力、有效期					□是　□否
安装车辆挡块					□是　□否
3. 对仪器进行检查					
检查仪器名称					是否正常
防护用具：绝缘手套、车辆防护用具					□是　□否
4. 检查与维护前的准备工作					
实施步骤					是否完成
能说出 CAN 总线检测的方法					□是　□否
能进行 CAN 总线波形的读取					□是　□否
能对 CAN 总线故障进行诊断					□是　□否
能对 CAN 总线进行维修					□是　□否
5. 7S 管理					
建立安全操作环境					□是　□否
清理及整理工具量具					□是　□否
清理及复原车辆正常状况					□是　□否
清洗场地					□是　□否
物品回收和环保					□是　□否
完善和检查工作					□是　□否
实训人（签字）：			监督人（签字）：		

任务评价

通过自评、互评及师评对本任务学习情况进行考评（表 2-2-2），掌握学习效果。

车载网络系统 CAN 总线的波形分析及故障诊断考核评分　　表 2-2-2

车载网络系统 CAN 总线的波形分析及故障诊断				实习日期：			
姓名：		班级：		学号：		导师签名：	
自评：□熟练 □不熟练		互评：□熟练 □不熟练		师评：□合格 □不合格			
日期：		日期：		日期：			
评分细则							
序号	评分项	得分条件	分值（分）	评分要求	自评	互评	师评
1	安全/7S/态度	□1. 能进行工位 7S 操作 □2. 能进行设备和工具安全检查 □3. 能进行车辆安全防护操作 □4. 能进行工具清洁、校准、存放操作 □5. 能进行三不落地操作	15	未完成 1 项扣 3分	□熟练 □不熟练	□熟练 □不熟练	□合格 □不合格
2	专业技能能力	□1. 能说出 CAN 总线检测的方法 □2. 能进行 CAN 总线波形的读取 □3. 能对 CAN 总线故障进行诊断 □4. 能对 CAN 总线进行维修	50	未完成 1 项扣 15 分，扣分不得超过 50 分	□熟练 □不熟练	□熟练 □不熟练	□合格 □不合格
3	工具及设备的使用能力	□1. 能正确使用示波器 □2. 能正确使用维护工具 □3. 能正确查阅技术资料	10	未完成 1 项扣 4 分，扣分不得超过 10 分	□熟练 □不熟练	□熟练 □不熟练	□合格 □不合格
4	资料、信息查询能力	□1. 能正确查询车机系统故障码 □2. 能正确使用车辆使用手册查询资料 □3. 能正确记录查询资料章节页码	10	未完成 1 项扣 4 分，扣分不得超过 10 分	□熟练 □不熟练	□熟练 □不熟练	□合格 □不合格
5	数据判断和分析能力	□1. 能判断车辆 CAN 是否正常 □2. 能判断控制面板工作是否正常	10	未完成 1 项扣 5分	□熟练 □不熟练	□熟练 □不熟练	□合格 □不合格
6	表单填写及报告撰写能力	□1. 字迹清晰 □2. 语句通顺 □3. 无错别字 □4. 无抄袭	5	未完成 1 项扣 1分	□熟练 □不熟练	□熟练 □不熟练	□合格 □不合格
总分：							

● 任务拓展

下一代 CAN 通信技术——CANXL 简介

思考测试

一、填空题

1. CAN 总线是一种常用于汽车和工业控制系统中的通信协议，全称为__________网络（Controller Area Network）。

2. CAN 高线的电压区间是__________，CAN 低线的电压区间是__________。

3. 数据传递的终端实际是一个__________，作用是避免数据传输终了__________，产生的反射波使数据遭到破坏。通常每条 CAN 总线在两个控制单元内分别设置______个终端电阻，每个终端电阻阻值为__________Ω，采用并联方式连接。用万用表测量终端电阻时，如果在并联电路上测量，测量值为__________Ω。

4. 双通道示波器两根红色测试线在车辆端连接的分别是__________和__________的信号针脚。

5. 维修 CAN 总线，拆开损坏点处的缠绕线，对损坏点处进行维修。为屏蔽干扰，尽可能少拆解缠绕节，维修后非缠绕部分最长不超过__________mm，维修点之间的距离应保持至少__________mm。

二、选择题

1. 比亚迪唐车型车载网络系统中 ECM 网的传输速率是（　　）kbit/s。

A. 125　　B. 250　　C. 500　　D. 2M

2. CAN 总线波形短路分析："两条波形线重合，并伴有波动，电压 2.5V 左右"。此波形现象反映的是（　　）。

A. CAN 高线对地短路　　B. CAN 低线对地短路

C. CAN 高线与 CAN 低线互短　　D. CAN 高线对正极短路

E. CAN 低线对正极短路

三、判断题

1. CAN 总线系统中，如果终端电阻损坏，会导致整个 CAN 总线系统无法正常运行。（　　）

2. 示波器不可以得到真实的低速信号波形曲线。（　　）

任务3　车载网络系统 LIN 总线的波形分析及故障诊断

学习目标

知识目标

（1）能描述车载网络系统 LIN 总线概念、主控制单元和从控制单元功能的区别。

（2）能说出车载网络系统 LIN 总线的工作原理。

技能目标

（1）能采集 LIN 总线的波形并进行分析。

（2）能对车载网络系统 LIN 总线进行故障诊断。

素养目标

（1）培养局部服从整体的意识。

（2）培养良好的团队合作意识。

（3）培养良好的职业素养和职业道德。

任务描述

一辆新能源汽车，行驶中偶尔会出现以下故障现象：收音机喇叭突然有“咚——咚——”的报警声，仪表盘显示右前门打开的信息，且能听到右前门内衬发出“咔——咔——”声响；操作左前侧和右前侧车窗按钮，都不能对右前门玻璃升降器进行控制。你作为新能源汽车维修技师，应该如何检测诊断故障呢？

知识准备

一、车载网络系统 LIN 总线概述

LIN（Local Interconnect Network，局部互联网络，也被称为“局部子系统”）表示所有控

制单元被安装在一个有限的结构空间（例如车顶）内，如图 2-3-1 所示。一辆汽车中各个 LIN 总线系统之间的数据交换是通过 CAN 总线进行的，而且每一次只交换一个控制单元的数据。

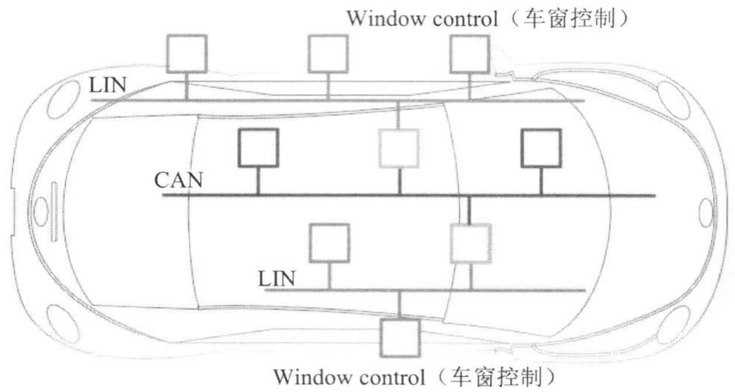

图 2-3-1　LIN 总线结构图

LIN 总线系统是一根单线总线，导线有基本颜色（紫色）和识别颜色，导线的截面积为 $0.35mm^2$，且不需要进行屏蔽。系统允许一个 LIN 主控制单元和最多 16 个 LIN 从属控制单元之间进行数据交换。

（一）LIN 主控制器控制单元

LIN 主控制器控制单元是 LIN 总线系统中唯一能与 CAN 总线连接的控制单元。其用于监控数据传送和数据传送率，并对已连接的 LIN 从属控制单元进行诊断。LIN 主控制单元传送信息标头，它的软件中包含有一个传送周期，规定了何时以何种频度把信息传送到 LIN 总线。LIN 主控制单元与从属控制单元之间的连接方式如图 2-3-2 所示。

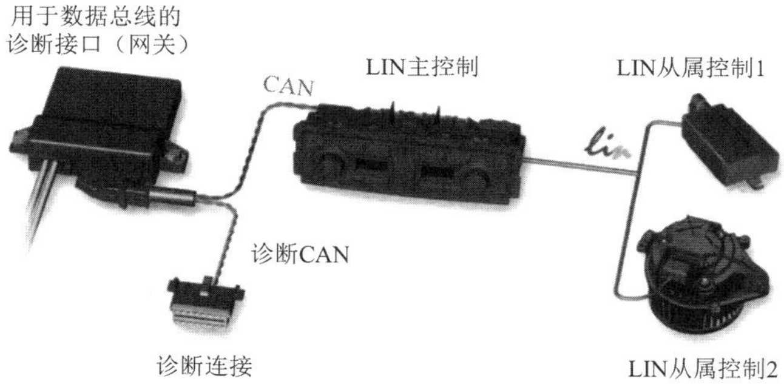

图 2-3-2　LIN 总线的连接方式

（二）LIN 从属控制单元

LIN 从属控制单元是LIN 总线系统中的一个组成部分，主要负责在 LIN 总线上进行数据传输。LIN 从属控制单元的通信完全由LIN 主控制单元控制，只有在 LIN 主控制单元发出命令的情况下，LIN 从属控制单元才能通过 LIN 总线进行数据传输。单个的控制单元、传感器和执行元件都可以被看作 LIN 从属控制单元。

LIN 总线从属控制方式如图 2-3-3 所示。由集成的传感器电子元件评价测量值，由 LIN 总线用数字信号的形式传送，几个传感器和执行元件只需要使用 LIN 主控制单元上的一个针脚。LIN 执行元件是智能电子元件或电子机械模块，它们接收由 LIN 主控制单元以数据信号形式传送的任务指令。LIN 主控制单元通过这些集成式传感器查询执行元件的实际状态，能够对额定值和实际值进行比较。只有当 LIN 主控制单元传送一个信息标头时，传感器和执行元件才会作出反应。

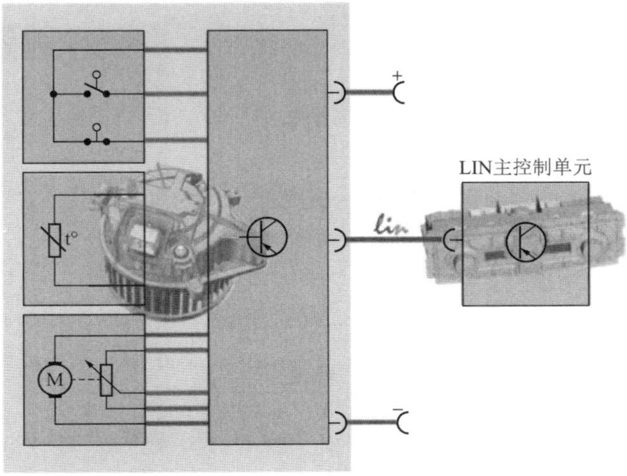

图 2-3-3　LIN 总线从属控制方式

二、车载网络系统 LIN 总线的工作原理

（一）数据传送

LIN 总线的数据传送速率是 1～20kbit/s（千位/秒），由 LIN 主控制单元中的软件确定，最多相当于舒适总线的 1/5。

（二）信号

LIN 总线主导电平和隐性电平波形如图 2-3-4 所示。

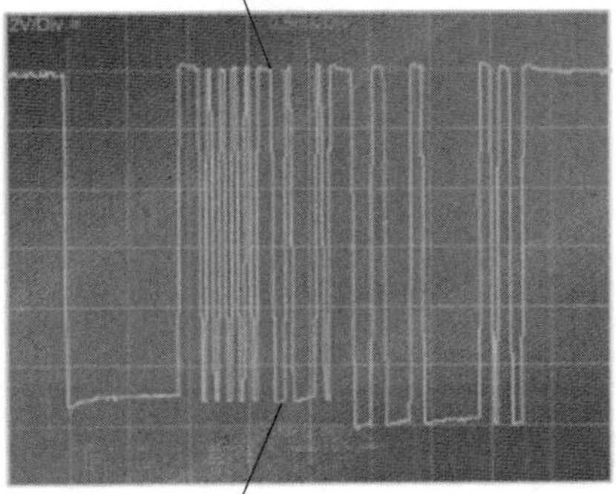

图 2-3-4　LIN 总线主导电平和隐形电平波形

隐性电平：如果没有信息或者仅有一个隐性的比特被传送至 LIN 总线，那么数据总线导线上的电压约等于蓄电池电压。

主导电平：为了把主导比特传送至 LIN 总线，发射接收机会把发射机控制单元中数据总线的导线与接地连通。由于控制单元中发射接收机的结构不同，所以各主导电平之间可能会存在差异。

（三）传送安全性

通过规定隐性电平和主导电平在传送和接收时的容许偏差，可以确保稳定的数据传送。为了在发生干扰时，仍然能够接收到有效的信号，接收时的容许电平范围较大，如图 2-3-5 所示。

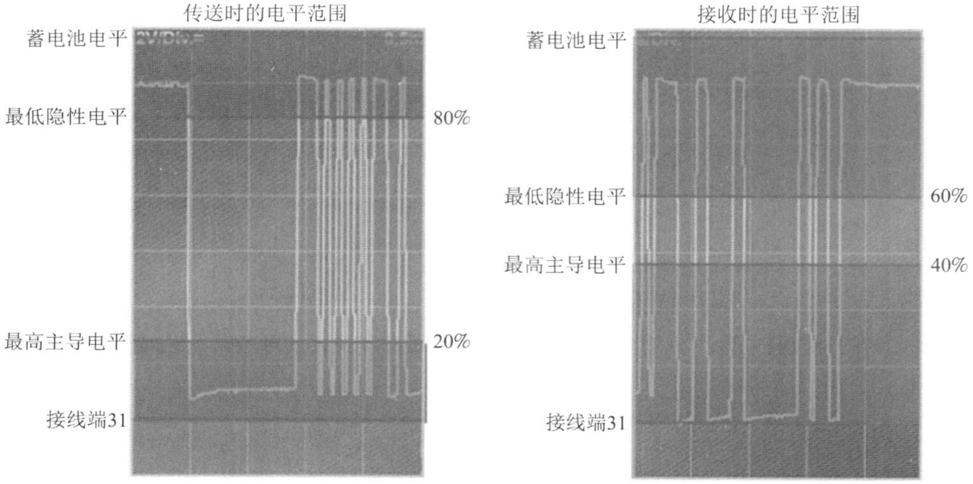

图 2-3-5　LIN 总线数据传输安全性

（四）带从属控制应答的信息

在信息标头中，LIN 主控制单元要求 LIN 从属控制单元传送信息（如开关状态或测量值），该应答信息由 LIN 从属控制单元传送，如图 2-3-6 所示。

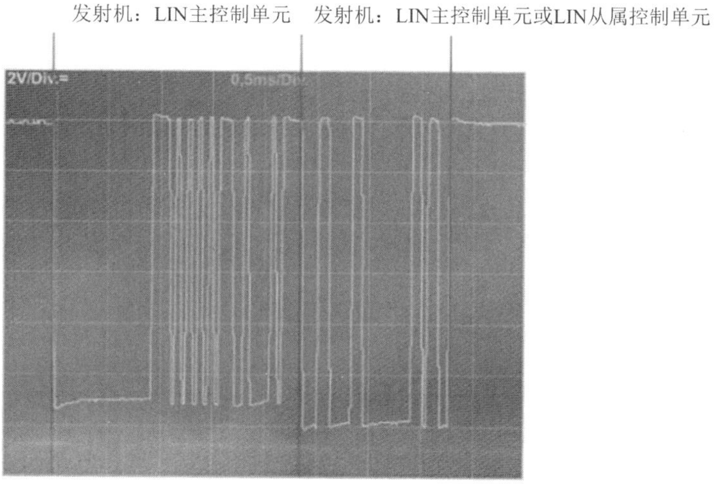

图 2-3-6　LIN 总线应答

（五）带主控制命令的信息

借助于信息标头中的标识符，LIN 主控制单元命令相应的 LIN 从属控制单元处理包含在应答信息中的数据，该应答信息由 LIN 主控制单元传送。信息标头由 LIN 主控制单元周期传送，分为同步暂停、同步定界符、同步区域和标识符区域四部分，如图 2-3-7 所示。

为了向所有 LIN 从属控制单元正确无误地传送信息开始的信号，同步暂停的长度至少为 13 比特，而且与主导电平一起传送。在其余的信息部分，最多连续传送 9 比特。同步定界符的长度至少为 1 比特而且是隐性的（约等于蓄电池电压）。同步区域由比特顺序 0101010101 组成，该顺序使得所有 LIN 从属控制单元与 LIN 主控制单元的系统时钟匹配（同步）。所有控制单元的同步是正确进行数据交换的前提，如果不同步，比特数据会被插入至接收机信息中的错误位置，从而导致数据传送错误。标识符区域的时间长度为 8 比特，前 6 比特包含应答数据字段的信息标识和数量，后两个比特包含用于检测前 6 比特是否有传送差错的校验和，在标识符发生传送差错时，可以用校验和来防止传送错误信息。

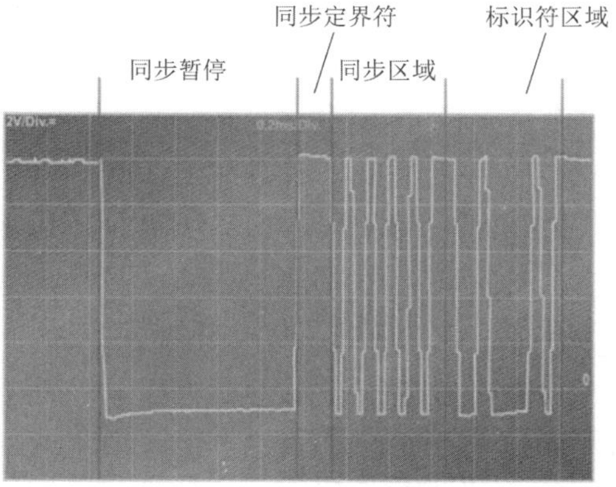

图 2-3-7　**LIN 总线信息标头**

（六）应答

如果是一条需要带从属应答的信息，LIN 从属控制单元会根据标识符提供带信息的应答，如图 2-3-8 所示。如果是一条来自主控制单元的带数据请求的信息，LIN 主控制器控制单元会作出应答。根据标识符，相应的 LIN 从属控制单元处理执行各种功能的数据，如图 2-3-9 所示。

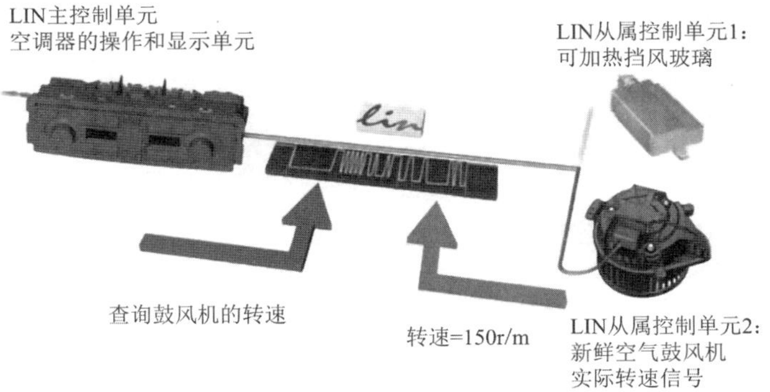

图 2-3-8　**LIN 从属控制单元应答**

应答由 1～8 个数据字段组成，一个数据字段最多由 10 比特组成，每个数据字段由一个主导起始比特，一个数据字节（包括信息）和一个隐性停止比特组成。起始和停止比特被用于后同步，从而避免传送差错，如图 2-3-10 所示。

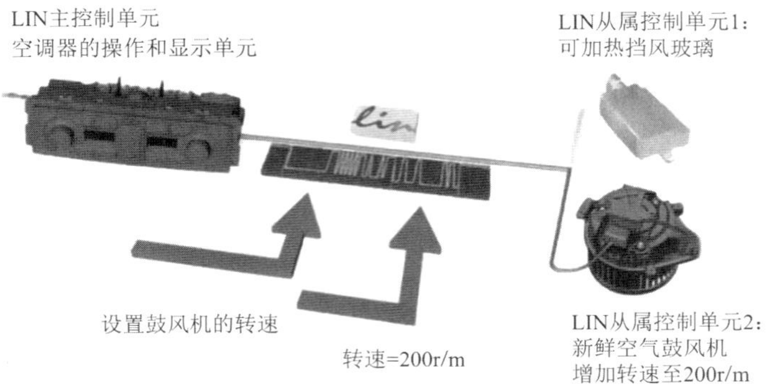

图 2-3-9　**LIN 主控制器控制单元应答**

（七）信息顺序

LIN 主控制单元按照软件规定，需顺序周期性地向 LIN 总线传送信息标头，如果是主控制信息，则传送应答信息。影响 LIN 主控制单元状态会改变信息的顺序，例如点火开关接通/断开、诊断的激活/不激活、侧灯接通/断开等。为了减少 LIN 主控制单元部件的数量选项，主控制器把一辆全配置汽车控制单元的信息标头传送给 LIN 总线。没有安装专门装备的控制单元会在示波器上显示无应答的信息标头，对系统的功能没有任何影响，如图 2-3-11 所示。

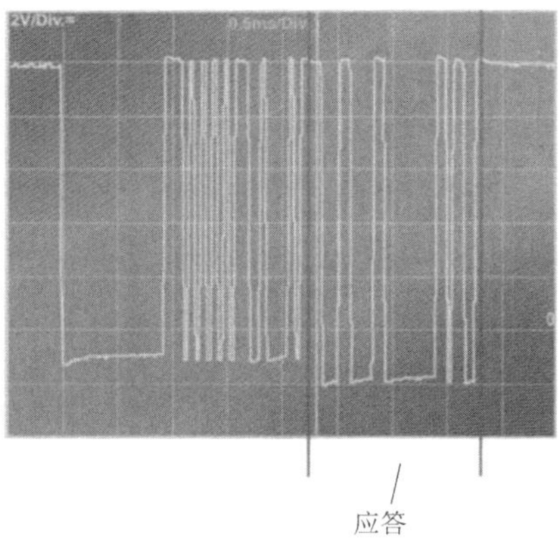

图 2-3-10　**LIN 总线应答波形图**

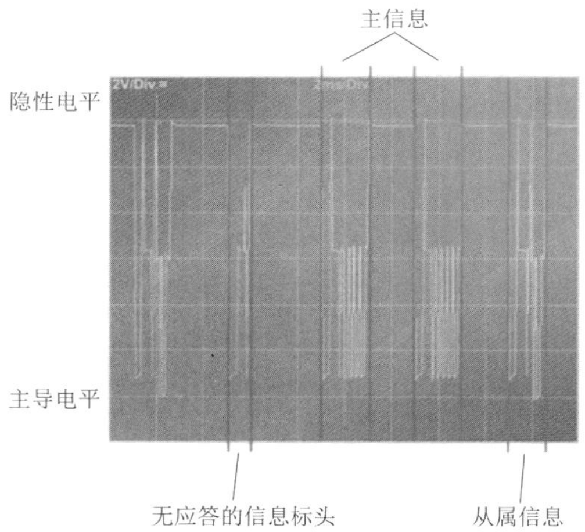

图 2-3-11　**LIN 总线信息的顺序**

（八）防盗系统

只有当 LIN 主控制单元发送具有相应标识符的信息标头时，数据才能在 LIN 总线系统中传输。由于 LIN 主控制单元对所有信息实施了全面监控，因此无法在车辆外部操控任何一条 LIN 导线，LIN 从属控制单元仅能响应主控制单元的指令，这意味着无法通过 LIN 总线实现例如打开车门的操作。这种设计使得在车辆外部安装 LIN 从属控制单元成为可能，例如在前保险杠中集成用于控制车库门开启的装置，如图 2-3-12 所示。

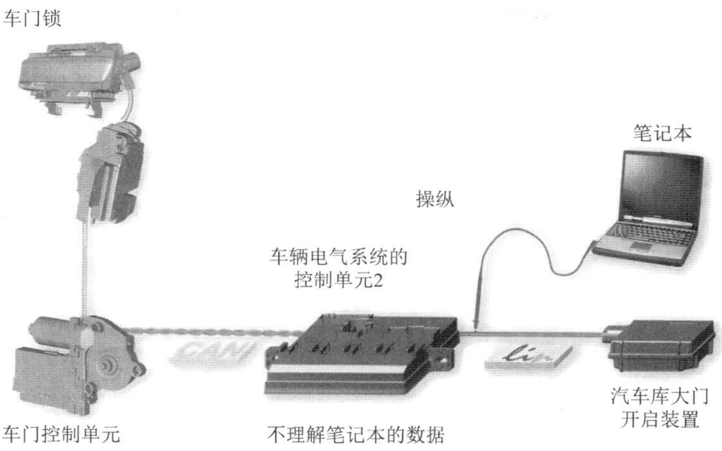

图 2-3-12　**LIN 总线防盗系统**

三、车载网络系统 LIN 总线的波形分析及故障诊断

（一）波形分析工具与方法

1. 波形分析工具

示波器是波形分析的主要工具之一，能够实时捕捉并显示信号波形。在车载网络系统中，常使用双通道示波器同时监测 LIN 总线的电压变化。

2. 波形分析方法

LIN 总线波形测量示波器连接测试线的方法与 CAN 总线波形测量的连接方法相同，唯一区别是 LIN 总线只有 1 根，且不需要两个通道测量。

（二）车载网络系统 LIN 总线的波形读取方法

在车载网络系统中，波形分析主要应用于分析 LIN 总线等网络传输介质的信号波形，以评估数据传输的状态和诊断潜在的故障。如图 2-3-13 所示，LIN 总线的波形读取方法操作步骤如下所述。

（1）设置探头和 CH2 通道的衰减系数。

（2）进行触发设定。

① 单击触发控制区域[TRIG MENU]按钮，弹出触发设置菜单。

② 在此菜单下分别应用[F1～F5]键菜单按钮进行设置。设置触发类型为“边沿”，触发源选择为“CH2”，斜率为“下降”，触发方式为“正常”，触发耦合为“直流”。

③ 调整水平和垂直挡位至适合的范围。调节水平的[SCALE]旋钮，将电压调至 2.00V；调节垂直的[SCALE]旋钮，将脉宽调至 1.00 ms；再调节水平和垂直的[POSITION]旋钮，将波形

图像调至屏幕的中央。

④ 旋转[TRIGGER LEVEL]旋钮，调整适合的触发电平，至少调节到中线以上。

⑤ 按[RUN/STOP]执行按钮，等待符合触发条件的信号出现。如果有某一信号达到设定的触发电平，即采样一次，并显示在屏幕上。利用此功能可以轻易捕捉到偶然发生的事件。

（3）将波形图像存盘。

① 将 U 盘插入到[F5]按钮下面的 U 盘插孔，等待一段时间后，界面上会弹出“U 盘连接成功”的提示信息。

② 按下[F1]按钮上面的[PrtSc]按钮，界面上会弹出一个进度条，进度条完成后，即保存成功。

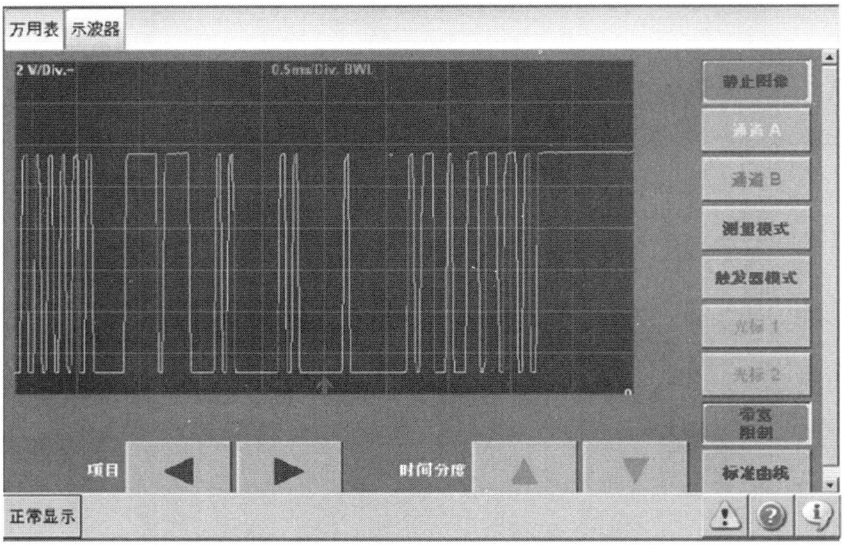

图 2-3-13　**LIN 总线波形采集示波器界面**

（三）LIN 总线波形特征

如图 2-3-14 所示，LIN 总线的波形是一个方波，反映了串行数据流中的二进制状态，观察到的波形应无明显的畸变和噪声。解码数据包以十六进制格式显示总线活动时的实时数据，“帧 ID”可能以黄色显示，而“数据”以白色显示。当 LIN 总线上无信号传输时（总线空闲），或传输的是隐性位时，LIN 总线处于高电平状态（隐性电平）。当发送显性位时，LIN 总线被接地，处于低电平状态（显性电平）。

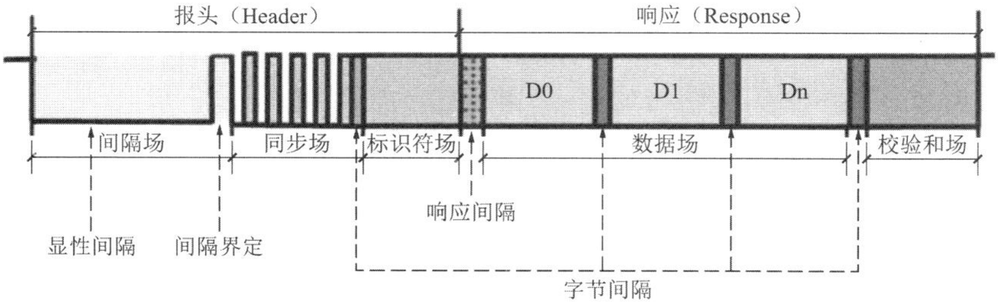

图 2-3-14　**LIN 总线分析**

LIN 总线的信息格式由报头（起始报文）和响应（应答）两部分组成，如图 2-3-14 所示。报头通过 LIN 主控制单元按周期发送，由间隔场、同步场、标识符场构成，响应通过由 LIN 主控制单元或从属控制单元发送。

在分析 LIN 总线波形时，需要注意波形的方波形态，确保没有明显的变形和噪声毛刺儿。通过示波器观察波形，可以看到 LIN 总线信号在传输显性位时，发送控制单元内的收发器将 LIN 总线接地，表现为信号上的最小值；在传输隐性位时，则为信号上的最大值。此外，还可以通过解码数据包来分析总线活动时的实时数据内容。

（四）车载网络系统 LIN 总线故障诊断

对 LIN 总线系统的诊断通过 LIN 主控制单元的地址字进行，LIN 总线将诊断数据从 LIN 从属控制单元传送到 LIN 主控制单元，所有 LIN 从属控制单元都可以执行自诊断功能。具体诊断方法如下：

（1）万用表检测。将万用表挡位调到 20V，取总线上的引脚进行测量，将万用表的一端接触引脚端，另一端接触信号端，测量两端电压值。万用表可以检测 LIN 线上的电压是否正常。

（2）LIN 总线自诊断。利用 LIN 主控制模块的地址码，自诊断数据经 LIN 总线由 LIN 从控制模块传至 LIN 主控制模块，完成自诊断功能。自诊断功能可以检测 LIN 总线是否能够正常进行自我检查和通信。

（3）电源正极短路检测。对示波器进行相应的设置后，测试 LIN 信号的直流平均电压。当 LIN 总线与电源正极短路时，LIN 总线的电压会被拉高到 12V，表明 LIN 总线网络无法正常通信。

（4）车身搭铁短路检测。当 LIN 总线与车身搭铁短路时，LIN 总线的电压会降低到 0V，此时 LIN 总线无法正常工作。

（5）断路现象检测：当 LIN 总线某处出现断路时，电路下游从属的控制单元无法正常工作。如果分支线路交叉点出现断路，分支线路的从属控制单位都不能正常工作。

结合 LIN 总线网络电路图，可以判断 LIN 总线哪里出现故障，根据故障原因再对其进行相关的修理。

（五）车载网络系统 LIN 总线维修

LIN 总线无论是出现短路故障还是断路故障，都需要进行维修。维修时需要采用带有热缩管的对接器进行处理。如图 2-3-15 所示，选择与需要维修的电线直径匹配的带有热缩管的对接器，将断头线束两端剥去绝缘皮留 5mm 铜线头，插入对接器金属腔体中，用钳子夹紧对接器金属腔部位。用热风枪均匀（360°旋转装好铜线头的对接器）吹热缩管直至热缩管内壁流淌出液体浆状物，即完成了 LIN 总线的维修。

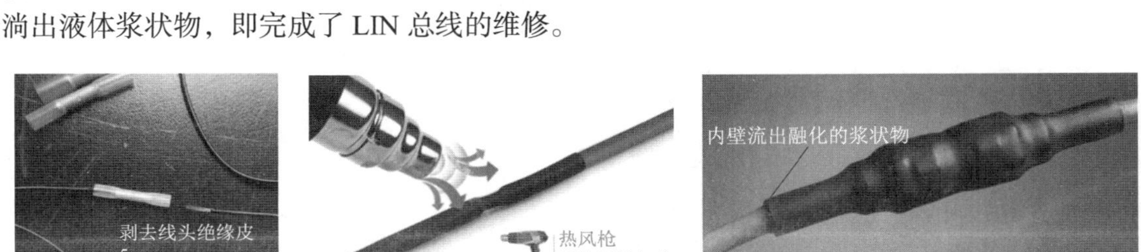

图 2-3-15　LIN 总线维修

知识延伸

车载以太网

车载以太网是一种用于连接汽车内各种电子设备的高速网络技术，它基于以太网协议，但针对车载环境进行了优化和定制。车载以太网可提供高速、可靠的数据传输能力，支持多种应用场景，如车载娱乐系统、车辆诊断系统和驾驶辅助系统等。

车载以太网具有高带宽、成熟度高等优势，其带宽从100Mbit/s到5Gbit/s甚至更高，远超传统车载网络的带宽。此外，车载以太网技术已经相对成熟，可以直接应用于汽车中，无须额外的验证或技术难题攻关。

车载以太网的技术特点包括对物理层的优化和定制，其使用单对非屏蔽双绞线，可满足汽车行业对高可靠性、低电磁辐射、低功耗和低延迟的要求。此外，车载以太网支持多种协议，如AVB、TSN、TCP/IP等，确保了网络的高效运行和实时性。

任务实施

车载网络系统 LIN 总线的波形分析及故障诊断

请根据工作任务单的指引（表 2-3-1），读取 LIN 总线波形，并对 LIN 总线故障进行诊断与维修。

车载网络系统 LIN 总线的波形分析及故障诊断工作页　　表 2-3-1

车载网络系统 LIN 总线的波形分析及故障诊断				班级：	
				姓名：	
实训地点：			实训时间：		
1. 车辆信息记录					
品牌		整车型号		生产年月	
驱动电机型号		电池电量		行驶里程	
车辆识别码					
2. 作业场地准备					
检查设置隔离栏					□是　□否
检查设置安全警示牌					□是　□否
检查灭火器压力、有效期					□是　□否
安装车辆挡块					□是　□否
3. 对仪器进行检查					
检查仪器名称					是否正常
防护用具：绝缘手套、车辆防护用具					□是　□否
4. 检查与维护前的准备工作					
实施步骤					是否完成
能说出 LIN 总线检测的方法					□是　□否
能进行 LIN 总线波形的读取					□是　□否
能对 LIN 总线故障进行诊断					□是　□否
能对 LIN 总线进行维修					□是　□否
5. 7S 管理					
建立安全操作环境					□是　□否
清理及整理工具量具					□是　□否
清理及复原车辆正常状况					□是　□否
清洗场地					□是　□否
物品回收和环保					□是　□否
完善和检查工作					□是　□否
实训人（签字）：			监督人（签字）：		

任务评价

通过自评、互评及师评对本任务学习情况进行考评（表 2-3-2），掌握学习效果。

车载网络系统 LIN 总线的波形分析及故障诊断考核评分　　表 2-3-2

车载网络系统 LIN 总线的波形分析及故障诊断			实习日期：				
姓名：		班级：	学号：		导师签名：		
自评：□熟练 □不熟练		互评：□熟练 □不熟练	师评：□合格 □不合格				
日期：		日期：	日期：				
评分细则							
序号	评分项	得分条件	分值（分）	评分要求	自评	互评	师评
1	安全/7S/态度	□ 1. 能进行工位 7S 操作 □ 2. 能进行设备和工具安全检查 □ 3. 能进行车辆安全防护操作 □ 4. 能进行工具清洁、校准、存放操作 □ 5. 能进行三不落地操作	15	未完成 1 项扣 3 分	□熟练 □不熟练	□熟练 □不熟练	□合格 □不合格
2	专业技能能力	□ 1. 能说出 LIN 总线检测的方法 □ 2. 能进行 LIN 总线波形的读取 □ 3. 能对 LIN 总线故障进行诊断 □ 4. 能对 LIN 总线进行维修	50	未完成 1 项扣 15 分，扣分不得超过 50 分	□熟练 □不熟练	□熟练 □不熟练	□合格 □不合格
3	工具及设备的使用能力	□ 1. 能正确使用示波器 □ 2. 能正确使用检测工具	10	未完成 1 项扣 4 分，扣分不得超过 10 分	□熟练 □不熟练	□熟练 □不熟练	□合格 □不合格
4	资料、信息查询能力	□ 1. 能正确查询车机系统故障码 □ 2. 能正确使用车辆使用手册查询资料 □ 3. 能正确记录查询资料章节页码	10	未完成 1 项扣 4 分，扣分不得超过 10 分	□熟练 □不熟练	□熟练 □不熟练	□合格 □不合格
5	数据判断和分析能力	□ 1. 能判断车辆 LIN 是否正常 □ 2. 能判断控制面板工作是否正常	10	未完成 1 项扣 5 分	□熟练 □不熟练	□熟练 □不熟练	□合格 □不合格
6	表单填写及报告撰写能力	□ 1. 字迹清晰 □ 2. 语句通顺 □ 3. 无错别字 □ 4. 无抄袭	5	未完成 1 项扣 1 分	□熟练 □不熟练	□熟练 □不熟练	□合格 □不合格
总分：							

任务拓展

车载网络应用 LIN 线新技术——Atmel 两线 LIN 架构

思考测试

一、多选题

以下有关 LIN 总线的叙述正确的是（　　）。

A. LIN 总线的传输速率为 1～100kbit/s

B. 一个 LIN 主控制单元最多能和 16 个从属控制单元进行数据交换

C. LIN 线波形信号显性电平为 0V

D. LIN 线波形信号隐性电平为 12V

二、判断题

1. LIN 总线波形是一个正弦波。（　　）
2. 当 LIN 数据总线上无信号时，总线处于电压最小值。（　　）
3. 在 LIN 波形中，可以对应读出 LIN 报文信息（起始报文和应答）。（　　）
4. 不同车型中，LIN 的休止电压值都是相同的。（　　）
5. 使用示波器测试 LIN 总线波形时，无须进行特别的设置。（　　）

模块三

整车控制器及电路控制

任务1 整车控制器的认知

学习目标

知识目标

（1）能描述整车控制器的作用。
（2）能描述整车控制器的硬件组成。
（3）能列举整车控制器的各项控制功能。

技能目标

（1）能在实车上找到整车控制器的安装位置。
（2）能识别整车控制器插接器连接方式及其针脚数量。
（3）能规范进行整车控制器的更换操作。

素养目标

（1）培养良好的安全意识。
（2）培养良好的团队合作意识。
（3）培养沟通表达能力。
（4）培养良好的职业素养和职业道德。
（5）树立对民族汽车工业发展的自豪感。

任务描述

你作为一名维修实习技师，师傅告诉你客户的新能源车整车控制器坏了，要进行更换。你知道整车控制器的作用是什么吗？它安装在车上的什么地方？应如何对整车控制器进行正确的拆卸更换操作？

知识准备

一、整车控制器的作用

整车控制器（Vehicle Control Unit，VCU）即动力总成控制器，是新能源汽车整车控制系统的核心控制部件。整车控制器应具有高可靠性以及良好的容错性、电磁兼容性和环境适应性，以保障新能源汽车的安全、稳定运行。

整车控制器通过采集各个传感器信号来判断驾驶人意图，如加速踏板信号、制动踏板信号等，再控制各执行器执行相应动作或通过 CAN 总线与其他控制器通信，进而实现相应功能，如车辆起步、加速、减速、匀速行驶、制动能量回收、温度控制等，从而使车辆运行在最佳状态。比亚迪秦 EV 整车控制器控制结构如图 3-1-1 所示。

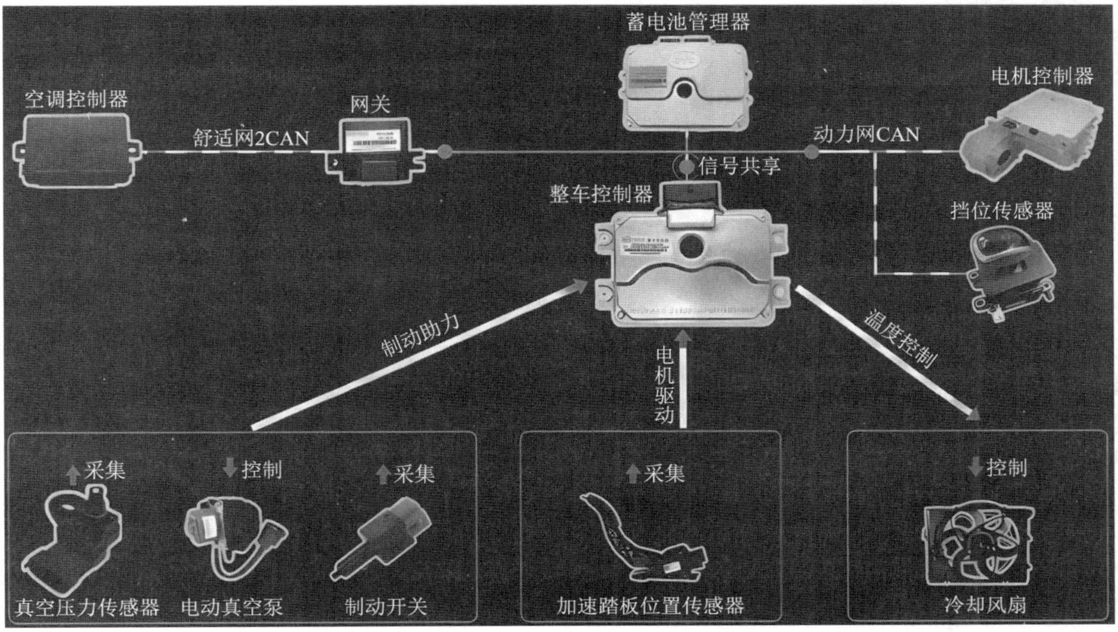

图 3-1-1　比亚迪秦 EV 整车控制器控制结构

在车辆上电阶段，整车控制器根据车辆的认证信息、热管理信息，以及真空压力传感器、挡位、车速、动力蓄电池 SOC、加速踏板位置传感器、制动开关、温度等参数来决定车辆是否可以上电。

在车辆运行过程中，整车控制器通过检测挡位开关、加速踏板、制动踏板的信号，接收、处理驾驶人的驾驶操作指令，向各个部件发送控制指令，最终控制电机的输出力矩、功率及旋转方向，使车辆按驾驶人的期望行驶。

在系统运行过程中，整车控制器针对关键信息的输入判断车辆的状态是否正常，必要时启动保护功能，并视故障的类别对整车进行分级保护，紧急情况下甚至可以关掉驱动电机及切断母线高压系统。

二、整车控制器的组成

整车控制器的硬件包括微控制器、电源管理模块、电源保护模块、功率驱动模块、信号采集模块、CAN 通信模块等，如图 3-1-2 所示。

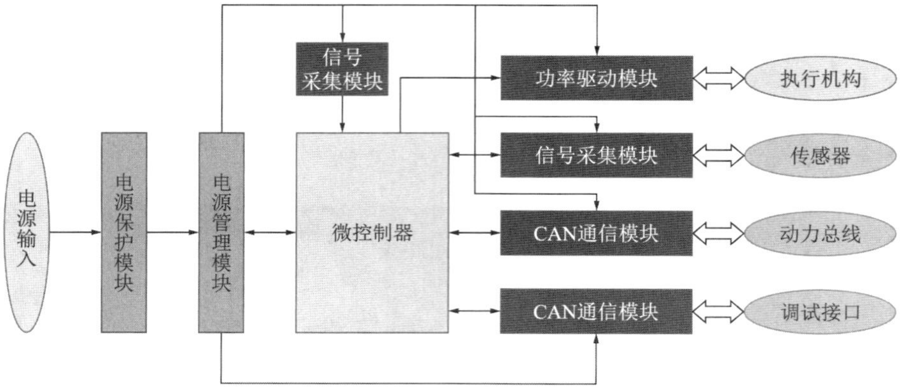

图 3-1-2　整车控制器硬件结构组成

1. 微控制器

微控制器是整车控制器的核心部分，主要负责外部输入信号的采集和处理、控制指令的输出等。微控制器包含复位电路、晶振电路和程序开发接口等。

2. 电源管理模块

电源管理模块可用来实现电压转换，它能将动力蓄电池的高压电转换为低压电，并将低电压提供给微控制器、CAN 通信模块，以及需要整车控制器提供电能的传感器等。

3. 电源保护模块

电源保护模块位于每个芯片的电源输入引脚处，它能减小电源电压扰动对整个电路的影响，从而在输入电源电能时保护整个电路。

4. 功率驱动模块

功率驱动模块主要在执行机构的控制电路中使用，它能放大整车控制器发出的动作控制指令，达到驱动执行机构动作的目的。功率驱动模块在各控制单元中均属于执行控制元件。

5. 信号采集模块

信号采集模块能对输入的信号进行滤波、限流、分压处理，从而保证输入到微控制器的信号在微控制器 I/O 引脚的输入范围内。

6. CAN 通信模块

CAN 通信模块负责整车控制器与网络控制系统高速 CAN 的信息发送与接收。但是，CAN 通信模块作为 CAN 总线的终端节点时，应添加终端电阻，以防 CAN 总线出现通信故障（如抗干扰能力和可靠性的降低、通信丢帧、无法通信等情况）。

三、整车控制器的控制功能

1. 驾驶人意图解析

驾驶人意图解析主要是对驾驶人操作信息进行分析处理，也就是根据挡位开关、加速踏板和制动踏板的信号确定驾驶人的意图，进而控制车辆的运行。

图 3-1-3 所示为驾驶人操作车辆控制原理。加速踏板开度越大，说明驾驶人需要驱动电机的输出功率越大；加速踏板踩得越猛，说明驾驶人的加速意图越明显；制动踏板踩得越深，说明驾驶人需要很大的制动力；制动踏板踩得越猛，说明驾驶人需要紧急制动。整车控制器接收分析加速踏板或制动踏板信息，通知驱动电机输出一定的驱动功率或再生制动功率。在车辆运行过程中，整车控制器一方面要合理解析驾驶人的操作意图，也要接收整车各系统的反馈信息，为驾驶人的决策提供修正信息。

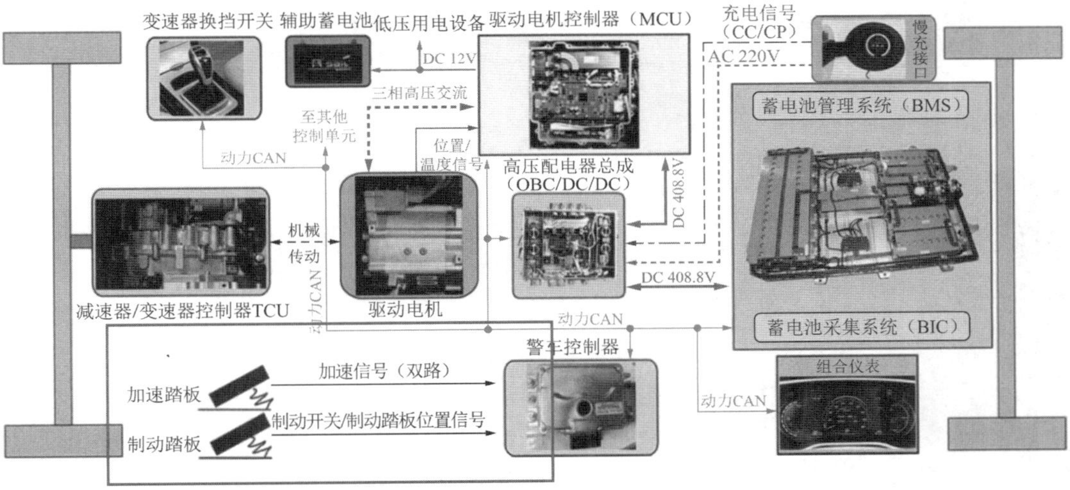

图 3-1-3　驾驶人操作车辆控制原理

2. 驱动控制

整车控制器根据驾驶人对车辆的操纵信息（加速踏板、制动踏板以及选挡开关）、车辆状态、道路及环境状况，经分析和处理，在动力蓄电池技术状态允许的前提下，向电机控制器发出相应的指令，控制电机的驱动转矩来驱动车辆，以满足驾驶人对车辆的动力性要求，同时保证车辆的安全性、舒适性。

整车控制器驱动控制原理如图 3-1-4 所示，当车辆上电后，驾驶人踩下制动踏板，将挡位切换至前进挡或后退挡，整车控制器通过挡位传感器接收到挡位信号，通过加速踏板传感器接收到加速踏板信号，然后会计算出驱动电机转动方向和转动力矩，并将这一信号通过动力网传输至驱动电机控制器，进而驱动电机工作，从而实现车辆运行。

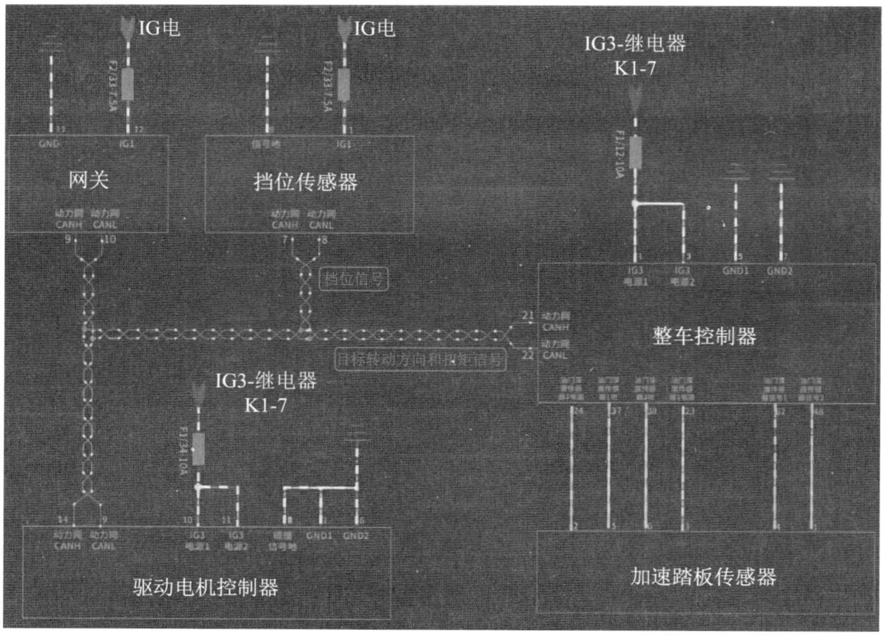

图 3-1-4 整车控制器驱动控制原理

3. 制动能量回收控制

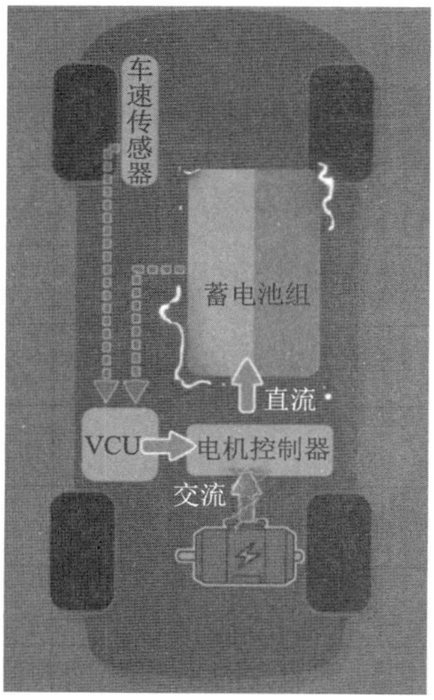

图 3-1-5 电动汽车制动能量回收控制示意图

图 3-1-5 所示为电动汽车制动能量回收控制示意图，驱动电机作为驱动转矩的输出机构，同样具有回馈制动的性能，此时驱动电机转变为发电机，利用电动汽车的制动能量发电，同时将此能量储存在储能装置中，当满足充电条件时，将能量反充给动力蓄电池组。在这一过程中，整车控制器根据加速踏板和制动踏板的开度以及动力蓄电池的 SOC 值来判断某一时刻能否进行制动能量回收，如果可以进行，整车控制器向电机控制器发出指令，在满足安全、制动以及舒适性的前提下回收部分能量，把电动机发出的交流电逆变成直流电，储存在动力蓄电池组中。

4. 整车能量优化管理

通过对电动汽车的电机驱动系统、蓄电池管理系统、传动系统以及其他车载能源动力系统（如空调、电动泵等）的协调和管理，提高整车能量利用效率，延长续驶里程。

5. 充电过程控制

充电模式启动后，整车控制器、电机控制器被 IG 点火电源激活唤醒，充配电总成发送充电模式启动信息至整车控制器，整车控制器根据当前驱动系统状态，发送禁行信息至电机控制器。此时车辆无法换挡行驶，处于禁行状态。

6. 高压上、下电控制

（1）高压上电。

高压上、下电控制如图 3-1-6 所示。根据驾驶人的上电请求指令，通过动力 CAN、舒适 1-CAN、启动 CAN、网关控制器、车身控制模块（Body Control Module，BCM）、智能钥匙控制系统（Key Less ECU）进行身份验证以及接收解锁信息。在接收到解锁信息后，与 BMS、电机控制器、充配电控制单元、挡位控制器等进行数据交换，确认高压系统互锁、绝缘以及动力蓄电池 SOC、挡位信息、制动开关等各系统故障等信息正常后，向 BMS 发送上电许可信息。BMS 接收到上电信息后，依次控制主负、预充、主正继电器吸合，进行整车高压上电。

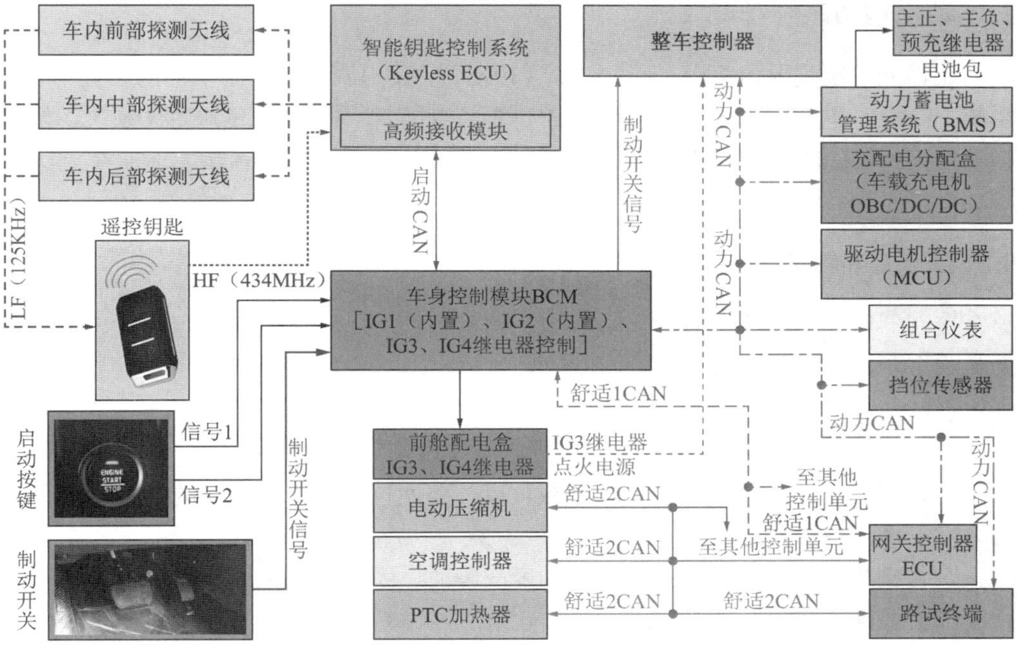

图 3-1-6　高压上、下电控制图

（2）高压下电。

当驾驶人再次按压启动按键后，车辆进入整车下电流程，BCM 根据启动按键的两个信号来判断此时需要整车下电；随即通过舒适 1-CAN、网关控制器、动力 CAN 给整车控制器发送整车下电请求；整车控制器接收到此消息后通过动力 CAN 发送高压下电命令至 BMS，BMS 接收到下电命令后依次断开主正、主负继电器，高压下电完成。同时 BMS 将这一信息发送至整车控制器，整车控制器接收到高压下电信息后，通过动力 CAN、网关控制器、舒适 1-CAN 给 BCM 发送高压下电完成信息，BMS 接收到此信息后断开 IG1、IG2、IG3、IG4 继电器，整车低压下电。

从图 3-1-6 中可以看出，所谓上、下电控制，实质就是协调各相关部件的上电与下电流程，包括电机控制器、BMS 等部件的供电，预充电继电器、主继电器的吸合和断开时间以及 IG1、IG2、IG3、IG4 继电器的吸合和断开时间等。

7. 上坡辅助功能控制

汽车在坡上起步时，驾驶人从松开制动踏板到踩下加速踏板的过程中，会出现车辆向后溜车的现象；在坡上行驶过程中，如果驾驶人踩下加速踏板的深度不够，就会出现车速逐渐降到零然后向后溜车的现象。

为了防止汽车在坡上起步和运行时向后溜车，在整车控制策略中增加了上坡辅助功能，它可以保证车辆在坡上起步时，向后溜车不会超过 10cm；在坡上运行过程中如果动力不足时，车速慢慢降到零，然后会保持零车速，不再向后溜车。

8. 电动化辅助系统管理

电动化辅助系统主要包括电子稳定系统（ESC）及其附属的电子制动辅助装置、电动助力转向系统（EPS）、电子驻车控制系统（EPB）等，这些系统分布在 ESC-CAN 系统，整车控制器依据动力 CAN 上的 BMS 提供的动力蓄电池状态和电机控制器的需求，对整车系统进行策略管理。

9. 车辆状态的实时监测和显示

整车控制器对车辆的状态进行实时监测，并且将各个系统的信息通过 CAN 总线发送给车载信息显示系统，将状态信息和故障诊断信息显示出来。

10. 行车模式控制

（1）正常模式：按照驾驶人意愿、车载负荷、路面情况和气候环境的变化，进行调节车辆的动力性、经济性和舒适性。

（2）跛行模式：当车辆某个系统出现中度故障时，系统不再采纳驾驶人的加速请求，启动跛行模式，最高车速限制在 9 km/h。

（3）停机保护模式：当车辆某个系统出现严重故障时，整车控制器将停止发出指令，车辆进入禁行状态。

11. 故障诊断与处理

整车控制器根据传感器的输入及其他通过 CAN 总线通信得到的电机、动力蓄电池、充电机等的信息，连续监视车辆的运行状态，对各种故障进行判断、等级分类、报警显示。

12. 热管理控制

整车控制器需要对充电和车辆运行过程中的温度进行热管理。驱动电机工作时会产生高温，如果不加以降温，驱动电机无法正常工作，所以驱动电机机体内设置有冷却液通道，通过冷却液的循环与外界进行热交换，这样能将驱动电机的工作温度保持在一定范围内，防止驱动电机过热；电机控制器不但控制驱动电机的高压三相供电，还要将动力蓄电池的高压直流电转化成低压直流电为铅酸蓄电池充电，在此过程中会产生热量；此外在车辆充电过程中，充配电控制单元内部绝缘栅双极晶体管（Insulated Gate Bipolar Transistor，IGBT）功率管和电机控制器内部的 IGBT 功率管工作，产生大量热量，如果这些热量不散发，将导致 IGBT 功率管高温后性能下降，严重时可能引发安全事故，因此整车控制器需要通过对冷却风扇的控制实现强制热交换，最终对关键系统或部件进行散热。

13. CAN 总线网络化管理

在整车动力控制管理中，整车控制器是信息控制的中心，负责动力防盗信息的验证及解除、信息的组织与传输、网络状态的监控、网络节点的管理、信息优先权的动态分配以及网络故障的诊断与处理等，同时协调 BMS、电机控制器、空调系统等模块间的相互通信。图 3-1-7 所示为动力系统 CAN 总线结构图。

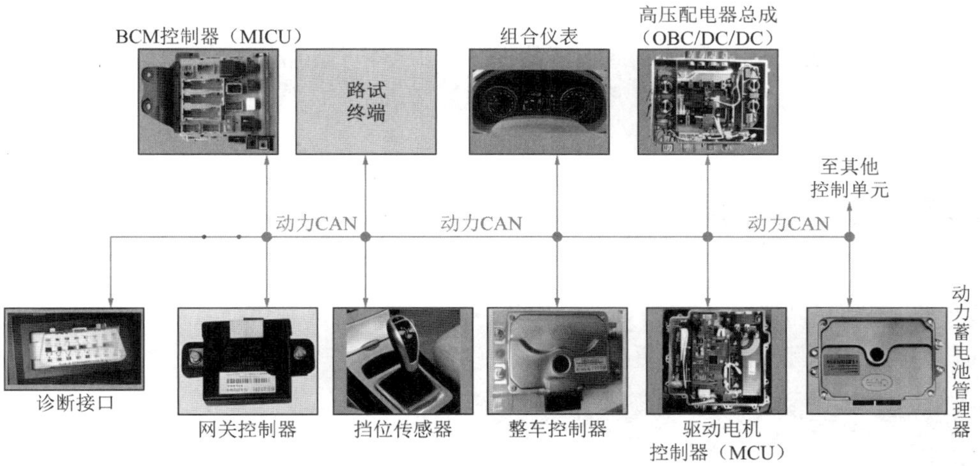

图 3-1-7　**动力系统 CAN 总线结构图**

14. 换挡控制

挡位控制关系驾驶人的安全，正确理解驾驶人意图，正确识别车辆的挡位，在基于模型开发的挡位管理模块中得到很好的优化。在出现故障时作出相应处理，保证整车安全，在驾驶人出现挡位误操作时，可通过仪表灯提示驾驶人，使驾驶人能迅速作出纠正。

换挡机构相当于一个控制模块，可以将传感器的信号输入内部的挡位模块，挡位模块通过动力 CAN 与整车控制器、电机控制器、组合仪表等进行数据通信，以传输挡位信息。

15. 远程监控

车辆配备远程监控功能，操作人员可以通过综合平台或企业平台便捷地获取车辆最近一段周期的实时数据，操作人员对获取的数据进行相应的分析后，即可快速地对车辆故障作出初步诊断，从而极大地减轻客户为维护车辆所付出的时间成本。

远程监控系统在装车后第一次连接网络，综合平台或企业平台就开始对远程监控系统进行管理。其主要包括以下管理内容。

（1）CAN 唤醒和睡眠。

睡眠模式：30s 未收到 CAN 信号，远程监控系统进入睡眠模式并保持一级低功耗。

唤醒模式：收到 CAN 信号或动力-CAN 上有充电信号时，远程监控系统返回到正常工作模式。

（2）GPS 定位。

远程监控系统内部集成 GPS 模块，能够提供车辆当前所处的经度、纬度等定位信息。

（3）软件升级。

软件升级是指用户在产品开发过程中或产品售出后可通过远程监控系统对车辆软件和参数进行升级，系统支持本地和远程两种升级方式，在软件升级的过程中，CAN 接口要处于关闭状态。从服务端下载到设备的升级数据需要经过 GSM 通道传输。

（4）实时信息传输。

远程监控系统注册成功后，会按一定时间周期地向后台上报动力-CAN 或舒适-CAN 上接收的实时数据。内容包括单体蓄电池电压数据、动力蓄电池包温度数据、整车数据（充电）、卫星定位系统数据、极值数据和报警数据及断电后 3 min 内的实时信息。

四、整车控制器的更换

整车控制器发生故障时，通常采用的维修方法是进行拆卸和更换。下面以比亚迪秦 EV 纯电动汽车为例，介绍整车控制器更换操作的注意事项和工作流程。

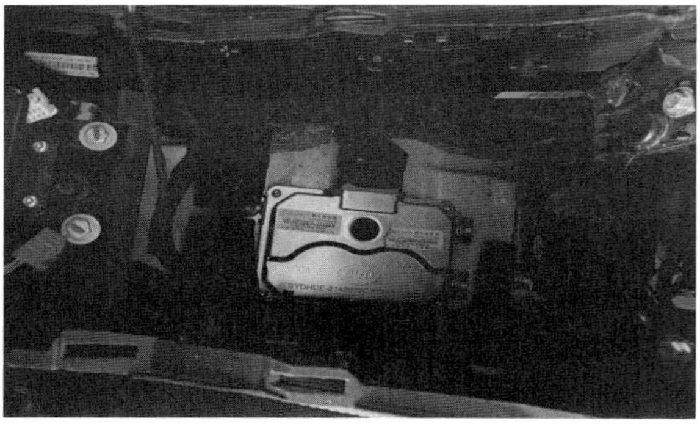

图 3-1-8　整车控制器安装位置

在进行整车控制器更换时，应注意安全操作问题。由于整车控制器由低压供电系统进行供电，因此首先需要拆下低压蓄电池负极连接线束，并进行可靠搭铁。虽然整车控制器独立于整车高压系统，但为了避免由误操作导致的高压触电，需要确保整车无绝缘故障。因此整车控制器的更换操作应在低压下电及无绝缘故障前提下进行。

比亚迪秦 EV 的整车控制器安装在中控扶手箱下方，由紧固螺栓固定，如图 3-1-8 所示。整车控制器上有一个插头，用于控制器供电、输入/输出信号及与其他部件控制器进行通信。

整车控制器的更换步骤如下：

（1）打开车门，安装车内四件套，如图 3-1-9 所示。

（2）确保启动开关关闭，拉动前机舱盖拉手。

（3）打开前机舱盖，安装车外三件套，如图 3-1-10 所示。

（4）断开蓄电池负极，并用绝缘胶带缠绕负极电缆，如图 3-1-11 所示。

（5）拔下整车控制器插接器插头

（6）拆下整车控制器的固定螺栓。

（7）取下整车控制器，如图 3-1-12 所示。

（8）更换新的整车控制器。

（9）安装整车控制器的固定螺栓。

（10）安装整车控制器连接插头。

（11）安装蓄电池负极。

（12）取下车外三件套，关闭前机舱盖。

（13）取下车内四件套。

完成整车控制器更换后，新的整车控制器需要与原车进行控制匹配和标定。对于不同车型，匹配的方式有所不同，有的车型需要厂家或维修店专业人员进行手动匹配和标定，而有的车型自身就能够进行自适应匹配和标定。

图 3-1-9　安装车内四件套

图 3-1-10　安装车外三件套

图 3-1-11　断开蓄电池负极

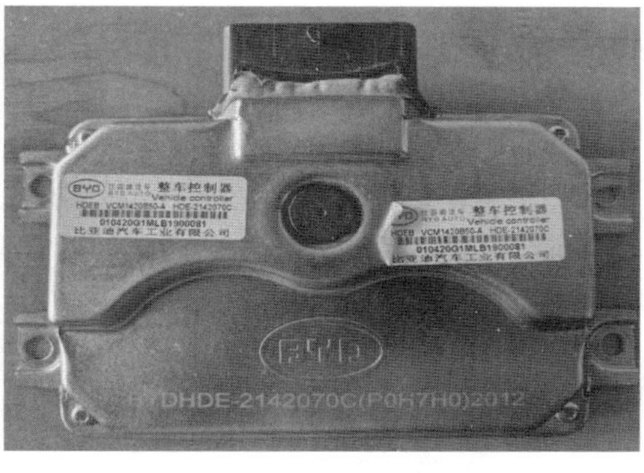

图 3-1-12　取下整车控制器

知识延伸

整车控制器的发展趋势

1. 智能化与自动化发展

在智能化与自动化发展方面，新能源汽车产业取得了显著的进步。特别是自动驾驶技术的广泛应用，为新能源汽车注入了新的活力。自动驾驶技术依托整车控制器的智能化发展，实现了对车辆系统的实时感知、预警和决策能力。通过搭载传感器和智能算法，整车控制器能够实时监测车辆状态、驾驶环境以及驾驶人意图，并根据这些信息作出合适的驾驶决策，从而大大提高驾驶的安全性和舒适性。此外，随着自动驾驶技术的不断进步，整车控制器在新能源汽车中的自动化发展也日益显著。中国新能源汽车市场规模的快速增长，为自动驾驶技术的推广提供了广阔的空间和机遇。

2. 集成化与模块化趋势

集成化与模块化已成为新能源汽车整车控制器发展的重要趋势。随着数字化、智能化技术的不断进步，汽车功能逐步整合集中，从分布式架构到域融合架构，再到中央计算平台，这种集中化的演进趋势已经成为行业共识。集成化发展意味着整车控制器正逐步将多个功能或系统整合到一个控制器中，实现车辆信息的共享和协同控制。这种集成化的设计有助于减少车辆部件数量，降低成本，并提高车辆性能。例如，通过将电池管理系统、电机控制系统和车辆信息系统等集成到一个控制器中，可以实现更高效的能源管理和更精确的车辆控制。

同时，模块化设计也在新能源汽车整车控制器领域得到了广泛应用。通过将控制器划分为多个功能模块，每个模块承担特定的功能任务，有助于实现产品的个性化定制和快速开发。这种设计方式使得控制器可以根据不同车型和市场需求进行灵活组合，提高了产品的适应性和竞争力。模块化设计还有助于降低开发成本和风险，因为每个模块都可以独立开发和测试，从而提高了整个系统的稳定性和可靠性。

3. 高性能计算平台应用

高性能计算平台在新能源汽车整车控制器中的应用，是顺应技术发展潮流的必然趋势。整车控制器需要处理大量来自传感器和执行器的数据，以及复杂的控制算法，这对计算平台的数据处理能力和运算速度提出了极高的要求。

高性能计算平台提供了强大的数据处理能力，可以迅速处理和分析来自车辆各个系统的数据，确保整车控制器的实时性和准确性。同时，高性能计算平台还具备高可靠性和高稳定性，能够应对各种复杂的工况和环境，保证整车控制器的稳定运行。

高性能计算平台还可以结合多种计算技术，如云计算、边缘计算等，实现数据的实时传输、处理和分析。云计算可以提供强大的计算资源和存储资源，支持复杂的算法和模型；边缘计算则可以将部分计算任务下载到车载计算平台，以提高响应速度和安全性。这些技术的融合有助于提升新能源汽车的性能、安全性和驾驶体验，推动新能源汽车产业的持续发展。

4. 网络安全与功能安全的融合

网络安全是确保新能源汽车整车控制器在通信和数据处理过程中免受恶意攻击和非法入侵的关键。整车控制器需要与车辆其他部件以及外部设备进行通信，传输控制指令和数据。

如果这些通信被恶意截获或篡改，就可能导致车辆失控、功能失效甚至被盗。因此，采取有效的网络安全措施至关重要。这包括使用加密技术来保护通信内容的隐私性，以及部署防火墙来阻止未经授权的访问和攻击。还需要定期进行安全漏洞扫描和修复，以确保系统的持续安全性。

功能安全则更侧重于整车控制器的可靠性和稳定性。在新能源汽车中，整车控制器负责控制车辆的各个系统，如电机、电池、制动等。如果控制器出现故障或误操作，就可能导致车辆失控或发生事故。为了确保功能安全，需要采用一系列技术手段，如冗余设计、错误检测和纠正等。冗余设计意味着在系统中设置备份组件，以在主组件出现故障时接管其功能。错误检测和纠正则能够在检测到错误时及时采取措施进行修正，从而避免更大的损失。

网络安全和功能安全在新能源汽车整车控制器中相互关联、相互促进。网络安全为功能安全提供了信息保障。如果通信被恶意截获或篡改，即使功能安全设计再完善，也无法保证车辆的安全。功能安全为网络安全提供了基础支持。如果控制器本身不稳定或不可靠，那么即使采取了再多的网络安全措施，也难以确保系统的整体安全性。

任务实施

整车控制器的认知与更换

请根据工作任务单的指引（表 3-1-1），在车上指出整车控制器的安装位置、识别整车控制器插接器连接方式及其针脚数量，并进行整车控制器的拆卸和安装。

整车控制器的认知与更换（比亚迪秦 EV）工作页　　表 3-1-1

<table>
<tr><td colspan="4" rowspan="2">整车控制器的认知与更换</td><td colspan="2">班级：</td></tr>
<tr><td colspan="2">姓名：</td></tr>
<tr><td colspan="3">实训地点：</td><td colspan="3">实训时间：</td></tr>
<tr><td colspan="6">1. 车辆信息记录</td></tr>
<tr><td>品牌</td><td></td><td>整车型号</td><td></td><td>生产年月</td><td></td></tr>
<tr><td>驱动电机型号</td><td></td><td>电池电量</td><td></td><td>行驶里程</td><td></td></tr>
<tr><td>车辆识别码</td><td colspan="5"></td></tr>
<tr><td colspan="6">2. 作业场地准备</td></tr>
<tr><td colspan="5">检查设置隔离栏</td><td>□是　□否</td></tr>
<tr><td colspan="5">检查设置安全警示牌</td><td>□是　□否</td></tr>
<tr><td colspan="5">检查灭火器压力、有效期</td><td>□是　□否</td></tr>
<tr><td colspan="5">安装车辆挡块</td><td>□是　□否</td></tr>
<tr><td colspan="6">3. 对仪器进行检查</td></tr>
<tr><td colspan="5">检查仪器名称</td><td>是否正常</td></tr>
<tr><td colspan="5">防护用具：绝缘手套、车辆防护用具；拆装工具</td><td>□是　□否</td></tr>
<tr><td colspan="6">4. 检查与维护前的准备工作</td></tr>
<tr><td colspan="5">实施步骤</td><td>是否完成</td></tr>
<tr><td colspan="5">查找整车控制器的安装位置</td><td>□是　□否</td></tr>
<tr><td colspan="5">按照整车控制器的更换步骤完成整车控制器的拆卸</td><td>□是　□否</td></tr>
<tr><td colspan="5">观察拆卸下来的整车控制器外观结构</td><td>□是　□否</td></tr>
<tr><td colspan="5">识别整车控制器插接器连接方式及其针脚数量</td><td>□是　□否</td></tr>
<tr><td colspan="5">按照整车控制器的更换步骤完成整车控制器的安装</td><td>□是　□否</td></tr>
<tr><td colspan="6">5. 7S 管理</td></tr>
<tr><td colspan="5">建立安全操作环境</td><td>□是　□否</td></tr>
<tr><td colspan="5">清理及整理工具量具</td><td>□是　□否</td></tr>
<tr><td colspan="5">清理及复原车辆正常状况</td><td>□是　□否</td></tr>
<tr><td colspan="5">清洗场地</td><td>□是　□否</td></tr>
<tr><td colspan="5">物品回收和环保</td><td>□是　□否</td></tr>
<tr><td colspan="5">完善和检查工作</td><td>□是　□否</td></tr>
<tr><td colspan="3">实训人（签字）：</td><td colspan="3">监督人（签字）：</td></tr>
</table>

任务评价

通过自评、互评及师评对本任务学习情况进行考评（表 3-1-2），掌握学习效果。

整车控制器的认知与更换考核评分　　表 3-1-2

<table>
<tr><td colspan="2">整车控制器的认知与更换</td><td colspan="2">实习日期：</td></tr>
<tr><td>姓名：</td><td>班级：</td><td>学号：</td><td rowspan="3">导师签名：</td></tr>
<tr><td>自评：□熟练 □不熟练</td><td>互评：□熟练 □不熟练</td><td>师评：□合格 □不合格</td></tr>
<tr><td>日期：</td><td>日期：</td><td>日期：</td></tr>
</table>

<table>
<tr><td colspan="8">评分细则</td></tr>
<tr><td>序号</td><td>评分项</td><td>得分条件</td><td>分值（分）</td><td>评分要求</td><td>自评</td><td>互评</td><td>师评</td></tr>
<tr><td>1</td><td>安全/7S/态度</td><td>□ 1. 能进行工位 7S 操作
□ 2. 能进行设备和工具安全检查
□ 3. 能进行车辆安全防护操作
□ 4. 能进行工具清洁、校准、存放操作
□ 5. 能进行三不落地操作</td><td>15</td><td>未完成 1 项扣 3 分</td><td>□熟练
□不熟练</td><td>□熟练
□不熟练</td><td>□合格
□不合格</td></tr>
<tr><td>2</td><td>专业技能能力</td><td>□ 1. 能正确查找整车控制器的安装位置
□ 2. 能按照整车控制器的更换步骤完成整车控制器的拆卸
□ 3. 能观察拆卸下来的整车控制器外观结构，识别整车控制器插接器连接方式及其针脚数量
□ 4. 能按照整车控制器的更换步骤完成整车控制器的安装</td><td>60</td><td>未完成 1 项扣 15 分</td><td>□熟练
□不熟练</td><td>□熟练
□不熟练</td><td>□合格
□不合格</td></tr>
<tr><td>3</td><td>工具及设备的使用能力</td><td>□能正确使用拆装工具</td><td>10</td><td>未完成扣 1～10 分</td><td>□熟练
□不熟练</td><td>□熟练
□不熟练</td><td>□合格
□不合格</td></tr>
<tr><td>4</td><td>资料、信息查询能力</td><td>□能正确使用维修使用手册查询整车控制器更换步骤及注意事项</td><td>10</td><td>未完成扣 1～10 分</td><td>□熟练
□不熟练</td><td>□熟练
□不熟练</td><td>□合格
□不合格</td></tr>
<tr><td>5</td><td>表单填写及报告撰写能力</td><td>□ 1. 字迹清晰
□ 2. 语句通顺
□ 3. 无错别字
□ 4. 无抄袭</td><td>5</td><td>未完成 1 项扣 1 分</td><td>□熟练
□不熟练</td><td>□熟练
□不熟练</td><td>□合格
□不合格</td></tr>
<tr><td colspan="8">总分：</td></tr>
</table>

任务拓展

不同新能源汽车整车控制器安装位置

思考测试

一、填空题

1. 整车控制器的硬件包括微控制器、__________模块、电源保护模块、功率驱动模块、__________模块、__________模块等。

2. 整车控制器通过挡位传感器接收到挡位信号，通过__________接收到加速踏板信号，然后会计算出驱动电机转动__________和转动__________，并将这一信号通过__________传输至驱动电机控制器，进而驱动电机工作，从而实现车辆运行。

3. 整车控制器向__________发出指令，在满足安全、制动以及舒适性的前提下__________部分能量，把电动机发出的交流电逆变成直流电，储存在动力蓄电池组中。

4. 整车控制器需要通过对__________的控制实现强制热交换，最终对关键系统或部件进行散热。

5. 整车控制器的更换操作应在__________及无绝缘故障前提下进行。

二、选择题

1. 整车控制器简称（　　），是新能源汽车整车控制系统的核心控制部件。

A. CAN　　B. BCM　　C. BMS　　D. VCU

2. （　　）主要在执行机构的控制电路中使用，它能放大整车控制器发出的动作控制指令，达到驱动执行机构动作的目的。

A. 微控制器　　B. 功率驱动模块　　C. 信号采集模块　　D. CAN 通信模块

3. （　　）负责整车控制器与网络控制系统高速 CAN 的信息发送与接收。

A. 微控制器　　B. 功率驱动模块　　C. 信号采集模块　　D. CAN 通信模块

三、判断题

在整车动力控制管理中，整车控制器是信息控制的中心。（　　）

任务2　整车控制器各控制线路分析与检测

学习目标

知识目标

（1）能描述整车控制器的控制线路组成。

（2）能识读整车控制器的电路图。

（3）能说出整车控制器各控制线路的工作原理。

技能目标

（1）能对整车控制器电源线路进行检测及结果分析。

（2）能对制动开关线路进行检测及结果分析。

（3）能对加速踏板位置传感器线路进行检测及结果分析。

（4）能对通信（动力-CAN）线路进行检测及结果分析。

（5）能对冷却风扇控制线路进行检测及结果分析。

（6）能对真空压力传感器线路进行检测及结果分析。

（7）能对真空泵控制线路进行检测及结果分析。

素养目标

（1）培养良好的安全意识。

（2）培养诊断和分析能力。

（3）培养良好的职业素养和职业道德。

任务描述

一辆比亚迪秦 EV 的车主反映，该车辆无法加速。维修师傅怀疑是整车控制器相关线路故障。维修师傅安排作为实习生的你进行进一步检测，你能正确识读并分析整车控制器的电路，对相关线路进行检测吗？

知识准备

整车控制器的主要控制线路包括电源线路、制动开关线路、加速踏板位置传感器线路、真空泵控制线路、冷却风扇控制线路、通信（动力-CAN）线路。比亚迪秦 EV 整车控制器线路图如图 3-2-1 所示。以下线路分析均以比亚迪秦 EV 线路为例。

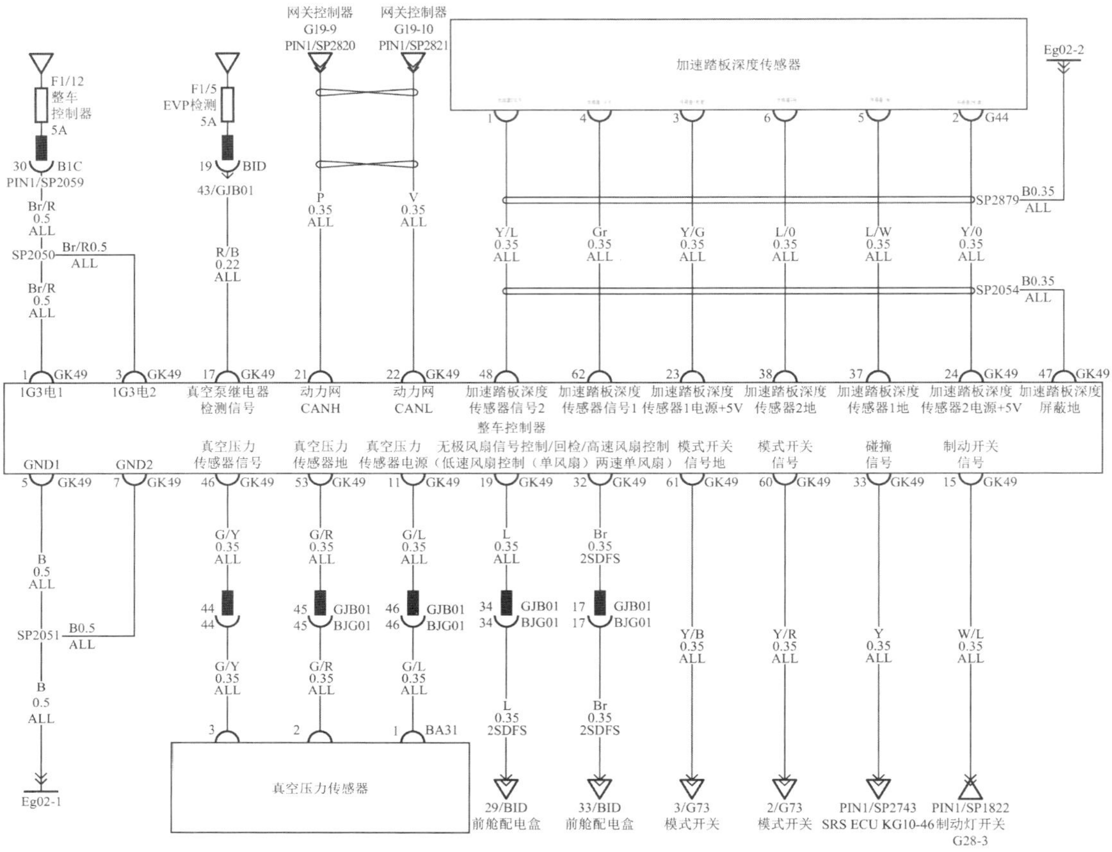

图 3-2-1　比亚迪秦 EV 整车控制器线路图

一、整车控制器电源线路

（一）电源线路分析

图 3-2-2 所示为整车控制器电源线路图，从图中可以看出，整车控制器电源分为两路，均由前舱配电盒里的 IG3 继电器提供。

IG 点火电源一方面为整车控制器提供唤醒信号，是整车控制器判断车辆所处起动运行状态的依据，同时也为整车控制器提供功率电源，如加速踏板位置传感器、冷却风扇继电器控制、真空泵控制、CAN 通信等这些元件都需要整车控制器提供工作电源。如果此电源出现异常，整车控制器无法唤醒启动工作，BCM 以及智能钥匙控制器无法对整车控制器进行身份认证，此时动力系统防盗功能将被激活，高压不上电。

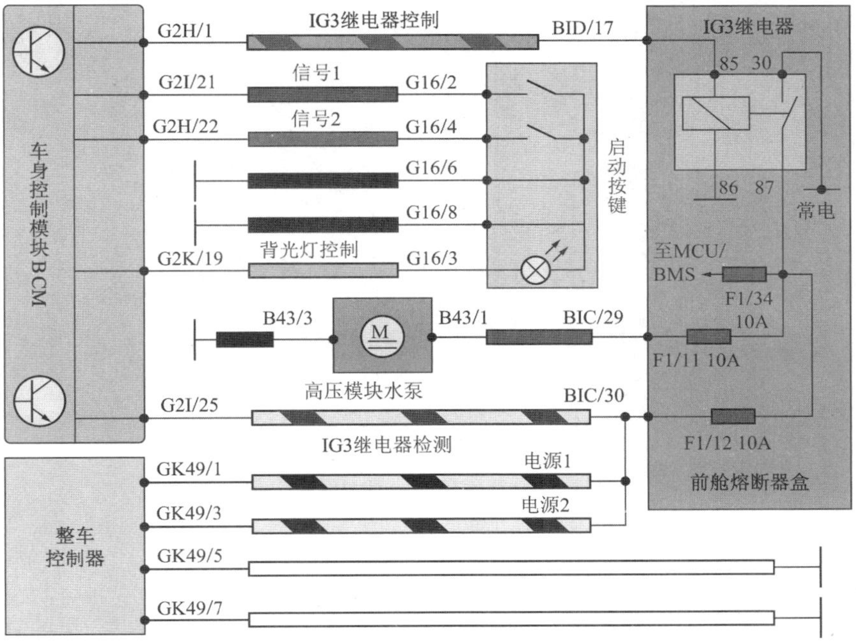

图 3-2-2　整车控制器电源线路图

（二）电源线路检测

整车控制器电源线路主要包括电源 1（GK49/1）和电源 2（GK49/3）、接地 1（GK49/5）和接地 2（GK49/7）。

1. 电源线路检测

分别测量电源 1 和电源 2 的电压。万用表挡位调至电压挡，红色表笔接电源 1 端子 GK49/1 或电源 2 端子 GK49/3，黑色表笔接蓄电池负极或车身搭铁，正常应等于蓄电池电压（12V 以上），如图 3-2-3 所示。若测量电压明显低于 12V，可能的故障原因有前舱配电盒到整车控制器线路故障、F1/12 前舱熔断器故障、IG3 继电器本体及相关线路故障。

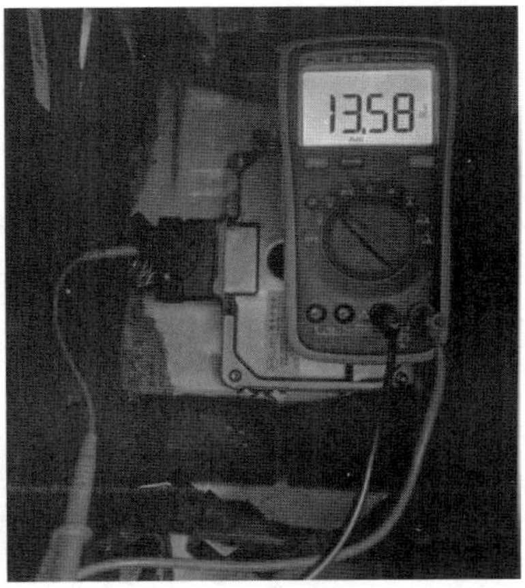

图 3-2-3　整车控制器电源电压检测

2. 接地线检测

分别测量接地 1 和接地 2 的接地电阻。断开蓄电池负极，拔下整车控制器插头，万用表挡位调至电阻挡，先把两支表笔搭在一起对万用表进行校零，若电阻小于 1Ω，则校零正常，然后一支表笔接接地 1 端子 GK49/5 或接地 2 端子 GK49/7，另一支表笔接蓄电池负极或车身搭铁，测量电阻正常应小于 1Ω，如图 3-2-4 所示。若测量电阻过大，则可能的故障原因是整车控制器搭铁线故障。

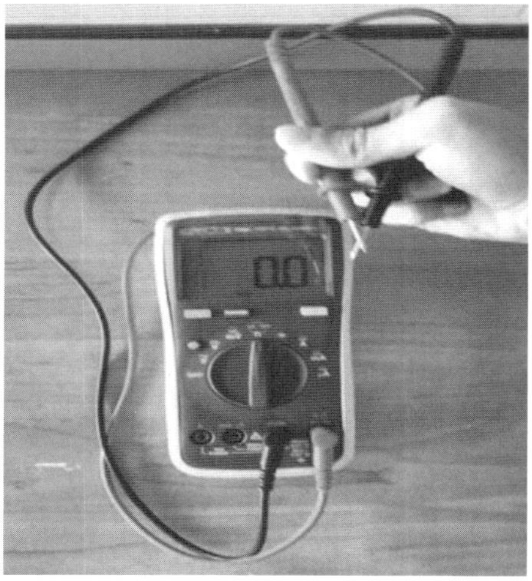
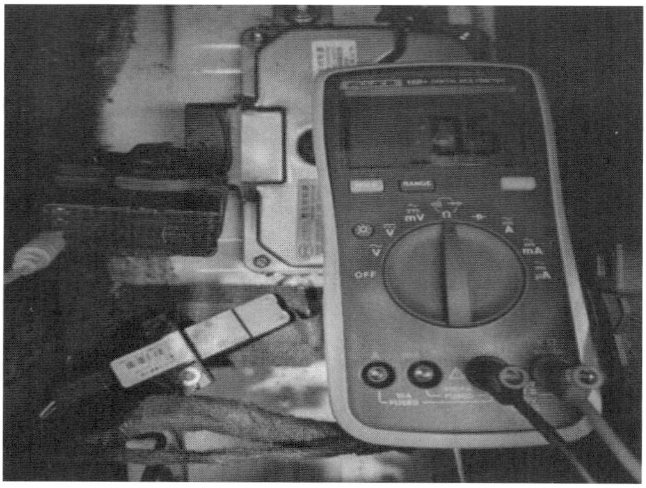

图 3-2-4　整车控制器接地电阻检测

二、制动开关线路

（一）制动开关线路分析

制动开关实物结构及安装位置如图 3-2-5 所示，制动开关的作用是反映驾驶人对车辆速度控制的操作意图，通过把制动信号传递给整车控制器和 BCM 控制器，一方面用于控制制动灯线路的导通与截止，同时在踩下制动踏板时切断巡航控制、启动 ABS 控制系统、启动电机控制器实现能量回收，以及车辆整车高压上电的控制。

图 3-2-6 所示为制动开关线路图。从图中可以看出，制动开关的制动信号 1 经过 3、4 号端子传递给整车控制器和 BCM 控制器，制动信号 2 经过 1、2 号端子传递给 BCM 控制器。制动开关内部有两组触点，分别是 1 号端子和 2 号端子对应的常闭触点、3 号端子和 4 号端子对应的常开触点。

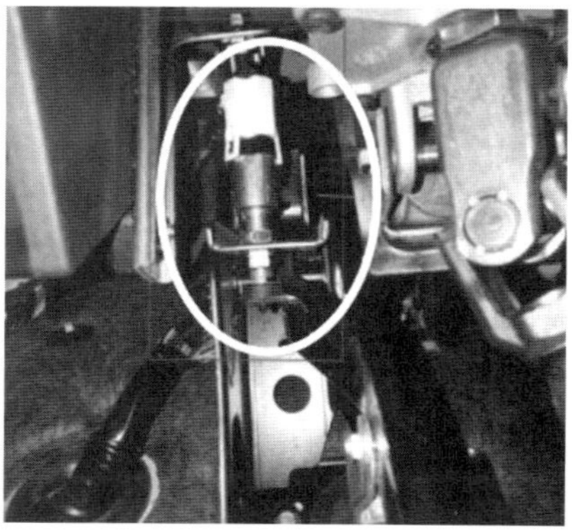

图 3-2-5　制动开关

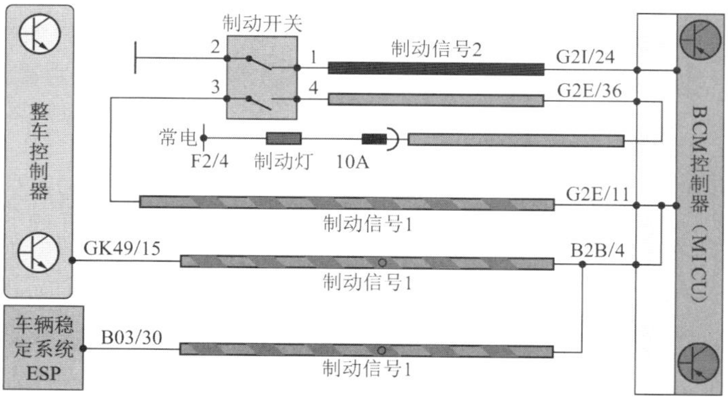

图 3-2-6　制动开关线路图

未打开点火开关、不踩制动踏板时，1 号端子和 2 号端子之间的触点接通，3 号端子和 4 号端子之间的触点断开，制动开关信号 1 和 2 均保持 0V。踩下制动踏板，1 号端子和 2 号端子之间的触点断开，3 号端子和 4 号端子之间的触点接通，制动信号 1 的 3 号端子切换到高电平（+B），制动信号 2 的 1 号端子电压切换到模块内部输出的高电平（12V 以上）。

在整车上电过程中，BCM 根据两个制动信号来判断车辆在上电过程中是否处于静止的安全状态。如果有一个信号异常，BCM 不会启动低压、高压上电功能。如果只是制动信号 1 出现异常，高压不上电的同时制动灯不能被点亮，更谈不上驱动电机电流输出控制、能量回收、车身稳定控制、ABS 等功能。制动信号 2 作为制动信号 1 的辅助信号，主要用来检测制动信号 1 的真实性；如果只是制动信号 2 出现故障，就出现高压不上电但制动灯能正常点亮的故障现象。

（二）制动开关线路检测

制动开关的制动信号 1 传递给整车控制器，因此须对整车控制器上制动信号 1 进行检测。

未踩下制动踏板时，制动开关的 3 号端子和 4 号端子之间的触点断开，常电未供到整车控制器，因此测量整车控制器 GK49/15 端子处电压为 0V，如图 3-2-7a）所示。踩下制动踏板后，制动开关的 3 号端子和 4 号端子之间的触点接通，常电经过熔断器 F2/4 供到整车控制器，此时测量整车控制器 GK49/15 端子处的电压为 12V 以上，如图 3-2-7b）所示。若测量电压为 0V 或明显低于 12V，可能的故障原因有制动开关到整车控制器线路故障、熔断器 F2/4 故障、制动开关本体故障。

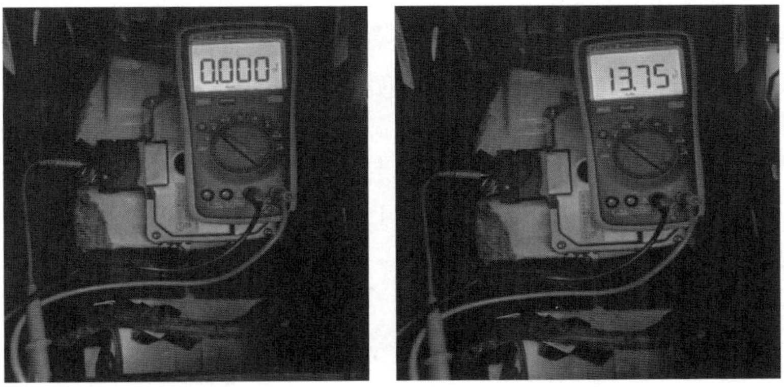

a) 未踩下制动踏板时　　　　b) 踩下制动踏板后

图 3-2-7　**制动信号 1 电压检测**

三、加速踏板位置传感器线路

（一）加速踏板位置传感器线路分析

加速踏板位置传感器实物结构及安装位置如图 3-2-8 所示。加速踏板位置传感器主要用于检测加速踏板的开度变化，并把该信号转变成反映驾驶人对车辆操纵意图的电子信号输送给整车控制器，整车控制器内部运算处理后，把此信号转变为驱动电机转速、力矩的目标信号，通过 CAN

总线传输给电机控制器，作为电机控制器控制驱动电机转速、力矩、能量回收的重要参考信号。

为保障系统安全，加速踏板位置传感器设计成双输出传感器，分别由两个霍尔传感器组成，这两个传感器与加速踏板制成一体，随着加速踏板位置的改变，两个霍尔传感器产生能反映加速踏板踏量大小和变化速率的电压信号，在同一深度下，信号 1 数据是信号 2 数据的两倍，且都为递增趋势，如图 3-2-9 所示。整车控制器根据踩下加速踏板的深度计算出电机目标转速、力矩，通过动力网 CAN 传输给电机控制器。

图 3-2-8　加速踏板位置传感器

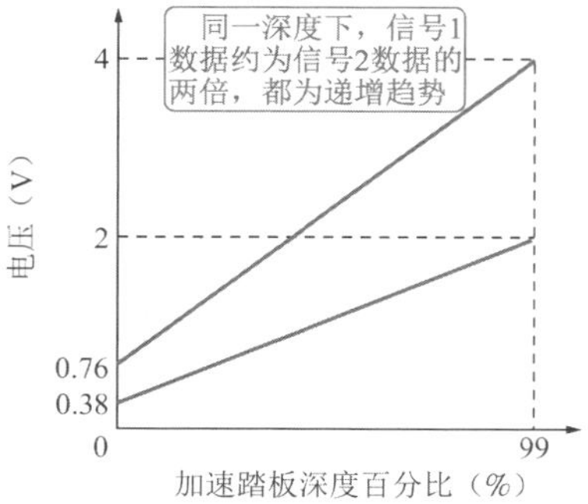

图 3-2-9　加速踏板位置传感器信号特性

加速踏板位置传感器线路图如图 3-2-10 所示，整车控制器通过 GK49/23 端子输出 5V 电源至加速踏板位置传感器 1 的 3 号端子，为传感器 1 提供 5V 参考电压，通过 GK49/37 端子与加速踏板位置传感器的 5 号端子之间的线路为传感器 1 提供接地回路，最后经过传感器的 4 号端子与整车控制器的 GK49/62 端子之间线路将反映加速踏板位置的信息输送给整车控制器；整车控制器通过 GK49/24 端子输出 5V 电源至加速踏板位置传感器 2 的 2 号端子，为传感器 2 提供 5V 参考电压，通过 GK49/38 端子与加速踏板位置传感器的 6 号端子之间的线路为传感器 2 提供接地回路，最后经过传感器的 1 端子与整车控制器的 GK49/48 端子之间线路将反映加速踏板位置的信息输送给整车控制器。正常情况下，传感器 1 的信号电压在 0.76～4.15V 之间变化，传感器 2 的信号电压在 0.38～2.08V 之间变化。

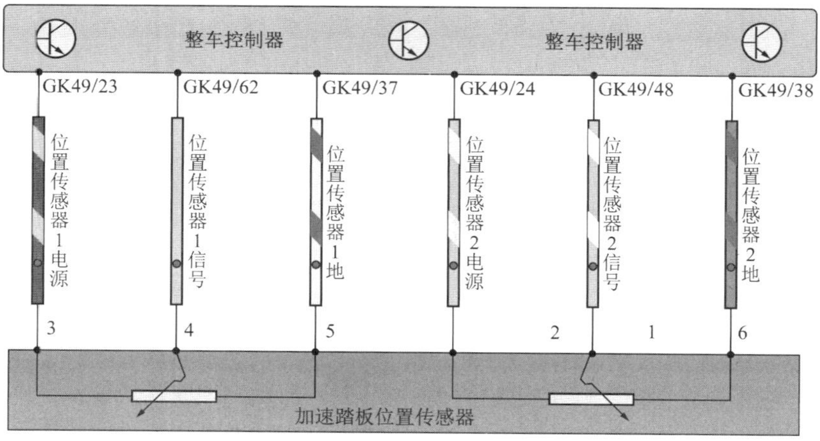

图 3-2-10　加速踏板位置传感器线路图

加速踏板位置传感器 1 作为车辆速度和力矩需求的辅助信号，加速踏板位置传感器 2 作为车辆速度和力矩需求的主信号。如果任一传感器信号出现故障，整车控制系统将启动保护功能，为了行车安全，整车控制器将不发送力矩信息至电机控制器，车辆无法行驶。

（二）加速踏板位置传感器线路检测

1. 加速踏板位置传感器的接地线检测

分别测量加速踏板位置传感器 1 和传感器 2 的接地电阻。将万用表挡位调至电阻挡，先把两支表笔搭在一起对万用表进行校零，若电阻小于 1Ω，则校零正常。然后一支表笔接传感器 1 的接地端子 GK49/37 或传感器 2 的接地端子 GK49/38，另一支表笔接蓄电池负极或车身搭铁，如图 3-2-11 所示，测量电阻应小于 1Ω。若电阻过大，可能的故障原因有整车控制器搭铁线故障、整车控制器本体故障。

2. 加速踏板位置传感器的电源线检测

分别测量加速踏板位置传感器 1 和传感器 2 的电源电压。将万用表挡位调至电压挡，红色表笔接传感器 1 电源端子 GK49/23 或传感器 2 电源端子 GK49/24，黑色表笔接蓄电池负极或车身搭铁，如图 3-2-12 所示，测量电压应为 5V 左右。若电压为 0V 或明显低于 5V，可能的故障原因有电源线对地短路、整车控制器本体故障。

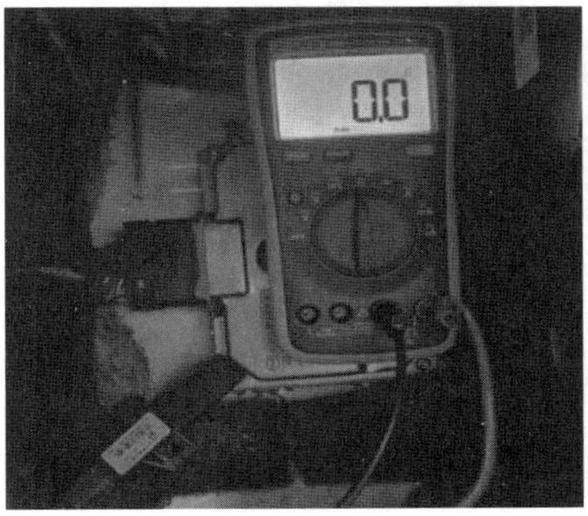

图 3-2-11 加速踏板位置传感器接地电阻检测

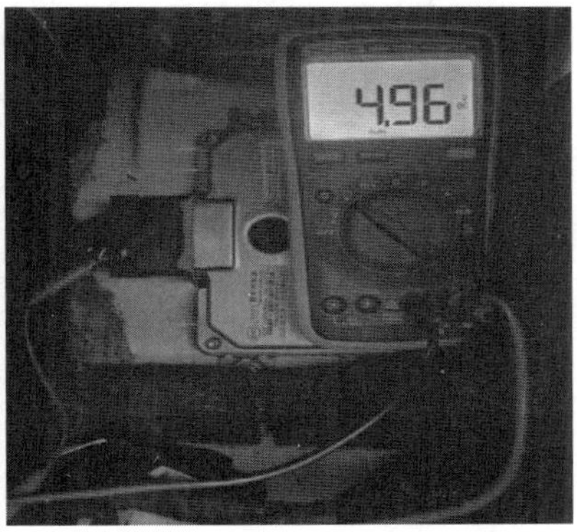

图 3-2-12 加速踏板位置传感器电源电压检测

3. 加速踏板位置传感器的信号线检测

（1）测量加速踏板位置传感器 1 的信号电压。将万用表挡位调至电压挡，红色表笔接传感器 1 的信号端子 GK49/62，黑色表笔接蓄电池负极或车身搭铁，未踩下加速踏板时，测量电压应为 0.76V 左右，如图 3-2-13a）所示。加速踏板踩到底后，测量电压应为 4.15V 左右，如图 3-2-13b）所示。若两次测量电压均为 0V，可能的故障原因有信号线断路、信号线对地短路、加速踏板位置传感器本体故障；若两次测量电压无变化，可能故障原因是加速踏板位置传感器本体故障。

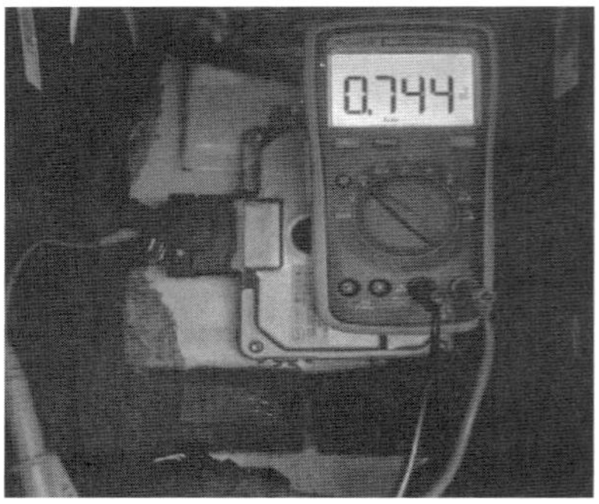

a) 未踩加速踏板时

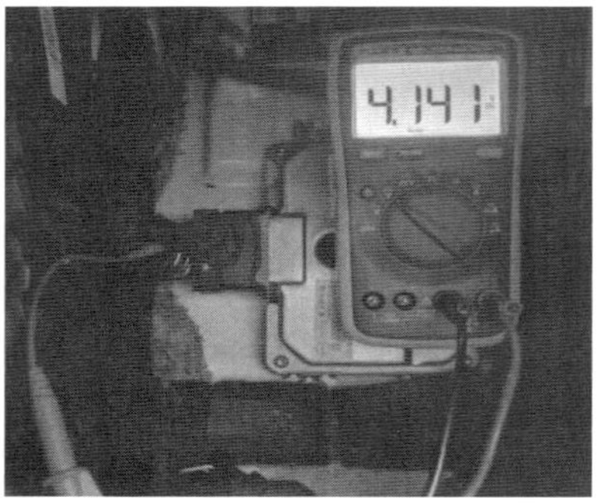

b) 加速踏板踩到底后

图 3-2-13 **加速踏板位置传感器 1 信号电压检测**

（2）测量加速踏板位置传感器 2 的信号电压。将万用表挡位调至电压挡，红色表笔接传感器 2 的信号端子（GK49/48），黑色表笔接蓄电池负极或车身搭铁，未踩下加速踏板时，测量电压应为 0.38V 左右，如图 3-2-14a）所示。加速踏板踩到底后，测量电压应为 2.08V 左右，如图 3-2-14b）所示。若两次测量电压均为 0V，可能的故障原因有信号线断路、信号线对地短路、加速踏板位置传感器本体故障；若两次测量电压无变化，可能故障原因是加速踏板位置传感器本体故障；若测量结果显示，加速踏板位置传感器 1 信号电压不是传感器 2 的两倍，可能故障原因是加速踏板位置传感器本体故障。

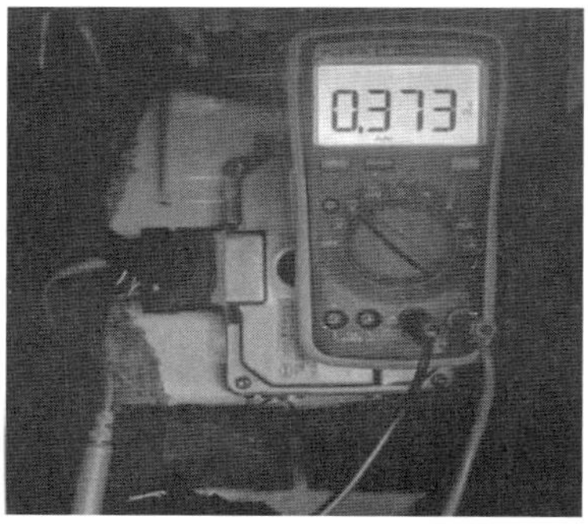

a) 未踩加速踏板时

b) 加速踏板踩到底后

图 3-2-14 **加速踏板位置传感器 2 信号电压检测**

四、通信（动力-CAN）线路

（一）通信（动力-CAN）线路分析

在新能源汽车整车的网络管理中，整车控制器是动力管理控制的中心，通过动力 CAN 总线协调动力系统防盗的启动、认证、解除，驱动电机力矩分配，热管理控制，通信信息的组织与传输、网络状态的监控与管理，信息优先权的动态分配以及网络故障的诊断与处理等功能。如图 3-2-15 所示为动力-CAN 总线图。动力-CAN 总线数据信息主要包括主控制器的防盗认证、动力蓄电池温度、电压、电流、动力蓄电池的 SOC、充电、高压绝缘、高压互锁、加速踏板、制动踏板、挡位、制动能量回收、能量管理、冷却控制、故障等信息。

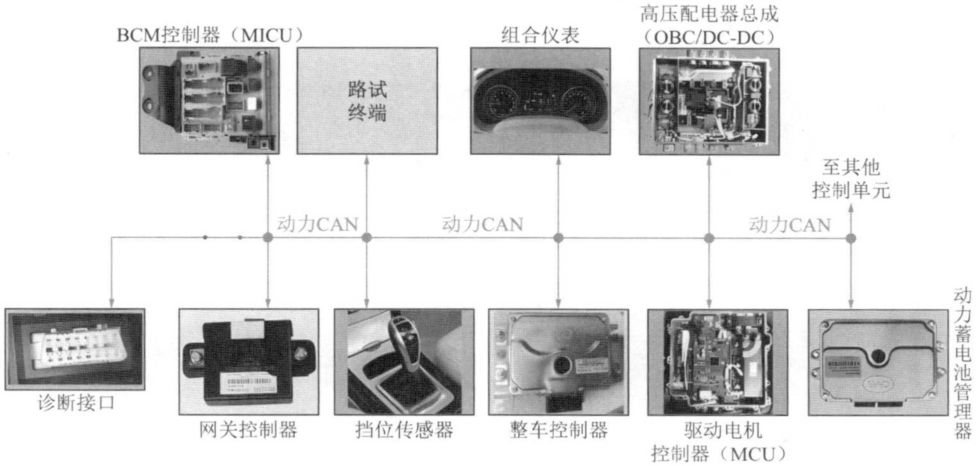

图 3-2-15　**动力 CAN 数据总线图**

CAN 数据网由双绞线组成，一个信号线路被识别为 CAN 高线，另一个信号线路被识别为 CAN 低线。在数据总线的末端，CAN 高线和 CAN 低线线路之间有一个 120Ω 的终端电阻，比亚迪秦 EV 系列 CAN 的动力-CAN 两个终端电阻分别位于 BMS 和电机控制器中。发送 CAN 信号时，电流从控制器的发送端流到 CAN 高线，经过终端电阻流入 CAN 低线，再返回控制器的接收端。如果通信信号丢失，程序将针对各控制模块设置失去通信故障诊断码，该故障诊断码可通过故障诊断仪器读取。

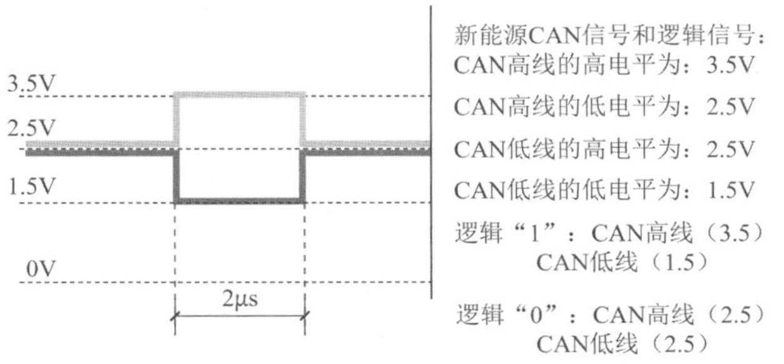

图 3-2-16　**CAN 数据总线特点**

CAN 数据符号（1 和 0）以 500 kbit/s 的速率按顺序传输。通过总线传输的数据通过 CAN 高线和 CAN 低线之间信号电压的电压差来表示。图 3-2-16 所示为 CAN 数据总线特点，在两个线路总线处于静止时，CAN 高线和 CAN 低线信号线路未被激活，这代表逻辑“1”。在此状态下，两个信号线路电压均为 2.5V，电压差约为 0V。此状态也称隐性电平，即隐性状态。当传输逻辑“0”时，CAN 高线信号线路被拉高至大约 3.5V，CAN 低线线路被拉低至约 1.5V，电压差约为 2.0（+/−0.5）V，此状态也称显性电平，即显性状态。因此，在隐性状态时，CAN 高线和 CAN 低线电压差值为 0V，显性状态时差值为 2.0V。

（二）通信（动力-CAN）线路检测

1. 用万用表分别测量动力网 CAN 高线和 CAN 低线的信号电压

测量 CAN 高线信号电压，将万用表挡位调至电压挡，红色表笔接 CAN 高线信号端子

GK49/21，黑色表笔接蓄电池负极或车身搭铁，在静态电平时（隐性电平），测量电压应为 2.5V 左右，如图 3-2-17a）所示。测量 CAN 低线信号电压，万用表挡位调至电压挡，红色表笔接 CAN 低线信号端子 GK49/22，黑色表笔接蓄电池负极或车身搭铁，在静电平状态时，测量电压应为 2.5V 左右，如图 3-2-17b）所示。

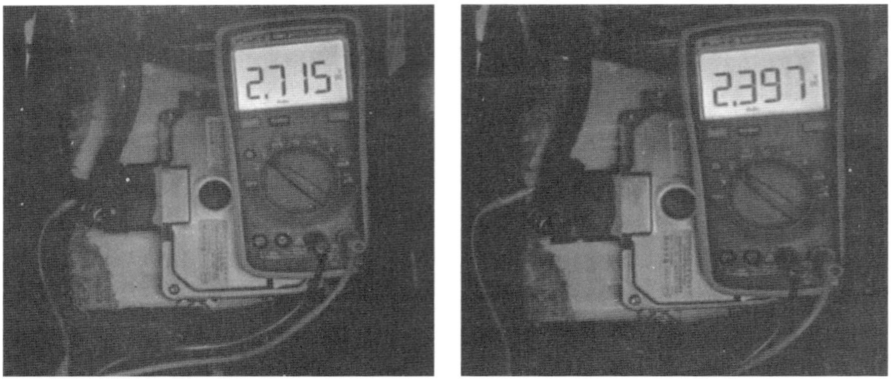

a) 动力网 CAN 高线　　　b) 动力网 CAN 低线

图 3-2-17　动力 CAN 总线信号电压检测

2. 用示波器检测动力网 CAN 高线和 CAN 低线的信号波形

将红色表笔分别接 CAN 高线信号端子 GK49/21 和 CAN 低线信号端子 GK49/22，黑色表笔接蓄电池负极或车身搭铁，测量结果如图 3-2-18 所示，通道一（黄色）与 CAN 低线相连，通道二（蓝色）与 CAN 高线相连，正常波形 CAN 低线和 CAN 高线应是上下镜像对称的。

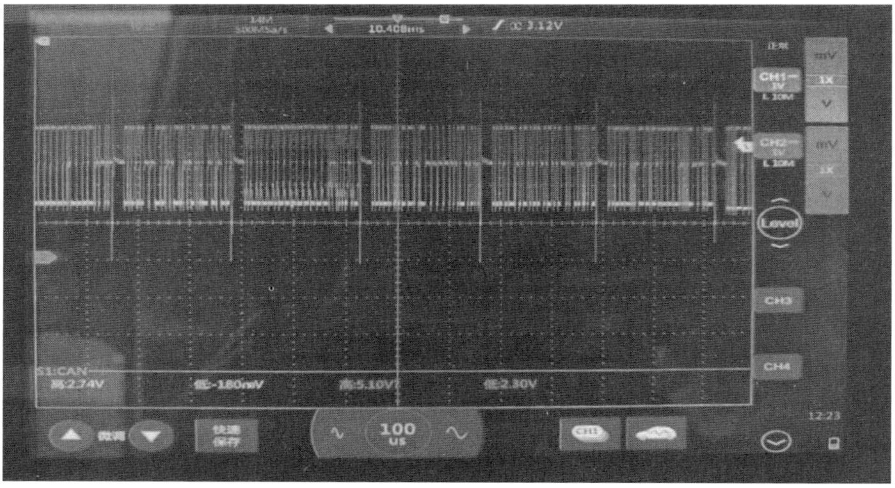

图 3-2-18　动力 CAN 信号波形检测

若 CAN 高线波形缺失，则可能故障为 CAN 高线线路断路；若 CAN 低线波形缺失，则可能故障为 CAN 低线线路断路；若 CAN 高线和 CAN 低线波形重合，则可能故障为 CAN 高线和 CAN 低线互相短路。

五、冷却风扇控制线路

（一）冷却风扇控制线路分析

比亚迪秦 EV 系列冷却风扇采用单风扇、高低速的控制模式。冷却风扇的开启和停止由整车控制器根据温度以及空调制冷系统管路压力的需求，通过冷却风扇低速和高速继电器直接控制，在低速线路中，采用串联调速电阻 R 的方式来改变风扇的转速，其线路图如图 3-2-19 所示。

冷却风扇可加速散热器表面空气的流动速度，带走由冷却液传递给散热器的热量，降低冷却液的温度，其控制由冷却风扇高速控制线路和低速控制线路组成。

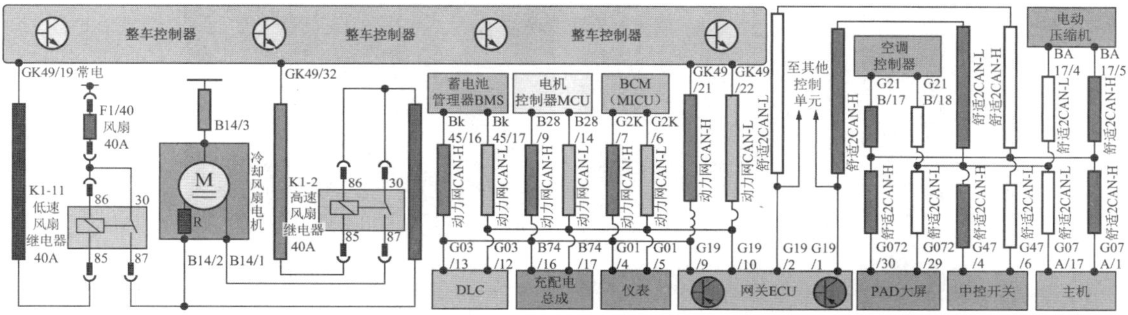

图 3-2-19　冷却风扇控制线路图

1. 冷却风扇低速控制

整车控制器接收到电机控制器、充配电总成通过动力-CAN 总线发送的低等级热管理系统启动请求信息，以及空调制冷系统通过舒适 2-CAN 发送的制冷系统启动请求信息后，通过内部将其 GK49/19 端子接地，低速风扇继电器工作，接通继电器端子 87 和 30 之间的触点，+B 电源通过熔断器 F1、继电器、冷却风扇端子 B14/2、调速电阻 R 到达冷却风扇电机，为冷却风扇提供电源，冷却风扇低速运转。

2. 冷却风扇高速控制

整车控制器接收到电机控制器、充配电总成通过动力-CAN 总线发送的高等级热管理系统启动请求信息，以及空调制冷系统通过舒适 2-CAN 发送的制冷系统温度、管路压力信息，通过内部继续保持其 GK49/19 端子和 GK49/32 端子同时接地，高、低速风扇继电器同时工作，接通两个继电器的端子 87 和 30 之间的触点，+B 电源通过熔断器 F1、低速风扇继电器、高速风扇继电器、冷却风扇端子 B14/1 到达冷却风扇电机，为冷却风扇提供电源，冷却风扇高速运转。

3. 冷却风扇控制策略

电机控制器通过温度传感器检测其内部 IGBT 散热板温度、电机绕组温度，车载充电机检测其内部的 IGBT 散热板温度，如果哪一个温度最先超过设定的安全值，即立刻通过动力-CAN

总线发送热管理信息至整车控制器，整车控制器接收到此信息后，控制冷却风扇运转。

（二）冷却风扇控制线路检测

1. 低速风扇控制线路检测

测量低速风扇控制线路电压。将万用表挡位调至电压挡，红色表笔接低速风扇控制端子 GK49/19，黑色表笔接蓄电池负极或车身搭铁，在低速风扇未工作的情况下，测量电压应等于蓄电池电压（12V 以上），如图 3-2-20a）所示；在低速风扇工作的情况下，电压应为 0V，如图 3-2-20b）所示，若未变为 0V，则故障可能原因为整车控制器本体故障。

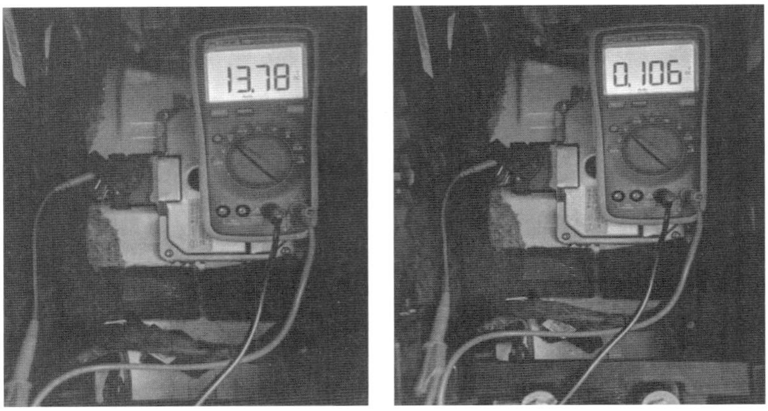

a) 风扇未工作　　b) 风扇工作

图 3-2-20　低速风扇控制线路电压检测

2. 高速风扇控制线路检测

测量高速风扇控制线路电压。将万用表挡位调至电压挡，红色表笔接高速风扇控制端子 GK49/32，黑色表笔接蓄电池负极或车身搭铁，在高速风扇未工作的情况下，测量电压应为 0V，如图 3-2-21a）所示；在高速风扇工作的情况下，电压应等于蓄电池电压（12V 以上），如图 3-2-21b）所示。若未达到 12V，则故障可能原因为整车控制器本体故障。

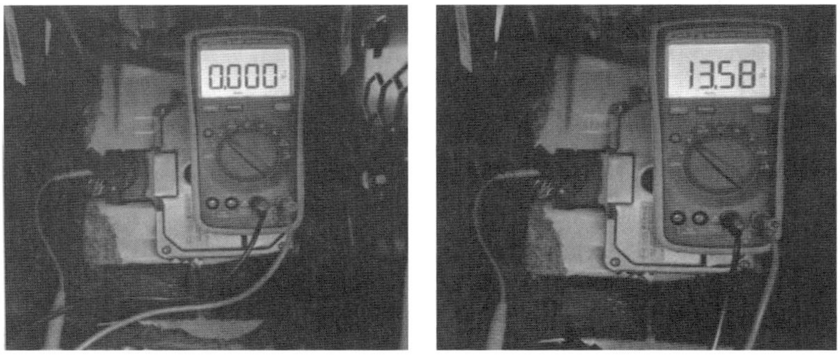

a) 风扇未工作　　b) 风扇工作

图 3-2-21　高速风扇控制线路电压检测

六、真空泵控制系统线路

新能源汽车制动系统与燃油汽车制动系统基本相同，由于新能源汽车取消了发动机或在发动机控制基础上使用了混合动力系统，造成真空源缺失或不稳定，使制动能力下降。为弥补这一不足，新能源汽车采用电子真空泵以及发电机技术（制动能量回收）来产生真空和增加制动力。

制动真空泵控制系统由制动真空泵（包含制动真空罐）和真空压力传感器组成。其中，制动真空罐主要用来储存真空；真空压力传感器主要用来检测真空压力；制动真空泵主要用来抽取系统空气建立真空。整体系统主要用来帮助驾驶人更省力地操作制动踏板，以提高制动效果，降低驾驶人的操作疲劳。

（一）真空压力传感器线路

1. 真空压力传感器线路分析

真空压力传感器用来检测制动真空管路内部压力，将这一信号发送给整车控制器，整车控制器根据此信号控制真空泵启停。新能源电动车的真空压力传感器一般安装于发动机舱真空罐至真空泵之间靠近真空泵的管路上，如图 3-2-22 所示。

真空压力传感器一般采用压敏电阻式压力传感器，这种传感器是在单晶硅片上分布着一个惠斯顿电桥，其中一个桥壁电阻采用压敏电阻。当压力发生变化时，压敏电阻值发生变化，于是整个线路就产生一个差动电压信号，此信号经专用放大器放大，再经电压到电流的变换，将信号转化成 4～20mA/1～5V DC 的对外输出。在通常情况下，传感器的信号电压范围从系统管路为大气压力时的 4.5V 左右平稳降至系统真空压力设定值 1.25V 左右。

图 3-2-23 所示为真空压力传感器与控制模块之间的连接线路，整车控制器通过其 GK49/11 端子给真空压力传感器提供参考电压，通过其 GK49/53 端子提供接地，真空压力传感器通过其 BA31/3 端子将检测到的真空压力信号输入至整车控制器。

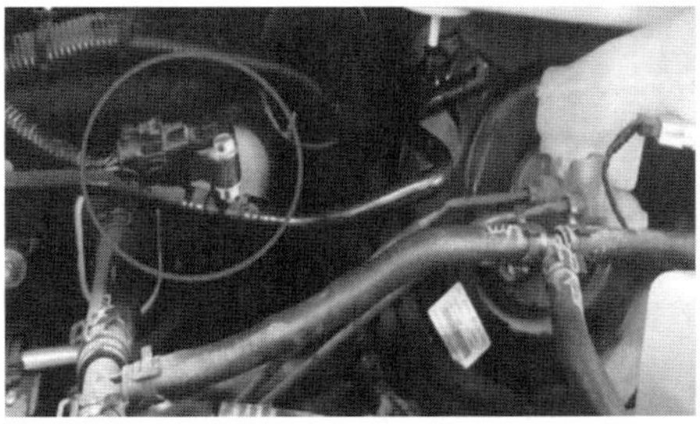

图 3-2-22　真空压力传感器的安装位置

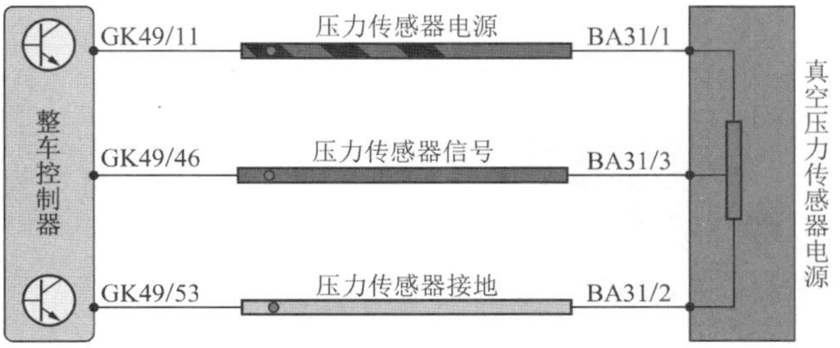

图 3-2-23　真空压力传感器线路图

当传感器信号电压降至设定安全值时，即确认当前系统真空度正常，整车控制器内部线路停止对真空泵继电器的控制，真空泵停止运行；当传感器信号电压升至设定报警值时，即确认当前系统真空度异常，内部线路启动，启动对真空泵继电器的控制，对真空泵进行供电，真空泵运行，再次建立真空。

2. 真空压力传感器线路检测

（1）真空压力传感器的接地线检测。

测量真空压力传感器的接地电阻。将万用表挡位调至电阻挡，先把两支表笔搭在一起对万用表进行校零，然后一支表笔接传感器的接地端子 GK49/53，另一支表笔接蓄电池负极或车身搭铁，如图 3-2-24 所示，测量电阻应小于 1Ω。若电阻过大，可能的故障原因有整车控制器搭铁线故障、整车控制器本体故障。

（2）真空压力传感器的电源线检测。

测量真空压力传感器的电源电压。将万用表挡位调至电压挡，红色表笔接传感器电源端子 GK49/11，黑色表笔接蓄电池负极或车身搭铁，如图 3-2-25 所示，测量电压应为 5V 左右。若电压为 0V 或明显低于 5V，可能的故障原因有电源线对地短路、整车控制器本体故障。

（3）真空压力传感器的信号线检测。

测量真空压力传感器的信号电压。将万用表挡位调至电压挡，红色表笔接传感器的信号端子 GK49/46，黑色表笔接蓄电池负极或车身搭铁，在未踩下制动踏板时，测量电压应为 1.2V 左右，如图 3-2-26 所示。若测量电压为 0V，可能的故障原因有信号线断路、信号线对地短路、真空压力传感器本体故障。

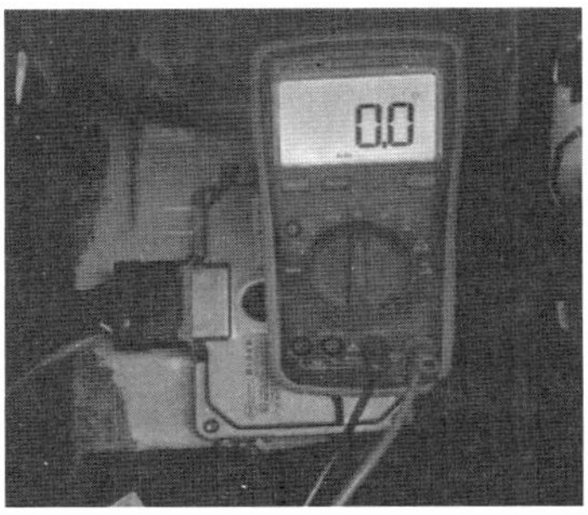

图 3-2-24　真空压力传感器接地电阻检测

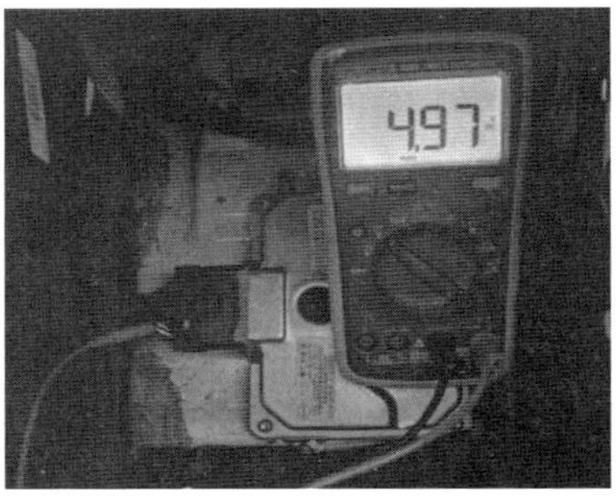

图 3-2-25　真空压力传感器电源电压检测

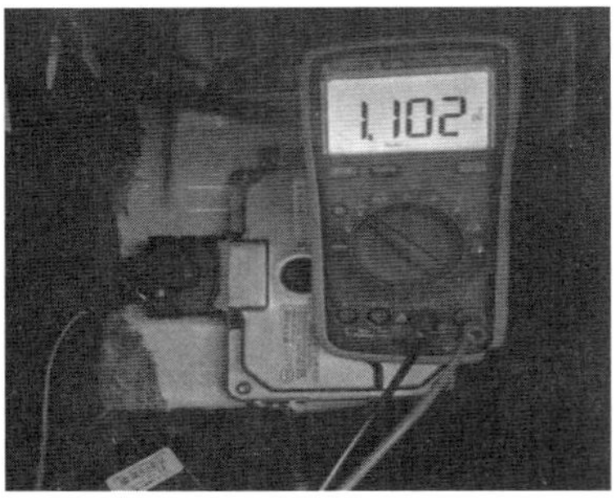

图 3-2-26　真空压力传感器信号电压检测

（二）真空泵控制线路

1. 真空泵控制线路分析

图 3-2-27　真空泵安装位置

真空泵安装在发动机舱前围板与驱动电机之间靠近驱动电机的位置，如图 3-2-27 所示。真空泵系统包括电动真空泵、继电器、VCU、真空压力传感器。该系统通过真空压力传感器采集压力信息，再通过逻辑判断真空泵的工作时机，为制动系统提供合适的真空助力。

同时为了系统工作可靠，采用双线路控制真空泵，真空泵控制原理图如图 3-2-28 所示。当点火开关置于 ON 挡时，整车控制器通过端子 GK49/41 和 GK49/55 控制两个继电器工作，给真空泵提供双电源，电流流进制动真空泵电机，真空泵运行。真空泵在运行时，整车控制器通过 GK49/17 引脚电压的变化监测真空泵运行状态，如果电压为 0V，则判断真空泵没有启动，如果电压为+B，则真空泵启动运行。

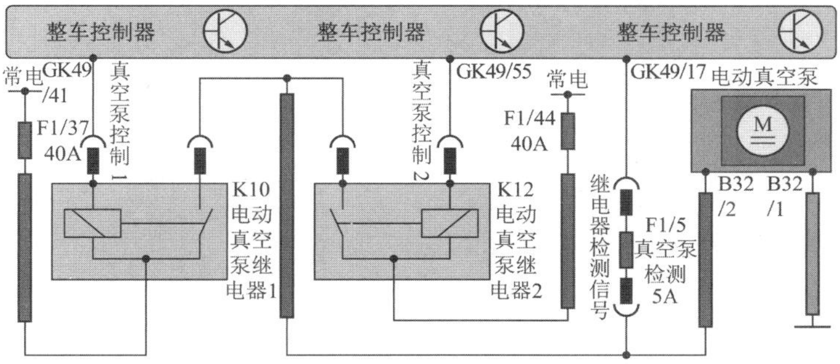

图 3-2-28　真空泵控制线路图

2. 真空泵控制线路检测

真空泵在运行时，整车控制器通过继电器检测信号 GK49/17 端子电压的变化监测真空泵运行状态，因此主要对继电器检测信号 GK49/17 端子电压的变化进行检测。

将万用表挡位调至电压挡，红色表笔接信号端子 GK49/17，黑色表笔接蓄电池负极或车身搭铁，在未踩下制动踏板时，测量电压应为 0V，如图 3-2-29a）所示。在踩下制动踏板后，测量电压应等于蓄电池电压，即 12V 左右，如图 3-2-29b）所示，若测量电压仍为 0V，则说明真空泵继电器未工作。

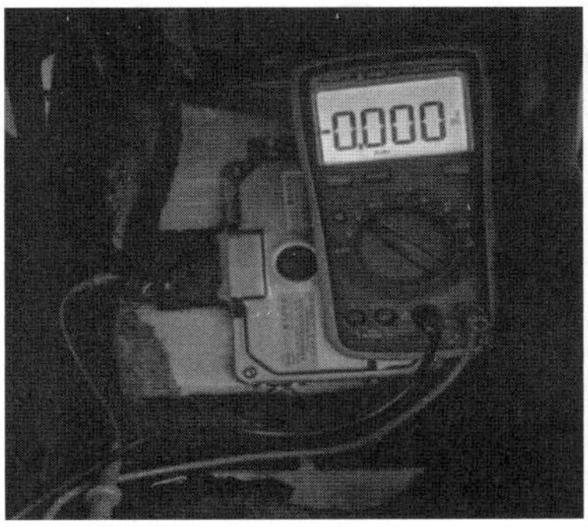

a) 未踩下制动踏板

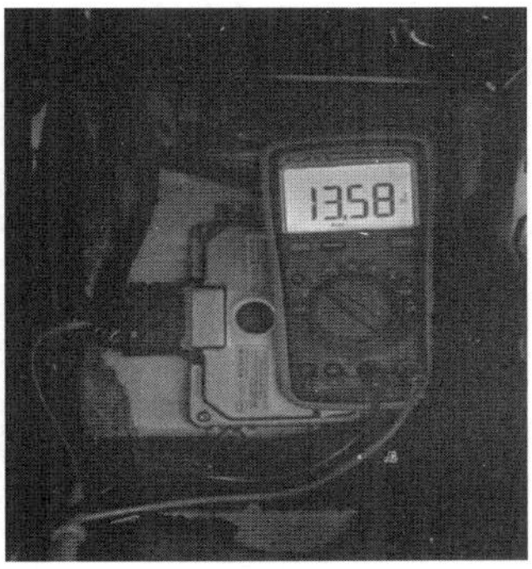

b) 踩下制动踏板

图 3-2-29　真空泵继电器检测信号电压检测

● 知识延伸

不同新能源汽车整车控制器的电路架构

1. 丰田汽车公司整车控制器电路架构

如图 3-2-30 所示为丰田某一款车型整车控制器电路架构图，该车是后轮驱动，左后轮和右后轮分别由两个轮毂电机驱动。其整车控制器接收驾驶人的操作信号和汽车的运动传感器信号。其中，驾驶人的操作信号包括加速踏板信号、制动踏板信号、换挡位置信号和转向角度信号，汽车的运动传感器信号包括横摆角速度信号、纵向加速信号、横向加速信号和4个车轮的转速信号。整车控制器将这些信号经过控制策略计算，通过左右两组电机控制器和逆变器分别驱动左后轮和右后轮。

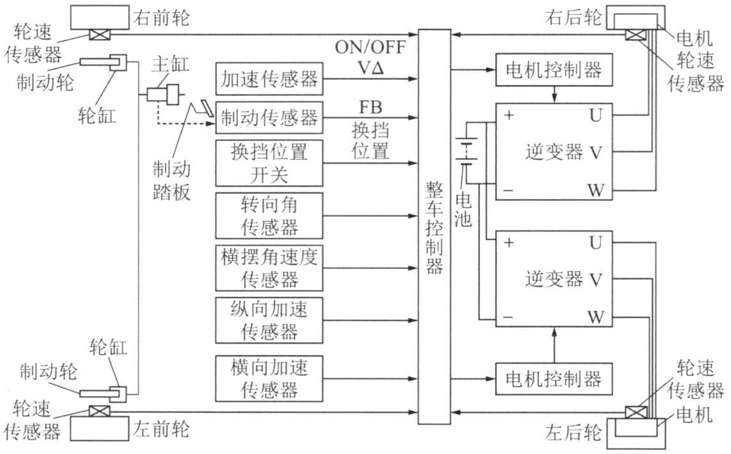

图 3-2-30　丰田某一款车型整车控制器电路架构

2. 日产公司整车控制器电路架构

图3-2-31所示为日产聆风LEAF的整车控制器电路架构图，它接收来自组合仪表的车速传感器和加速踏板位置传感器的电子信号，通过子控制器控制直流电压变换器DC/DC、车灯、除霜系统、空调与制热、电机、发电机、动力蓄电池、太阳能电池、再生制动系统。

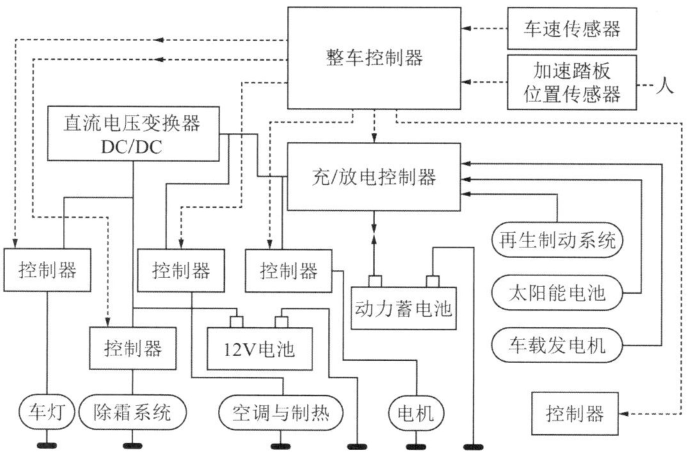

图 3-2-31　日产聆风 LEAF 的整车控制器电路架构

3. 众泰公司整车控制器电路架构

图3-2-32所示为众泰2008EV的整车控制器电路架构图，它连接加速踏板、电机控制器、

蓄电池管理系统、直流电压变换器 DC/DC、电动助力转向系统（EPS）、真空助力系统、空调系统、组合仪表。整车控制器能够统计整车所有电气设备的功耗，对比动力蓄电池能够提供的电量，根据功率模型计算结果，输出控制器指令信号至电机控制器，电机控制器调整牵引电机的力矩值。当整车控制器接收到加速踏板输入的功率需求信息后，根据整车所有电气设备的功率分配情况和蓄电池管理系统输入的供电电池的电压、电流等信息进行综合分析，合理地调整牵引电机的力矩输出，保证其具有足够的牵引力。

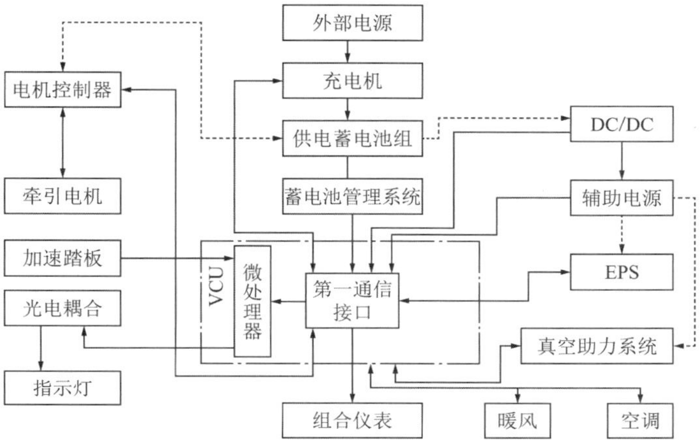

图 3-2-32　众泰整车控制器电路架构

任务实施

整车控制器各控制线路检测

请根据工作任务单的指引（表 3-2-1），完成整车控制器各控制线路的检测。

整车控制器各控制线路检测工作页　　表 3-2-1

整车控制器各控制线路检测				班级：	
				姓名：	
实训地点：			实训时间：		
1. 车辆信息记录					
品牌		整车型号		生产年月	
驱动电机型号		电池电量		行驶里程	
车辆识别码					
2. 作业场地准备					
检查设置隔离栏					□是　□否
检查设置安全警示牌					□是　□否
检查灭火器压力、有效期					□是　□否
安装车辆挡块					□是　□否
3. 对仪器进行检查					
检查仪器名称					是否正常
防护用具：绝缘手套、车辆防护用具；万用表					□是　□否
4. 测试与分析					
实施步骤					是否完成
用万用表检测整车控制器电源线路					□是　□否
用万用表检测制动开关线路					□是　□否
用万用表检测加速踏板位置传感器线路					□是　□否
用万用表和示波器检测通信（动力-CAN）线路					□是　□否
用万用表检测冷却风扇控制线路					□是　□否
用万用表检测真空压力传感器线路					□是　□否
用万用表检测真空泵控制线路					□是　□否
5. 7S 管理					
建立安全操作环境					□是　□否
清理及整理工具量具					□是　□否
清理及复原车辆正常状况					□是　□否
清洗场地					□是　□否
物品回收和环保					□是　□否
完善和检查工作					□是　□否
实训人（签字）：			监督人（签字）：		

任务评价

通过自评、互评及师评对本任务学习情况进行考评（表 3-2-2），掌握学习效果。

整车控制器各控制线路检测考核评分　　表 3-2-2

整车控制器各控制线路检测		实习日期：	
姓名：	班级：	学号：	导师签名：
自评：□熟练 □不熟练	互评：□熟练 □不熟练	师评：□合格 □不合格	
日期：	日期：	日期：	

评分细则

序号	评分项	得分条件	分值（分）	评分要求	自评	互评	师评
1	安全/7S/态度	□ 1. 能进行工位 7S 操作 □ 2. 能进行设备和工具安全检查 □ 3. 能进行车辆安全防护操作 □ 4. 能进行工具清洁、校准、存放操作 □ 5. 能进行三不落地操作	5	未完成 1 项扣 1 分	□熟练 □不熟练	□熟练 □不熟练	□合格 □不合格
2	专业技能能力	□ 1. 能正确使用万用表检测整车控制器电源线路 □ 2. 能正确使用万用表检测制动开关线路 □ 3. 能正确使用万用表检测加速踏板位置传感器线路 □ 4. 能正确使用万用表和示波器检测通信（动力-CAN）线路 □ 5. 能正确使用万用表检测冷却风扇控制线路 □ 6. 能正确使用万用表检测真空压力传感器线路 □ 7. 能正确使用万用表检测真空泵控制线路	70	未完成 1 项扣 10 分	□熟练 □不熟练	□熟练 □不熟练	□合格 □不合格
3	工具及设备的使用能力	□ 1. 能正确使用万用表 □ 2. 能正确使用示波器	6	未完成 1 项扣 3 分	□熟练 □不熟练	□熟练 □不熟练	□合格 □不合格
4	资料、信息查询能力	□ 1. 能正确使用维修手册查询电路图 □ 2. 能正确识别整车控制器各线路及对应端子	6	未完成 1 项扣 3 分	□熟练 □不熟练	□熟练 □不熟练	□合格 □不合格
5	数据判断和分析能力	□ 1. 能正确识读及分析整车控制器电路 □ 2. 能根据整车控制器各线路测量结果正确判断其故障	8	未完成 1 项扣 4 分	□熟练 □不熟练	□熟练 □不熟练	□合格 □不合格
6	表单填写及报告撰写能力	□ 1. 字迹清晰 □ 2. 语句通顺 □ 3. 无错别字 □ 4. 无抄袭	5	未完成 1 项扣 1 分	□熟练 □不熟练	□熟练 □不熟练	□合格 □不合格
总分：							

任务拓展

整车控制器/动力蓄电池管理系统唤醒电路故障分析与检修

思考测试

一、填空题

1. 整车控制器主要线路包括__________、制动开关线路、__________、__________、冷却风扇控制线路、__________。

2. 比亚迪秦 EV 电源线路有__________个电源、__________个接地。

3. 测量整车控制器电源线时，将万用表挡位调至__________挡，红色表笔接电源端子，黑色表笔接__________或车身搭铁，测量电压正常应为__________V 以上。

4. 测量加速踏板位置传感器电源电压时，电压正常应为__________V 左右。

二、选择题

1. 加速踏板位置传感器 1 的信号电压是传感器 2 的信号电压的（　　）。

A. 1/2　　B. 2 倍　　C. 1/5　　D. 5 倍

2. 测量真空压力传感器的接地电阻，电阻正常应小于（　　）Ω。

A. 1　　B. 10　　C. 100　　D. 1000

任务3 整车控制器故障码及数据流读取与分析

学习目标

知识目标

（1）能正确描述汽车故障诊断仪的功能。
（2）能有效分析整车控制器的故障码。
（3）能有效分析整车控制器的数据流。

技能目标

（1）能正确使用汽车故障诊断仪。
（2）能使用汽车故障诊断仪读取整车控制器的故障码。
（3）能使用汽车故障诊断仪读取整车控制器的数据流。

素养目标

（1）培养良好的安全意识。
（2）培养仪器使用和故障码、数据流分析能力。
（3）培养良好的职业素养和职业道德。

任务描述

一辆比亚迪秦 EV 出现了整车控制器相关故障，你能利用故障诊断仪正确读取整车控制器的故障码和数据流吗？

知识准备

一、汽车故障诊断仪的使用

（一）汽车故障诊断仪简介

为了便于维修人员诊断测试汽车电控系统的故障，汽车制造公司或厂家都为自己生产的各型汽车设计了故障诊断插座与专用的故障诊断仪，将汽车制造厂家或公司提供的专用诊断仪与汽车上的诊断插座连接后，接通点火开关，即可进行诊断测试。由于不同车型的故障诊断软件不尽相同，因此，故障诊断仪仅限于指定车型的诊断测试。如图 3-3-1a）所示为风向标故障诊断仪，如图 3-3-1b）所示为道通故障诊断仪。

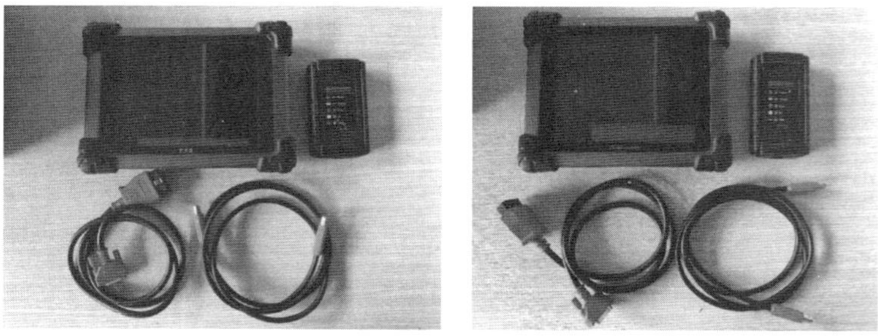

a) 风向标诊断仪　　b) 道通诊断仪

图 3-3-1　汽车故障诊断仪

（二）汽车故障诊断仪的功能

在诊断车辆电控系统故障时，用户可以用故障诊断仪迅速地读取汽车电控系统的故障，并通过液晶显示屏显示故障信息，查明发生故障的部位及原因。汽车故障诊断仪是维修中非常重要的工具，一般有如下功能：

（1）读取车辆故障码。

（2）读取车辆数据流。

（3）元件动作测试。

（4）学习匹配功能。

（三）汽车故障诊断仪的连接方式

汽车故障诊断仪的连接分为有线与无线两种连接方式。

（1）无线连接方式。

无线连接方式即诊断设备与车辆通信接口（Vehicle Communication Interface，VCI）以无线方式通信。其具体的连接方法是将 VCI、测试数据线 OBD-I 故障诊断接口连接好，再把 OBD-II诊断插头接到车辆诊断口，车辆与诊断设备通过蓝牙进行数据通信，如图 3-3-2a）所示。

（2）有线连接方式。

有线连接方式即诊断设备与 VCI 以有线方式通信。其具体的连接方法是将车辆与诊断设备通过 USB 线进行数据通信，如图 3-3-2b）所示。

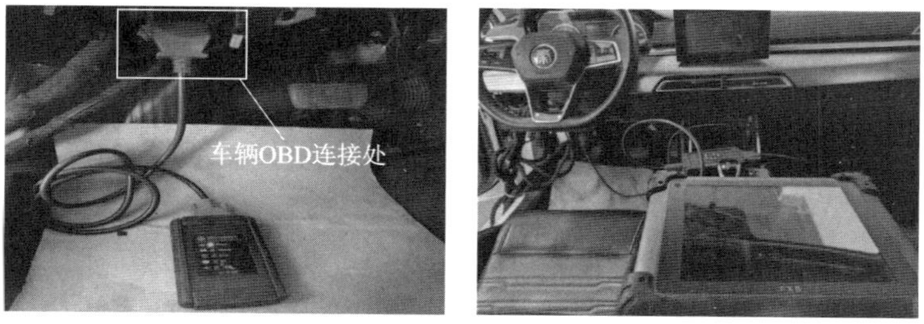

a) 无线连接　　b) 有线连接

图 3-3-2　汽车故障诊断仪连接方式

（四）汽车故障诊断仪的使用方法

（1）按下车辆起动开关，连接故障诊断仪。

（2）首先从诊断仪屏幕主界面中选择进入故障诊断系统，然后单击“诊断”选项进行故障诊断，如图 3-3-3 所示。

（3）选择被诊断车辆车型，也可以自动检测识别被诊断车辆车型。

（4）选择自动扫描选项，扫描检测全车通信模块。扫描检测结束后，各模块会显示是否有故障，红色的表示有故障，黑色的表示无故障，如图 3-3-4 所示。

图 3-3-3　**诊断仪“诊断”选项**

图 3-3-4　**诊断仪全车故障扫描**

（5）读取故障码。单击图 3-3-4 中显示有故障的模块进入读取相关故障码，需要清除故障码时单击下方“清除故障码”按钮。读取故障码也可以不进行全车扫描，而单独选择需要读取故障码的模块，在主要功能界面选择进入“故障码”功能选项读取该模块故障码，如图 3-3-5 所示，进入后读取故障码如图 3-3-6 所示。

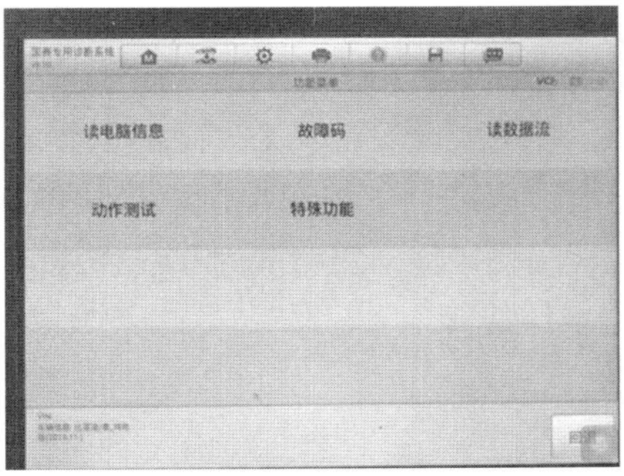

图 3-3-5　**诊断仪主要功能界面**

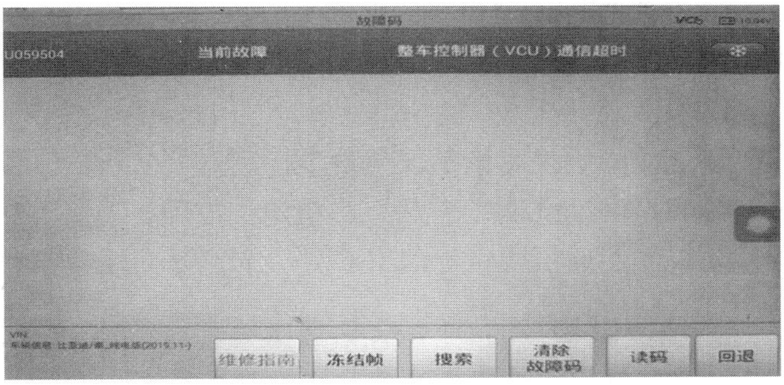

图 3-3-6　**整车控制器通信超时故障码**

（6）读取数据流。进入要读取数据流的模块，单击“读数据流”功能选项。图 3-3-7 所示为整车控制器数据流，会显示整车控制器相关数据信息。

（7）执行元件动作测试。如图 3-3-8 所示，进入要进行动作测试元件所在模块，单击“动作测试”功能选项，选择所要测试的元件后单击执行相应动作，系统会自动驱动该元件工作，通过观察元件是否工作来帮助判断被测元件及电路是否存在故障。

图 3-3-7　读取数据流

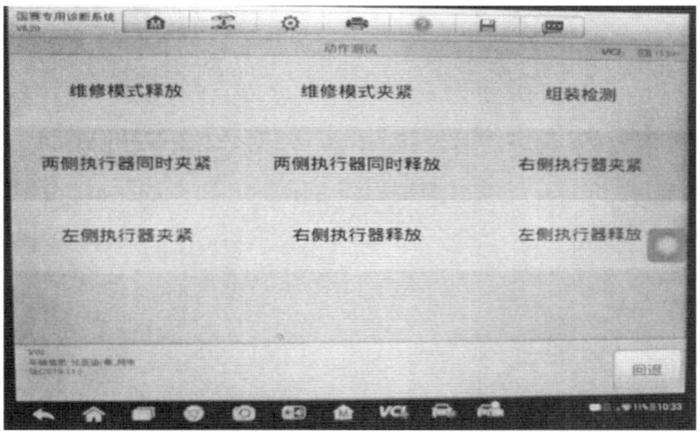

图 3-3-8　执行元件动作测试

（8）进行学习匹配。当更换过模块或部分电气部件时，需要进行学习匹配，此时可进入学习匹配功能选项进行操作。

（9）故障诊断完毕，关闭启动开关，拔下诊断接口，关闭解码仪。

二、整车控制器故障码读取与分析

下面以比亚迪秦 EV 为例介绍整车控制器故障码的读取与分析。对于比亚迪秦 EV 整车控制器，能引起报故障码的主要有整车控制器通信异常故障、加速踏板信号故障、真空压力传感器故障、真空泵控制故障等。

1. 整车控制器通信异常故障

（1）读取故障码。

如图 3-3-6 所示，用诊断仪读取故障码为 U059504，表明与整车控制器（VCU）通信超时。

（2）故障分析。

以上故障码说明诊断仪与整车控制器失去通信，可能故障原因：①整车控制器模块电源（两路同时）线路故障，包括 IG3 继电器故障；②整车控制器模块接地（两路同时）线路故障；③整车控制器通信线路（动力 CAN）故障；④整车控制器本体故障。

2. 加速踏板（油门）信号故障

（1）读取故障码。

如图 3-3-9 所示，用诊断仪读取故障码：P1D7B00，为加速踏板信号故障-信号 1 故障；P1D7C00，为加速踏板信号故障-信号 2 故障。

（2）故障分析。

以上故障码说明加速踏板位置传感器 1 和传感器 2 信号都存在故障，可能故障原因：①加速踏板位置传感器本体故障；②整车控制器局部故障；③加速踏板位置传感器到整车控制器之间相关线路故障，包括电源线、接地线和信号线。

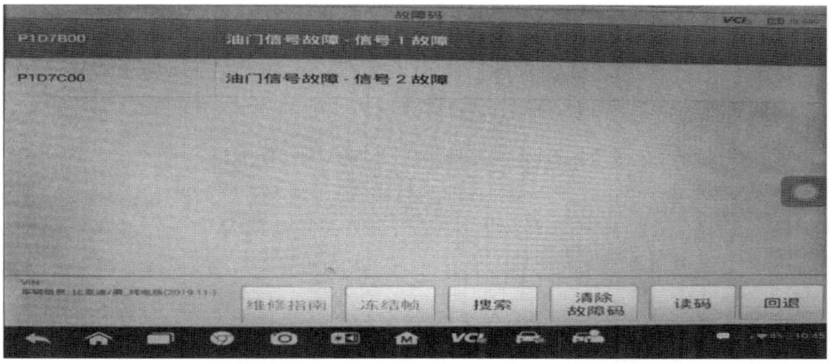

图 3-3-9　**加速踏板（油门）信号故障码**

3. 真空压力传感器故障

（1）读取故障码。

如图 3-3-10 所示，用诊断仪读取故障码为 P1D9A00，表明真空压力传感器故障。

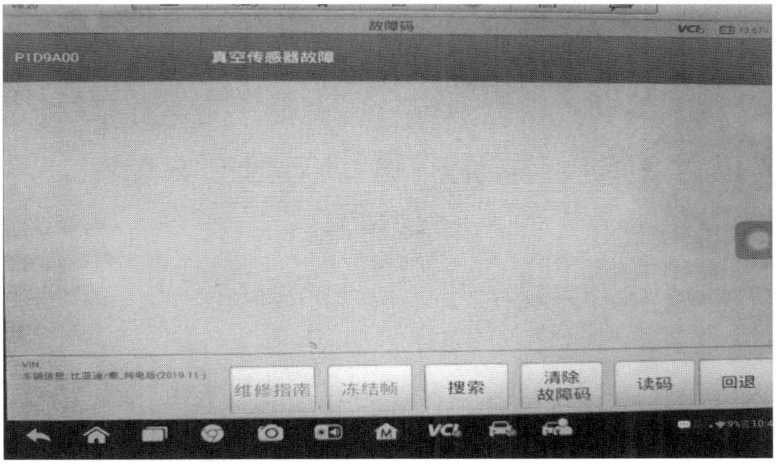

图 3-3-10　**真空（压力）传感器故障码**

（2）故障分析。

以上故障码说明整车控制器接收到真空压力传感器的错误信号，或未接收到真空压力传感器信号，可能故障原因：①真空压力传感器本体故障；②整车控制器局部故障；③真空压力传感器到整车控制器之间相关线路故障，包括电源线、接地线和信号线。

4. 真空泵控制故障

（1）读取故障码。

如图 3-3-11 所示，用诊断仪读取故障码：P1D8500，表明真空泵系统故障；P1D8900，表明真空泵继电器 1 故障；P1D8A00，表明真空泵继电器 2 故障；P1D8B00，表明真空泵继电器 1 或 2 故障；P1D9F00，表明真空泵系统失效 3。

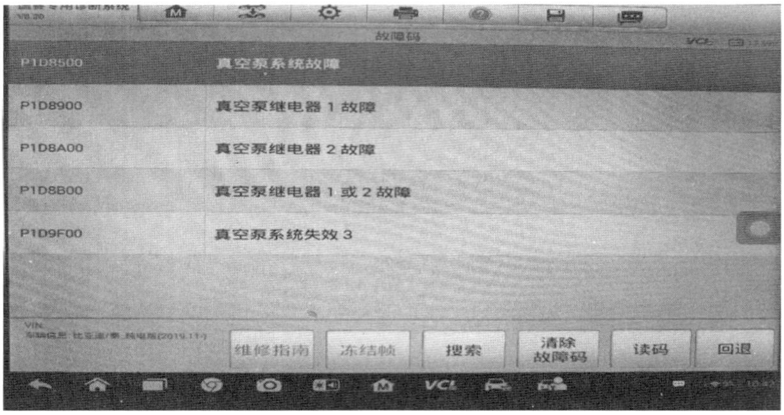

图 3-3-11　真空泵控制故障码

（2）故障分析。

以上故障码说明整车控制器发出继电器控制信号后，未检测到真空泵继电器检测信号，可能故障原因：①真空泵继电器检测信号线路故障；②真空泵继电器故障；③整车控制器局部故障。

三、整车控制器数据流的读取与分析

下面以比亚迪秦 EV 为例介绍整车控制器数据流的读取与分析。比亚迪秦 EV 整车控制器相关数据流如图 3-3-12～图 3-3-15 所示。

（1）主接触器状态。

整车控制器可以检测到主接触器吸合状态，如果数据流显示“吸合”，就说明车辆高压正常上电，且高压电已经到达电机控制器。

（2）VCU 启动允许。

如果数据流显示“允许启动”，就说明整车控制器 VCU 已经完成了对车辆各项系统的自检和准备工作，并判断当前车辆状态满足起动条件，允许驾驶人起动车辆进行正常行驶。

（3）VCU 防盗解除状态。

若数据流显示“成功”，则说明 VCU 与 IK-ECU 防盗认证通过；若数据流显示“未通过”，则说明 VCU 与 IK-ECU 防盗认证存在故障，或更换完 VCU 或 IK-ECU 未做防盗匹配。

（4）整车挡位。

若数据流可以正常与所切换的挡位匹配，则说明挡位传感器与 VCU 通信正常；若数据流无法显示挡位，则说明挡位传感器与 VCU 失去通信。

（5）整车运行模式。

若数据流可以正常与所切换的模式匹配，则说明模式开关与 VCU 通信正常；若数据流无法与所切换的模式匹配或不显示模式，则说明模式开关与 VCU 通信存在故障。

图 3-3-12 整车控制器数据流（1）

（6）加速踏板（油门）深度。

数据流会随所踩下的加速踏板深度实时变化，范围为 0%～100%。如果在踩下加速踏板时数据没有变化，就说明加速踏板位置传感器相关线路存在故障。

（7）制动深度。

数据流会随着所踩下的制动踏板深度实时变化，范围为 0%～100%。如果在踩下制动踏板时数据没有变化，就说明制动开关相关线路存在故障。

（8）FWD 目标力矩。

该数据流是 VCU 通过接收加速踏板位置信号、挡位信号和模式信号后计算出来的数据，以便真实反映驾驶人的意图。

（9）OK 灯状态。

若数据流显示“点亮”，则说明高压已上电。当车辆仪表显示存在故障时，可以通过该数据流判断车辆是否高压上电。

（10）真空泵状态。

若数据流显示“真空泵关断”，则说明真空泵未工作。VCU 主要是通过真空继电器检测信号来判断真空泵是否工作。

（11）风扇继电器状态。

风扇继电器状态包括风扇高速继电器状态和风扇低速继电器状态，通过这两个数据流可判断高速风扇继电器和低速风扇继电器是否工作。

（12）水温值和水温报警。

正常数据流应是温度随车辆运行时长的增加而变化，如果温度值超过正常范围，就会引起水温报警；如果水温值不显示，就说明 VCU 与驱动电机控制器或充配电总成通信存在故障，或水温传感器故障。

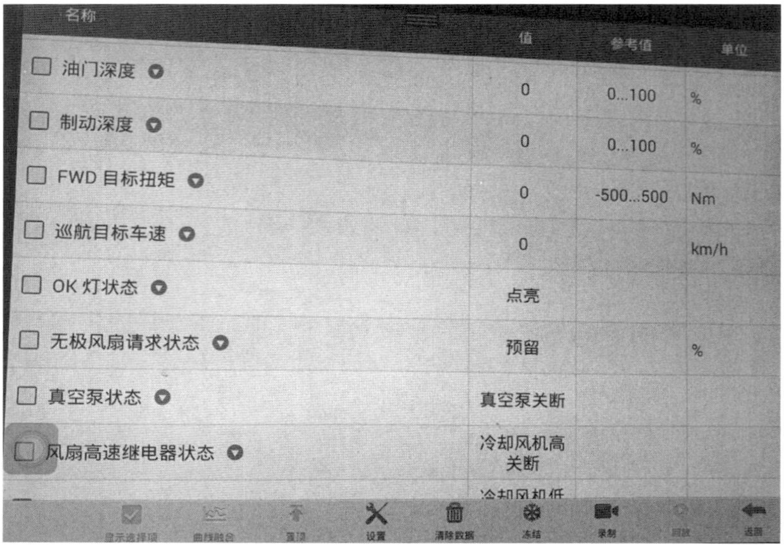

图 3-3-13　整车控制器数据流（2）

（13）真空压力值和真空压力报警。

在正常情况下，该数据流应该是在驾驶人踩下制动踏板后，压力值与驾驶人所踩下制动踏板的深度应实时变化；如果压力值超过正常范围，就会引起真空压力报警。

（14）真空泵工作时间。

该数据流能实时检测真空泵运行工作的时间。

（15）真空泵继电器状态。

该数据流主要反映真空泵继电器是否工作正常。

（16）整车车速。

该数据流主要反映车辆在行驶中的实时车速。

图 3-3-14　整车控制器数据流（3）

（17）制动深度电压。

该数据流包含制动深度电压 1 和制动深度电压 2，反映的是制动开关的信号 1 和信号 2 的数据，两个电压值应随驾驶人踩下制动踏板深度的变化而变化，且两个电压值应同时变化。

（18）加速踏板（油门）深度电压。

该数据流包含加速踏板深度电压 1 和加速踏板深度电压 2，反映的是加速踏板位置传感器的信号 1 和信号 2 的数据，两个电压值应随驾驶人踩下踏板深度的变化而变化，且信号电压 1 数据值应是信号电压 2 数据值的两倍。

（19）制动开关状态。

该数据流主要反映制动踏板是否被踩下，该数据作为控制制动灯、协调制动系统，以及车辆起动等系统工作的重要依据。

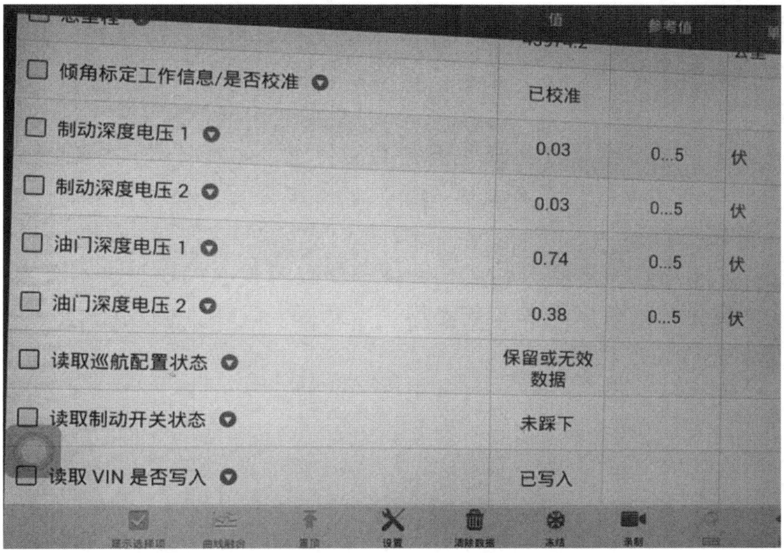

图 3-3-15　整车控制器数据流（4）

知识延伸

汽车故障诊断仪的其他功能

汽车故障诊断仪除了具备读取故障码、读取数据流、元件动作测试、系统学习匹配等基本功能外，不同诊断仪还具有其他一些更高级功能或辅助功能。

（1）示波功能。

部分高级的汽车故障诊断仪还具备示波功能，可以显示传感器和执行器的波形信号。通过波形分析，维修人员可以更深入地了解系统的运行情况，从而更准确地判断故障类型。

（2）英汉词典。

对于进口车辆或配备有英文界面的车辆，英汉词典功能可以帮助维修人员更好地理解故障码和诊断信息，提高维修效率。

（3）计算器。

一些汽车故障诊断仪还配备了计算器功能，方便维修人员在维修过程中进行必要的计算。

（4）汽车维修数据库访问。

部分故障诊断仪可以连接到互联网或内部数据库，提供最新的维修信息和指导，这有助于维修人员快速获取相关的维修资料和解决方案，提高维修质量。

（5）打印输出。

汽车故障诊断仪通常还具备打印输出功能，允许将诊断结果、数据流或故障码等信息打印出来，以便维修人员记录维修过程、与客户沟通或作为维修凭证。

（6）网络升级。

支持通过网络进行软件升级，以确保诊断仪始终具备最新的功能和诊断能力，这有助于维修人员随时掌握最新的维修技术和方法，提高维修效率和质量。

（7）多功能集成。

一些高级的汽车故障诊断仪还集成了多种其他功能，如万用表、示波器、燃油压力测试、电池电压测试等。这些功能使得汽车故障诊断仪能够更全面地检测车辆的性能和状态，为维修服务提供更全面的支持。

需要注意的是，不同品牌和型号的汽车故障诊断仪可能在功能上存在差异。因此，在选择和使用时，应根据具体的维修需求和车辆类型进行选择。同时，为确保诊断的准确性，应定期对汽车故障诊断仪进行校准和维护。

任务实施

整车控制器故障码及数据流读取与分析

请根据工作任务单的指引(表 3-3-1),利用汽车故障诊断仪读取整车控制器的故障码和数据流。

整车控制器故障码及数据流读取与分析工作页　　表 3-3-1

整车控制器故障码及数据流读取与分析				班级:	
				姓名:	
实训地点:			实训时间:		
1. 车辆信息记录					
品牌		整车型号		生产年月	
驱动电机型号		电池电量		行驶里程	
车辆识别码					
2. 作业场地准备					
检查设置隔离栏					□是　□否
检查设置安全警示牌					□是　□否
检查灭火器压力、有效期					□是　□否
安装车辆挡块					□是　□否
3. 对仪器进行检查					
检查仪器名称					是否正常
防护用具:绝缘手套、车辆防护用具;故障诊断仪					□是　□否
4. 测试与分析					
实施步骤					是否完成
用故障诊断仪读取整车控制器故障码					□是　□否
用故障诊断仪读取整车控制器数据流					□是　□否
5. 7S 管理					
建立安全操作环境					□是　□否
清理及整理工具量具					□是　□否
清理及复原车辆正常状况					□是　□否
清洗场地					□是　□否
物品回收和环保					□是　□否
完善和检查工作					□是　□否
实训人(签字):			监督人(签字):		

任务评价

通过自评、互评及师评对本任务学习情况进行考评（表 3-3-2），掌握学习效果。

整车控制器故障码及数据流读取与分析考核评分　　表 3-3-2

<table>
<tr><td colspan="4">整车控制器故障码及数据流读取与分析</td><td colspan="4">实习日期：</td></tr>
<tr><td colspan="3">姓名：</td><td>班级：</td><td colspan="2">学号：</td><td colspan="2" rowspan="3">导师签名：</td></tr>
<tr><td colspan="3">自评：□熟练 □不熟练</td><td>互评：□熟练 □不熟练</td><td colspan="2">师评：□合格 □不合格</td></tr>
<tr><td colspan="3">日期：</td><td>日期：</td><td colspan="2">日期：</td></tr>
<tr><td colspan="8">评分细则</td></tr>
<tr><td>序号</td><td>评分项</td><td>得分条件</td><td>分值（分）</td><td>评分要求</td><td>自评</td><td>互评</td><td>师评</td></tr>
<tr><td>1</td><td>安全/7S/态度</td><td>□ 1. 能进行工位 7S 操作
□ 2. 能进行设备和工具安全检查
□ 3. 能进行车辆安全防护操作
□ 4. 能进行工具清洁、校准、存放操作
□ 5. 能进行三不落地操作</td><td>15</td><td>未完成 1 项扣 3分</td><td>□熟练
□不熟练</td><td>□熟练
□不熟练</td><td>□合格
□不合格</td></tr>
<tr><td>2</td><td>专业技能能力</td><td>□ 1. 能正确使用汽车故障诊断仪读取整车控制器故障码
□ 2. 能正确使用汽车故障诊断仪读取整车控制器数据流</td><td>50</td><td>未完成 1 项根据情况扣 1～25分</td><td>□熟练
□不熟练</td><td>□熟练
□不熟练</td><td>□合格
□不合格</td></tr>
<tr><td>3</td><td>工具及设备的使用能力</td><td>□ 能正确使用汽车故障诊断仪</td><td>10</td><td>未完成扣1～10分</td><td>□熟练
□不熟练</td><td>□熟练
□不熟练</td><td>□合格
□不合格</td></tr>
<tr><td>4</td><td>数据判断和分析能力</td><td>□ 1. 能正确分析整车控制器各故障码
□ 2. 能正确分析整车控制器各数据流</td><td>20</td><td>未完成 1 项根据情况扣 1～10分</td><td>□熟练
□不熟练</td><td>□熟练
□不熟练</td><td>□合格
□不合格</td></tr>
<tr><td>5</td><td>表单填写及报告撰写能力</td><td>□ 1. 字迹清晰
□ 2. 语句通顺
□ 3. 无错别字
□ 4. 无抄袭</td><td>5</td><td>未完成 1 项扣 1分</td><td>□熟练
□不熟练</td><td>□熟练
□不熟练</td><td>□合格
□不合格</td></tr>
<tr><td colspan="8">总分：</td></tr>
</table>

任务拓展

整车控制器通信 CAN 故障诊断

思考测试

一、填空题

1. 汽车故障诊断仪主要功能有__________、__________、__________、学习匹配功能。

2. 汽车故障诊断仪的无线连接主要通过__________进行数据通信。

3. 整车挡位数据流可以正常与所切换的挡位匹配，说明挡位传感器与__________通信正常。

4. 加速踏板深度数据流会随所踩下的加速踏板(油门)深度实时变化，范围为__________。

5. 数据流加速踏板深度电压 1 是加速踏板深度电压 2 的__________倍。

二、多选题

1. 报整车控制器失去通信故障码，可能故障原因有（　　）。

A. 整车控制器模块电源线路故障

B. 整车控制器模块接地线路故障

C. 整车控制器通信线路（动力 CAN）故障

D. 整车控制器本体故障

2. 报整车控制器真空压力传感器故障码，可能故障原因有（　　）。

A. 真空压力传感器本体故障

B. 整车控制器局部故障

C. 真空压力传感器到整车控制器间相关线路故障

D. 整车控制器模块电源故障

三、判断题

1. 汽车故障诊断仪的有线连接与无线连接都需要把 OBD-II诊断插头接到车辆诊断口。（　　）

2. 执行元件动作测试，在选择所要测试的元件后单击执行相应动作，系统会自动驱动该元件工作，通过观察元件是否工作可以帮助判断被测元件及电路是否故障。（　　）

3. VCU 防盗解除状态数据流显示“成功”，说明 VCU 与 IK-ECU 防盗认证通过。（　　）

模块四

新能源汽车高压电控技术

任务1 高压充配电系统的认知与更换

学习目标

知识目标

（1）能描述新能源汽车高压充配电系统的基本组成。
（2）能解释高压充配电系统中各部件的作用及位置。
（3）能理解充电系统的工作原理。

技能目标

（1）能正确识别新能源汽车高压充配电系统的各部件。
（2）能熟练进行高压充配电系统中关键部件的更换操作。
（3）能遵守高压作业的安全规范，确保操作安全。

素养目标

（1）培养良好的安全意识。
（2）培养良好的团队合作意识。
（3）培养沟通表达能力。
（4）培养良好的职业素养和职业道德。
（5）树立对民族汽车工业发展的自豪感。

任务描述

一辆比亚迪纯电动汽车的车主反映，该车辆无法充电。维修人员经过读取故障码和数据流，初步判断是高压充配电系统故障，需要拆卸下来检修。你知道电动车的高压充配电系统有哪些部件吗？如何拆卸检修？

知识准备

一、高压充配电系统概述

（一）高压充配电系统的定义与重要性

新能源汽车高压充配电系统是指由动力蓄电池、驱动电机、高压配电箱、车载充电机、

DC/DC 变换器等高压部件组成的，用于存储、分配、转换及传输电能的系统。

该系统是新能源汽车的核心部分，直接影响车辆的续驶性能、动力性能及安全性。

（二）高压充配电系统的组成

1. 动力蓄电池系统

动力蓄电池系统是电动汽车的动力源，为整车提供电能，支持整车按驾驶人意图运行，支持高压附件系统如电动压缩机、PTC、DC/DC 等正常工作。动力蓄电池输出电压直流电一般在 240～420V 之间，输出最大电流可达到 200A。动力蓄电池系统包含蓄电池模组和蓄电池管理系统，动力蓄电池管理系统 BMS 保证动力蓄电池高压安全，作为整个高压系统的控制中心。

如图 4-1-1 所示，比亚迪秦汽车的动力蓄电池包模组安装于后排座椅与行李舱之间。动力蓄电池包分 10 个模组，通过动力蓄电池串联线串联为一体。

图 4-1-1　比亚迪秦汽车的蓄电池模组示意图

2. 驱动电机系统

如图 4-1-2 所示，驱动电机系统集成于变速器总成之内，安装在前舱。电机上部安装附件如图 4-1-3 所示。电动机由外圈的定子与内圈的转子组成，是汽车的动力源之一，向外输出力矩，驱动汽车前进后退，同时也可以作为发电机发电，例如，在滑行、制动过程中以及发动机输出的额外力矩的势能或者动能通过电机转化为电能存储。

3. 高压配电箱

电动汽车高压配电箱（Power Distribution Unit，PDU）又称为高压配电盒，是高压系统电源分配单元。电动汽车具有高电压和大电流的特点，通常配备 300V 以上的高压系统，工作电流可达 200A 以上，可能危及人身安全和高压零部件的使用安全性。因此，在设计和规划高压动力系统时，不仅要充分满足整车动力驱动要求，还要确保汽车运行安全、驾乘人员安全和汽车运行环境安全。

比亚迪秦汽车高压配电箱安装于后行李舱电池包支架右上方，如图 4-1-4 所示。其内部结构及电路示意如图 4-1-5 和图 4-1-6 所示。它将电池包的高压直流电分配给整车高压电器使用，其上游是电池包，下游包括驱动电机控制器及 DC 总成、PTC 水加热器、电动压缩机、漏电传感器；也将车载充电机的高压直流电分配给电池包。

图 4-1-2 比亚迪秦汽车驱动电机系统

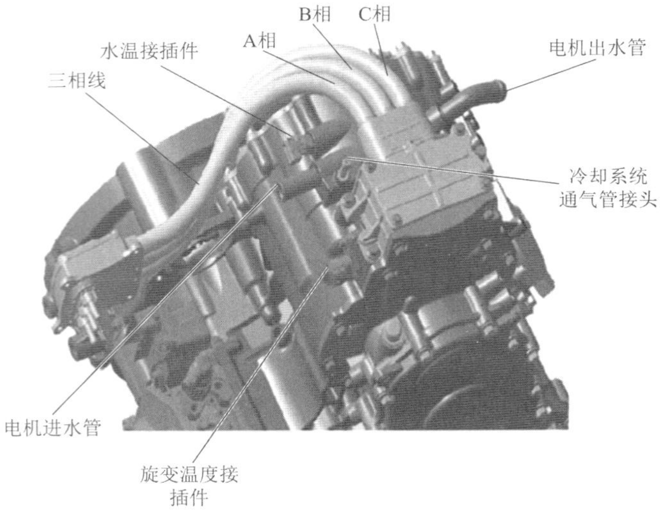

图 4-1-3 电机上部安装附件示意图

图 4-1-4 比亚迪秦汽车高压配电箱示意图

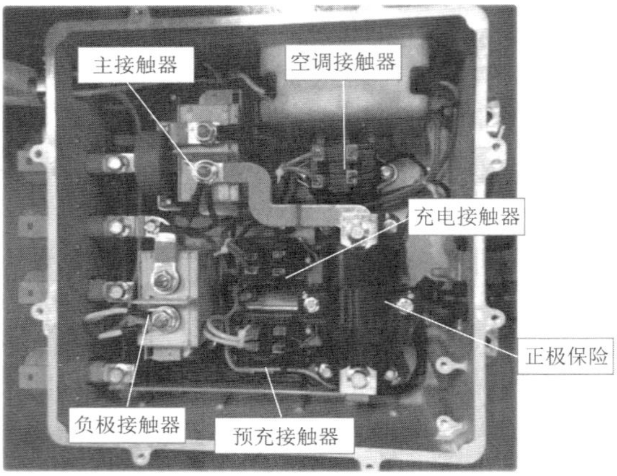

图 4-1-5 高压配电箱内部结构图

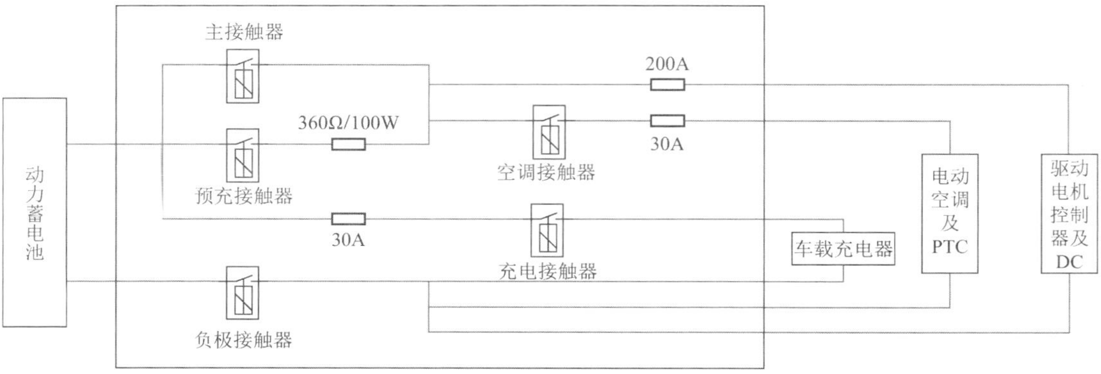

图 4-1-6 高压配电箱电路示意图

4. 车载充电机

（1）车载充电机的组成。

车载充电机（On-Board Charger，OBC）内部可分为主电路、控制电路、线束及标准件三部分。主电路前端将交流电转换为恒定电压的直流电，主电路后端为 DC/DC 变换器，将前端转出的直流高压电变换为合适的电压及电流供给动力蓄电池。

车载充电机安装于后行李舱右部，其外观及插头示意如图 4-1-7 所示。它将交流充电插孔传递过来的交流电源转换为直流高压电为动力蓄电池充电，同时在充电过程中给低压蓄电池进行补充电。

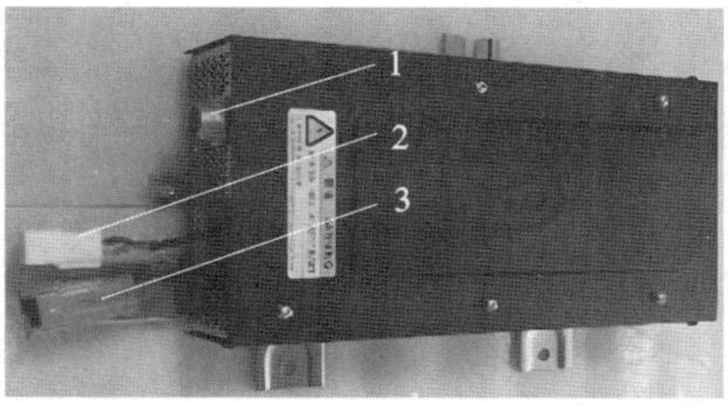

图 4-1-7　比亚迪秦汽车的车载充电机示意图

1-220V 交流输入；2-低压接插件；3-高压直流输出

（2）车载充电机的工作原理。

充电控制原理：在确保交流充电连接装置与车载充电机总成连接无误后，车载充电机总成控制交流充电连接装置输出 220V 交流电，并控制交流充电及 OFF 挡充电继电器吸合，通过交流充电及 OFF 挡充电继电器给蓄电池管理系统及高压配电箱提供低压电源；同时车载充电机总成与蓄电池管理系统进行通信，在充电允许的情况下，蓄电池管理系统控制交流充电接触器及负极接触器吸合；车载充电机检测到动力蓄电池包的反馈电压后输出充电电压进行充电。

新能源汽车的车载充电机控制电路具有控制场效应管开关，与蓄电池管理系统（Battery Management System，BMS）之间进行通信，监测充电机工作状态以及与充电桩握手等作用。线束及标准件用于主电路与控制电路的连接，固定元件及电路板。车载充电机工作原理如图 4-1-8 所示。

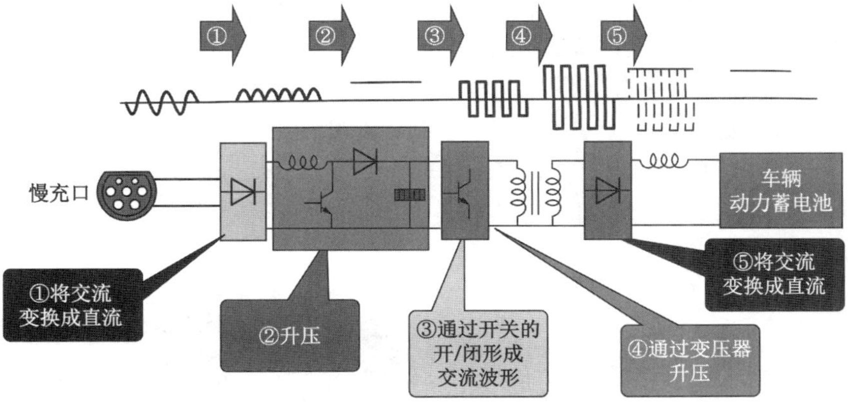

图 4-1-8　比亚迪秦汽车的车载充电机工作原理图

车载充电机的工作均由 BMS 发出指令进行控制，包括工作模式指令、动力蓄电池允许最大电压、充电允许最大电流、加热状态的电流值等。充电机通过 CAN 总线与车辆进行通信。通信内容包括单体蓄电池、蓄电池模块和总成的相关技术参数，以及充电过程中动力蓄电池的状态参数，充电机工作状态参数和车辆基本信息等。

充电前，系统会自动检测蓄电池箱内部的动力蓄电池温度，若温度高于 55℃或低于 0℃时，动力蓄电池管理系统将自动切断充电回路，此时无法充电。若有低于 0℃的温度点，则启动加热模式，加热继电器闭合进行加热，待蓄电池电芯组的温度点都高于 5℃时停止加热，然后启动充电程序，充电过程中充电桩电流显示为 12～13A。

在加热状态时，充电机停止充电，此时 BMS 闭合负极继电器和加热继电器，通过电热元件给动力蓄电池电芯组进行加热，加热电流由充电机向加热元件直接供电。慢充状态时，动力蓄电池高压正负继电器闭合，车载充电机首先判断其输出端的电压值，当监测到电压值满足充电要求后，充电机将闭合其输出端继电器并开始工作。

5. DC/DC 变换器

DC/DC 变换器的主要作用是取代传统燃油车上的 12V 发电机，在行车过程中控制动力蓄电池将高压直流电转换为低压直流电向低压 12V 蓄电池充电，以满足车辆运行时低压用电设备的需要。它主要分为降压 DC/DC 变换器、升压 DC/DC 变换器以及双向 DC/DC 变换器。目前纯电动汽车采用的是降压型 DC/DC 变换器。

根据需求可采用 3 类控制：脉宽调制（Pulse Width Modulation，PWM）控制型，该控制型效率高并具有良好的输出电压纹波和噪声的功能；脉冲频率调制（Pulse Frequency Modulation，PFM）控制型，具有长时间使用（尤其小负载时）耗电少的优点；PWM/PFM 转换型，小负载时实行 PFM 控制，且在重负载时自动转换到 PWM 控制。DC/DC 变换器的主要部件是变压器。变压器由一次侧（输入侧、动力蓄电池侧）和二次侧（输出侧、铅酸蓄电池侧）两套线圈构成。其广泛应用在混合动力电动汽车（Hybrid Electric Vehicle，HEV）、插电式混合动力电动汽车（PHEV）和电动汽车（EV）系统中，功率范围为 1.5～2.5kW。DC/DC 变换器主要有高压输入端、低压控制端，低压输出正极和低压输出负极四个线束插接件。

比亚迪秦汽车的驱动电机控制器和 DC/DC 变换器两个高压零部件集成一体，安装于车辆前舱，如图 4-1-9 所示，总成结构如图 4-1-10 所示。其中，驱动电机控制器作为动力系统的总控中心，驱动电机的运行，根据工况控制电机的正反转、功率、力矩、转速等；协调发动机管理系统工作；硬件采集电机的旋变、温度以及制动踏板、加速踏板开关信号；通过 CAN 总线通信采集踩下制动踏板的深度、挡位信号、驻车开关信号、起动命令、蓄电池管理系统相关数据、控制器的故障信息；内部处理的信号有直流侧母线电压、交流侧三相电流、IGBT 温度、电机的三相绕组阻值。

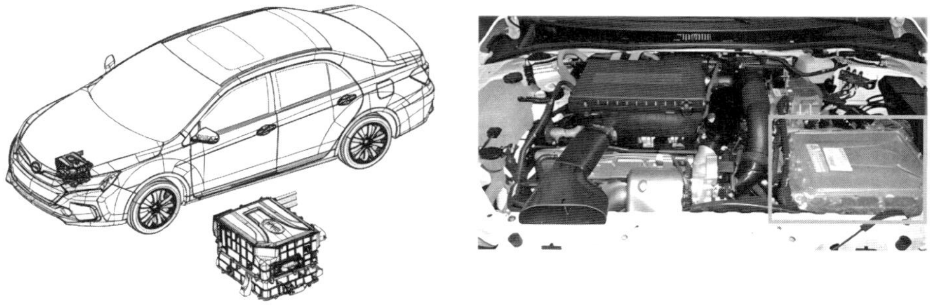

图 4-1-9　比亚迪秦汽车的驱动电机和 DC/DC 变换器总成安装示意图（安装于前舱左侧）

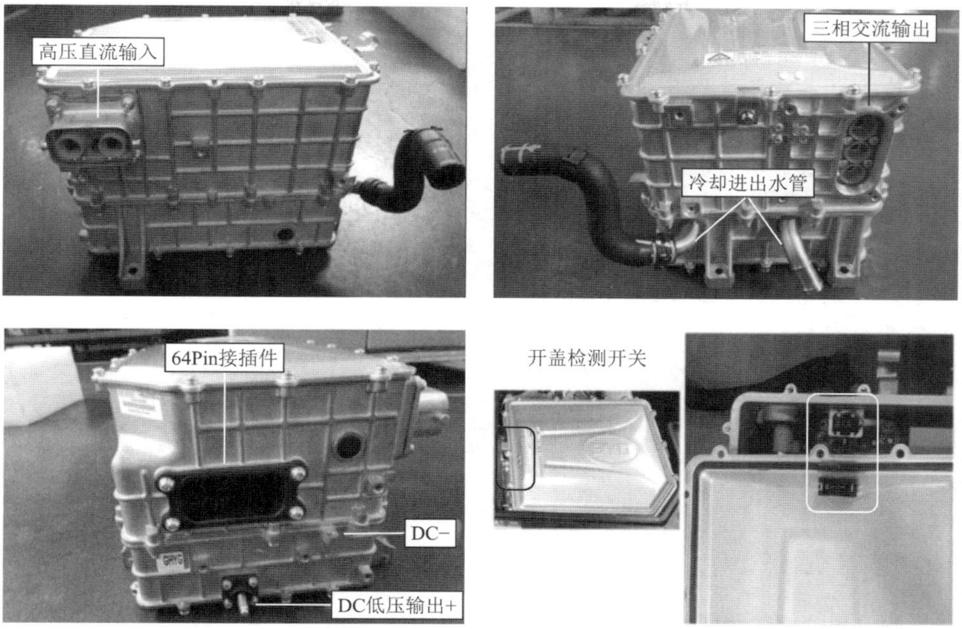

图 4-1-10　比亚迪驱动电机和 DC/DC 变换器总成结构示意

在纯电动模式下，DC/DC 变换器的功能取代了传统燃油车中与发动机相连的 12V 发电机，与蓄电池并联为各种电气设备提供低压电源。一旦高压（500V）输入端的接触器吸合，DC/DC 变换器便开始工作，输出稳定电压，为 13.5V。

二、高压充配电系统的组成及工作原理

（一）高压充配电系统的组成

如图 4-1-11 所示，新能源汽车配电系统主要由充电桩、充电线束、车载充电机、高压控制盒、动力蓄电池、DC/DC 变换器、低压蓄电池以及各种高压线束和低压控制线束等组成。

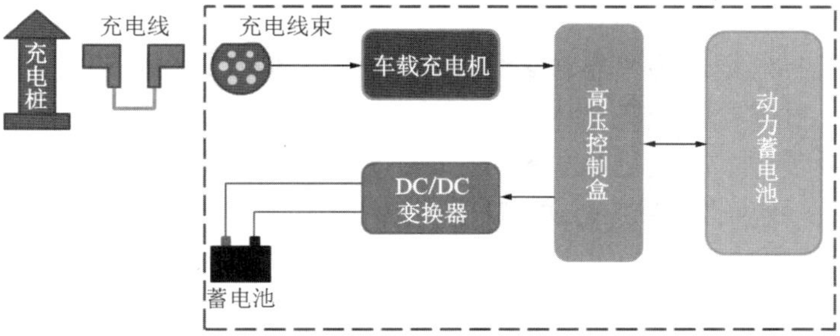

图 4-1-11　新能源汽车充配电系统示意

1. 充电桩

充电桩作为新能源汽车充电系统的配套设施，有交流充电桩和直流充电桩两种。

（1）交流充电桩。

如图 4-1-12 所示，交流电动汽车充电桩通常被称为“慢充”，是固定安装在电动汽车外部并与交流电网连接的设备。它为电动汽车车载充电机（即固定安装在电动汽车上的充电器）提供交流电源。交流充电桩只提供电力输出，不具备充电功能，需连接车载充电机才能为电动汽车充电，因此它主要起到控制电源的作用。

（2）直流充电桩。

如图 4-1-13 所示，直流电动汽车充电桩，通常被称为“快充”，是固定安装在电动汽车外部并与交流电网相连的设备。它为非车载电动汽车的动力蓄电池提供直流电源。直流充电桩的输入电压为三相四线 AC380V ± 15%，频率为 50Hz，其输出为可调节的直流电，直接为电动汽车的动力蓄电池充电。

2. 车载充电机

车载充电机（On-Board Charger，OBC）如图 4-1-14 所示。其是充电系统的重要组成部件。

车载充电机将输入的 220V 交流电转换成直流电输出，为动力蓄电池充电，实现动力蓄电池电量的补给，车载充电机工作过程需要与充电桩、BMS、VCU 等部件进行通信。

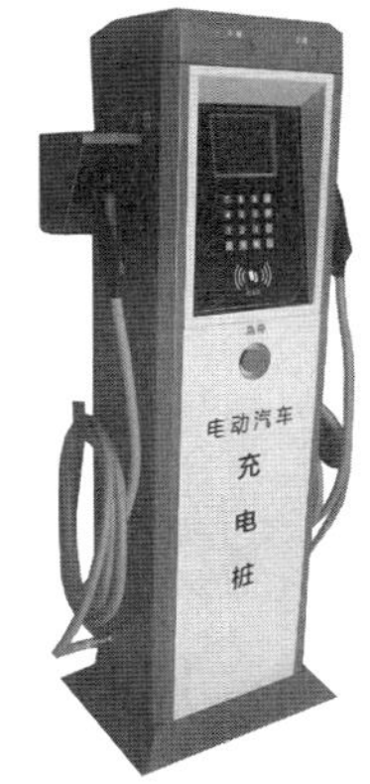

图 4-1-12　交流充电桩

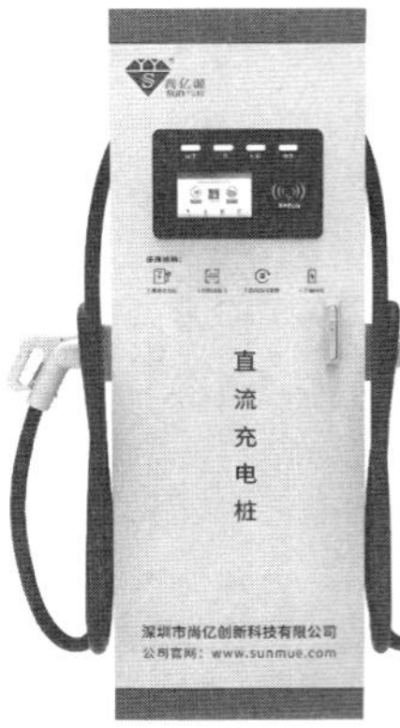

图 4-1-13　直流充电桩

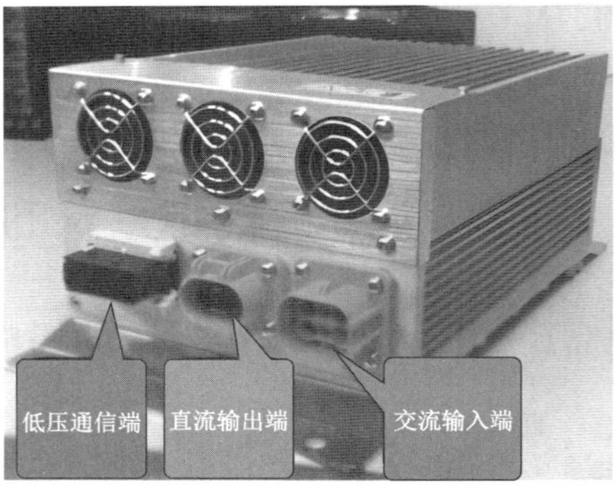

图 4-1-14　车载充电机

车载充电机能够根据动力蓄电池的需求调节输出功率，并具有软关断功能。为了确保在切断电源时防止对电器模块造成大电压冲击，特别增加了软关断控制器。为高压负载提供了一个卸载时间缓冲。在钥匙从 ON 挡关闭时，高压电源会延迟 3s 后断电。

目前，多数新款车型的车载充电机均采用一体化的集成方式安装，将车载充电机、DC/DC 变换器、高压控制盒集成为一体。

（二）充电系统低压部分的功能

纯电动汽车充电系统的低压部分主要用于低压供电及控制信号。

1. 车载充电机低压部分

12V 电源（低压蓄电池）供电用于在供充电过程中的 BMS、VCU、仪表等用电。BMS 通过 CAN 通信控制车载充电机工作状态。CAN 网络系统如图 4-1-15 所示。

2. DC/DC 变换器低压部分

通过智能控制 DC/DC 变换器开关机，12V 电源提供整车低压系统用电。低压配电系统控制方式如图 4-1-16 所示。

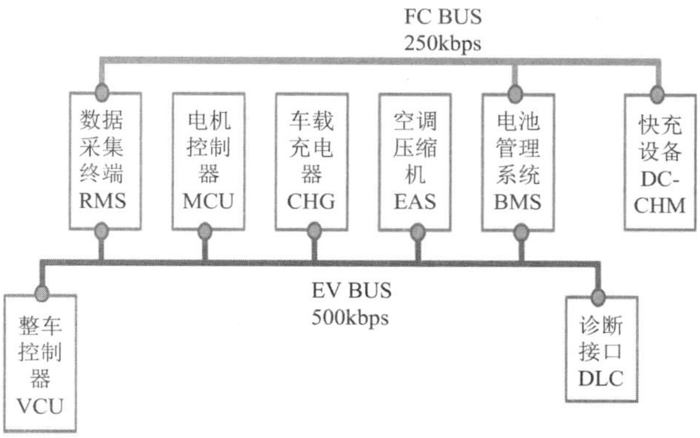

图 4-1-15　充电系统相关的 CAN 网络结构示意图

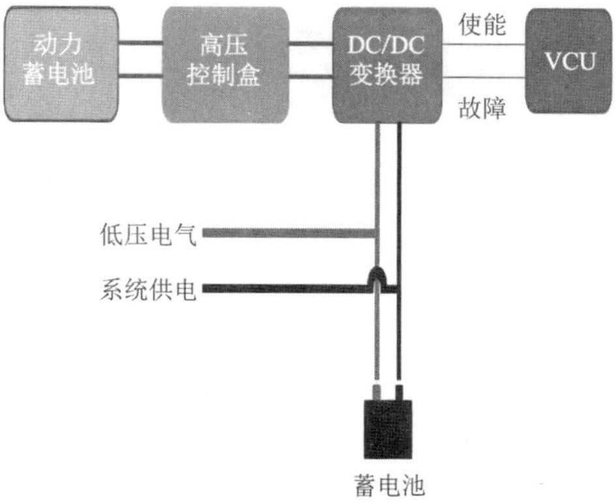

图 4-1-16　低压配电系统控制方式

3. 其他相关的低压部分

其他相关的低压部分如充电接口相关的低压部分等。

（三）快充模式充电系统的组成和原理

1. 快充模式充电系统的组成

在快充模式下，充电系统主要由充电桩（直流快充桩）、快充接口、高压控制盒、动力蓄电池、整车控制器、高压线束和低压控制线束等组成。

2. 快充模式充电系统的结构原理图

快充模式充电系统的结构原理图如图 4-1-17 所示。

整车控制器是直流快充功能的主控模块。将直流快充接口由充电桩连接至车辆快充接口以后，整车控制器通过 CC 线判断充电接口是否已经正确连接，并启用唤醒线路唤醒车辆内部充电系统电路及部件。

整车控制器通过发送高压接触器闭合指令至高压控制盒，实现直流快充桩与动力蓄电池之间高压电路的连接。在接通成功并开始充电的过程中，整车控制器向仪表发送正在充电的显示信息。

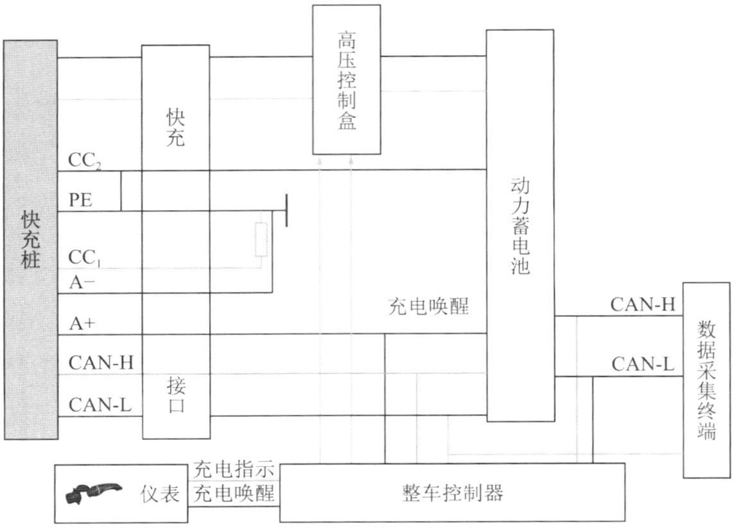

图 4-1-17　快充模式充电系统的结构原理图

3. 快充模式充电条件要求

（1）充电线连接确认信号正常。

（2）BMS 供电电源正常（12V）。

（3）充电唤醒信号输出正常（12V）。

（4）充电桩、VCU、BMS 之间通信正常（主继电器闭合、发送电流需求）。

（5）蓄电池电芯组的温度应大于 5℃且小于 45℃。

（6）单体蓄电池最高电压与最低电压差应小于 0.3V（300mV）。

（7）单体蓄电池最高温度与最低温度差应小于 15℃。

（8）绝缘性能应大于 20MΩ。

（9）实际单体蓄电池最高电压不大于额定单体电压 0.4V。

（10）高、低压电路连接正常（远程开关呈关闭状态）。

（四）慢充模式充电系统的组成和结构原理

1. 慢充模式充电系统的组成

在慢充模式下，充电系统主要由供电设备（充电桩）、慢充接口、车载充电机、高压控制盒、动力蓄电池、整车控制器（VCU）、高压线束和低压控制线束等组成。

2. 慢充模式充电系统的结构原理图

慢充模式充电系统的结构和工作原理如图 4-1-18 所示。

充电枪连接通过车载充电机（充电器）反馈到整车控制器，再唤醒仪表显示连接状态（负触发）；充电机同时唤醒整车控制器和动力蓄电池管理系统（正触发），整车控制器唤醒仪表启动显示充电状态（负触发）；正、负主继电器由整车控制器发出指令由动力蓄电池管理系统控制闭合。

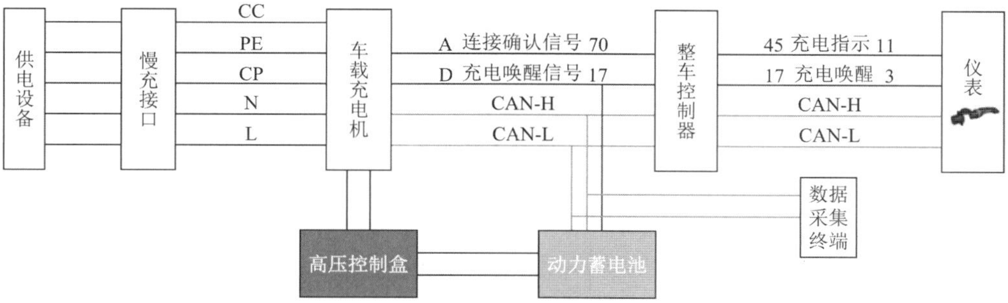

图 4-1-18　慢充模式充电系统结构与工作原理

图 4-1-19 所示为慢充模式充电系统工作电路图。充电桩通过 CC 连接确认信号后，把 S1 开关从 12V 端切换到 PWM 端；当检测点 1 电压降到 6V 时，充电桩 K1、K2 开关闭合输出电流。

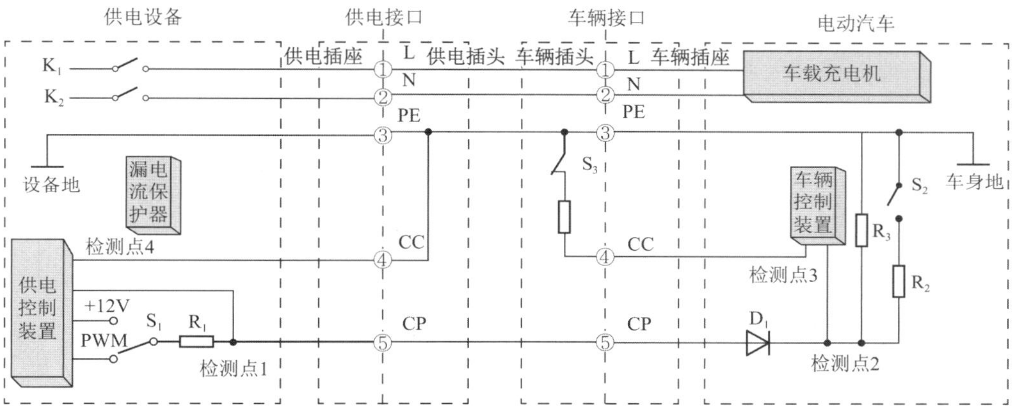

图 4-1-19　慢充模式充电系统的工作电路图

3. 慢充模式充电控制过程

慢充模式充电控制过程如图 4-1-20 所示。

（1）连接确认：充电枪插入车辆充电接口后，首先进行连接确认，确保充电设备与车辆之间建立了物理连接。

（2）车载充电机初始化：连接确认后，充电机开始进行初始化操作，包括内部参数设置、电路自检等，使充电机进入可工作的状态。

（3）供电请求：初始化完成后，车载充电机向供电系统（充电桩或充电盒）发出供电请求，告知供电系统即将开始充电，需要提供相应的电能供应，供电系统根据请求进行相应的准备和调配。

（4）充电唤醒：当供电准备就绪后，向动力蓄电池发出充电唤醒信号，激活动力蓄电池

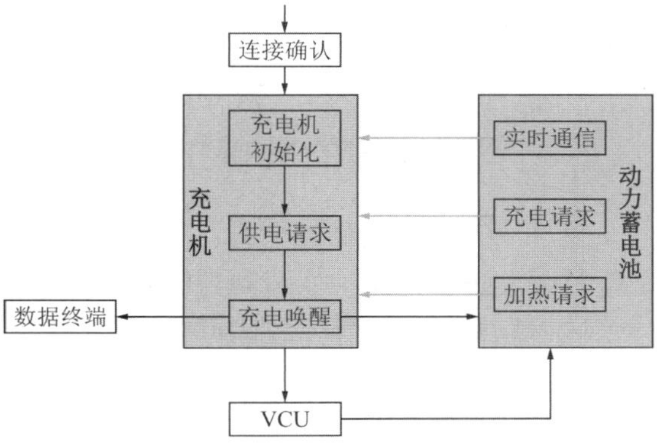

图 4-1-20　慢充模式充电控制过程

的充电管理模块，使其从待机状态转变为准备接收充电的状态，动力蓄电池开始进行内部的充电准备工作，如蓄电池管理系统（BMS）的激活等。

（5）实时通信：在整个慢充电过程中，充电机与动力蓄电池之间保持实时通信，充电机根据动力蓄电池反馈的状态信息，如蓄电池的电压、电流、温度等参数，实时调整充电策略，以确保充电的安全性和有效性。同时，动力蓄电池也通过通信向充电机报告自身的状态，以便充电机做出相应的调整和控制。

（6）充电请求：动力蓄电池在准备好后，会向充电机发出充电请求，告知充电机可以开始正式的充电过程，此时充电机按照预定的充电曲线和参数开始向动力蓄电池输送电能。

（7）加热请求：如果动力蓄电池的温度低于其适宜的充电温度范围，为了提高充电效率和保护蓄电池，动力蓄电池会发出加热请求，充电机会相应地启动加热装置，对动力蓄电池进行加热，使其温度升高到合适的范围内，然后再进行正常的充电。

（8）与 VCU 的交互：VCU 在整个慢充电过程中起到协调和管理的作用。它会根据车辆的整体状态和需求，与充电机、动力蓄电池等部件进行交互，确保充电过程与车辆的其他系统协同工作，保障车辆的安全和正常运行。

4. 慢充模式充电条件要求

（1）充电线连接确认信号正常。
（2）充电机供电电源正常（含 220V 和 12V）及充电机工作正常。
（3）充电唤醒信号输出正常（12V）。
（4）充电机、VCU、BMS 之间通信正常（主继电器闭合、发送电流需求）。
（5）蓄电池电芯组的温度大于 0℃且小于 45℃。
（6）单体蓄电池最高电压与最低电压差应小于 0.3V（300mV）。
（7）单体蓄电池的最高温度与最低温度差应小于 15℃。
（8）绝缘性能应大于 20MΩ。
（9）实际单体蓄电池最高电压不大于额定单体蓄电池电压 0.4V。
（10）高、低压电路连接正常（远程控制开关呈关闭状态）。

三、充配电总成更换操作

（一）更换前的准备工作

（1）个人防护用品的准备：穿戴符合标准的安全帽、绝缘手套、绝缘鞋、护目镜和绝缘工服等个人防护用品，如图 4-1-21 所示。

（2）场地防护及警示标识的设置：确保操作区域整洁有序，设置警示标识（如“高压危险”“禁止触摸”等）以提醒相关人员注意安全，如图 4-1-22 所示。

（3）工具及设备的准备：准备所需的工具（如螺钉旋具、扳手等）及检测设备（如绝缘电阻测试仪、万用表等）。

图 4-1-21　个人防护

图 4-1-22　工位布置图

1-隔离带；2-安全警示牌；3-绝缘地垫；4-灭火器

（二）充配电总成的更换步骤

1. 断开维修开关

车辆熄火（退至 OFF 挡），拆副仪表台，断开动力蓄电池维修开关。

2. 拆卸外部接口

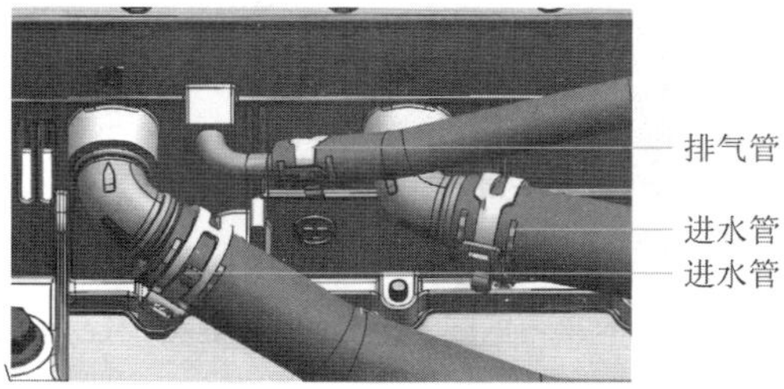

图 4-1-23　拆卸进水管、出水管、排气管

（1）使用水管钳拆卸进水管、出水管、排气管，如图 4-1-23 所示。

（2）拆卸低压线束接插件、空调 PTC 接插件、空调压缩机接插件、交流充电输入接插件，如图 4-1-24 和图 4-1-25 所示。

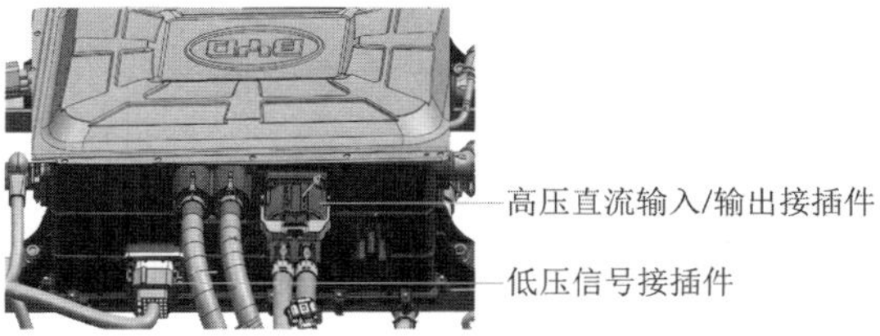

图 4-1-24　拆卸接插件（一）

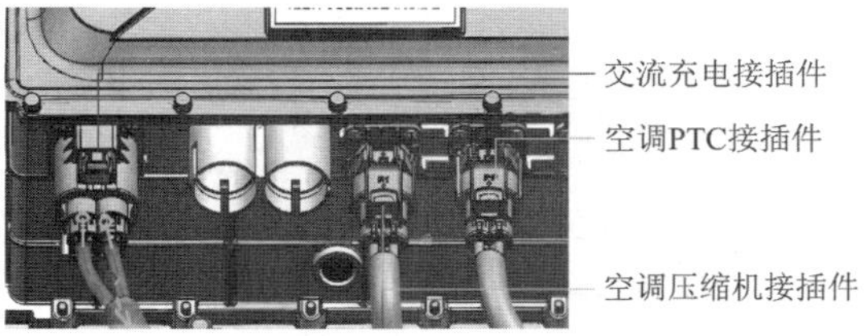

图 4-1-25　拆卸接插件（二）

（3）使用 13 号套筒工具拆卸低压正极线、两条搭铁线，如图 4-1-26 和图 4-1-27 所示。

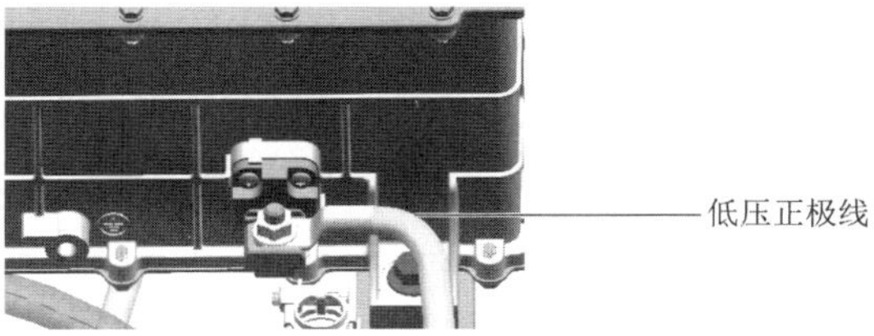

图 4-1-26　拆卸低压正极线

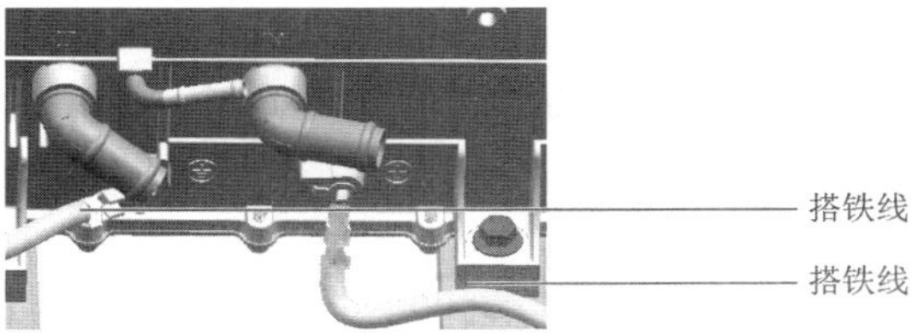

图 4-1-27　拆卸两条搭铁线

3. 拆卸充配电总成上盖

用专用工具拆卸 10 个小盖内五花螺栓，如图 4-1-28 所示。

4. 拆卸充配电总成内部线鼻子

拆开充配电总成小盖后，用万用表测量直流母线电压，当电压为 0 时，就进行下一步操作。

用 10 号套筒工具拆卸电控甩线、直流母线（接电池）和直流充电线束共 12 个 M6 螺栓，如图 4-1-29 所示。

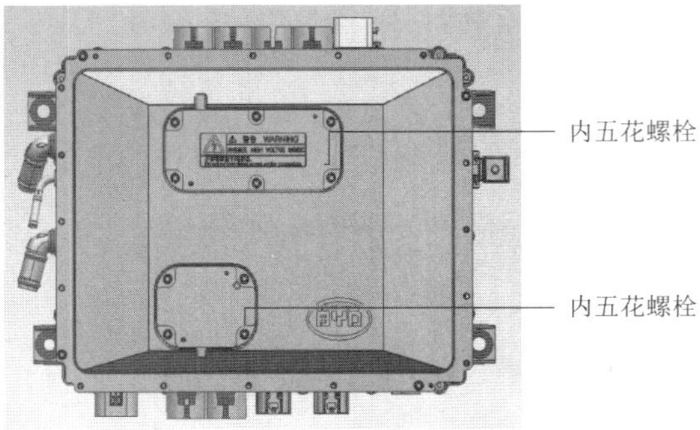

图 4-1-28　拆卸 10 个小盖内五花螺栓

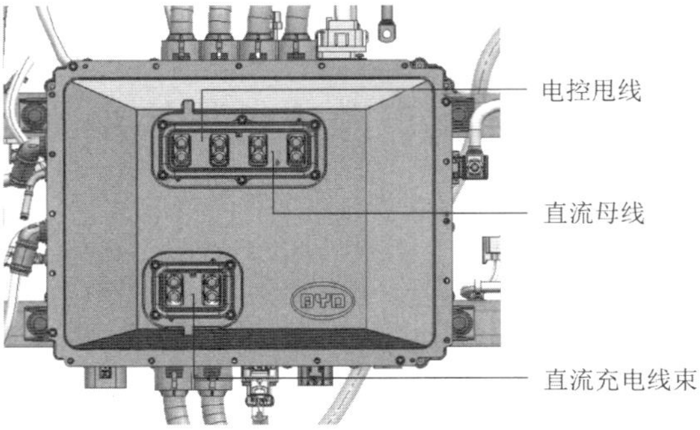

图 4-1-29　拆卸电控甩线、直流母线（接电池）和直流充电线束共 12 个 M6 螺栓

5. 装配充配电总成小盖

用专用工具装配 10 个小盖内五花螺栓。

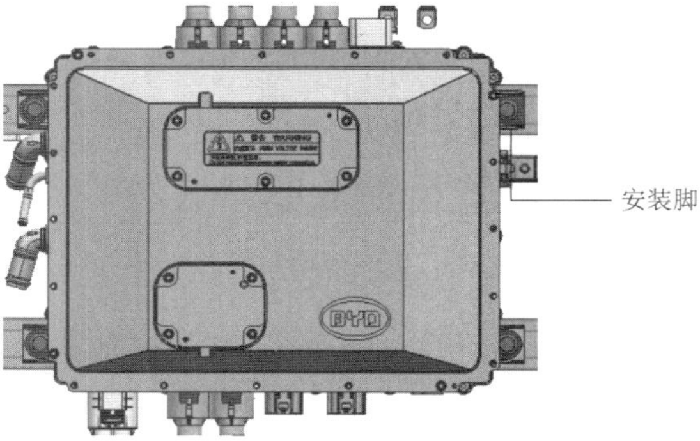

图 4-1-30　拆卸充配电总成安装脚的 4 个 M10 螺栓

6. 拆卸充配电总成安装脚

用 13 号套筒工具拆卸充配电总成安装脚的 4 个 M10 螺栓，如图 4-1-30 所示。

7. 装配说明

取出出现故障的充配电总成，再更换一个新的充配电总成，按照拆卸的倒序，用同样的工具，装配好充配电总成。其中，M5 螺栓的安装力矩为 2.8N · m ± 0.3N · m，M6 螺栓的安装力矩为 9N · m ± 1N · m，M10 螺栓的安装力矩为 15N · m ± 1N · m。

（三）更换后的检测与调试

（1）绝缘电阻测试：使用绝缘电阻测试仪检测高压部件的绝缘性能是否符合要求。

（2）功能测试：对更换后的高压部件进行功能测试（如充电测试、驱动测试等），确保其正常工作。

（3）调试与优化：根据测试结果对高压充配电系统进行调试与优化（如调整充电参数、优化控制策略等），以提高系统的性能和稳定性。

• 知识延伸

比亚迪“12 合 1”电驱系统

比亚迪全球首创“12 合 1”电驱技术（如图 4-1-31 所示），是在其 E-Platform 3.0 平台基础上开发的一种高度集成的电驱动系统。这一系统整合了新能源汽车电驱动的 12 个关键组件，提升了系统的效率和可靠性，并且大大简化了整车的设计和生产。

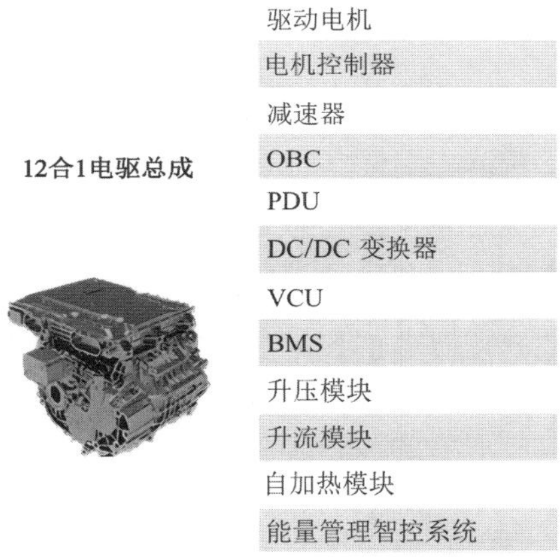

图 4-1-31　比亚迪“12 合 1”电驱总成

该平台集成了 23000 r/m 电机、高效减速器、碳化硅电控、整车控制器（VCU）、蓄电池管理器（BMC）、直流变换器（DC/DC）、车载充电机（OBC）、电源分配单元（PDU）、智能升压模块、智能升流模块、智能自加热模块、能量管理智控系统于一体，这台电机号称是全球量产最高转速电机，海狮 07 EV 可实现 225km/h 的最高车速。

任务实施

高压充配电系统的认知与更换

请根据工作任务单的指引（表 4-1-1），进行高压充配电总成的拆卸和安装。

高压充配电系统的认知与更换工作页　　表 4-1-1

<table>
<tr><td colspan="5" rowspan="2">高压充配电系统的认知与更换</td><td colspan="2">班级：</td></tr>
<tr><td colspan="2">姓名：</td></tr>
<tr><td colspan="3">实训地点：</td><td colspan="4">实训时间：</td></tr>
<tr><td colspan="7">1. 车辆信息记录</td></tr>
<tr><td>品牌</td><td></td><td>整车型号</td><td></td><td>生产年月</td><td colspan="2"></td></tr>
<tr><td>驱动电机型号</td><td></td><td>电池电量</td><td></td><td>行驶里程</td><td colspan="2"></td></tr>
<tr><td>车辆识别码</td><td colspan="6"></td></tr>
<tr><td colspan="7">2. 作业场地准备</td></tr>
<tr><td colspan="6">检查设置隔离栏</td><td>□是　□否</td></tr>
<tr><td colspan="6">检查设置安全警示牌</td><td>□是　□否</td></tr>
<tr><td colspan="6">检查灭火器压力、有效期</td><td>□是　□否</td></tr>
<tr><td colspan="6">安装车辆挡块</td><td>□是　□否</td></tr>
<tr><td colspan="7">3. 对仪器进行检查</td></tr>
<tr><td colspan="6">检查仪器名称</td><td>是否正常</td></tr>
<tr><td colspan="6">防护用具：绝缘手套、车辆防护用具</td><td>□是　□否</td></tr>
<tr><td colspan="7">4. 认知、检查与操作内容</td></tr>
<tr><td colspan="6">实施步骤</td><td>是否完成</td></tr>
<tr><td colspan="6">车辆熄火（退至 OFF 挡），拆副仪表台，断开动力蓄电池维修开关</td><td>□是　□否</td></tr>
<tr><td colspan="6">使用水管钳拆卸进水管、出水管、排气管</td><td>□是　□否</td></tr>
<tr><td colspan="6">手工拆卸低压线束接插件、空调 PTC 接插件、空调压缩机接插件、交流充电输入接插件</td><td>□是　□否</td></tr>
<tr><td colspan="6">使用 13 号套筒工具拆卸低压正极线、2 条搭铁线</td><td>□是　□否</td></tr>
<tr><td colspan="6">用专用工具拆卸充配电总成上盖 10 个小盖内五花螺栓</td><td>□是　□否</td></tr>
<tr><td colspan="6">拆卸充配电总成内部线鼻子，测量直流母线电压</td><td>□是　□否</td></tr>
<tr><td colspan="6">用 10 号套筒工具拆卸电控甩线、直流母线（接电池）和直流充电线束共 12 个 M6 螺栓</td><td>□是　□否</td></tr>
<tr><td colspan="6">用专用工具装配充配电总成小盖，10 个小盖内五花螺栓</td><td>□是　□否</td></tr>
<tr><td colspan="7">5. 7S 管理</td></tr>
<tr><td colspan="6">建立安全操作环境</td><td>□是　□否</td></tr>
<tr><td colspan="6">清理及整理工具量具</td><td>□是　□否</td></tr>
<tr><td colspan="6">清理及复原车辆正常状况</td><td>□是　□否</td></tr>
<tr><td colspan="6">清洗场地</td><td>□是　□否</td></tr>
<tr><td colspan="6">物品回收和环保</td><td>□是　□否</td></tr>
<tr><td colspan="6">完善和检查工作</td><td>□是　□否</td></tr>
<tr><td colspan="3">实训人（签字）：</td><td colspan="4">监督人（签字）：</td></tr>
</table>

任务评价

通过自评、互评及师评对本任务学习情况进行考评（表 4-1-2），掌握学习效果。

高压充配电系统的认知与更换考核评分　　表 4-1-2

<table>
<tr><td colspan="3">高压充配电系统的认知与更换</td><td colspan="5">实习日期：</td></tr>
<tr><td colspan="2">姓名：</td><td>班级：</td><td colspan="2">学号：</td><td colspan="3" rowspan="3">导师签名：</td></tr>
<tr><td colspan="2">自评：□熟练 □不熟练</td><td>互评：□熟练 □不熟练</td><td colspan="2">师评：□合格 □不合格</td></tr>
<tr><td colspan="2">日期：</td><td>日期：</td><td colspan="2">日期：</td></tr>
<tr><td colspan="8">评分细则</td></tr>
<tr><td>序号</td><td>评分项</td><td>得分条件</td><td>分值（分）</td><td>评分要求</td><td>自评</td><td>互评</td><td>师评</td></tr>
<tr><td>1</td><td>安全/7S/态度</td><td>□ 1. 能进行工位 7S 操作
□ 2. 能进行设备和工具安全检查
□ 3. 能进行车辆安全防护操作
□ 4. 能进行工具清洁、校准、存放操作
□ 5. 能进行三不落地操作</td><td>5</td><td>未完成 1 项扣 1 分</td><td>□熟练
□不熟练</td><td>□熟练
□不熟练</td><td>□合格
□不合格</td></tr>
<tr><td>2</td><td>专业技能能力</td><td>□ 1. 能正确完成车辆动力蓄电池维修开关的断开操作
□ 2. 能正确完成进水管、出水管和排气管的拆卸和装配
□ 3. 能正确拆装低压插接件、空调插接件，交流电输入插接件
□ 4. 能正确拆装低压正极线
□ 5. 能正确测量直流母线电压
□ 6. 能正确拆装总成内部电控用线，直流母线和直流充电线束
□ 7. 能正确说出各个充配电总成的名称
□ 8. 能正确完成验电操作，并正确按照拆修顺序完成装配</td><td>80</td><td>未完成 1 项扣 10 分</td><td>□熟练
□不熟练</td><td>□熟练
□不熟练</td><td>□合格
□不合格</td></tr>
<tr><td>3</td><td>资料、信息查询能力</td><td>□ 能正确查询、识读维修手册，制定拆卸和装配顺序并注明各步骤的注意事项</td><td>10</td><td>未完成扣 1～10 分</td><td>□熟练
□不熟练</td><td>□熟练
□不熟练</td><td>□合格
□不合格</td></tr>
<tr><td>4</td><td>表单填写及报告撰写能力</td><td>□ 1. 字迹清晰
□ 2. 语句通顺
□ 3. 无错别字
□ 4. 无抄袭</td><td>5</td><td>未完成 1 项扣 1 分</td><td>□熟练
□不熟练</td><td>□熟练
□不熟练</td><td>□合格
□不合格</td></tr>
<tr><td colspan="8">总分：</td></tr>
</table>

任务拓展

折装电动汽车高压充配电箱的注意事项

思考测试

一、填空题

1. 动力蓄电池、__________、高压控制系统为纯电动汽车上的三大核心部件。

2. 计算：比亚迪秦汽车的蓄电池包有 10 个蓄电池模组，通过动力蓄电池串联线串联为一体，共计 152 节单体蓄电池；每个单体蓄电池 3.3V，那么蓄电池包标称电压为__________V。

3. 新能源汽车充电系统主要由充电桩、充电线束、__________、高压控制盒、__________、DC/DC 变换器、低压蓄电池以及各种高压线束和低压控制线束等组成。

4. 新能源汽车高压充配电系统是指由动力蓄电池、驱动电机、__________、车载充电机、__________变换器等高压部件组成的，用于__________电能的系统。

5. DC/DC 变换器的主要作用是取代传统燃油车上面的 12V 发电机，在行车过程中控制动力蓄电池将__________转换为__________向低压 12V 蓄电池充电，以满足车辆运行时低压用电设备的需要。它主要分为降压 DC/DC 变换器、升压 DC/DC 变换器以及双向 DC/DC 变换器。目前纯电动汽车采用的是__________DC/DC 变换器。

6. 比亚迪秦高压配电箱安装于后行李舱蓄电池包支架右上方。它将__________的高压直流电分配给__________使用，其上游是蓄电池包，下游包括驱动电机控制器及 DC 总成、PTC 水加热器、电动压缩机、漏电传感器；也将__________的高压直流电分配给电池包。

二、选择题

快充充电条件要求包括（　　）。

A. 充电线连接确认信号正常

B. BMS 供电电源正常（12V）

C. 充电唤醒信号输出正常（12V）

D. 蓄电池电芯组的温度应大于 5℃小于 45℃

三、判断题

在慢充充电条件要求中，动力蓄电池的单体蓄电池最高电压与最低电压差不能超过 0.3V。（　　）

任务2 新能源汽车高压保护功能认知

学习目标

知识目标

（1）能说出新能源汽车低压电路和高压电路设计与布线的区别，并能分析原因。

（2）能根据结构原理图说出新能源汽车维修服务开关的工作原理。

（3）能根据电路图或流程图描述新能源汽车上电、下电控制过程。

（4）能根据电路图说明漏电检测和控制原理。

技能目标

（1）能在新能源汽车上目测辨别高、低压导线和连接器。

（2）能在教学台架或整车上正确断开和连接不同的高压线连接器。

（3）能在新能源汽车上找到维修服务开关并正确操作断开维修服务开关。

（4）能在教学台架或总成件、解剖件上指出预充电接触器、主正接触器、主负接触器等零件。

（5）能在新能源汽车上找到漏电传感器并通过目测、手试等方法判断它与其他关联部件间线束和连接器的好坏和松动情况。

素养目标

（1）培养良好的安全意识。

（2）培养良好的团队合作意识。

（3）培养沟通表达能力。

（4）培养良好的职业素养和职业道德。

（5）树立对民族汽车工业发展的自豪感。

任务描述

小明在某新能源汽车4S店实习，师傅告诉他要对新能源汽车电器进行检测作业，你知道新能源汽车高、低压电路布线的区别和外观的区别吗？维修时如何正确断开维修服务开关？如何判断车辆是否正常上电、下电？如何判断高压电是否漏电及漏电程度？

知识准备

一、新能源汽车高、低电压电路的区别

（一）设计和布线区别

新能源汽车动力蓄电池输出电压通常超过 200V，有的高达 800V。而非高压电器组件仍然沿用燃油车的低于 48V（大多数是 12V）的低电压。为此，新能源汽车上设计和布置两套电路系统，一套为高电压电路；另一套为低电压电路，如图 4-2-1 所示。对于高电压电路，应确保用户的使用安全性和维修人员的操作安全性。因此，高电压电路采用双电路布局，即动力蓄电池与高压部件间传输电力都有一根高压正（Hoch Volt+）电缆和一根高压负（Hoch Volt−）电缆。电力从动力蓄电池正极输出，经过高压正（Hoch Volt+）电缆到某一高压部件，再从高压负（Hoch Volt−）电缆流回动力蓄电池负极，只有形成一个闭合回路，电流才能流动。至于低电压电路，仍然采用电源正极有电线，负极则共用车身搭铁的方式传输电流。

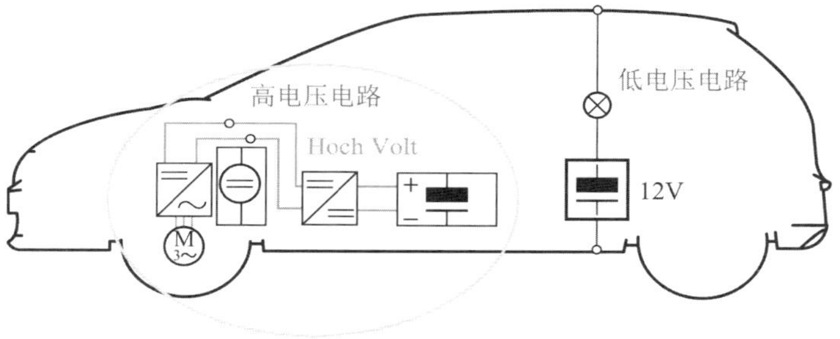

高电压电路的特点：双路电

图 4-2-1　新能源汽车高电压、低电压电路布线图

（二）高电压系统的电位平衡

如前所述，新能源汽车高电压系统采用双电路设计和布局，高压正（Hoch+）电缆和高压负（Hoch−）电缆对地是绝缘的。为防止高电压系统出现短路故障后的触电风险，必须在高电压系统的电气组件壳体上安装电位平衡线或电位补偿螺栓，与车身可靠连接（搭铁），实现电位平衡（0V）。图 4-2-2 所示为高电压系统电位平衡线的结构；图 4-2-3 所示为高电压系统电位平衡线的实物。

如图 4-2-4 所示，当高电压系统未达到电位平衡状态时，一旦发生短路故障，将存在触电危险。在这种情况下，人体可能成为高电压闭合回路的一部分，导致电流通过一只手进入，经过心脏等重要器官，再从另一只手流出。相反，如图 4-2-5 所示，若高电压系统实现了电位平衡，即便发生短路故障，人员也不会有触电危险。这是因为电位平衡线将电流导入地面，避免了电流流经人体。

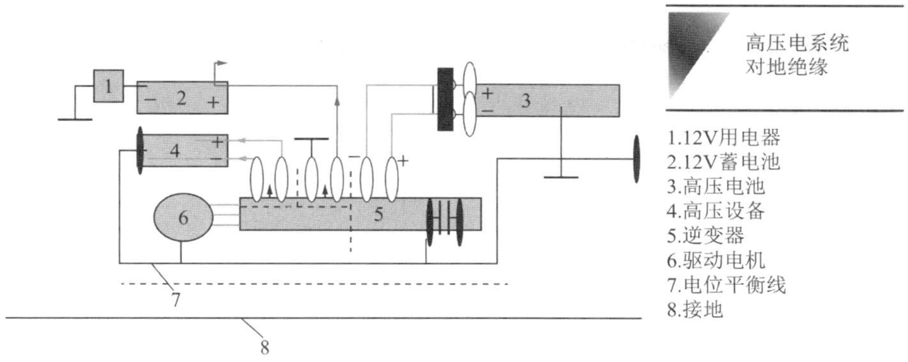

图 4-2-2　新能源汽车高电压系统电位平衡线结构图

图 4-2-3　新能源汽车高电压系统电位平衡线实物图

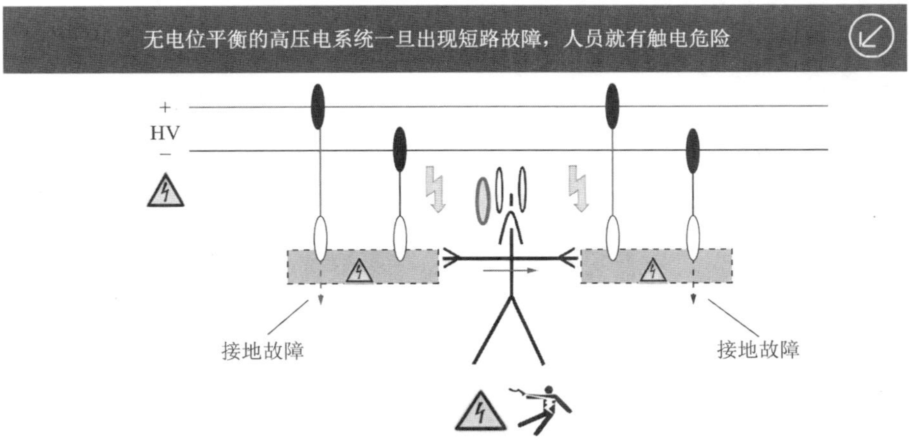

图 4-2-4　高电压系统无电位平衡线导致触电风险

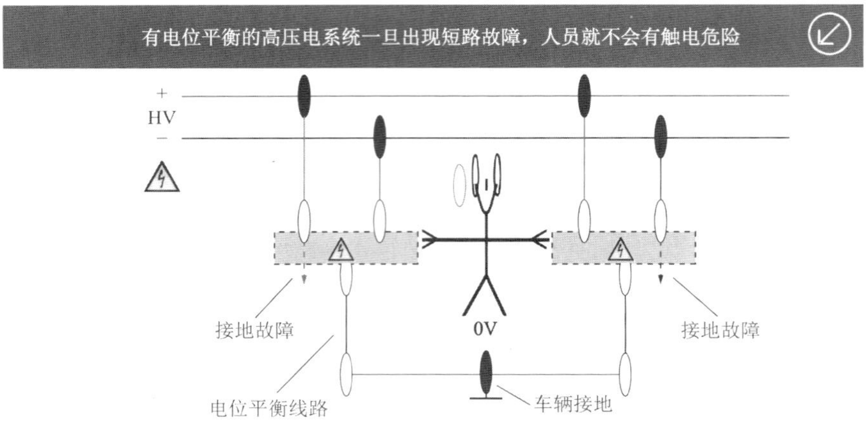

图 4-2-5　高电压系统有电位平衡线，人员无触电风险

（三）高、低电压系统线束和连接器

1. 高、低电压系统线束和连接器的区别

如图 4-2-6 所示，新能源汽车低电压电路的电压低（低于 48V），线径小，线束总成通常用黑色绝缘胶布或黑色波纹管包裹，其连接器外壳多为灰色或黑色。相对地，新能源汽车高电压电路的电压高（高于 200V），线径大。为了清晰区分高电压线束与低电压线束，以及它们的连接器，高电压线束、线束总成的波纹管和连接器外壳均采用统一的橙色。

2. 比亚迪新能源汽车不同锁扣高电压线束连接器的插拔要点

（1）一级锁扣连接器。

如图 4-2-7 所示，对于只有一级锁扣的连接器，在进行拔插头时，下压一级锁扣 1 的同时沿着 2 的方向用力往外拔，即可断开连接器。安装时，沿着 2 相反的方向推，直到听到"咔——"的声音或者观察到一级锁扣落座。安装完毕，用手检查连接器是否安装牢固。

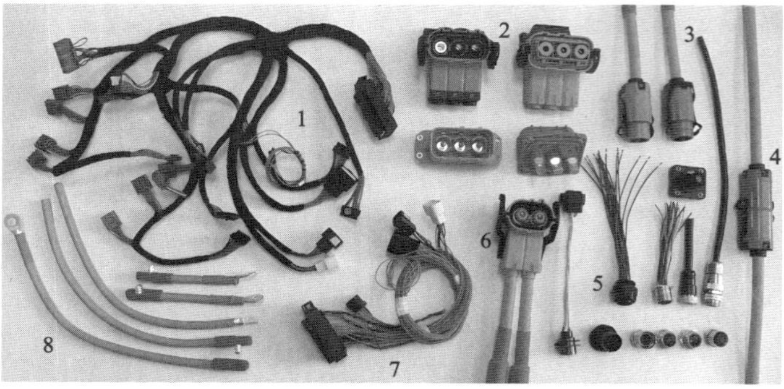

图 4-2-6　高、低电压线束和连接器

1，5，7-低压线束和连接器；2-高压连接器；3，4，6-高压线束和连接器；8—高压线束

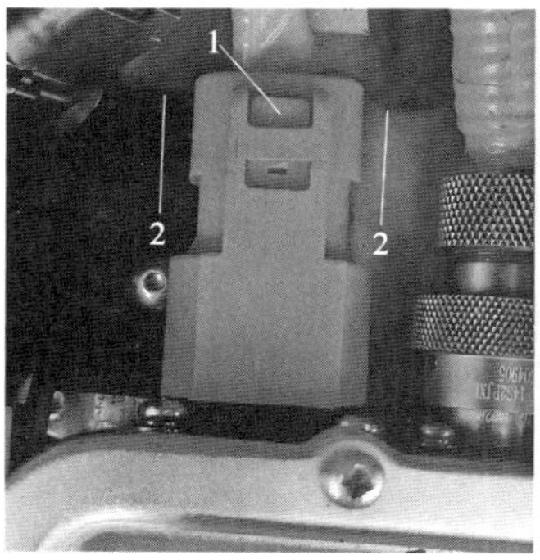

图 4-2-7　一级锁扣连接器断开方法

（2）两级锁扣连接器。

如图 4-2-8 所示，有两级锁扣的连接器，在进行拔插头操作时，首先捏住并拔出二级锁扣，然后在压住一级锁扣的同时用力往外拔，即可断开连接器。安装过程中，将插头推向插座方向，直到听到“咔——”的声响或者观察到一级锁扣已正确落座，再将二级锁扣也推向插座方向直到完全到位。安装完毕，用手检查连接器是否安装牢固。

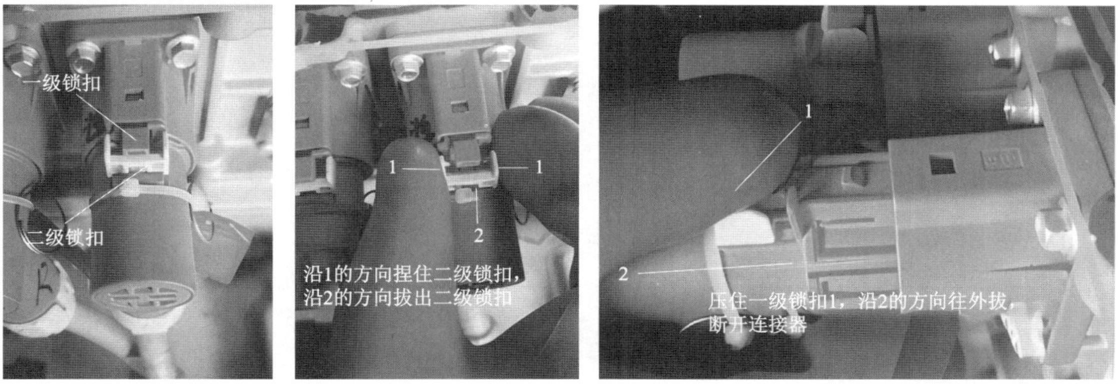

图 4-2-8　两级锁扣连接器断开方法

（3）弧形旋转锁扣连接器。

如图 4-2-9 所示，对于弧形旋转锁扣连接器，在进行拔插操作时，应先下压弧形旋转锁扣，借助该锁扣旋转的力（而非直接拔插头的力）退出插头。在进行安装时，应按照相反方向抬起弧形旋转锁扣，借助该锁扣旋转的力直至插头插入插座。安装完毕，用手检查连接器是否安装牢固。

（4）两级螺纹锁扣连接器。

如图 4-2-10 所示，对于两级螺纹锁扣连接器，在进行拔插操作时，先逆时针方向旋松二级螺纹锁扣，再旋松一级螺纹直至插头完全断开。在进行安装时，先将插头对准插座卡槽，然后将插头沿插座方向推入直到完全到位，接着旋紧一级螺纹锁扣，最后旋紧二级螺纹锁扣。安装完成后，用手检查连接器是否安装牢固。

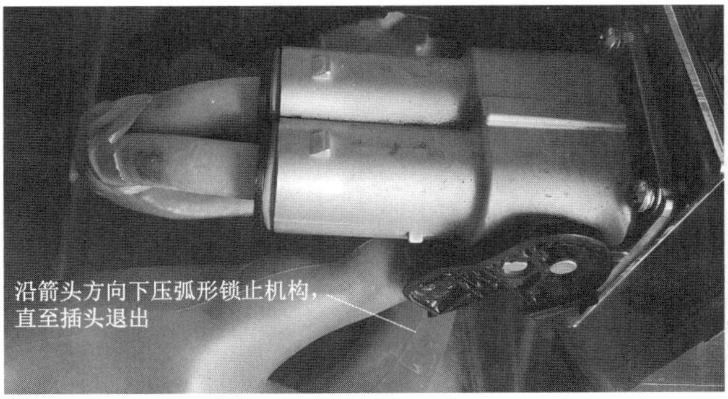

图 4-2-9　弧形旋转锁扣连接器断开方法

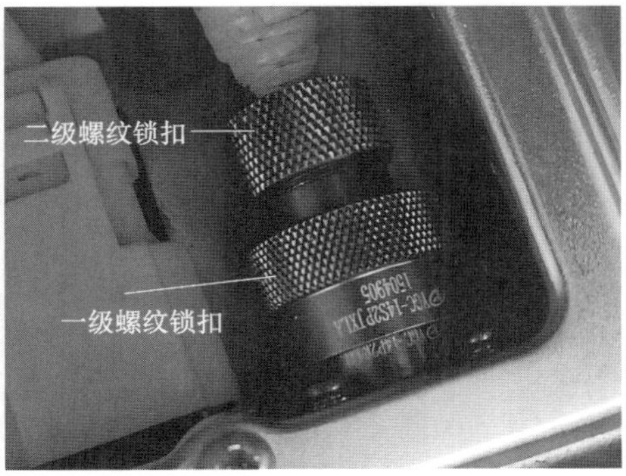

图 4-2-10　两级螺纹锁扣连接器

对于其他区别于上述锁扣形式的连接器，在进行断开和安装的操作时需要仔细观察锁扣设计，先轻轻尝试，找到方法后再进行正确拆装。

3. 新能源汽车低压继电器与高压接触器的区别

如图 4-2-11 所示，新能源汽车低压继电器与高压接触器的控制电路（线圈）供电采用的都是 12V 直流低压电。两者在电路图上的画法类似，读电路图时要注意元件名称及区别。

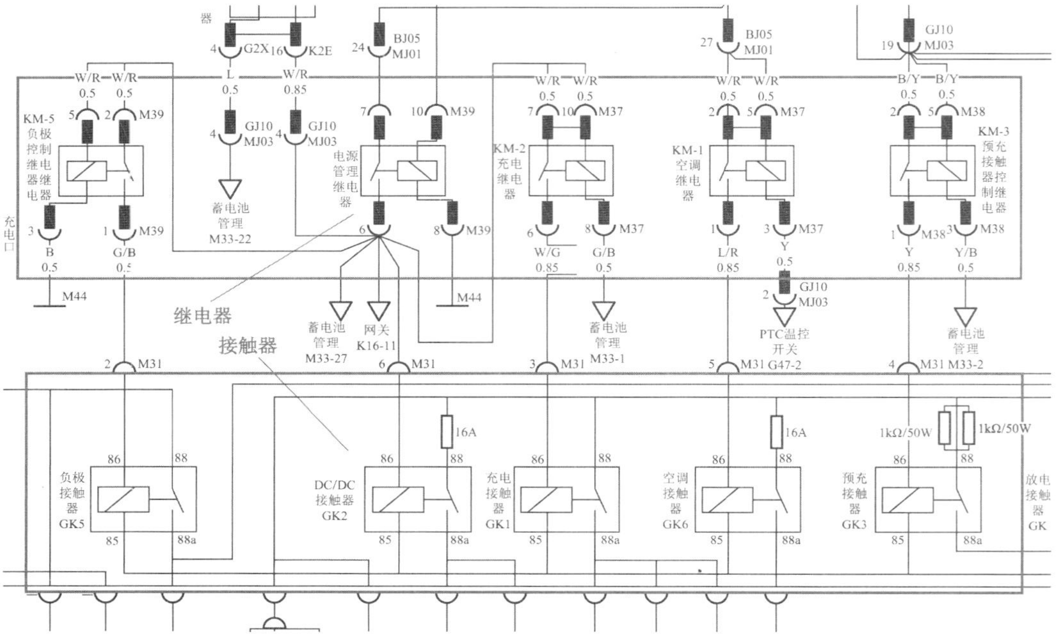

图 4-2-11　继电器与接触器电路图

如图 4-2-12 所示，低压继电器与高压接触器相比，它们的外观形状不同、结构设计不同、应用场景不同、负载能力不同。低压继电器应用在低压电路中，大部分安装在低压配电盒内，其开关触点连接的是低压 12V 直流电，电流通常在几十安培以内；而高压接触器应用在高压电路中，安装在高压充配电盒内或蓄电池包内，其开关触点连接的是高压直流电，电流超过 100A。

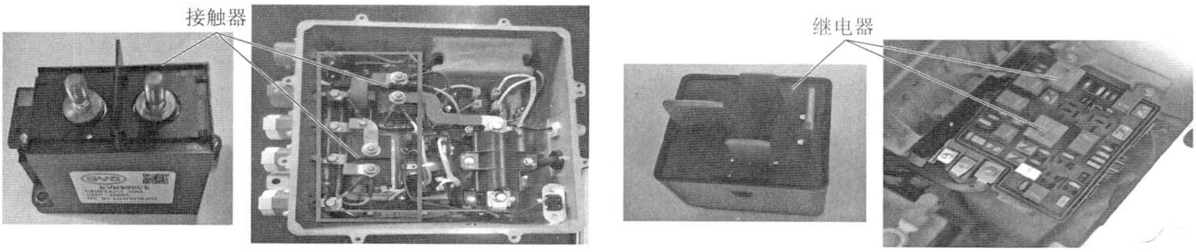

图 4-2-12　继电器与接触器的区别

由于低压继电器与高压接触器应用场景不同，拆检更换高压接触器时需要佩戴绝缘手套，而拆检更换低压继电器时用手操作即可，如图 4-2-13 所示。

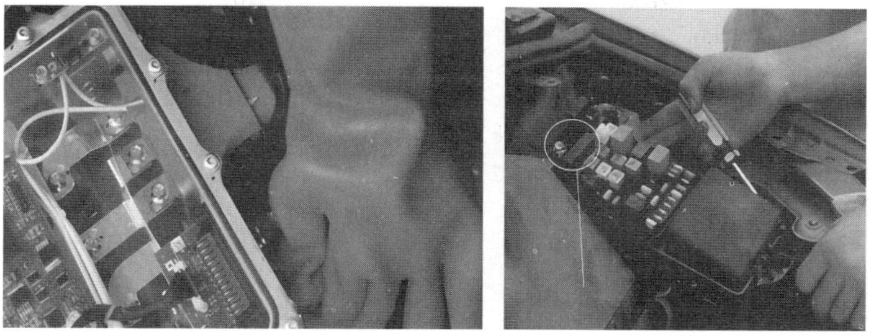

图 4-2-13 拆检、更换继电器与接触器时的操作区别

高压接触器主要安装在新能源汽车高压配电箱内，图 4-2-14 和图 4-2-15 分别为比亚迪 e6 和比亚迪秦电动车高压配电箱内的元件标识。

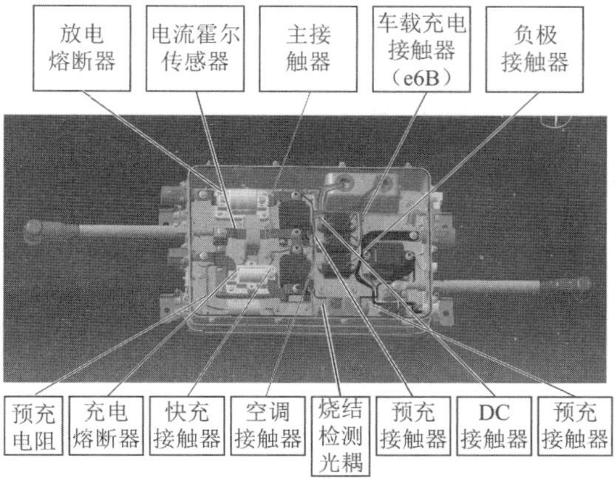

图 4-2-14 比亚迪 e6 高压配电箱内部元件标识

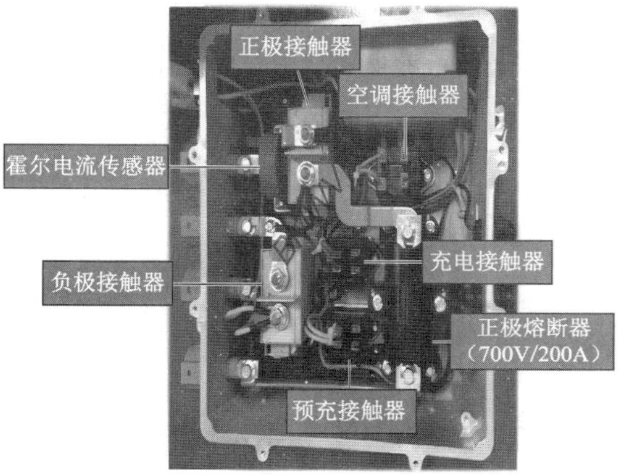

图 4-2-15 比亚迪秦高压配电箱内部元件标识

二、新能源汽车高压断电维修服务开关

（一）维修服务开关介绍

图 4-2-16 所示为比亚迪新能源汽车维修服务开关安装孔、开关实物及开关内部电路连接。

1. 安装位置

比亚迪新能源汽车维修服务开关（Service Switch）通常位于蓄电池包总成上方的左上角，连接了动力蓄电池的一个正极和一个负极。

2. 功用

维修服务开关是电动车辆中一种常用的手动操作设备，主要作用是当车辆在以下情况时直接断开高压回路，从而保证操作人员的安全。

（1）检修所有高压模块产品。

（2）检修所有蓄电池包四周的零部件。

（3）检修其他以需要拆卸或移动高压产品为前提的零部件。

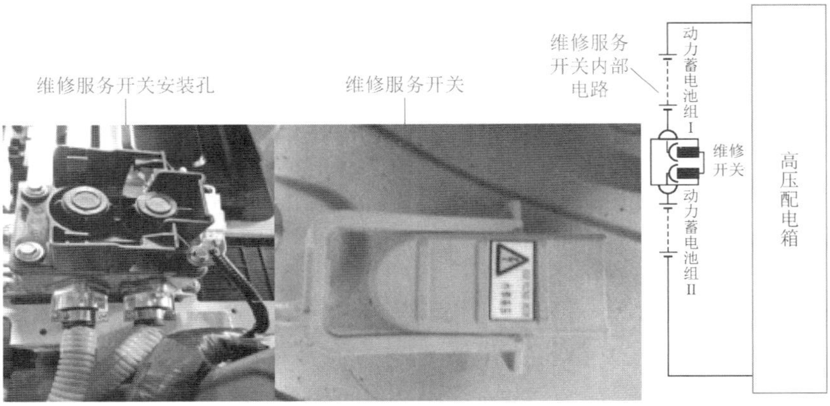

图 4-2-16　维修服务开关

3. 使用

在维修服务中，手柄在正常状态下应处于水平位置；若需拔出，首先应将手柄旋转至垂直位置，再向上拔出；若需插回，应先沿垂直向下用力插入，再将手柄旋转至水平位置。

（二）维修服务开关断开流程

在维修新能源汽车高压系统前，需要断开维修服务开关，图 4-2-17 所示为比亚迪新能源汽车维修服务开关断开的流程。在此之前，维修人员还需要做好以下三步。

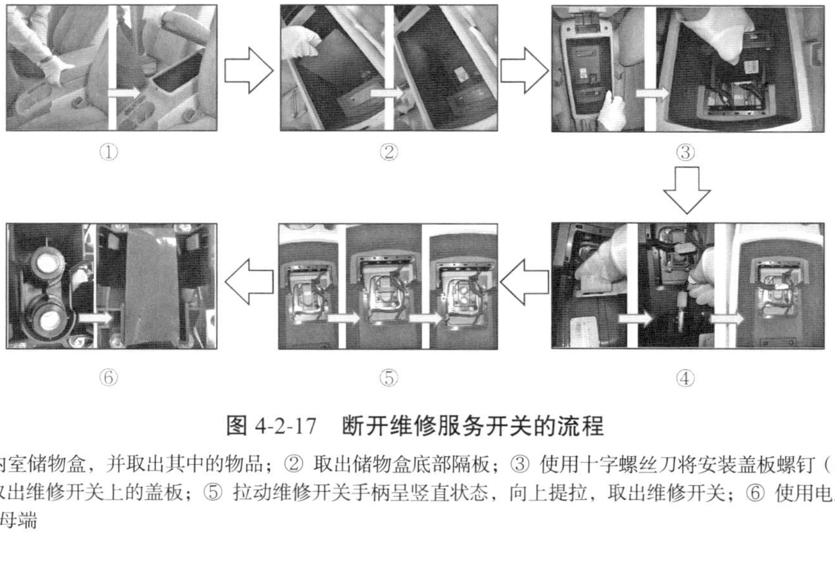

图 4-2-17　断开维修服务开关的流程

① 打开车辆的内室储物盒，并取出其中的物品；② 取出储物盒底部隔板；③ 使用十字螺丝刀将安装盖板螺钉（4pcs）拧下，并掀开盖板；④ 取出维修开关上的盖板；⑤ 拉动维修开关手柄呈竖直状态，向上提拉，取出维修开关；⑥ 使用电工绝缘胶布封住维修开关接插件母端

第一步，切断车辆电源（将启动按钮打在 OFF 挡），等待 5min（目的是让高压系统内的电容完全放电）；

第二步，断开低压 12V 蓄电池负极；

第三步，穿戴好绝缘手套、绝缘胶鞋等防护用具。

第四步，断开维修服务开关并妥善保管。

在安装维修服务开关时，按照相反的步骤进行安装。

三、新能源汽车高压上电、下电（放电）

新能源汽车高压上电、下电简易流程如图 4-2-18 所示。在上电过程中接触器的工作步骤如图 4-2-19 所示。相关电路如图 4-2-20 所示。如果上电失败，就需要仔细分析原因，排除故障。

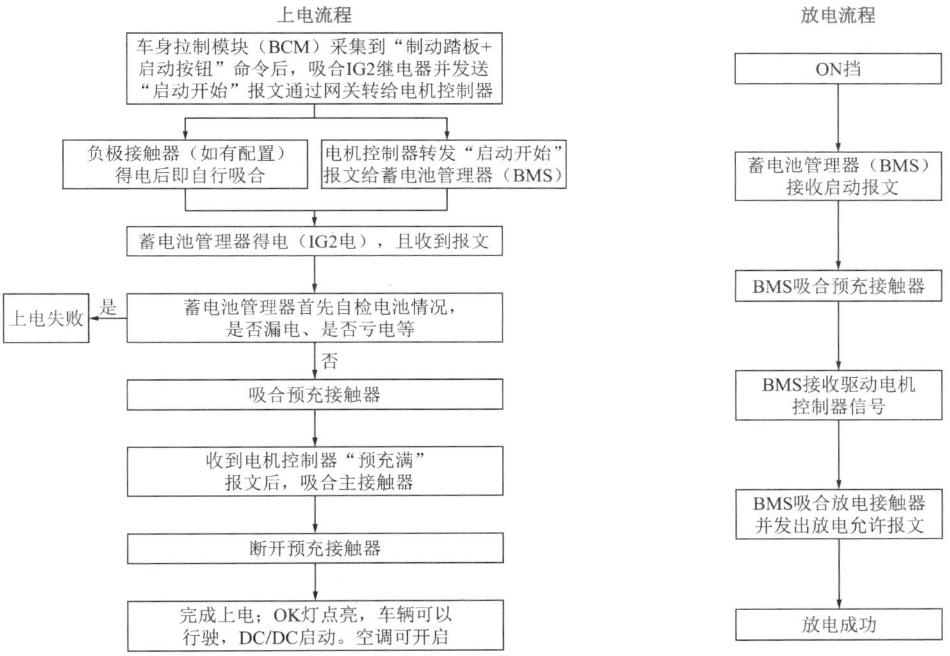

图 4-2-18　高压电上电、下电（放电）流程

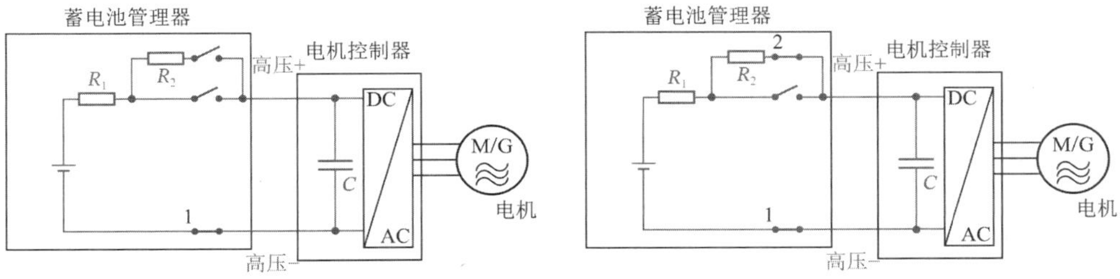

图　4-2-19

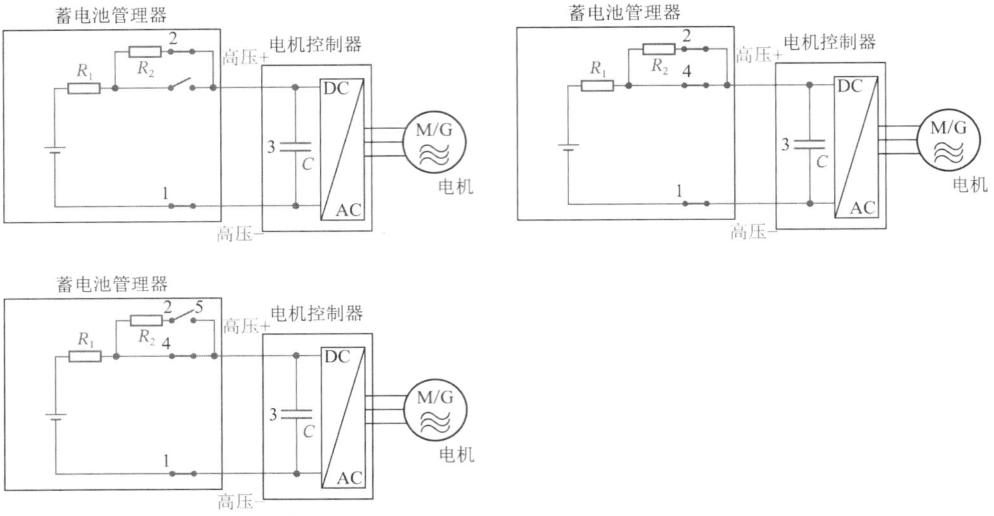

图 4-2-19 高压电上电过程中接触器的工作步骤

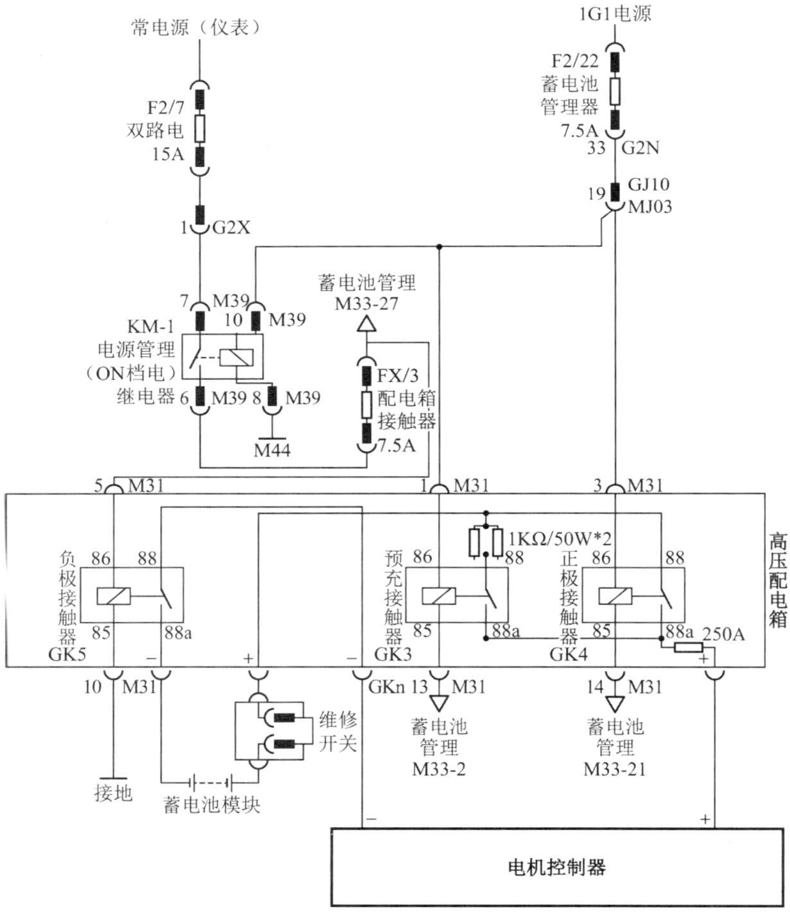

图 4-2-20 高压电上电相关电路图

四、新能源汽车高压电漏电传感器总成

（一）漏电传感器介绍

1. 漏电传感器的安装位置

比亚迪秦新能源汽车漏电传感器位于车身后围搁物板前加强横梁上，如图 4-2-21 所示。

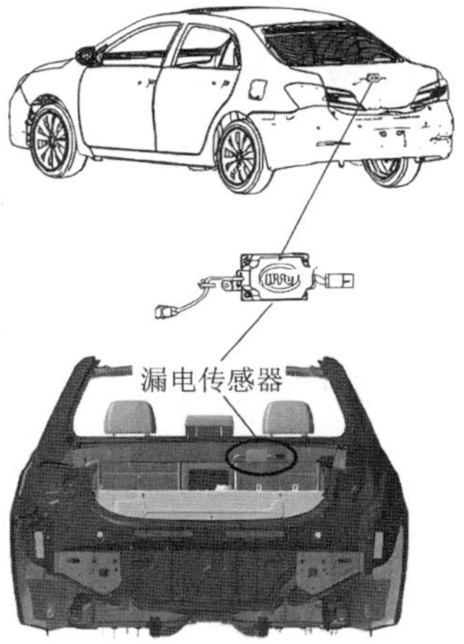

图 4-2-21　比亚迪秦漏电传感器安装位置

2. 漏电传感器的功用

漏电传感器用于对电动汽车直流动力电源母线与其外壳、车身底盘之间的绝缘阻抗检测，通常检测与动力蓄电池输出相连接的负极母线与车身底盘之间的绝缘电阻，来判断蓄电池包的漏电程度。当蓄电池包漏电时，传感器发出一个信号给蓄电池管理系统，蓄电池管理系统接到漏电信号后，进行相关保护操作并报警，防止蓄电池包的高压电外泄，造成人或者是物品的伤害和损失。

3. 漏电传感器的工作原理

漏电传感器主要用于监测动力蓄电池输出相连接的负母线与车身底盘之间的绝缘电阻。判断标准：负极与车身的绝缘阻值 ≤ 100kΩ～120kΩ 的为一般漏电；≤ 20kΩ 的为严重漏电。

4. 漏电传感器的电路原理图

漏电传感器的电路图如图 4-2-22 所示。系统框图及接插件定义如图 4-2-23 所示。

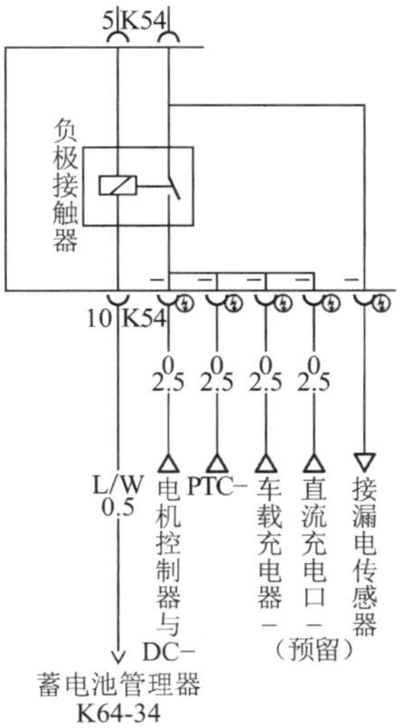

图 4-2-22　漏电传感器电路图

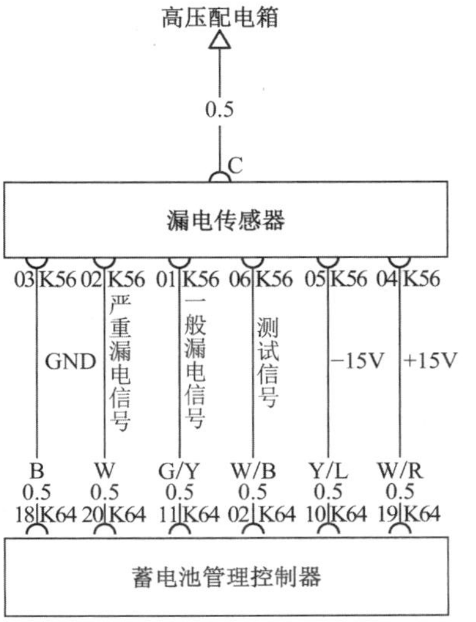

图 4-2-23　漏电传感器系统框图及接插件定义

（二）漏电传感器的常规检查

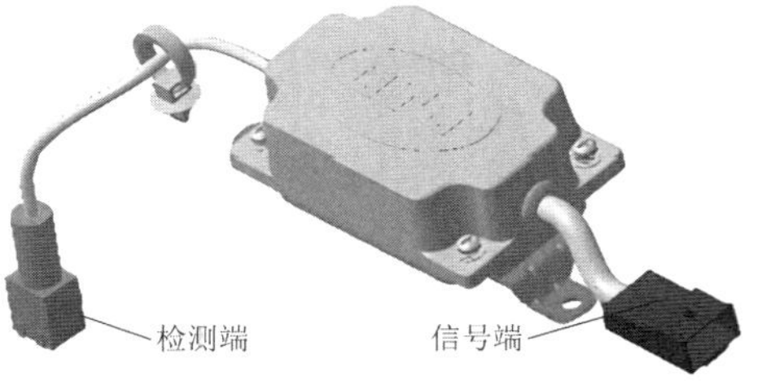

图 4-2-24　漏电传感器及连接器（接插件）外观图

如果汽车故障诊断仪报漏电传感器相关故障码，维修人员首先需要做的常规检查是对图 4-2-24 所示漏电传感器线束、传感器外观目测是否有损坏；用手摇晃线束和连接器（接插件），判断其是否松动。

新能源汽车高压保护功能还有高压互锁、绝缘监控、碰撞保护等，将在后面章节中叙述。

知识延伸

比亚迪新能源汽车安全保护功能案例

（一）案例背景

随着新能源汽车行业的快速发展，比亚迪作为国内新能源汽车的领军企业，一直致力于提高产品的安全性和可靠性。其新能源汽车在安全保护功能方面取得了显著的成果，为驾驶人和乘客提供了全方位的保护。

（二）案例内容

1. 电池安全保护功能

比亚迪新能源汽车搭载了自主研发的刀片电池，这种电池在针刺测试中表现出色，不起火、不冒烟，能有效避免热失控，从根源上降低了电池起火的风险。同时，比亚迪还建立了七维四层动力蓄电池安全防护机制，对可能引发热失控的情况进行全面把控，即便热失控发生也能有效隔热，为逃生和救援争取时间。

2. 高压安全保护功能

比亚迪新能源汽车的高压系统配备了九层安全保障体系，确保高压线路稳定运行。在严重撞击事故中，该系统能第一时间切断高压供电，保障人员安全。此外，高压线路还满足了 IP67 防护等级，在 1m 深水中浸泡 1h 也能稳定工作，不会漏电。

3. 车身结构安全保护功能

比亚迪新能源汽车采用了先进的 CTB 技术，将电芯和车身高刚性结构融合，减少冗余结构件，降低质量，提升空间利用率和电池能量密度。该技术能轻松通过 50t 卡车碾压测试，像海豹这样搭载 CTB 技术的车型，整车扭转刚度可达 40500N · m/°，媲美百万级豪车，释放了纯电动车型的结构安全潜力。

4. 智能驾驶辅助安全功能

比亚迪新能源汽车配备了多种智能驾驶辅助系统，如电子稳定控制系统、自动紧急制动系统、车道保持辅助系统和盲点监测系统等。这些系统通过传感器和摄像头实时监测车辆状态和周围环境，为驾驶者提供及时、准确的辅助信息，帮助驾驶者避免潜在的安全隐患。

5. 信息安全保护功能

在信息安全方面，比亚迪公司也做出了显著的努力。其 DiLink 智能网联系统拥有银行级安全保障，通过安全芯片、安全网关、总线加密等建立全方位安全体系。比亚迪公司还开发了带有物理滑盖的摄像头，用户可以选择是否关闭摄像头，从而保护个人隐私。此外，比亚迪汽车的手机 App 和车机系统均向用户提供了隐私声明，用户可以自主选择对应的权限管理策略，确保个人信息安全。

（三）案例启示

比亚迪新能源汽车在安全保护功能方面的成功案例，为我们提供了宝贵的经验和启示。首先，企业及企业员工应注重技术创新和研发，不断提高产品的安全性和可靠性。其次，企业应建立完善的安全防护体系，从多个方面为驾驶人和乘客提供全方位的保护。最后，企业还应注重信息安全保护，确保用户的个人信息安全不受侵犯。

任务实施

新能源汽车安全保护功能认知

请根据工作任务单的指引（表 4-2-1），在车上认知新能源汽车安全保护功能设计。

新能源汽车安全保护功能认知工作页　　表 4-2-1

新能源汽车安全保护功能认知				班级：	
				姓名：	
实训地点：			实训时间：		
1. 车辆信息记录					
品牌		整车型号		生产年月	
驱动电机型号		电池电量		行驶里程	
车辆识别码					
2. 作业场地准备					
检查设置隔离栏					□是　□否
检查设置安全警示牌					□是　□否
检查灭火器压力、有效期					□是　□否
安装车辆挡块					□是　□否
3. 对仪器进行检查					
检查仪器名称					是否正常
防护用具：绝缘手套、车辆防护用具					□是　□否
4. 认知、检查与操作内容					
实施步骤					是否完成
说明高压电系统与低压电系统在车上布线与设计的区别					□是　□否
能在实物车上指出一根电位平衡线，说明其作用					□是　□否
能对照实物车说明高压与低压线束及连接器的区别					□是　□否
操作拔插一个高压接插件					□是　□否
教学台架上指着实物说明低压继电器与高压接触器的区别					□是　□否
操作断开维修服务开关					□是　□否
操作上电、下电，观察说明组合仪表显示					□是　□否
在教师发的电子版电路图上找到并识读漏电传感器电路。车上找到漏电传感器，检查线束及接插件损伤、松动情况					□是　□否
5. 7S 管理					
建立安全操作环境					□是　□否
清理及整理工具量具					□是　□否
清理及复原车辆正常状况					□是　□否
清洗场地					□是　□否
物品回收和环保					□是　□否
完善和检查工作					□是　□否
实训人（签字）：			监督人（签字）：		

任务评价

通过自评、互评及师评对本任务学习情况进行考评（表 4-2-2），掌握学习效果。

新能源汽车安全保护功能认知考核评分　　表 4-2-2

新能源汽车安全保护功能认知			实习日期：				
姓名：		班级：		学号：		导师签名：	
自评：□熟练 □不熟练		互评：□熟练 □不熟练		师评：□合格 □不合格			
日期：		日期：		日期：			
评分细则							
序号	评分项	得分条件	分值（分）	评分要求	自评	互评	师评
1	安全/7S/态度	□ 1. 能进行工位 7S 操作 □ 2. 能进行设备和工具安全检查 □ 3. 能进行车辆安全防护操作 □ 4. 能进行工具清洁、校准、存放操作 □ 5. 能进行三不落地操作	5	未完成 1 项扣 1 分	□熟练 □不熟练	□熟练 □不熟练	□合格 □不合格
2	专业技能能力	□ 1. 能在车旁指着实物说明高压电系统与低压电系统车上布线与设计的区别 □ 2. 能在实物车上指出一根电位平衡线，说明其作用 □ 3. 能在车上指着实物说明高压与低压线束及连接器的区别 □ 4. 能正确操作拔插一个高压接插件 □ 5. 能在教学台架上指着实物说明低压继电器与高压接触器的区别 □ 6. 能操作断开维修服务开关 □ 7. 能操作上电、下电，观察说明组合仪表显示 □ 8. 能车上找到漏电传感器，检查线束及接插件损伤、松动情况	80	未完成 1 项扣 10 分	□熟练 □不熟练	□熟练 □不熟练	□合格 □不合格
3	资料、信息查询能力	□ 能正确查询、识读漏电传感器电路图	10	未完成扣 1～10 分	□熟练 □不熟练	□熟练 □不熟练	□合格 □不合格
4	表单填写及报告撰写能力	□ 1. 字迹清晰 □ 2. 语句通顺 □ 3. 无错别字 □ 4. 无抄袭	5	未完成 1 项扣 1 分	□熟练 □不熟练	□熟练 □不熟练	□合格 □不合格
总分：							

•任务拓展

比亚迪与宝马新能源汽车断电服务开关原理及操作区别

思考测试

一、填空题

1. 新能源汽车高电压电路和低电压电路的设计和布局都是一样的。（A. 对　B. 错）

2. 漏电传感器主要用于监测动力蓄电池输出相连接的负母线与车身底盘之间的绝缘电阻，判断标准：负极与车身的绝缘阻值≤__________的为一般漏电；≤__________的为严重漏电。

3. 新能源汽车高压电位平衡线与__________连接。

4. 高电压线束、线束总成波纹管和连接器外壳颜色均统一为__________色。

5. 新能源汽车低压继电器与高压接触器的控制电路（线圈）供电采用的都是__________。

6. 由于低压继电器与高压接触器应用场景不同，拆检更换高压接触器时需要佩戴__________，而拆检更换低压继电器时用手操作即可。

7. 高压电上电过程中的接触器工作步骤：第一步，闭合__________接触器；第二步，闭合__________接触器；第三步，__________；第四步，闭合__________接触器；第五步，__________接触器。

二、选择题

比亚迪新能源汽车维修服务开关（Service Switch）连接了（　　）的一个正极和一个负极。

A. 动力蓄电池　　B. 12V 电池　　C. 24V 电池　　D. 48V 电池

任务3　高压互锁回路测试

学习目标

知识目标

（1）掌握高压互锁的功能及组成。
（2）掌握高压互锁系统的工作原理。
（3）掌握高压互锁系统的基本测量方法。

技能目标

（1）能够查找原厂电路图，并且能够画出高压互锁系统电路图。
（2）能够进行高压互锁系统的基本测量。
（3）能够完成高压互锁系统的故障诊断。

素养目标

（1）通过上电、下电训练培养良好的安全意识。
（2）通过训练总结培养良好的团队合作意识。
（3）通过小组任务分工布置，培养沟通表达能力。
（4）严格执行高压互锁系统故障检修规范。
（5）严格执行 7S 标准。

任务描述

一辆比亚迪电动汽车的车主反映，该车辆无法上电。维修师傅经过读取故障码和数据流，可能由高压互锁故障导致。你能检测判断吗？

知识准备

一、高压互锁概述

1. 高压互锁的含义

高压互锁（High Voltage Inter-Lock，HVIL）是用低压信号监视高压回路完整性及连续性的一种安全设计方法。

（1）在 ISO 国标标准《ISO 6469-3:2021 电动道路车辆　安全规范 第 3 部分：电气危害》中规定，电动汽车上的高压部件应具有高压互锁装置。

（2）高压互锁回路。

通过使用电气低压小电流信号来检查整个高压产品、导线、连接器及护盖的电气完整性，识别回路异常断开时，及时断开高压电。高压互锁回路结构示意图如图 4-3-1 所示。

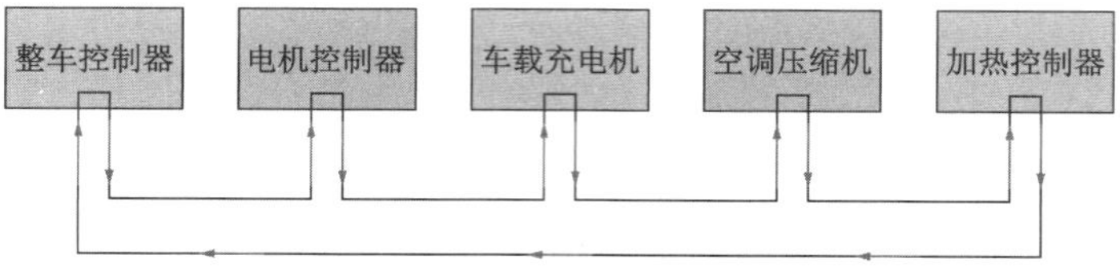

图 4-3-1　高压互锁回路结构示意图

2. 高压互锁功能

（1）通过在整车高压上电之前检测高压系统的完整性，实现将高压系统置于封闭的工作环境中，从而提高整个高压系统的安全性。这一步骤旨在防止可能的电气故障或漏电现象，确保高压系统在操作时处于可靠的状态。

（2）在车辆运行过程中，如果出现异常情况，如高压系统回路断开或完整性受到破坏，高压互锁系统将启动车辆高压安全防护机制。这旨在防止触电、漏电、短路等危险事故的发生。通过及时切断高压电源，系统迅速应对异常情况，保障车辆及乘员的安全。

（3）通过高压互锁系统，有效防止在带电状态下插拔高压连接器的可能性，以避免高压端子产生拉弧损坏。这一措施旨在最小化在连接或断开高压设备时的风险，确保这一过程的安全性和可靠性。

3. 高压互锁类型

（1）结构互锁控制。

对于高压互锁连接器，一般实现方式是，对插的一对公头、母头上，分别固定着一对高压接插件和一对低压接插件，如图 4-3-2 所示。高压断开状态，低压回路被切断；高压连接状态，低压回路的断点被短接，形成完整回路。

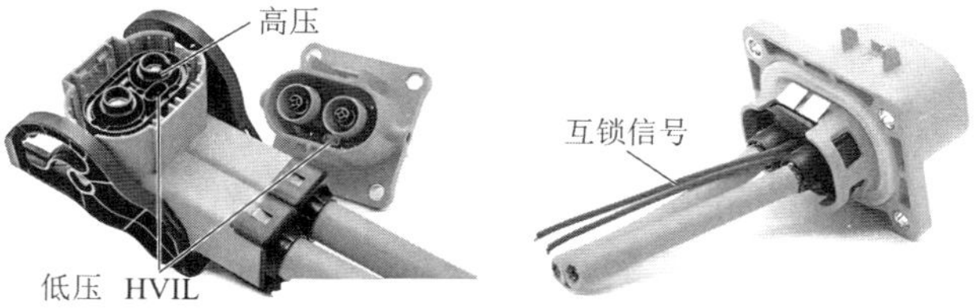

图 4-3-2　高压互锁结构互锁控制

（2）开盖互锁监测。

如图 4-3-3 所示，开盖互锁监测连接器用来检测所有高压部件保护盖是否被非法开启，如高压控制盒、电机控制器、车载充电机等，如果系统监测到高压部件盖子被开启，就会立即报警，同时切断高压回路。

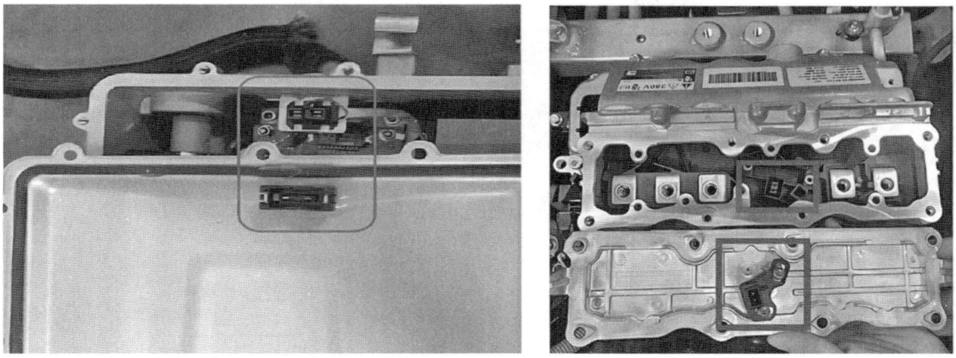

图 4-3-3　高压部件开盖互锁监测连接器

（3）功能互锁控制。

车辆在充电过程中，或者插上充电枪时，新能源汽车的高压控制系统会限制车辆上电，防止可能发生线束拖曳或安全事故，如图 4-3-4 所示。

（4）软件互锁控制。

正常高压上电后，如果 PTC 或电动压缩机检测到高压侧电压异常，空调系统会将高压异常通过 CAN 发送给 BMS 或 VCU，报出高压互锁故障，BMS 或 VCU 收到高压互锁故障信号后，将限制或中断 PTC 或电动压缩机功能。

4. 高压互锁的组成与工作原理

（1）高压互锁的组成。

具备高压互锁功能的高压连接器由壳体、高压部件　、低压信号部件、监测器及监测线路组成，如图 4-3-5 所示。

图 4-3-4　高压部件功能互锁控制

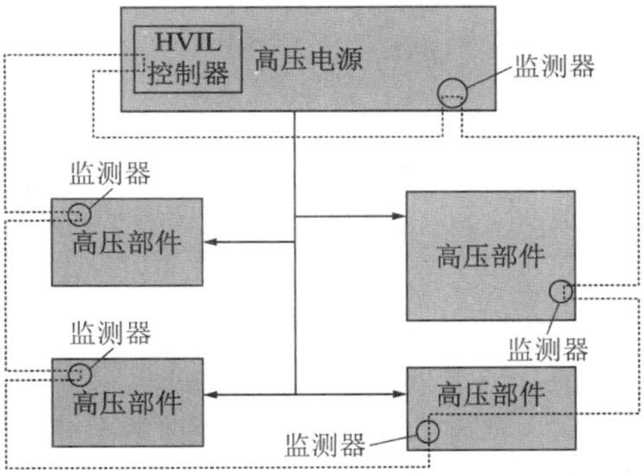

图 4-3-5　高压互锁的组成

（2）高压互锁的工作原理。

高压回路内以蓄电池包作为电源，低压回路也需要一个检测用电源，让低压信号沿着闭合的低压回路传递。按照整体策略，设计监测点或者监测回路，负责将高压互锁信号回路的状态传递给 VCU 或者 BMS。当其中某个接插件被带电断开时，动力蓄电池管理器便会检测到高压互锁回路存在断路，为保护人员安全，将立即进行报警并断开主高压回路电器连接，同时激活主动泄放，如图 4-3-6 所示。

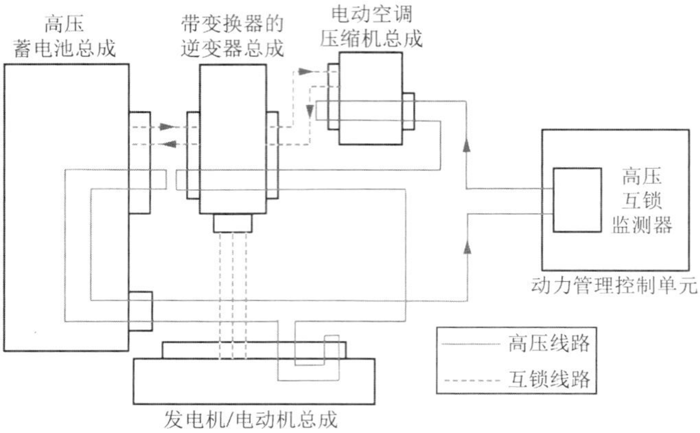

图 4-3-6　高压互锁回路

高压互锁检测电路分两种：直流源方案与 PWM 方案，如图 4-3-7 所示。直流源方案意味着V_{CC}输出几乎恒定的电压值V_1；PWM 方案则按照占空比输出电压值。

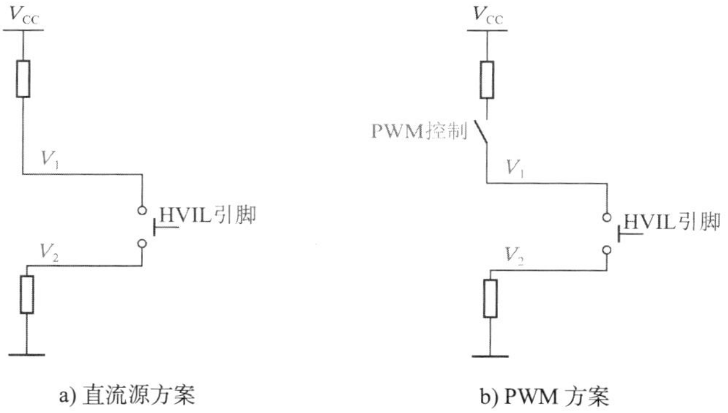

图 4-3-7　高压互锁检测电路类型

5. 高压互锁形式

监控高压电源电路完整性分几个高压部件高压回路检测和单个高压部件高压回路检测两种形式，如图 4-3-8 所示。

6. 高压互锁策略

图 4-3-9 展现的是硬线互锁，用硬线将各高压部件连接器的反馈信号串联形成互锁回路，当出现回路中的某个高压部件互锁出现故障时，互锁监测装置就会立即上报 VCU，由 VCU 执行相应的下电策略。但是，不能让高速行驶的汽车突然失去动力，因此在执行下电策略时必

须考虑车速，所以在制定策略的时候，必须对硬线互锁分级。比如，将 BMS（蓄电池管理系统）、RESS（蓄电池系统）、OBC（车载充电机）划为一级；将 MCU（电机控制单元）、MOTOR（电动机）划为二级；将 EACP（电动空调压缩机）、PTC（电加热控制单元）、DC/DC（直流变换器）划为三级。

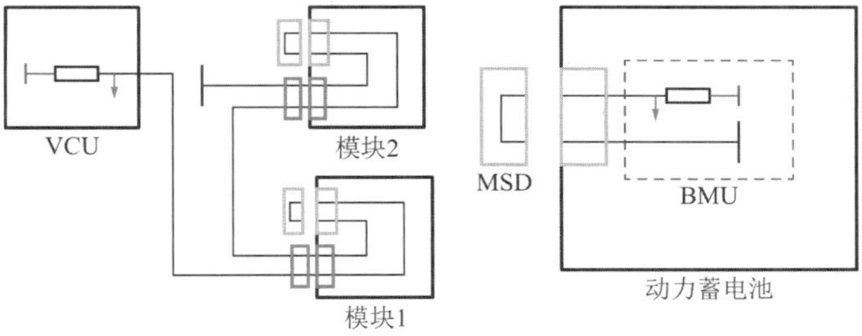

a) 几个高压部件高压回路检测　　b) 单个高压部件高压回路检测

图 4-3-8　高压互锁检测电路类型

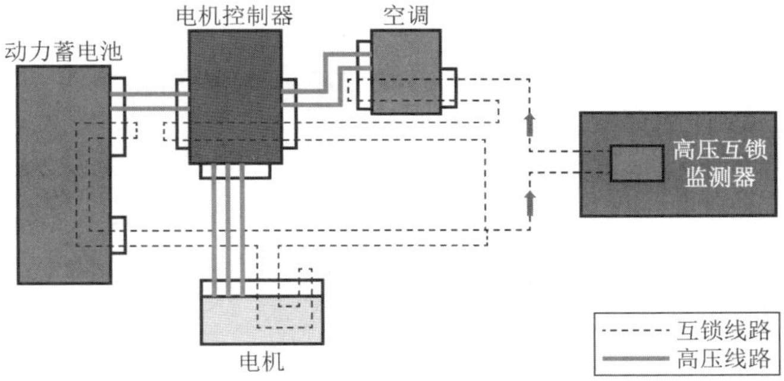

图 4-3-9　硬线连接的高压互锁检测电路

针对不同的互锁等级，采取不同的高压互锁（HVIL）策略。

（1）故障报警。

三级：若监测到高压断开或有问题，则会传出故障信号，并通过仪表、声音等进行故障报警。

（2）限功率运行。

二级：显而易见，限功率运行也是必要的，甚至需要断开高压。

（3）切断高压源。

一级：由 BMS 上报电池故障信号给到 VCU 整车控制器，实施断高压操作。

二、高压互锁的测量与故障诊断

以下以比亚迪秦 EV 车辆充配电总成报交流端高压互锁故障为例，详细说明新能源汽车高压互锁故障的诊断流程和检查方法。

高压互锁故障排查：

（1）组合仪表中，动力蓄电池故障指示灯常亮。

（2）连接汽车故障诊断仪读取故障代码：P151100　交流端高压互锁故障。

（3）查询并识读充配电总成低压电路图（图 4-3-10）和充配电总成低压接插件引脚定义（图 4-3-11）。

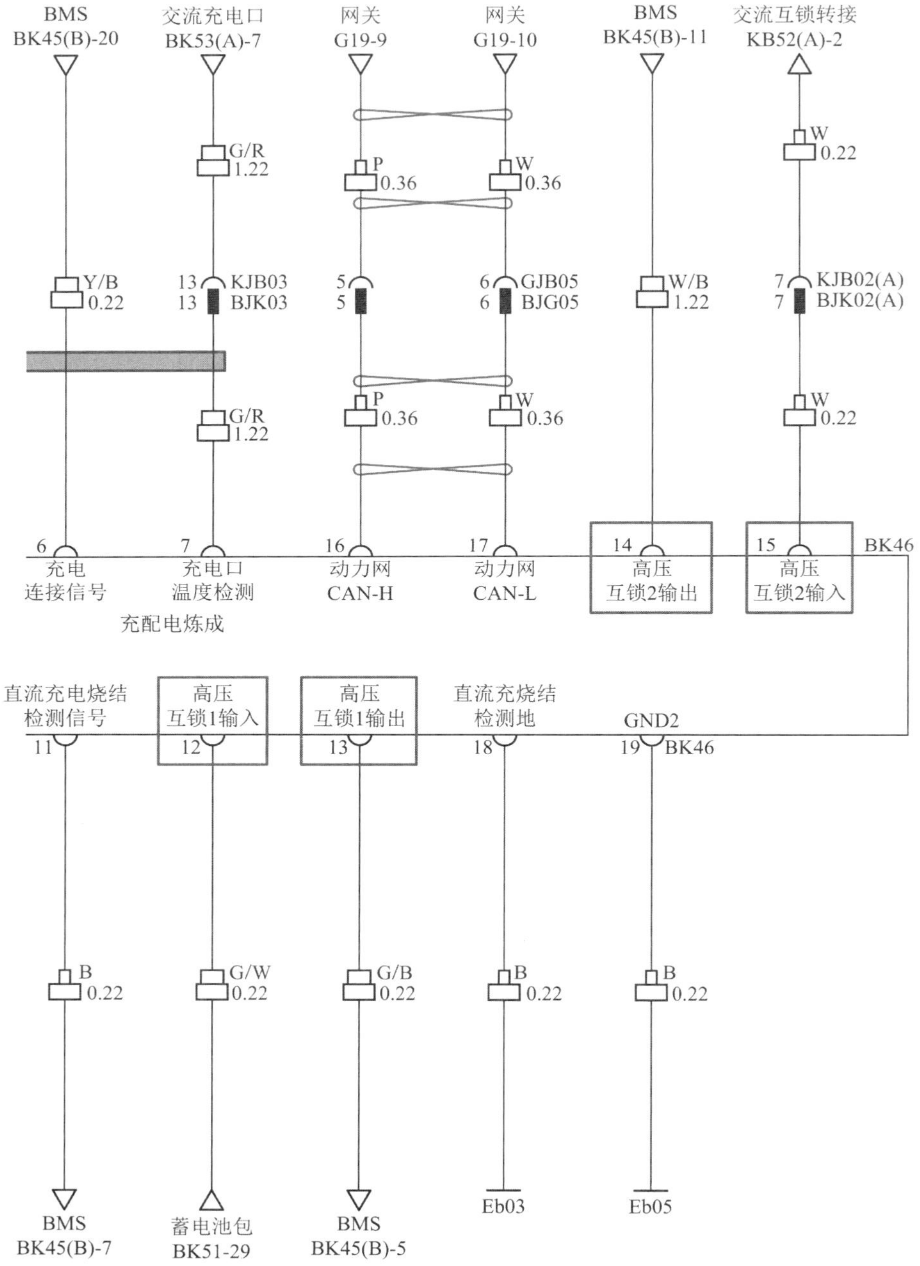

图 4-3-10　比亚迪秦新能源汽车充配电总成处高压互锁电路

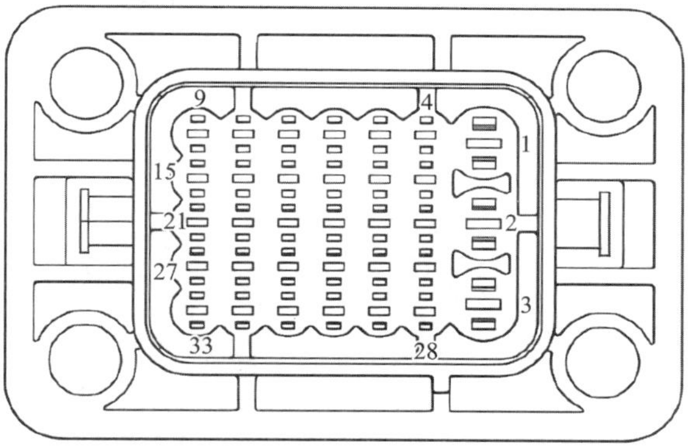

引脚号	端口定义	线束连接
12	高压互锁输入1	接蓄电池包D-29
13	高压互锁输出1	接BMS02-05
14	高压互锁输出2	接BMS02-11
15	高压互锁输入2	接交流互锁连接器的2号引脚

图 4-3-11　充配电总成低压接插件引脚定义（与高压互锁相关）

（4）依次检查所有高压插件（特别是充配电总成）是否存在漏接、虚接现象。

（5）安全断电后，检查高压接插件互锁回形针是否存在弯曲、断裂现象。

（6）检查高压配电总成的低压接插件是否存在漏接、虚接现象。

（7）以图 4-3-12 为例，依据高压互锁电气原理，采用排除法定位故障模块或导线，或接插件。

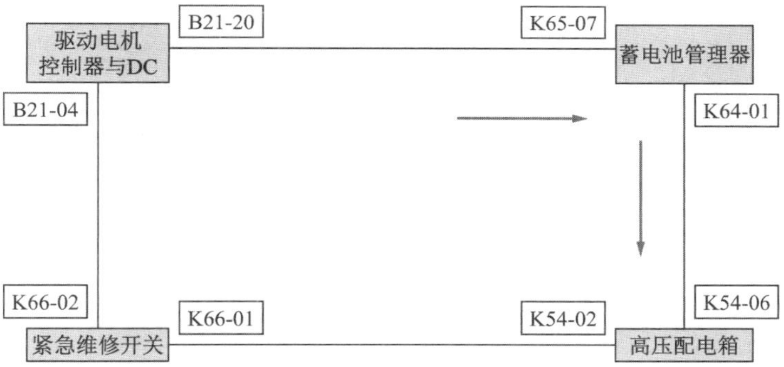

图 4-3-12　比亚迪新能源汽车高压互锁检测电路

断开各插接件后，主要检查蓄电池管理器 K65-07 和 K64-01。若蓄电池管理器 K65-07 和 K64-01 导通，则高压互锁正常；若蓄电池管理器 K65-07 和 K64-01 不导通，则为高压互锁故障。高压互锁断开故障点主要在蓄电池管理器 K65-07 和 K64-01，驱动电机控制器 B21-04 和 B21-20，紧急维修开关 K66-01 和 K66-02 及高压配电箱 K54-02 和 K54-06 处。若检测阻值大于 1Ω，检查蓄电池管理器 K65-07 和驱动电机控制器 B21-20、紧急维修开关 K66-02 及高压配电箱 K54-02 之间的阻值，检查蓄电池管理器 K65-01 和驱动电机控制器 B21-04、紧急维修开关 K66-01 及高压配电箱 K54-06 处之间的阻值，用逐段检查排除法判断故障点所在。然后再检查故障点插头引脚是否退针，接触片是否损坏。

图 4-3-13 所示为测量值正常；图 4-3-14 所示为测量值异常。

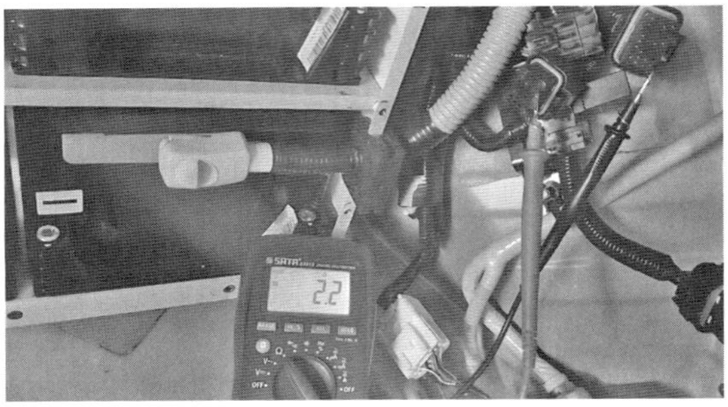

图 4-3-13　测量值正常

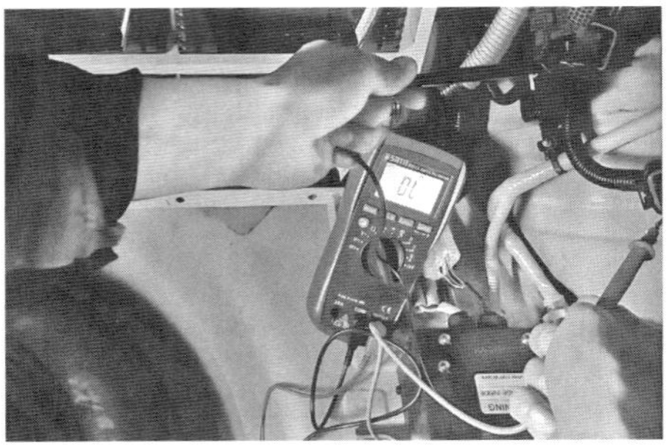

图 4-3-14　测量值异常

知识延伸

高压互锁技术的最新发展动态

1. 双高压互锁电路设计

博最科技（苏州）有限公司申请了一种名为“一种新能源汽车高压连接互锁检测和诊断电路”的专利，该专利通过设计高压互锁电路 1 模块和高压互锁电路 2 模块，实现了双高压互锁电路的优化设计，提供了双重保护机制，有效增强了系统的安全性和可靠性。

2. 抗振动性能力提升

中国精进电动科技股份有限公司取得了一项名为“一种高压互锁结构、高压控制器和新能源汽车”的专利，该专利采用光电信号来实现互锁开关的功能，具有抗振动性能力高、对装配公差要求低和结构简单等优点，提升了高压互锁结构在新能源汽车中的应用性能。

3. 精准定位技术的发展

针对新能源汽车高压互锁只能检测高压回路是否完整而不能精确定位断点位置的问题，研究人员提出了一种新能源汽车高压互锁检测设计电路，该电路能够在高压连接器出现松脱时，不仅检测高压回路的完整性，还能准确定位出连接故障的高压连接器，从而提高新能源汽车的高压安全系数。

高压互锁技术科技创新成果

1. 高压互锁与智能诊断系统的结合

随着智能化技术的发展，高压互锁系统开始与智能诊断系统相结合。通过集成传感器和微控制器，高压互锁系统能够实时监测高压回路的电气连接状态，并在出现故障时自动进行故障诊断和报警，提高了新能源汽车的可靠性和安全性。

2. 高压互锁技术的标准化与规范化

新能源汽车行业对高压互锁技术的标准化和规范化要求越来越高。国际和国内标准组织正在制定和完善高压互锁技术的相关标准和规范，以确保新能源汽车高压系统的安全性和可靠性。这些标准和规范的制定和实施，将推动高压互锁技术的进一步发展和应用。

3. 新材料和新技术的应用

随着新材料和新技术的不断涌现，高压互锁技术也在不断创新。例如，采用新型的高分子材料或纳米材料来提高高压互锁连接器的可靠性和耐久性；利用无线通信技术来实现高压互锁系统的远程监控和诊断等。这些新材料和新技术的应用，将为新能源汽车高压互锁技术的发展带来新的机遇和挑战。

任务实施

高压互锁回路测试

请根据工作任务单的指引（表 4-3-1），对高压互锁回路进行检查和测量。

高压互锁回路测试工作页　　表 4-3-1

高压互锁回路测试				班级： 姓名：	
实训地点：			实训时间：		
1. 车辆信息记录					
品牌		整车型号		生产年月	
驱动电机型号		电池电量		行驶里程	
车辆识别码					
2. 作业场地准备					
检查设置隔离栏					□是　□否
检查设置安全警示牌					□是　□否
检查灭火器压力、有效期					□是　□否
安装车辆挡块					□是　□否
3. 对仪器进行检查					
检查仪器名称					是否正常
防护用具：绝缘手套、车辆防护用具；万用表；解码器					□是　□否
4. 测试与分析					
实施步骤					是否完成
确认故障现象					□是　□否
读取并分析故障码、数据流					□是　□否
高压断电					□是　□否
检查高压接插件连接情况					□是　□否
检查低压接插件连接情况					□是　□否
识读相关电路图					□是　□否
检查高压互锁信号线通断和互短情况					□是　□否
5. 7S 管理					
建立安全操作环境					□是　□否
清理及整理工具量具					□是　□否
清理及复原车辆正常状况					□是　□否
清洗场地					□是　□否
物品回收和环保					□是　□否
完善和检查工作					□是　□否
实训人（签字）：			监督人（签字）：		

任务评价

通过自评、互评及师评对本任务学习情况进行考评（表4-3-2），掌握学习效果。

高压互锁回路测试考核评分　　　　表4-3-2

高压互锁回路测试			实习日期：				
姓名：		班级：	学号：		导师签名：		
自评：□熟练 □不熟练		互评：□熟练 □不熟练	师评：□合格 □不合格				
日期：		日期：	日期：				
评分细则							
序号	评分项	得分条件	分值（分）	评分要求	自评	互评	师评
1	安全/7S/态度	□ 1. 能进行工位7S操作 □ 2. 能进行设备和工具安全检查 □ 3. 能进行车辆安全防护操作 □ 4. 能进行工具清洁、校准、存放操作 □ 5. 能进行三不落地操作	5	未完成1项扣1分	□熟练 □不熟练	□熟练 □不熟练	□合格 □不合格
2	专业技能能力	□ 1. 能确认故障现象 □ 2. 能读取并分析故障码、数据流 □ 3. 能进行高压断电 □ 4. 能正确检查高压接插件连接情况 □ 5. 能正确检查低压接插件连接情况 □ 6. 能识读相关电路图 □ 7. 能检查高压互锁信号线通断和互短情况	70	未完成1项扣10分	□熟练 □不熟练	□熟练 □不熟练	□合格 □不合格
3	工具及设备的使用能力	□ 1. 能正确使用解码器 □ 2. 能正确使用万用表和测试探针	10	未完成1项扣5分	□熟练 □不熟练	□熟练 □不熟练	□合格 □不合格
4	数据判断和分析能力	□ 1. 能判断车辆上电、下电是否正常 □ 2. 能判断互锁回路工作是否正常	10	未完成1项扣5分	□熟练 □不熟练	□熟练 □不熟练	□合格 □不合格
5	表单填写及报告撰写能力	□ 1. 字迹清晰 □ 2. 语句通顺 □ 3. 无错别字 □ 4. 无抄袭	5	未完成1项扣1分	□熟练 □不熟练	□熟练 □不熟练	□合格 □不合格
总分：							

• 任务拓展

宝马X5 PHEV插电式混合动力电动汽车高压互锁监控电路认知

思考测试

一、填空题

1. 新能源汽车高压互锁，英文简称__________，是用__________信号监视__________回路完整性及连续性的一种安全设计方法。

2. 高压互锁的类型：__________、__________、__________、__________。

3. 高压互锁检测电路分两种：__________方案与__________方案。

二、选择题

高压互锁控制策略分为故障报警，对应__________故障；限功率运行，对应__________故障；切断高压源，对应__________故障。

A. 一级　　B. 二级　　C. 三级　　D. 四级

任务4　充电插孔绝缘电阻测量

学习目标

知识目标

（1）能解释绝缘电阻概念，说出新能源汽车国标和世界标准绝缘电阻值。

（2）能说明绝缘监控方法。

（3）能描述绝缘检测方法。

技能目标

能够测量充电插孔绝缘电阻值并进行分析。

素养目标

（1）培养良好的安全意识。

（2）通过训练总结，培养良好的团队合作意识。

（3）通过小组任务分工布置，培养沟通表达能力。

（4）严格执行绝缘故障检修规范。

任务描述

一辆比亚迪电动汽车的车主反映，该车辆无法充电。维修师傅经过读取故障码和数据流，确定可能是绝缘故障导致的。你能检测判断吗？

知识准备

一、新能源汽车绝缘监控介绍

1. 绝缘电阻的概念

绝缘电阻（Insulation Resistance）是指电气设备和电气线路最基本的绝缘指标。它表示在绝缘物上施加直流电压后，经过一定时间极化过程结束，流过绝缘物的泄漏电流所对应的电阻值。这一电阻值反映了绝缘材料在电场作用下的绝缘性能。具体来说，绝缘电阻是隔离电压的能力，其大小取决于绝缘材料的种类、温度、湿度以及污损程度等因素。

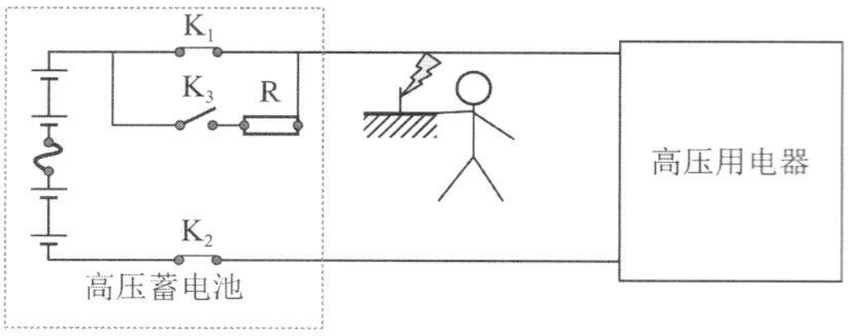

图 4-4-1　绝缘监控的意义

高压网络和 12V 网络的电气绝缘增加了对驾驶人的安全。单一的绝缘故障对于驾驶人不存在生命安全危险，仅当第 2 个绝缘故障出现时才会对驾驶人产生生命安全威胁。因此，电气绝缘系统还存在另一个优点：当第 1 个绝缘故障发生并被绝缘监控功能检测到时，驾驶人在真正的危险发生前可以得到预警，如图 4-4-1 所示。

2. 新能源汽车绝缘电阻主要法规和标准

（1）GB 18384 标准。

《电动汽车安全要求》（GB 18384—2020）中明确规定了电动汽车的绝缘电阻要求。这些标准要求电动汽车的绝缘电阻应不低于一定值（如 100Ω/V），以确保车辆在正常使用过程中的电气安全得到保障。

（2）其他相关标准。

除了 GB 18384 标准外，还有其他相关标准也涉及新能源汽车高压系统的绝缘电阻要求。例如，SAE J1766 和 ECE R100 等国际标准也规定了类似的绝缘电阻值（如 500Ω/V）。在我国，这些国际标准通常作为参考或补充，与国家标准共同构成新能源汽车高压系统绝缘电阻的完整要求体系。

（3）绝缘电阻的具体要求。

① 直流电路。

对于直流电路，我国相关法规和标准要求新能源汽车高压系统的绝缘电阻应不小于 100Ω/V。这意味着每伏特电压所需的绝缘电阻至少为 100Ω，以确保电流不会在绝缘材料中产生过大的泄漏。

② 交流电路。

对于交流电路，由于其电流方向的不断变化，对绝缘材料的要求更高。因此，我国相关法规和标准要求新能源汽车高压系统的交流电路绝缘电阻应不小于 500Ω/V。这一标准确保了交流电路在高压下的绝缘性能，防止因电流泄漏而引发的电气故障。

3. 新能源汽车电控单元对绝缘电阻的测量和计算

（1）绝缘电阻的测量。

如图 4-4-2 所示，当高压蓄电池输出导线 HV−与地短路时，此绝缘故障将破坏由 HV+对地和 HV−对地的对称性（如图 4-4-3 所示）。

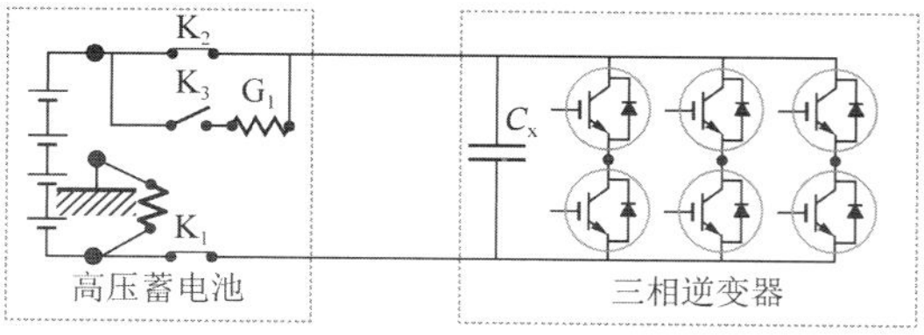

图 4-4-2　HV−与地短路（绝缘故障）

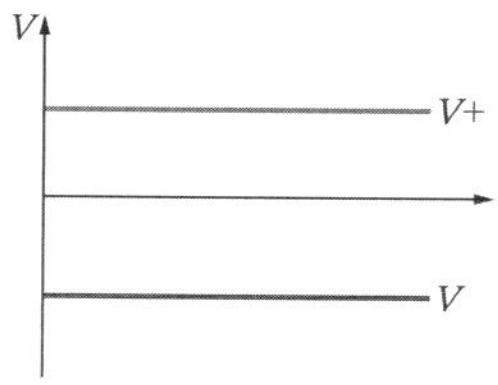

图 4-4-3　HV+对地与 HV−对地电压不对称

（2）绝缘电阻的计算。

根据绝缘故障破坏由 HV+对地和 HV−对地的对称性原理，绝缘电阻的阻值基于测量电压而计算得出，检测电路如图 4-4-4 所示。

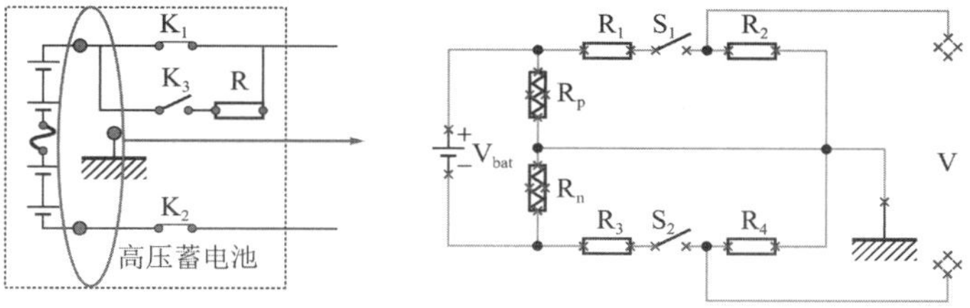

图 4-4-4　绝缘电阻检测电路

该计算出的阻值将与工业标准值进行比较，从而决定是否记录故障码并产生报警信息。

（3）绝缘电阻故障代码的阈值。

图 4-4-5 所示为宝马新能源汽车绝缘电阻故障代码的阈值。当车辆达到警告阈值时，部分功能的正常使用将受到限制，并在仪表盘上触发报警；若达到故障阈值，则车辆会强制断开高压接触器，导致无法进行纯电行驶。宝马新能源汽车绝缘电阻故障代码及其说明见表 4-4-1。

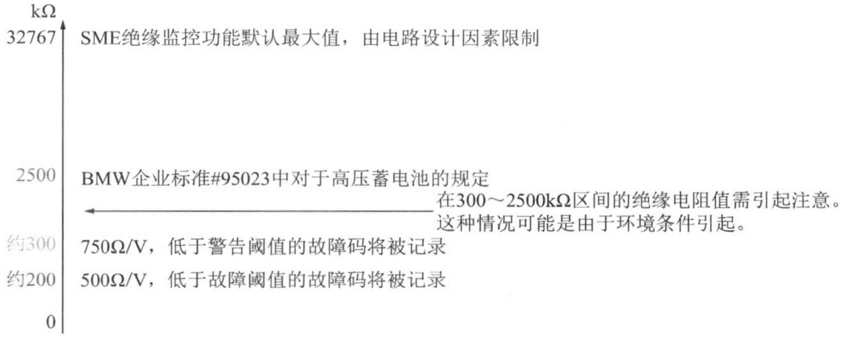

图 4-4-5　宝马新能源汽车绝缘电阻故障代码的阈值

宝马新能源汽车绝缘电阻故障代码及其说明　　表 4-4-1

故障代码	故障器件	故障说明
21F0E3	高压车载网络	绝缘电阻低于警告阈值
21F0E4	高压车载网络	绝缘电阻低于阈值（故障）
21F0E5	高压系统	在断开的接触器上，绝缘电阻低于阈值（故障）
21F0E7	高压系统	在断开的接触器上，绝缘电阻低于警告阈值

4. 比亚迪新能源汽车绝缘监控管理

（1）漏电传感器监控。

比亚迪新能源汽车采用漏电传感器监测高压蓄电池输出直流母线与车身接触漏电严重情况进行报警（此部分内容在本模块任务 2 已描述）。若出现 P1CA100 故障代码，则表示存在严重漏电故障；若出现 P1CA200 故障代码，则表示存在一般漏电故障；若出现 P1CA000 故障代码，则表示存在漏电传感器自身故障。

（2）BMS 与 VCU 协同监测。

比亚迪新能源汽车进行绝缘监控管理的模块通常是蓄电池管理系统（BMS）的一部分，而蓄电池管理系统又与整车控制器（VCU）紧密协作。

蓄电池管理系统是新能源汽车中负责监控和管理蓄电池模组的关键系统。它通过多种传感器和算法来监控蓄电池的状态，包括电压、电流、温度以及绝缘电阻等。在绝缘监控方面，BMS 中的绝缘监测模块会实时检测高压系统与车身之间的绝缘电阻，以确保蓄电池系统的安全性。

整车控制器是新能源汽车的“大脑”，负责收集车辆的各种控制信号和运行数据，并经过运算后发出控制指令。在绝缘监控方面，VCU 与 BMS 紧密协作，接收 BMS 传来的绝缘电阻数据，并根据这些数据判断是否需要采取保护措施。例如，当绝缘电阻低于预设值时，VCU 会发出报警信号，并可能采取切断高压电源等措施，以避免潜在的电气故障和安全事故。

二、绝缘电阻的检测

绝缘电阻的检测通常使用兆欧表或绝缘电阻测试仪来完成。在测试过程中，需要将测试仪的两个探头分别连接到新能源汽车的正负极（或相应的测试点），然后读取测得的绝缘电阻值。

以下以高压线路漏电检测为例，来讲解绝缘电阻的检测操作方法和步骤：

（1）断开蓄电池负极，如图 4-4-6 所示；断开维修开关，如图 4-4-7 所示。

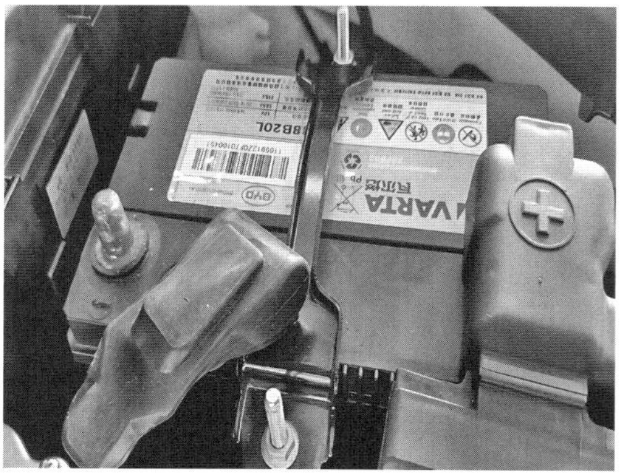

图 4-4-6　断开蓄电池负极

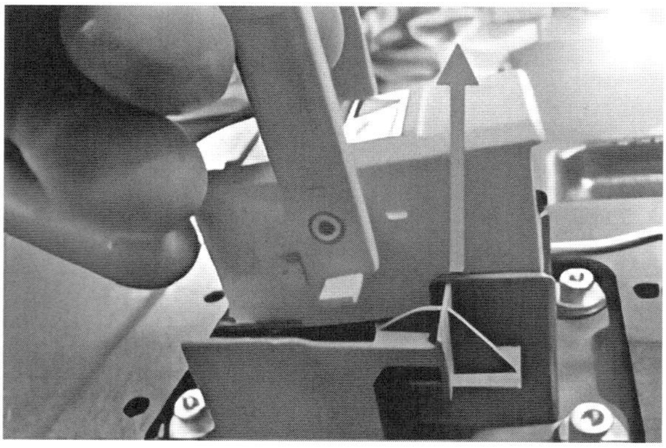

图 4-4-7　断开维修开关

（2）断开任意高压线路的连接插头。

（3）用兆欧表检测插头端线路漏电情况。

① 在检测高压线路插头端插入检测插片，如图 4-4-8 所示。

② 按要求插接好兆欧表与检测连线。

③ 兆欧表正极表笔插入高压线检测端，兆欧表负极与车身搭铁相连，如图 4-4-9a）所示。

④ 选择兆欧表 200MΩ 挡，1000V 量程。

⑤ 按下检测按钮，如图 4-4-9b）所示。

⑥ 读取并记录检测数值。

⑦ 重复操作检测高压插头其他高压线路。

图 4-4-8　插入检测插片

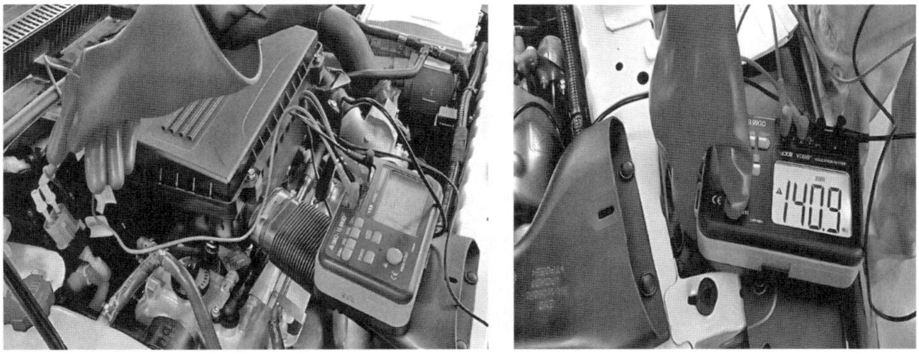

a)　　b)

图 4-4-9　检测高压线路漏电

（4）用兆欧表检测高压部件端的线路漏电情况。

① 按要求插接好兆欧表与检测连线。

② 兆欧表正极表笔插入高压线检测端，兆欧表负极与车身搭铁相连，如图 4-4-10 所示。

③ 选择兆欧表 200MΩ 挡，1000V 量程。

④ 按下检测按钮。

⑤ 读取并记录检测数值。

⑥ 重复操作检测高压部件其他高压线路。

⑦ 兆欧表复位，收整兆欧表。

⑧ 恢复高压输入插头位置。

图 4-4-10　检测高压部件漏电

三、充电插孔绝缘电阻测量

比亚迪新能源汽车充电插孔高压正端口和高压负端口绝缘电阻测量方法如下所述。

1. 数字绝缘表校表

（1）数字绝缘表开路检测。

如图 4-4-11 所示，将数字绝缘表旋钮旋转至 1000V 挡位，按下表上的测试按钮，右手拇指按住红表笔上的“TEST”开关，观察表读数：11GΩ，表明数字绝缘表开路检测合格。

（2）数字绝缘表短路检测。

如图 4-4-12 所示，将数字绝缘表旋钮旋转至 1000V 挡位，按下表上的测试按钮，黑红表笔短接，右手拇指按住红表笔上的“TEST”开关，观察表读数：0Ω，表明数字绝缘表短路检测合格。

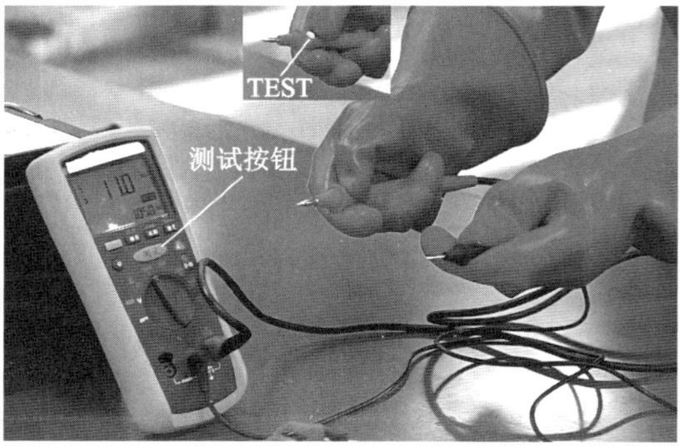

图 4-4-11　数字绝缘表开路检测

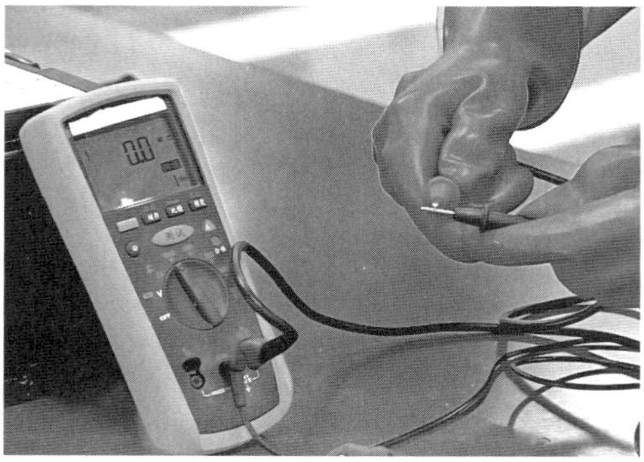

图 4-4-12　数字绝缘表短路检测

2. 充电插孔绝缘电阻测量

（1）断开 12V 蓄电池负极。

（2）断开维修开关。

（3）测量、读数、分析。

测量和分析读数操作方法如图 4-4-13 所示。

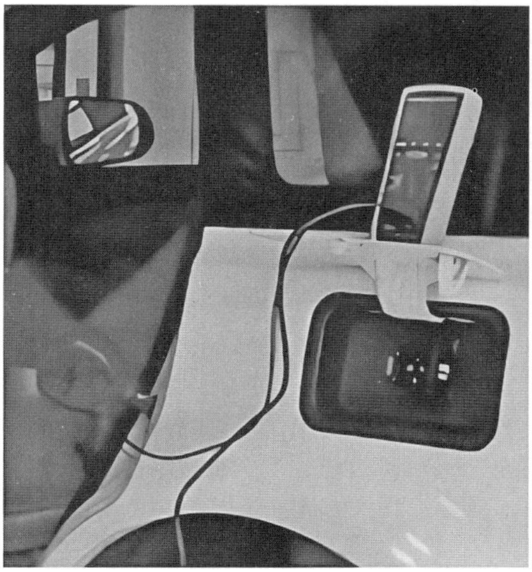

a)

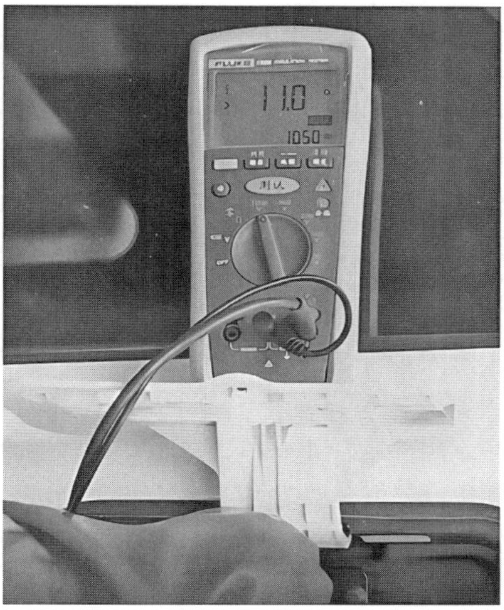

b)

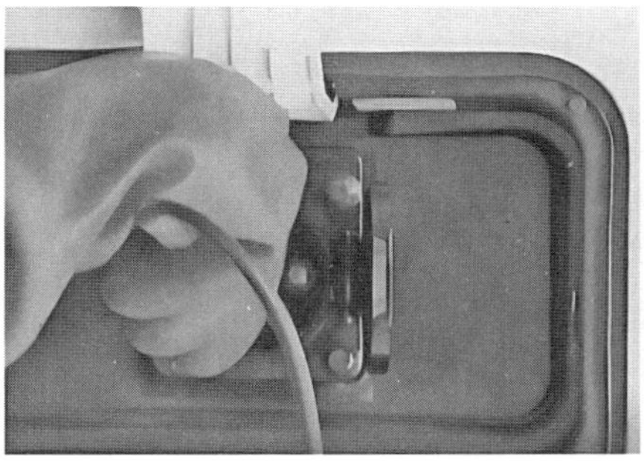

c)

d)

图 4-4-13　充电插孔绝缘电阻测量

① 左手将黑色表笔与车身搭铁可靠接触（图中用门锁扣作为接地点）。

② 右手拇指按住红表笔上的 TEST 按钮，将红表笔插入待测充电插孔任一端口。

③ 读数：11GΩ。

④ 分析读数：如果所测数据远远大于 500Ω/V 的标准要求，就表明此端口绝缘良好；如果读数小于 100Ω/V，就表明有绝缘故障，需要排除。

（4）每一端口都按第三步进行测量、分析。

知识延伸

新能源汽车绝缘监控技术最新发展动态

1. 高精度与实时监测

新能源汽车绝缘监控技术正朝着高精度和实时监测的方向发展。现代绝缘监控设备能够更精确地测量电气系统的绝缘电阻，及时发现潜在的绝缘故障，并通过实时监测确保电气系统的安全、稳定运行。

2. 智能化与自动化

随着智能化和自动化技术的不断发展，新能源汽车绝缘监控技术也开始融入这些先进技术。智能化绝缘监控设备能够自动分析绝缘数据，预测潜在的绝缘故障，并采取相应的预防措施，从而提高电气系统的可靠性和安全性。

3. 集成化与模块化

新能源汽车绝缘监控技术正逐渐实现集成化和模块化。通过将绝缘监控设备与其他电气系统组件集成在一起，可以减少系统的复杂性和成本，提高系统的整体性能和可靠性。同时，模块化设计使得绝缘监控设备更易于维护和升级。

4. 标准化与规范化

新能源汽车行业对绝缘监控技术的标准化和规范化要求越来越高。国际和国内标准组织正在制定和完善绝缘监控技术的相关标准和规范，以确保新能源汽车电气系统的安全性和可靠性。这些标准和规范的制定和实施，将推动绝缘监控技术的进一步发展和应用。

新能源汽车绝缘监控技术科技创新成果

1. 新型绝缘监测装置

新型绝缘监测装置采用了先进的传感器和微控制器技术，能够实时监测电气系统的绝缘状态，并在绝缘电阻低于设定阈值时发出警报。这些装置具有高精度、高可靠性和易于维护等优点，为新能源汽车的安全运行提供有力保障。

2. 绝缘阻抗监测仪器

绝缘阻抗监测仪器是新能源汽车电气系统中重要的安全设备之一。现代绝缘阻抗监测仪器不仅具有高精度和实时监测功能，还能够自动分析绝缘数据，预测潜在的绝缘故障，并采取相应的预防措施。这些仪器在新能源汽车的研发和投产过程中发挥了重要作用。

3. 高压互锁与绝缘监控技术的结合

高压互锁与绝缘监控技术的结合是新能源汽车电气系统安全性的重要保障之一。通过集成高压互锁和绝缘监控功能，可以实现对电气系统更全面、更可靠的监控和保护。这种结合技术不仅提高了新能源汽车的安全性和可靠性,还为新能源汽车行业的可持续发展注入了新的动力。

4. 基于大数据和人工智能的绝缘监控技术

随着大数据和人工智能技术的不断发展，基于这些技术的绝缘监控技术也开始应用于新能源汽车领域。通过收集和分析大量的绝缘数据，可以建立预测模型，预测潜在的绝缘故障，并采取相应的预防措施。这种技术不仅可以提高新能源汽车的安全性和可靠性，还可以降低维护成本和提高运营效率。

任务实施

充电插孔绝缘电阻测量

请根据工作任务单的指引（表 4-4-2），对充电插孔绝缘电阻进行测量和分析。

充电插孔绝缘电阻测量工作页　　表 4-4-2

充电插孔绝缘电阻测量				班级：	
				姓名：	
实训地点：			实训时间：		
1. 车辆信息记录					
品牌		整车型号		生产年月	
驱动电机型号		电池电量		行驶里程	
车辆识别码					
2. 作业场地准备					
检查设置隔离栏					□是　□否
检查设置安全警示牌					□是　□否
检查灭火器压力、有效期					□是　□否
安装车辆挡块					□是　□否
3. 对仪器进行检查					
检查仪器名称					是否正常
防护用具：绝缘手套、车辆防护用具；数字绝缘表；解码器					□是　□否
4. 测试与分析					
实施步骤					是否完成
确认故障现象					□是　□否
读取并分析故障码、数据流					□是　□否
高压断电					□是　□否
用数字绝缘表测量充电插孔绝缘电阻值					□是　□否
5. 7S 管理					
建立安全操作环境					□是　□否
清理及整理工具量具					□是　□否
清理及复原车辆正常状况					□是　□否
清洗场地					□是　□否
物品回收和环保					□是　□否
完善和检查工作					□是　□否
实训人（签字）：			监督人（签字）：		

任务评价

通过自评、互评及师评对本任务学习情况进行考评（表 4-4-3），掌握学习效果。

充电插孔绝缘电阻测量考核评分　　表 4-4-3

充电插孔绝缘电阻测量				实习日期：			
姓名：		班级：		学号：		导师签名：	
自评：□熟练 □不熟练		互评：□熟练 □不熟练		师评：□合格 □不合格			
日期：		日期：		日期：			
评分细则							
序号	评分项	得分条件	分值（分）	评分要求	自评	互评	师评
1	安全/7S/态度	□ 1. 能进行工位 7S 操作 □ 2. 能进行设备和工具安全检查 □ 3. 能进行车辆安全防护操作 □ 4. 能进行工具清洁、校准、存放操作 □ 5. 能进行三不落地操作	15	未完成 1 项扣 3 分	□熟练 □不熟练	□熟练 □不熟练	□合格 □不合格
2	专业技能能力	□ 1. 能确认故障现象 □ 2. 能读取并分析故障码、数据流 □ 3. 能进行高压断电 □ 4. 能正确用数字绝缘表测量充电插孔绝缘电阻值	60	未完成 1 项扣 15 分	□熟练 □不熟练	□熟练 □不熟练	□合格 □不合格
3	工具及设备的使用能力	□ 1. 能正确使用解码器 □ 2. 能正确使用数字绝缘表	10	未完成 1 项扣 5 分	□熟练 □不熟练	□熟练 □不熟练	□合格 □不合格
4	数据判断和分析能力	□ 1. 能判断车辆上电、下电是否正常 □ 2. 能正确分析测量值并判断绝缘故障	10	未完成 1 项扣 5 分	□熟练 □不熟练	□熟练 □不熟练	□合格 □不合格
5	表单填写及报告撰写能力	□ 1. 字迹清晰 □ 2. 语句通顺 □ 3. 无错别字 □ 4. 无抄袭	5	未完成 1 项扣 1 分	□熟练 □不熟练	□熟练 □不熟练	□合格 □不合格
总分：							

任务拓展

绝缘监控检测电路分析

思考测试

一、填空题

1. 绝缘电阻（Insulation Resistance）是指__________和__________最基本的绝缘指标。它表示在绝缘物上施加__________电压后，经过一定时间极化过程结束，流过绝缘物的泄漏电流所对应的电阻值。这一电阻值反映了绝缘材料在__________作用下的绝缘性能。具体来说，绝缘电阻是__________电压的能力，其大小取决于绝缘材料的种类、温度、湿度以及污损程度等因素。

2. 比亚迪新能源汽车绝缘监控管理有两种方法：__________和__________。

3. 数字绝缘表有500V、1000V两挡，对动力蓄电池输出电压600V的新能源车辆，测量高压输出直流母线的绝缘电阻应该选择__________挡。

二、选择题

1. 绝缘电阻的具体要求：对于直流电路，我国相关法规和标准要求新能源汽车高压系统的绝缘电阻应不小于__________Ω/V。对于交流电路，绝缘电阻应不小于__________Ω/V。

A. 100　　B. 300　　C. 500　　D. 1000

2. 比亚迪新能源汽车采用漏电传感器监测高压蓄电池输出直流母线与车身接触漏电严重情况进行报警。故障码为__________的，表示存在严重漏电故障；故障码为__________的，表示存在一般漏电故障；故障码为__________的，表示存在漏电传感器自身故障。

A. P1CA100　　B. P1CA200　　C. P1CA300　　D. P1CA000

模块五

驱动系统与动力控制技术

任务1 纯电动汽车驱动系统认知

学习目标

知识目标

（1）能够说出纯电动汽车驱动系统的分类。
（2）能够简述纯电动汽车常用电机的组成部分及工作原理。
（3）能够说出电机控制器的组成及工作原理。
（4）能够叙述纯电动汽车的控制策略。

技能目标

（1）能正确在实车上识别纯电动汽车驱动系统。
（2）能正确识别驱动电机总成的组成部分。
（3）能正确识别电机控制器的组成部分。

素养目标

（1）培养团队合作意识与沟通表达能力。
（2）培养良好的职业素养和职业道德。
（3）培养创新意识。

任务描述

客户反馈其纯电动车辆无法启动，你作为一名新能源汽车维修人员，负责对车辆进行检查。通过检查，初步判断是驱动系统故障。现在客户想了解一下驱动系统的相关信息，你是否能够向客户说清楚纯电动汽车驱动电机的相关信息。

知识准备

一、纯电动汽车驱动系统概述

（一）纯电动汽车驱动系统的认知

如图 5-1-1 所示，纯电动汽车驱动系统是纯电动汽车最主要的系统之一，纯电动汽车运行性能的好坏主要是由其驱动系统决定的。纯电动汽车驱动系统由动力蓄电池、驱动电机、电机控制器、机械传动装置、车轮等构成。驱动系统是将动力蓄电池输出的能量电能转换为机械能，推动车辆克服各种滚动阻力、空气阻力、加速阻力和爬坡阻力，制动时将动能转换为电能回馈给能量存储系统的系统。

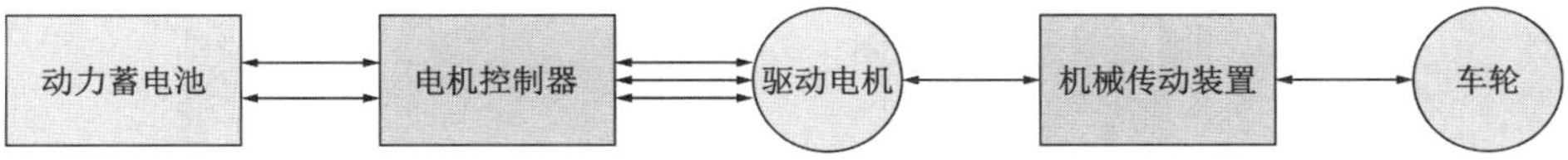

图 5-1-1 纯电动汽车驱动系统示意图

（二）纯电动汽车驱动系统的分类

纯电动汽车根据其机械传动装置及电机的布置位置可分为传统驱动、电机-驱动桥整体式驱动、电机-驱动桥组合式驱动、轮毂电机分散驱动式驱动等系统。

1. 传统驱动系统

该驱动系统仍然采用内燃机汽车的驱动系统布置方式，包括离合器、变速器、传动轴和驱动桥等总成，只是将内燃机换成电机，属于改造型电动汽车。这种布置方式可以提高纯电动汽车的起动转矩，增加低速时纯电动汽车的后备功率。这种驱动系统布置形式有电机前置-驱动桥前置（F-F）、电机前置-驱动桥后置（F-R）等驱动模式。但是，这种驱动系统布置形式结构复杂、效率低，不能充分发挥驱动电机的性能。在此基础上，还有一种简化的传统驱动系统布置形式，采用固定速比减速器，去掉离合器，这种驱动系统布置形式可减少机械传动装置的质量，缩小其体积，图 5-1-2 所示为简化的传统驱动系统。

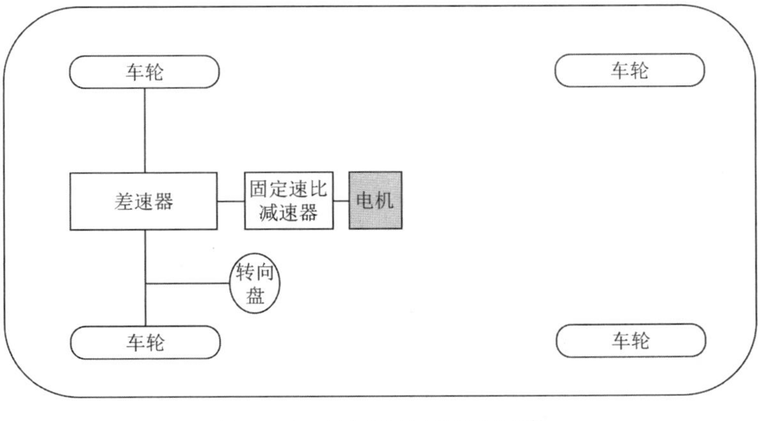

图 5-1-2 简化的传统驱动系统

2. 电机-驱动桥整体式驱动

这种驱动系统布置形式与发动机横置-前轮驱动的内燃机汽车的布置方式类似，把电机、固定速比减速器和差速器集成为一个整体，两根半轴连接驱动车轮。电机-驱动桥整体式驱动系统的布置形式有同轴式和双联式两种，如图 5-1-3 所示。

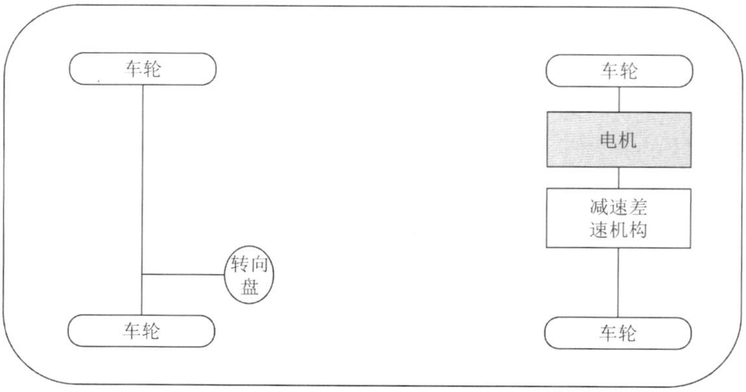

a) 同轴式驱动系统

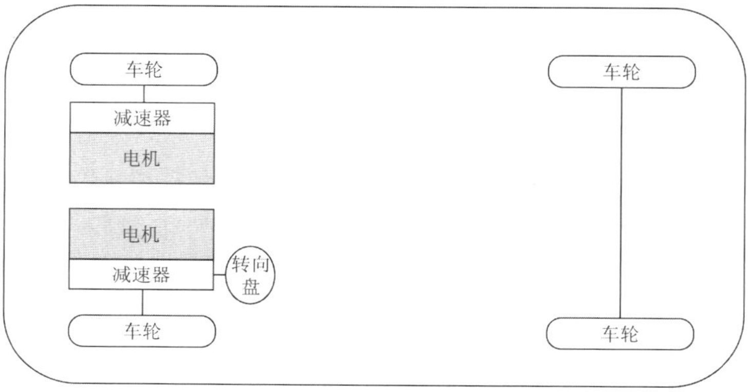

b) 双联式驱动系统

图 5-1-3　电动机-驱动桥整体式驱动系统

3. 电机-驱动桥组合式驱动系统

如图 5-1-4 所示，这种驱动系统布置形式即在驱动电机端盖的输出轴处加装减速齿轮和差速器等，电机、固定速比减速器、差速器的轴互相平行，一起组合成一个驱动整体。它通过固定速比减速器来放大驱动电机的输出转矩，但没有可选的变速挡位，也就省掉了离合器。这种布置形式的机械传动机构紧凑，传动效率较高，便于安装。但这种布置形式对驱动电动机的调速要求较高。按传统汽车的驱动模式来说，可以有驱动电机前置-驱动桥前置和驱动电机后置-驱动桥后置两种方式。这种驱动系统的布置形式具有良好的通用性和互换性，便于在现有的汽车底盘上安装，使用和维修。

4. 轮毂电机分散驱动式驱动系统

如图 5-1-5 所示，轮毂电机直接装在汽车车轮里，有内定子外转子和内转子外定子两种结构。

内定子外转子轮毂电机分散驱动式驱动系统的布置形式采用低速内定子外转子电机，其外转子直接安装在车轮的轮缘上，可完全去掉变速装置，驱动电机转速和车轮转速相等，车轮转速和车速控制完全取决于驱动电机的转速控制。由于不通过机械减速，通常要求驱动电机为低速大转矩电机。低速内定子外转子电机结构简单，无须齿轮变速传动机构，但其体积大、质量大、成本高。

内转子外定子轮毂电机分散驱动式驱动系统的布置形式采用一般的高速内转子外定子电机，其转子作为输出轴与固定减速比的行星齿轮变速器的太阳轮相连，而车轮轮毂通常与其齿圈连接，它提供较大的减速比来放大其输出转矩。驱动电机装在车轮内，形成轮毂电机，可进一步缩短从驱动电机到驱动轮的传递路径；采用高速内转子电机（转速约 10000r/min），需装固定速比减速器来降低车速，一般采用高减速比行星齿轮减速装置，其安装在电机输出轴和车轮轮缘之间，且输入轴和输出轴可布置在同一条轴线上。高速内转子电机具有体积小、质量轻和成本低的优点，但它需要加行星齿轮变速机构。

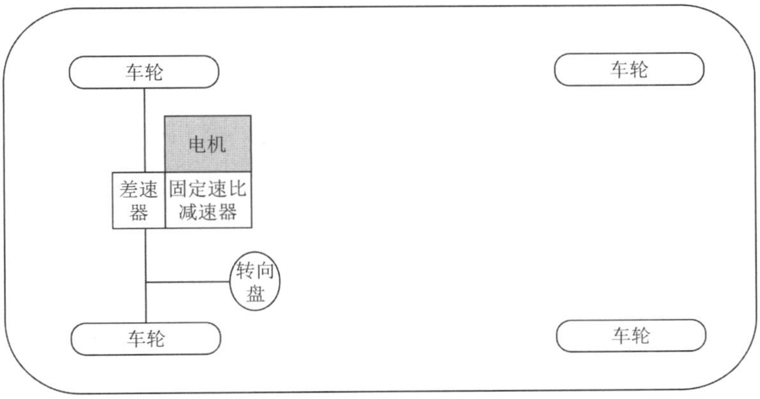

图 5-1-4　电机-驱动桥组合式驱动系统

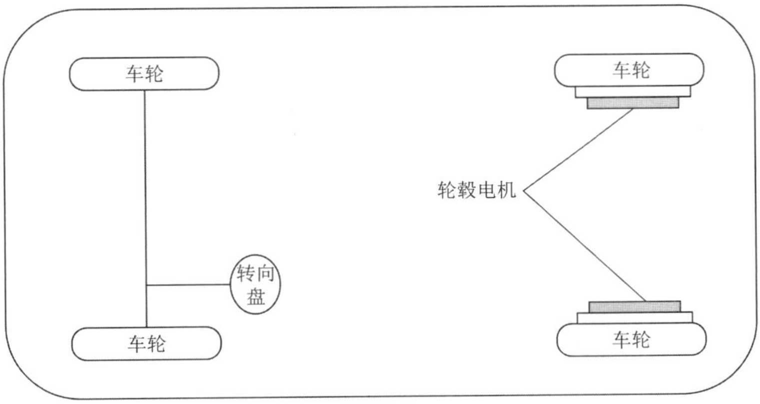

图 5-1-5　轮毂电机分散驱动式驱动系统

二、驱动电机

（一）驱动电机的定义

电机是指依据电磁感应定律实现电能的转换或传递的一种电磁装置。包括旋转电机和变压器两大类。旋转电机是电能转换装置，主要用作发电机，把机械能转变成电能；或者作为电机，把电能转变成机械能。国家标准《电动汽车用驱动电机系统》（GB/T 18488—2024）中将驱动电机定义为：作为电能与机械能转换的核心装置，不仅能将电能高效转化为机械能驱动车辆，在某些特定工况下将机械能转化为电能的功能（如车辆制动能量回收，也就是汽车上的动能回收）。

（二）驱动电机的特性要求

驱动电机是电动汽车电驱动系统唯一的驱动力来源。驱动电机的一般机械特性如图 5-1-6 所示，在额定转速以下，以恒转矩模式工作；在额定转速以上，以恒功率模式工作。驱动电机调速范围覆盖整个恒转矩区和恒功率区。在恒功率区，通过弱磁控制电机到达最高转速，因此也称弱磁区。驱动电机的峰值转矩、峰值功率、调速范围等直接影响车辆的爬坡能力、加速性能、高速超车能力。由于电动汽车行驶工况多变，通常要求驱动电机具备频繁起动/停车和加速/减速的能力，具备低速或爬坡时高转矩、高速行驶时低转矩/恒功率、调速范围宽的特点。

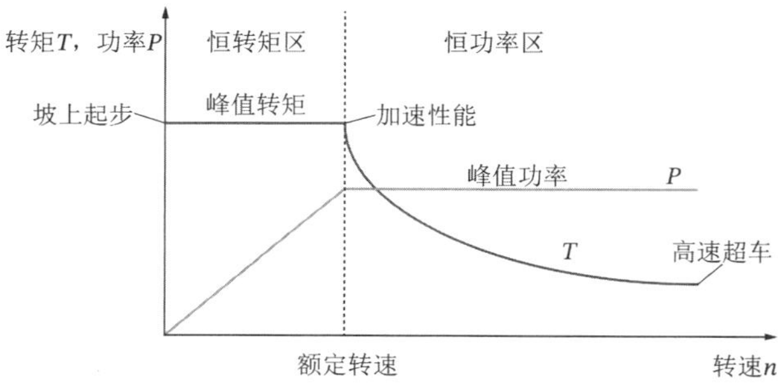

图 5-1-6 驱动电机的一般机械特性

（三）驱动电机的分类

驱动电机的种类很多，用途广泛，功率覆盖面非常大。而新能源汽车出于对功率容量、体积、质量、散热等条件的考虑，采用的驱动电机种类较少。迄今为止，新能源汽车采用的驱动电机主要包括直流电机、三相交流异步电机、永磁同步电机、开关磁阻电机等。虽然电机的种类较多，但所有的电机均遵循电机学基本定律，并且其性能也有一定的区别。各种驱动电机的基本性能比较见表 5-1-1。

各种驱动电机的基本性能比较　　表 5-1-1

项目	直流电机	三相交流异步电机	永磁同步电机	开关磁阻电机
转速（r/min）	4000～6000	12000～15000	4000～10000	＞15000
功率密度	低	中	高	较高
功率因数/%	—	82～85	90～93	60～65
峰值效率/%	85～89	94～95	95～97	90
负载效率/%	80～87	90～92	85～97	78～86
恒功率区	—	1：5	1：2.25	1：3
过载系数	2	3～5	3	3～5
体积	大	中	小	小

续上表

项目	直流电机	三相交流异步电机	永磁同步电机	开关磁阻电机
质量	大	中	小	小
结构坚固性	差	好	一般	优
运行可靠性	一般	好	优	好
调速控制性能	最好	好	好	好

根据纯电动汽车对驱动电机的性能要求，目前纯电动汽车驱动电机主要以三相交流异步电机和永磁同步电机为主。下面主要对这两类电机进行介绍。

1. 三相交流异步电机的结构与工作原理

三相交流异步电机是由气隙旋转磁场与转子绕组感应电流相互作用产生电磁转矩，从而实现电能转换为机械能的一种交流电机。三相交流异步电机是各类电机中应用最广、需求量最大的一种。三相交流异步电机通常按转子结构和定子绕组相数进行分类。按转子结构分，可分为笼型和绕线型。在纯电动汽车中，笼型交流三相交流异步电机应用较为广泛，具有结构简单且坚固、制造成本低、维护方便等优点。

（1）三相交流异步电机的结构。

和所有旋转的电机的结构一样，三相交流异步电机是由静止的定子和可以旋转的转子组成，定子和转子之间为气隙，交流三相交流异步电机的气隙一般为 0.5～2.0mm，气隙的大小对三相交流异步电机的性能有很大影响。三相交流异步电机的基本结构如图 5-1-7 所示。

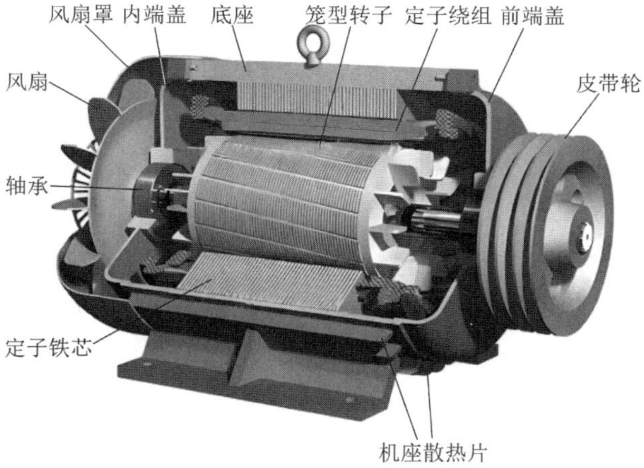

图 5-1-7　三相交流异步电机的基本结构

① 定子。三相交流异步电机的定子主要由定子铁芯、定子绕组和机座三部分组成。

a. 定子铁芯主要是作为电机主磁路的一部分并且用来嵌放定子绕组，为了降低定子铁芯的铁损耗，定子铁芯一般由 0.35～0.50mm 厚、表面涂有绝缘漆的硅钢片叠压而成。在铁芯的内圆冲有均匀分布的槽，用以嵌放定子绕组。槽型分为三种：开口槽、半开口槽和半闭口槽。其中，开口槽用于大、中型容量的高压三相交流异步电机；半开口槽用于中型 500V 以下的三相交流异步电机；半闭口槽用于小型容量的低压三相交流异步电机，如图 5-1-8 所示。

b. 定子绕组是电机的电路部分，通入三相交流电，其作用是吸收电功率和产生旋转磁场。定子绕组由三个在空间上互隔 120°对称排列结构完全相同的绕组（每个绕组为一相）组成，根据需要连接成 Y 形或△形。

对于大、中型容量的高压异步电机，定子绕组常采用 Y 形接法，只有三根引出线，如图 5-1-9a）所示；对于中、小型容量的低压异步电机，通常把定子三相绕组的六根出线头都引出来，根据需要可接成 Y 形或△形，△形接法如图 5-1-9b）所示。定子绕组用绝缘的铜（或铝）导线绕成，嵌放在定子槽内。

c. 机座主要用于固定定子铁芯和前、后端盖，支撑转子并起到防护和散热等作用，一般不作为工作磁路的组成部分。大多数采用铸铁铸造而成，大型容量的三相交流异步电机采用钢板焊接而成，微型三相交流异步电机多采用铸铝或塑料制成。根据电机的防护方式、冷却方式和安装方式的不同，机座的样式也不尽相同。

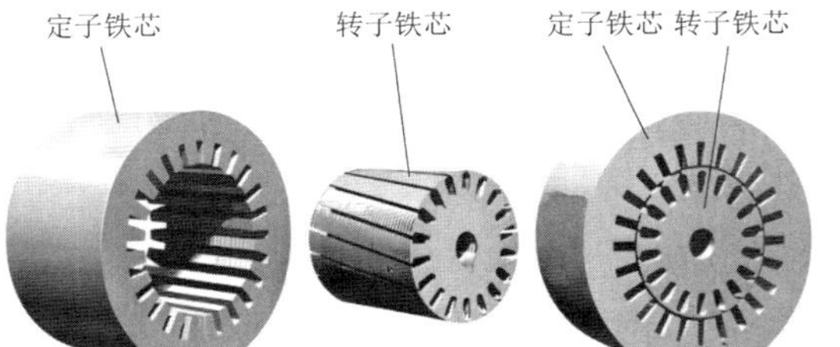

图 5-1-8　三相交流异步电机定子结构

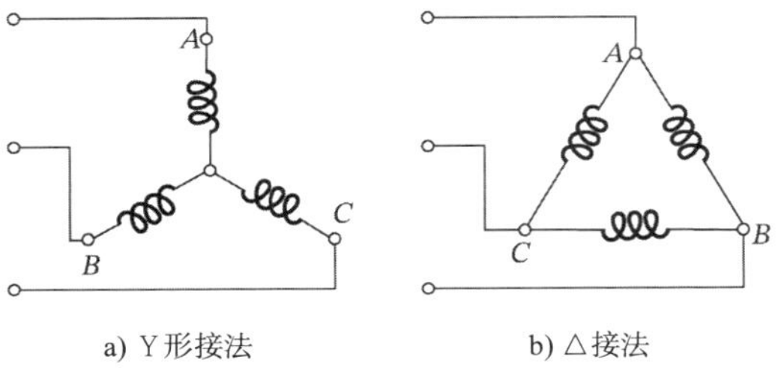

图 5-1-9　定子绕组的接法

② 转子。三相交流异步电机的转子包括转子铁芯和转子绕组。

A. 转子铁芯是电机磁路的一部分，它由 0.5mm 厚的硅钢片叠压而成。铁芯固定在转轴或转子支架上，整个转子的外表呈圆柱形。转子铁芯与定子铁芯的结构组合如图 5-1-8 所示。

B. 转子绕组分为笼型和绕线型两类。

a. 笼型绕组是一个自己短路的绕组。在转子铁芯的每个槽里嵌放一根导体，在铁芯的两端用端环连接起来，形成一个短路的绕组。如果把转子铁芯取掉，则可看出，剩下来的绕组形状像个松鼠笼子，如图 5-1-10 所示，因此又叫鼠笼转子。导条用铜或铝材料制成。

b. 绕线型绕组的槽内嵌放用绝缘导线组成的三相绕组，一般都连接成 Y 形。转子绕组的三条引线分别接到三个集电环上，用一套电刷装置引出来，如图 5-1-11 所示。这就可以把外接电阻串联到转子绕组回路，以改善电机的起动性能或调节电机的转速。与笼型转子相比较，绕线型转子结构复杂，价格较高，主要应用于起动电流小，起动转矩大，或须平滑调速的场合。

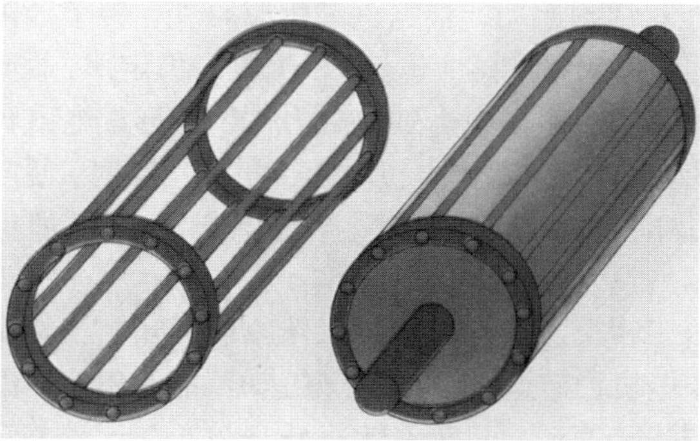

图 5-1-10　笼型绕组

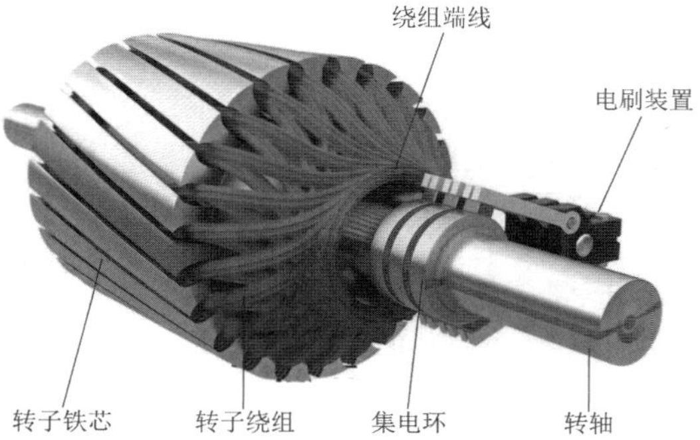

图 5-1-11　绕线型绕组结构

（2）三相交流异步电机的工作原理。

三相交流异步电机在运行时，其三相定子绕组接三相交流电源，由电源提供三相交流电流，在电机内部产生一旋转磁场，该磁场交链定子绕组和转子绕组，实现从定子到转子能量的传递和转换。因此，交流电机的旋转磁场与力的转换是其工作的关键。三相交流电机定子绕组为三相对称绕组，由三组形状与匝数相同，轴线在空间位置上相差 120°的绕组组成，定子绕组中的旋转磁场转速与电源的频率称为同步转速，旋转磁场转速与电源的频率的关系为：

$$n_1 = \frac{60f}{p}$$

式中：n_1——同步转速，r/min；

f——定子电源频率，Hz；

p——定子绕组的磁极对数。

三相交流电与旋转磁场的对应关系如图 5-1-12 所示。

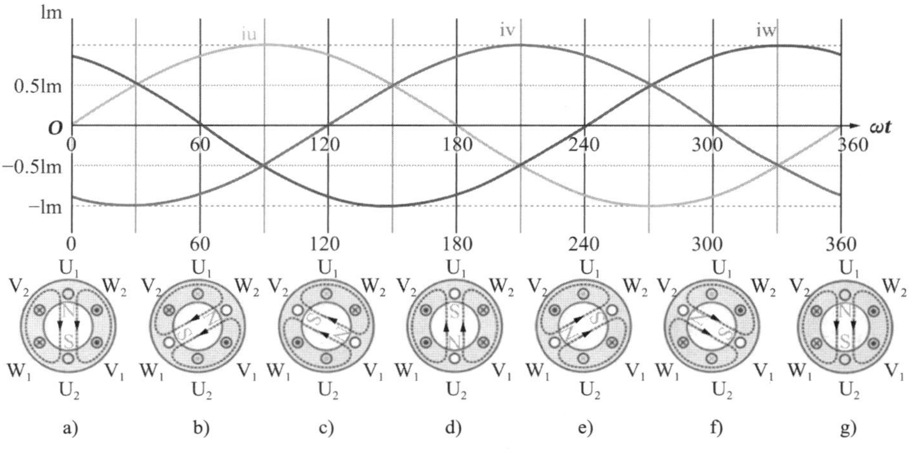

图 5-1-12　三相交流电与旋转磁场的对应关系

当三相异步电机接入三相交流电源时，三相定子绕组流过三相对称电流产生的三相磁动势并产生旋转磁场。该旋转磁场与转子导体有相对切割运动，根据电磁感应原理，转子导体产生感应电动势和感应电流。根据电磁力定律，载流的转子导体在磁场中受到电磁力作用，形成电磁转矩，驱动转子旋转，当电机轴上带机械负载时，便向外输出机械能。三相交流异步电机工作原理如图 5-1-13 所示。

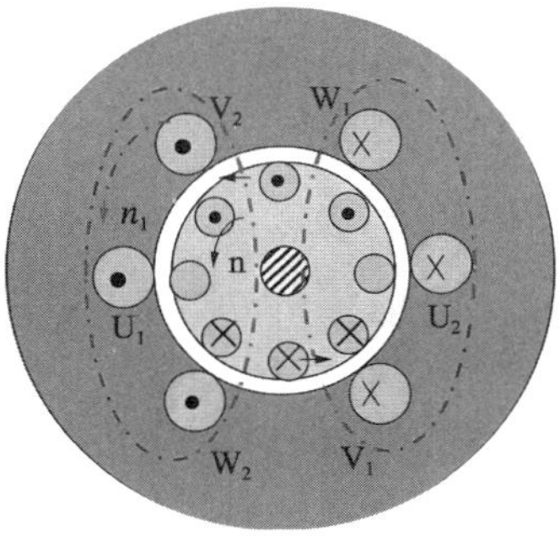

图 5-1-13　交流三相交流异步电机的工作原理

由三相交流异步电机的工作原理可知，三相交流异步电机稳定运行时，转子转速n不能等于旋转磁场的同步转速n_1，其转差转速$\Delta n = n_1 - n$，转差转速Δn与同步转速之比为三相交流异步电机的转差率，用S表示，即

$$S = \frac{\Delta n}{n_1} = \frac{n_1 - n}{n_1}$$

转差率是三相交流异步电机的一个重要参数，正常运行时，三相交流异步电机转子转速接近于同步转速n_1，转差率S一般为 0.01～0.05。

（3）三相交流异步电机的性能特点。

三相交流异步电机具有以下性能特点：

① 小型轻量化。

② 易实现转速超过 10000r/min 的高速旋转。

③ 高转速低转矩时运行效率高。

④ 低速时有高转矩输出，以及具有较宽的速度调节范围。

⑤ 高可靠性。

⑥ 制造成本低。

三相交流异步电机由于具有成本低、坚固耐用、速度范围宽等特点，适合用于新能源汽车，目前采用交流三相交流异步电机驱动系统的车辆主要有美国通用公司的 EV-1 型电动汽车，福特公司生产的电动汽车以及为人所熟知的特斯拉电动汽车等。

2. 永磁同步电机的结构与工作原理

设计开发新能源汽车的关键主要有两个方面：一是研制高能量密度的电池；二是开发性能优良的驱动系统。在现有的各类驱动电机中，永磁同步电机具有能量密度高、效率高、体积小、惯性低以及响应速度快等优点，在新能源汽车领域有较好的应用前景，得到了国内外新能源汽车企业的高度重视，是最具竞争力的驱动电机之一。

（1）永磁同步电机的结构。

永磁同步电机主要由定子和转子两大部分组成，如图 5-1-14 所示。定子与普通交流电机基本相同，由电枢铁芯和电枢绕组构成。电枢铁芯采用叠片结构以减小电机运行时的铁损耗；电枢绕组可以采用集中绕组或分布短路绕组；对于极数较多的电机，还可以采用分数槽绕组。

永磁同步电机的转子主要由永磁体、转子铁芯和转轴构成。与交流三相交流异步电机相比，永磁同步电机必须装有转子位置传感器，用来检测转子位置，并以此对电枢电流进行控制，达到对永磁同步电机控制的目的。

（2）交流永磁电机的磁性转子。

将永磁磁极按 N 极和 S 极顺序排列组成交流永磁电机的磁性转子。按照永磁体在转子上的安装方式，可以把转子分为表面永磁式转子和内置永磁式转子两种类型。

① 表面永磁式（Surfaee Permanent Magnet，SPM）转子如图 5-1-15 所示，永磁体黏附在转子铁芯的外表面，可以有效地利用永磁体的磁通量，具有良好的控制性能和散热性能。

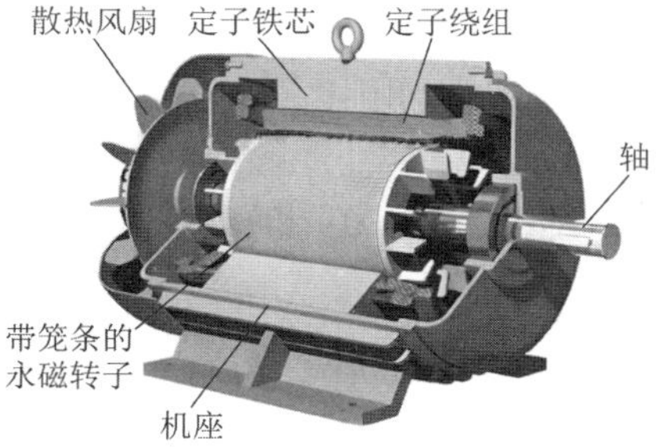

图 5-1-14　**永磁同步电机的结构**

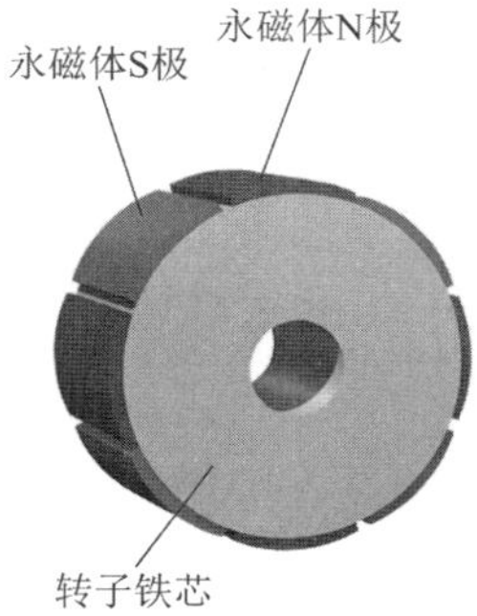

图 5-1-15　**典型的 SPM 转子**

② 内置永磁式（Interior Permanent Magnet，IPM）转子如图 5-1-16 所示，永磁体嵌在转子铁芯内部，有较高的磁显性，可产生额外的磁阻转矩分量；同时可以承受转子高速旋转的离心力作用，并且可以有效抑制高次谐波的作用，但散热效果较差。

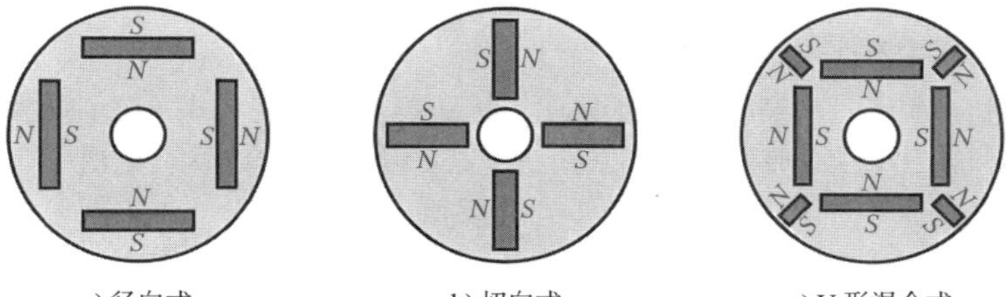

图 5-1-16　**典型的 IPM 转子**

还有一种转子，既有永磁体又有励磁绕组，称为混合永磁式转子。永磁励磁分量和励磁磁通分量在气隙中叠加形成气隙磁通，气隙磁通可以通过调节励磁电流来控制。特别是在高速区，可以方便地进行弱磁调节。因此采用这种转子的电机在宽转速范围内有最佳效率和理想的驱动特性，非常适合用作驱动电机。

三种转子结构的性能比较见表 5-1-2。

三种转子结构的性能比较　　表 5-1-2

转子结构	表面永磁式	内置永磁式	混合永磁式
电机类型	无刷直流电机	永磁同步电机 直流无刷电机	永磁同步电动

续上表

电流波形	方波	方波/半正弦波	正弦波
速度限制	1.2 倍额定转速	1.5 倍额定转速	2～3 倍额定转速
散热要求	较简单	较复杂	复杂
转子结构	较简单但转速较低	较复杂但能承受较高转速	较复杂但能承受较高转速
特点	有较大的气隙 电枢反应较低	有较高的磁显性 可产生额外的磁阻转矩分量	与内置永磁式相同 有更好的调速性能和机械性能

（3）永磁同步电机的工作原理分析。

永磁同步电机的工作原理与交流同步电机的相似，动力蓄电池经逆变器变换为电压可调的三相正弦波电压，并输入给永磁同步电机的三相对称绕组，产生三相对称电流，在正弦波电流和永磁磁动势的作用下产生电磁转矩，带动转子随着旋转磁场以相同的旋转速度旋转。旋转速度为：

$$n = n_1 = \frac{60f_1}{p}$$

式中：n——旋转磁场的同步转速，r/min；

f_1——三相正弦波电压的频率，Hz；

p——磁极对数。

（4）永磁同步电机的性能特点。

永磁同步电机不仅能够产生永磁转矩，而且在一定的条件下，由于永磁体的磁阻接近空气，因此有较大的有效气隙，可以较大程度地降低电枢反应。

永磁同步电机转子采用永磁体，转子上无绕组、无铜耗、磁通量小，在低负载时铁损很小。因此，永磁同步电机具有以下优点：

① 高效节能。永磁同步电机不用励磁，没有励磁损耗，具有高效率（达 97%）、高比功率（超过 1kW/kg）和输出转矩/转动惯量比高的特点。相比其他类型的电机，具有更高的效率和更大的输出转矩，并且更加节能。

② 高可靠性。永磁同步电机的运行与供电电源频率同步，不受电源电压和负载变换的影响，在额定的负载范围内，保持以同步转速旋转，运行平稳，电流损耗小，在高速运行区具有良好的可靠性。

③ 调速性能好。永磁同步电机具有调速范围宽、调速精度高、效率高、噪声低的优点。

④ 结构简单、使用寿命长、便于维护、体积小。

永磁同步电机有以下缺点：

① 起动慢。由于转速与频率呈比例关系，因此只有在频率上升时才能逐渐起动，而不能快速起动。另外，由于永磁同步电机会出现失步现象，因此较适合在重负载下运行。

② 功率范围小。永磁同步电机受到永磁体材料和加工工艺等因素的限制，使得永磁同步电机的功率范围较小，一般最大功率为几十千瓦。

③ 温度影响大。永磁体材料在受到振动、高温或过载电流作用时，会使得永磁体发生退磁现象，降低电机的性能，过载发热或高温超过居里温度T，永磁体将失去磁性而损坏电机。

④ 控制系统复杂。永磁同步电机匹配复杂的控制系统，使得其成本提高。

三、电机控制器

（一）电机控制器的作用

纯电动汽车的电机控制器是电机控制系统的核心部件，接收整车控制器的指令，将动力蓄电池的直流电转为三相交流电，输入驱动电机，实现车辆的驱动。在制动能量回收模式，将电机产生的三相交流电整流为直流电，给动力蓄电池充电。电机控制器同时还接收驱动电机的位置和温度信号，反馈给整车控制器，进而实现闭环精准控制。

电机控制器的主要功能如下：

（1）控制驱动电机驱动机械负载，执行来自整车控制器的目标转矩指令。

（2）控制驱动电机转速，执行来自整车控制器的目标转速指令。

（3）控制驱动电机发电，执行来自整车控制器的目标转矩命令。

（4）通过高速 CAN 总线与其他节点进行数据交换。

（5）实现系统的自我保护，保护电机控制器本身不受损坏，包括过温保护、过电压保护、欠电压保护和过电流保护等。

（二）电机控制器的组成

电机控制器主要由电子控制模块、智能功率模块（Intelligent Power Module，IPM）、电流传感器、电压传感器、温度传感器、支撑电容器、电磁兼容（Electromagnetic Compatibility，EMC）滤波电路等部分组成，如图 5-1-17 所示。

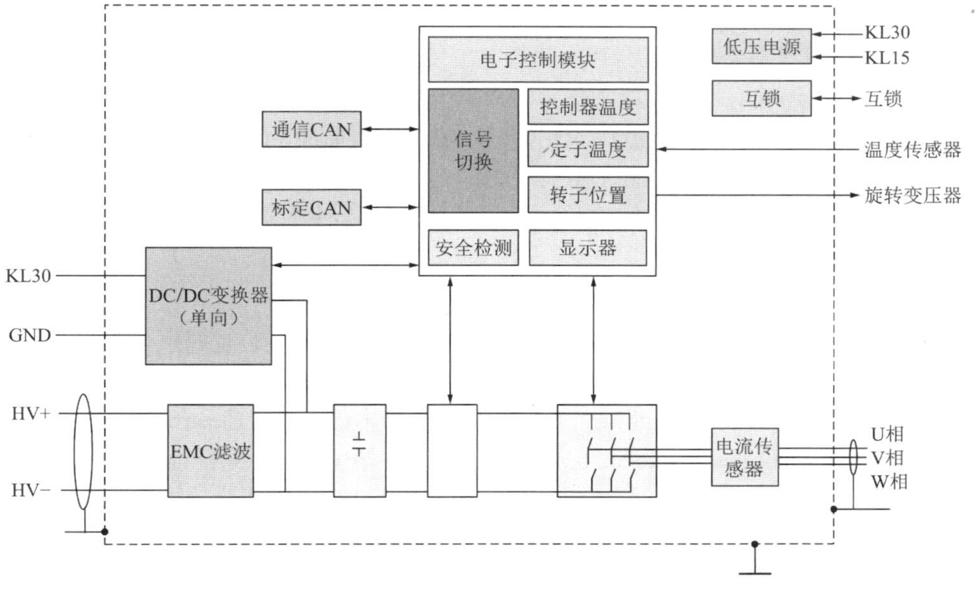

图 5-1-17　电机控制器的组成

1. 电子控制模块

电子控制模块是包括硬件电路和相应的控制软件的统称。硬件电路主要包括微控制器及其最小系统，电流、电压、温度监测电路，绝缘检测电路，电机转速、转角监测电路，以及与整车控制器、蓄电池管理系统等外部控制单元进行数据交互的通信电路。控制软件根据不同类型电机的特点实现相应的控制算法。

2. 智能功率模块

智能功率模块由高速、低功率的绝缘栅双极型晶体管（IGBT）模块和优选的门级驱动及保护电路集成。由于智能功率模块内置的驱动和保护电路使系统硬件电路简单、可靠，缩短了系统开发时间，也提高了故障下的自保护能力，与普通的 IGBT 模块相比，智能功率模块在系统性能及可靠性方面都有很大的提高。

3. 支撑电容器

当功率开关在进行高速切换时，会产生高幅度的脉动电流。在直流输入端与功率开关之间增设电容器，能够有效吸收高幅值的脉动电流，从而维持直流母线电压的稳定。在电动汽车上常采用直流支撑（DC-link）电容器，通常要求该支撑电容器的额定电压要高于电机控制器的最高工作电压，并能保证长期稳定工作。支撑电容器的容量决定了电容器能释放的能量，选择大容量的电容器可以保证功率开关在导通时，直流母线电压不至下降过多，在设计时，应控制脉动电压为直流母线电压的 3%～10%。

4. 传感器

电机控制器的传感器主要包括电流传感器、电压传感器和温度传感器。其中，电流传感器作为电机控制器的核心监测内容，直接影响电机的转矩和转速性能，其放置于三相交流输出侧和直流输入侧。电流传感器主要有分流器和霍尔式电流传感器。由于霍尔式电流传感器具有体积小、功耗低、噪声小、隔离效果好等优点，在电动汽车中被普遍采用，如比亚迪、吉利、广汽新能源等品牌车型。电压传感器主要对直流母线侧的输入电压进行监测，预防高压损坏器件及高压绝缘失效导致的安全问题。温度传感器置于电机绕组的内部和 IGBT 模块内，对电机温度和电机控制器的核心区域温度进行监测，以预防由于元件过热损坏和高温绝缘失效而导致的安全问题。

5. EMC 滤波

电机控制器内部功率元件在高速开关过程中会产生电磁噪声，通过线束、线束间的耦合向四周传输；同时也面临车内或者车外电力电子设备产生的电磁干扰的冲击，通常将这类情形统称为电磁兼容（Electromagnetic Compatibility，EMC），其包含电磁干扰（Electromagnetic Interference，EMI）与电磁抗扰（Electromagnetic Susceptibility，EMS）两个部分。为保证不出现因电磁兼容问题导致的异常情况，电机控制器的直流母线输入端设置有 EMC 滤波器，以抑制电磁干扰。

（三）电机控制器的工作原理

电机控制器是电动汽车整车驱动控制系统的核心，它的作用至关重要。简单地讲，电机控制器相当于传统内燃机汽车的油量调节机构，都是通过调节加速踏板的幅度来进行车速和牵引力的控制。但是电机控制器相比油量调节机构的结构，功能更为复杂、全面。电机控制器不仅接收加速踏板的加减速信号，同时接收制动踏板、电机转速、车速、电机电枢电压、电流、冷却水温等信号，经过对这些信号的分析完成对电机的精确控制；并且控制器会将这些信号的数值显示在外接显示屏上，以供驾驶人随时掌握车辆状况。另外，控制器在电机发生过流、过压以及过热的情况下，会自动切断主电路以保护汽车以及乘员的安全。

蓄电池组和电动机的正负极分别与 IGBT 模块的输入端和输出端连接，IGBT 的输出电压由主控制器向其输入的 PWM 信号控制。在控制器运行过程中，主控制器通过采集分析加速踏板、制动踏板、车速、电机转速等传感器传来的信号进行电机电压的输出控制，输出方式是将 PWM 信号传递到 IGBT 模块；通过采集电机电压、电流、电机和 IGBT 模块的温度等反馈信号来进行系统的过流、过压、过热保护，如图 5-1-18 所示。

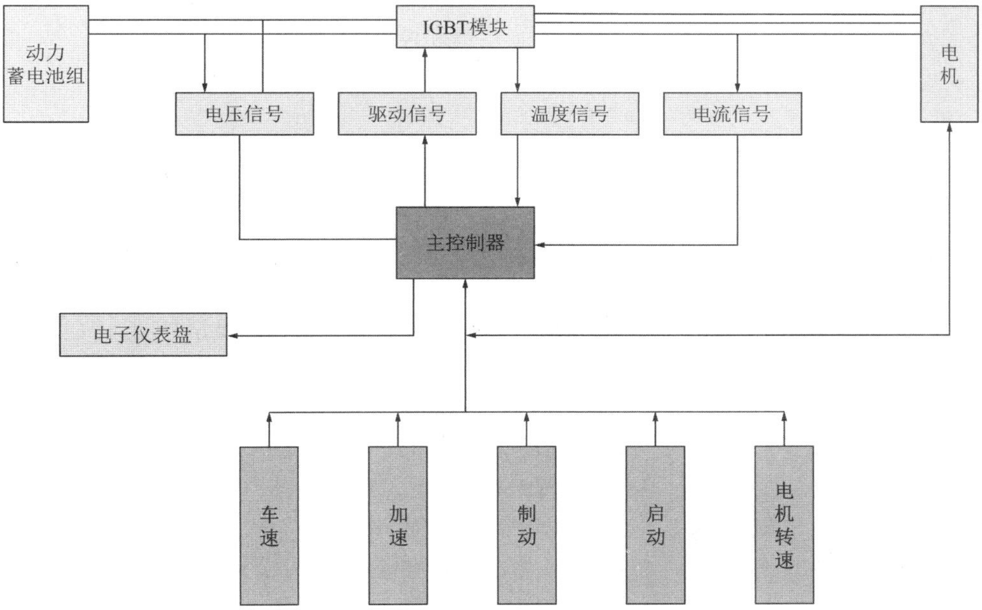

图 5-1-18　电机控制器控制框图

（四）比亚迪 E6 的电机控制器

比亚迪 E6 的电机控制器安装于前机舱的右侧，如图 5-1-19 所示。

图 5-1-19　比亚迪 E6 电机控制器的安装位置

比亚迪 E6 电机控制器的类型为电压型逆变器，利用 IGBT 模块将直流电变换为交流电，额定电压为 330V，主要功能是控制电动机和发电机等根据不同工况控制电机的正反转、功率、力矩、转速等，即控制电机的前进、倒退、维持电动车的正常运转，关键零部件为 IGBT，IGBT 实际为大电容，目的是控制电流的工作，保证能够按照驾驶人的意愿输出合适的电流参数。

驱动电机控制器总成包含上、中、下三层。其中，上、下层为电动机控制单元；中层为水道冷却单元。总成还包括信号接插件（包含 12V 电源/CAN 总线/挡位、加速、制动/旋变/电机过温信号线/预充满信号线等），两根动力蓄电池正负极接插件，3 根电机三相动力输出线、两个水套接管和其他周边附件，如图 5-1-20 所示。

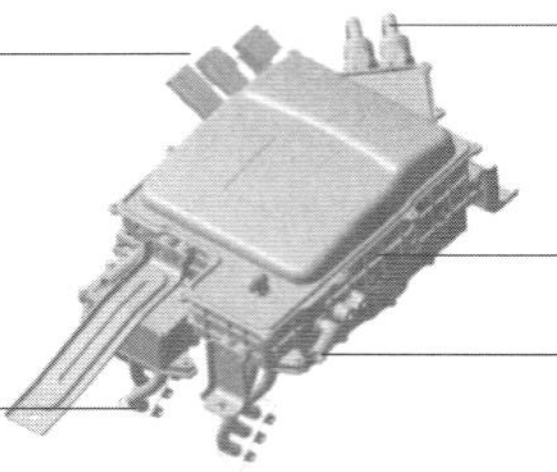

图 5-1-20　比亚迪 E6 电机控制器示意图

四、减速器

与内燃机相比，电机具有更高的转速范围。电机在宽广的转速范围内都能提供较高的力矩和效率。这意味着它们通常不需要像内燃机那样通过多个挡位来优化性能和燃油经济性。电机在低速时可以提供高力矩，而在高速时依然保持高效能，这使得单级减速器足以满足其动力需求。同时，单级减速器的使用不仅简化了动力系统的结构，还降低了制造成本和维护成本，同时提高了整体效率。

图 5-1-21 所示为比亚迪秦 EV 单级减速器。其由输入轴和输出轴组成。其中，输入轴一端与驱动电机转轴相连，另一端则为壳体提供支撑，中间装有一个主动齿轮并与输出轴从动齿轮相啮合；输出轴上有大、小两个齿轮，大齿轮为从动齿轮并与输入轴齿轮相啮合，小齿轮为主减速器主动齿轮并与减速器大齿圈相啮合，作为减速器驱动差速器总成旋转。输出轴两端用圆锥滚子轴承进行支撑。减速器具有固定的传动比，总减速比是 0.7。变速器润滑油采用壳牌 S3-ATF-MD3 润滑，加注量为 0.65L ± 0.05L。

图 5-1-21　比亚迪秦 EV 单级减速器

五、电机控制系统的控制策略

电动汽车电机控制系统根据车辆的挡位、加速踏板信号和制动踏板信号，可分为五种运行状态，分别是起车模式、正常驱动模式、制动能量回收模式、空挡模式和失效保护模式，如图 5-1-22 所示。整车控制器（VCU）采集加速踏板（Acc Pedal）、制动踏板（Brake Pedal）、挡位、模式等信号，提取出有效值，通过对这些有效值进行判断、计算，确定相应的驱动模式，然后向电机控制器发送整车期望转矩指令。

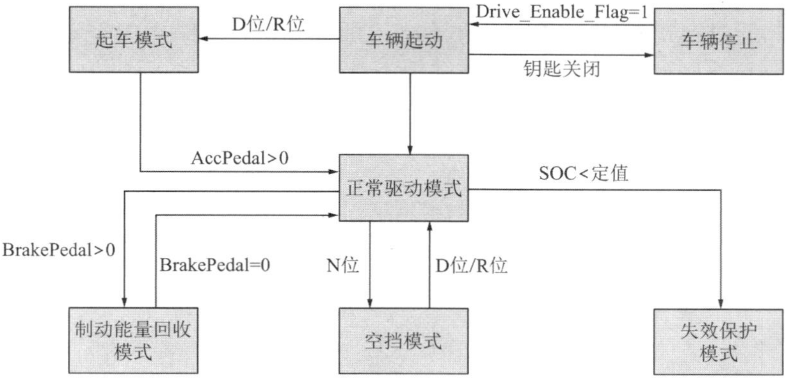

图 5-1-22　驱动电机控制策略示意图

（一）起车模式

起车模式是指车辆已经起动，挡位挂在 D 位或 R 位，加速踏板开度为零的运行模式。此时整车控制器发送给电机控制的转矩指令为起车小转矩。该转矩的主要功能是：如果在平直路面上行驶，可以使车辆保持一个恒定起车速度行驶；如果在坡道上，则防止起车时车辆倒溜。在起车模式下，车辆最终以恒定速度行驶，并且车速有一个最大值；若车速超过这个值，则电机停止转矩的输出。

（二）正常驱动模式

正常驱动模式是指车辆处于驱动使能状态下，整车动力系统能够无故障运行，保障车辆正常行驶。此时整车控制器根据加速踏板开度、车速和电池电荷状态（State of Charge，SOC）来确定发送给电机控制器的转矩指令，当电机控制器从整车控制器得到转矩输出的指令时，将动力蓄电池提供的直流电转化成三相交流电，驱动电机输出转矩，通过机械传输来驱动车辆，如图 5-1-23 所示。正常驱动模式下有一个最大行驶车速。

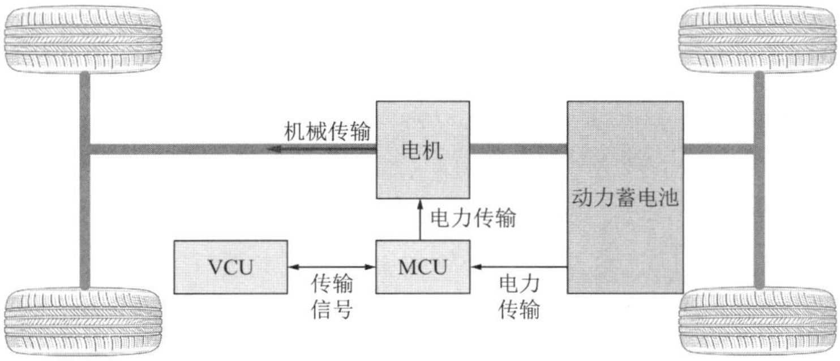

图 5-1-23　正常驱动模式

（三）制动能量回收模式

制动能量回收模式也称为发电模式，车辆在运行时制动信号有效，并且车速大于一定值，并对车辆的动能进行回收。这是由于电机既可以作为电动机，又可以作为发电机。此时电机输出制动力矩，有效地吸收车辆制动时的动能，电机将车辆的动能转化为电能，然后输出三相正弦交流电并通过电机控制器转化为直流电，产生的电能将给动力蓄电池充电，增加能量的利用率，实现电动汽车的制动能量回收功能，如图 5-1-24 所示。

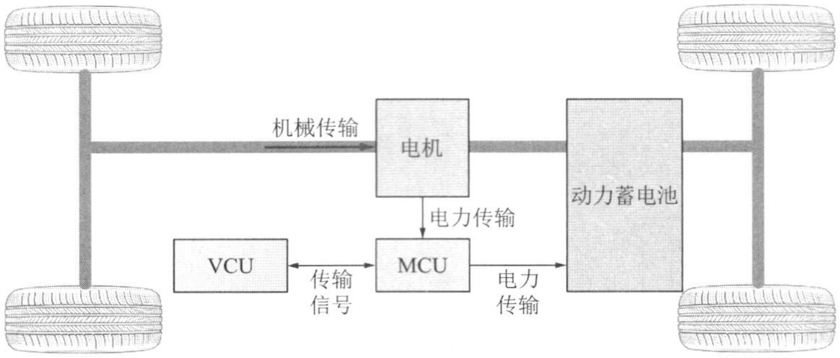

图 5-1-24　制动能量回收模式

（四）空挡模式

挡位在 N 位时，整车控制器发送给电机控制器的转矩指令为 0，电机处于自由状态，电机随着驱动轮转动。

（五）失效保护模式

为使整车动力系统在出现非严重故障时，车辆还可以继续行驶而不需要紧急制动，整车控制器需要根据故障等级，对需求转矩输出进行限制。

• 知识延伸

比亚迪八合一电驱总成

比亚迪所推出的八合一电驱总成，它融合了驱动电机、减速器、驱动电机控制器、高低压直流转换器（DC/DC）、双向车载充电机（OBC）、高压配电箱（PDU）、电池管理器（BMS）以及整车控制器（VCU）等多个核心部件，如图 5-1-25 所示。

动力输出部分包含驱动电机、变速器、驱动电机控制器。这部分的主要作用是将动力蓄电池的电能转为机械能，最终通过电机输出到轮端，具体还包含了电机转速、功率、能力回收等诸多控制。比亚迪八合一电动力总成的电机首先采用的是发卡扁线永磁同步电机。此种电机的功率密度比传统电机提高了 40%，其最高效率更是达到了惊人的 97.5%，且在实现高效能的同时，电机的体积还得到了有效的缩小。其次，采用的是高低压直流变换器、双向车载充电机和高压配备模块，这是为了实现车辆交流、直流充电功能的同时，使用的双向车载充电机也具备对外放电的功能。最后，采用的是整车控制器，其是整车动力协调的大脑，主要接收加速、制动、转速、车速等信号，控制风扇、冷却水泵等执行元件，同时接收和转发重要的网络信息。电机控制器的深度集成也使得电控系统的响应时间大幅缩短，提升了90%的响应速度。此外，比亚迪还引入了1200V/840A的SiC功率模块，使得电控系统的最高效率可高达99.7%。

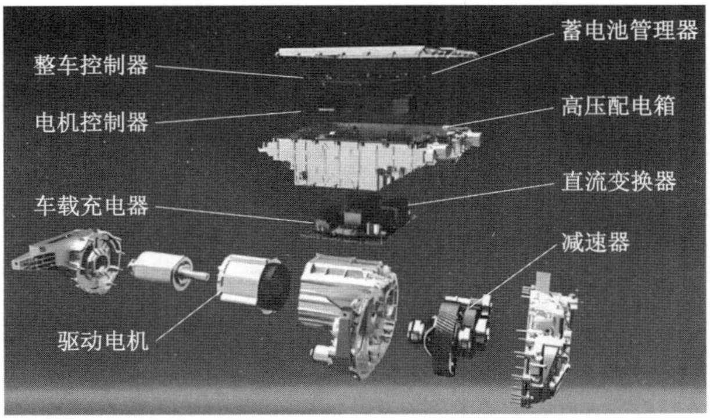

图 5-1-25　比亚迪八合一电动力总成组成图

八合一对高压零部件的高度集成化，使总体高压零部件的质量减少了10%以上，同时电驱动系统的功率密度增加了20%。八合一系统的综合效率高达89%。这种集成化的设计不仅减轻了整车质量，还提高了续驶里程。这一高度集成化的设计显著提升了效率并减少了能源消耗。

任务实施

纯电动汽车驱动系统的认知

请填写纯电动汽车驱动系统的组成及作用表空白栏（表 5-1-3），并根据工作任务单的指引，查找驱动系统相关信息（表 5-1-4）。

纯电动汽车驱动系统的组成及作用　　表 5-1-3

系统名称	组成	作用
驱动电机总成的外部部件		
驱动电机的定子部分		
驱动电机的转子部分		
减速器		
电机控制器的外部组成		

纯电动汽车驱动系统认知（比亚迪 E6/驱动电机台架）工作页　　表 5-1-4

纯电动汽车驱动系统认知				班级：	
				姓名：	
实训地点：			实训时间：		
1. 车辆信息记录					
品牌		整车型号		生产年月	
驱动电机型号		电池电量		行驶里程	
车辆识别码					
2. 作业场地准备					
检查设置隔离栏					□是　□否
检查设置安全警示牌					□是　□否
检查灭火器压力、有效期					□是　□否
安装车辆挡块					□是　□否
3. 对仪器进行检查					
检查仪器名称					是否正常
防护用具：绝缘手套、车辆防护用具					□是　□否
4. 检查与维护前的准备工作					
实施步骤					是否完成
能在实车上正确识别哪些部件属于驱动系统					□是　□否
能正确识别驱动电机总成的组成部分					□是　□否
能正确识别电机控制器的组成部分					□是　□否

续上表

5. 7S 管理		
建立安全操作环境		□是　□否
清理及整理工具量具		□是　□否
清理及复原车辆正常状况		□是　□否
清洗场地		□是　□否
物品回收和环保		□是　□否
完善和检查工作		□是　□否
实训人（签字）:	监督人（签字）:	

任务评价

通过自评、互评及师评对本任务学习情况进行考评（表 5-1-5），掌握学习效果。

纯电动汽车驱动系统认知（比亚迪 E6/驱动电机台架）**考核评分** 表 5-1-5

<table>
<tr><td colspan="3">纯电动汽车驱动系统认知</td><td colspan="5">实习日期：</td></tr>
<tr><td colspan="2">姓名：</td><td>班级：</td><td colspan="2">学号：</td><td colspan="3" rowspan="3">导师签名：</td></tr>
<tr><td colspan="2">自评：□熟练 □不熟练</td><td>互评：□熟练 □不熟练</td><td colspan="2">师评：□合格 □不合格</td></tr>
<tr><td colspan="2">日期：</td><td>日期：</td><td colspan="2">日期：</td></tr>
<tr><td colspan="8">评分细则</td></tr>
<tr><td>序号</td><td>评分项</td><td>得分条件</td><td>分值（分）</td><td>评分要求</td><td>自评</td><td>互评</td><td>师评</td></tr>
<tr><td>1</td><td>安全/7S/态度</td><td>□ 1. 能进行工位 7S 操作
□ 2. 能进行设备和工具安全检查
□ 3. 能进行车辆安全防护操作
□ 4. 能进行工具清洁、校准、存放操作
□ 5. 能进行三不落地操作</td><td>15</td><td>未完成 1 项扣 3 分</td><td>□熟练
□不熟练</td><td>□熟练
□不熟练</td><td>□合格
□不合格</td></tr>
<tr><td>2</td><td>专业技能能力</td><td>□ 1. 能说出纯电动汽车驱动系统的组成
□ 2. 能简述出纯电动汽车驱动系统各部件的工作原理
□ 3. 能正确在实车或台架上识别纯电动汽车驱动系统各部件及子部件
□ 4. 能正确说出各部件及子部件的功能</td><td>50</td><td>未完成 1 项扣 15 分，扣分不得超过 50 分</td><td>□熟练
□不熟练</td><td>□熟练
□不熟练</td><td>□合格
□不合格</td></tr>
<tr><td>3</td><td>工具及设备的使用能力</td><td>□ 1. 能正确使用高压防护用品
□ 2. 能正确使用维护工具</td><td>10</td><td>未完成 1 项扣 5 分，扣分不得超过 10 分</td><td>□熟练
□不熟练</td><td>□熟练
□不熟练</td><td>□合格
□不合格</td></tr>
<tr><td>4</td><td>资料、信息查询能力</td><td>□ 1. 能正确查询纯电动汽车的驱动系统的组成、功能及工作原理。
□ 2. 能正确使用车辆使用手册查询资料
□ 3. 能正确记录并查询资料章节页码</td><td>10</td><td>未完成 1 项扣 4 分，扣分不得超过 10 分</td><td>□熟练
□不熟练</td><td>□熟练
□不熟练</td><td>□合格
□不合格</td></tr>
<tr><td>5</td><td>数据判断和分析能力</td><td>□ 1. 能判断车辆上电是否正常
□ 2. 能判断驱动电机是否正常
□ 3. 能判断电机控制器是否正常
□ 4. 能判断驱动系统的运行模式</td><td>10</td><td>未完成 1 项扣 3 分，扣分不得超过 10 分</td><td>□熟练
□不熟练</td><td>□熟练
□不熟练</td><td>□合格
□不合格</td></tr>
<tr><td>6</td><td>表单填写及报告撰写能力</td><td>□ 1. 字迹清晰
□ 2. 语句通顺
□ 3. 无错别字
□ 4. 无抄袭</td><td>5</td><td>未完成 1 项扣 1分</td><td>□熟练
□不熟练</td><td>□熟练
□不熟练</td><td>□合格
□不合格</td></tr>
<tr><td colspan="8">总分：</td></tr>
</table>

任务拓展

IGBT 认知

思考测试

一、填空题

1. 纯电动汽车根据其机械传动装置及电机的布置位置可分为__________、__________、__________、__________。

2. 三相交流异步电机的定子主要由__________、__________和__________三部分组成。

3. 永磁同步电机的转子主要由__________、__________和__________构成。

二、选择题

1. 定子绕组由三个在空间上互隔（　　）对称排列结构完全相同的绕组组成。

A. 60°　　B. 90°　　C. 120°　　D. 180°

2. 三相交流异步电机的转差率一般为（　　）。

A. 0.01～0.05　　B. 0.02～0.08　　C. 0.1～0.5　　D. 0.2～0.8

3. 比亚迪秦 EV 减速器的传动比为（　　）。

A. 0.3　　B. 0.5　　C. 0.7　　D. 0.9

三、判断题

1. 驱动电机在额定转速以下，以恒转矩模式工作。（　　）

2. 在起车模式下，车辆最终以恒定速度行驶，并且车速有一个最大值，若车速超过这个值，则电机停止转矩的输出。（　　）

任务2 混合动力电动汽车驱动系统认知

学习目标

知识目标

（1）能够说出混合动力电动汽车的概念及分类。

（2）能够说出混合动力电动汽车驱动系统的分类。

（3）能够叙述各类型混合驱动系统的组成及特点。

（4）能够叙述各类驱动系统的控制策略和工作模式。

技能目标

（1）能正确判断混合动力电动汽车驱动系统的类型。

（2）能正确识别混合动力电动汽车驱动系统的各组成部件。

素养目标

（1）培养分析能力和判断能力。

（2）培养团队合作意识与沟通表达能力。

（3）培养良好的职业素养和职业道德。

任务描述

你是一名新能源汽车技术维修人员，客户张先生对比亚迪秦混合动力电动汽车特别感兴趣，想让你介绍下该款混合动力电动汽车的结构组成。你能向张先生介绍混合动力电动汽车的结构组成吗？

知识准备

一、混合动力电动汽车的概念及分类

（一）混合动力电动汽车的概念

混合动力电动汽车是指同时装备热动力源与电动力源的汽车，其驱动系统由两个或多个能同时运转的单个驱动系统组成。通常情况下，混合动力电动汽车指的是油电混合动力电动汽车（Hybrid Electric Vehicle，HEV），即采用传统的内燃机（如汽油机或柴油机）和电动机作为动力源。有些混合动力电动汽车还可能使用其他替代燃料，如压缩天然气、丙烷或乙醇燃料。

混合动力电动汽车的工作原理是通过内燃机和电动机的协同作用，根据车辆的实际行驶状态来提供动力。内燃机在高速行驶时提供主要动力，而电动机则在低速或起步时提供辅助动力，从而提高燃油经济性和减少排放。混合动力系统可以根据需要进行充电和放电，以优化能源使用效率。

（二）混合动力电动汽车的分类

1. 根据对电能的依赖程度划分

混合动力可以分为弱混合动力、中度混合动力、重度混合动力和插电式混合动力。

（1）弱混合动力。

弱混合动力也称轻度混合动力、软混合动力、微混合动力等，同时拥有内燃机及电机两种动力来源。内燃机用于驱动车辆行走，电机用作帮助内燃机启动及在内燃机停止运作时提供电力，以供应车内电器，又称为怠速熄火系统。

（2）中度混合动力。

中度混合动力不但同时拥有两种以上的能量来源，而且具有两种动力来源可同时驱动车辆（如一台发动机搭配一台电动机）。其中一种作为主要动力来源，可独立驱动车辆；其他则是次要动力来源，用来补助主要动力，强化性能、减轻负担。

中度混合动力有实用型和性能型两种设计理念。其中，实用型以低输出的主要动力配上次要动力后变成标准输出，主要目的是提高能源效率；性能型以标准输出的主要动力配上次要动力后变成高输出，在提高能源效率的同时增进性能表现。

（3）重度混合动力。

重度混合动力也称全混合动力、强混合动力等，是完全成熟的混合动力系统。既可以完全单靠任一的动力来源作为主要动力，也可以两者同步驱动产生更大的动力。重度混合动力系统的控制必须有效地运用各种动力来源，以达到既有适当动力又可节省燃料的目的。

（4）插电式混合动力。

插电式混合动力和充电式电动车一样能靠外来电源为车辆充电，但因为属于混合动力系统，它在缺乏电源时仍可靠内燃机发动机驱动。其优点是续驶能力和实用性高；缺点是成本和质量大。比亚迪的插电混动结构如图 5-2-1 所示。

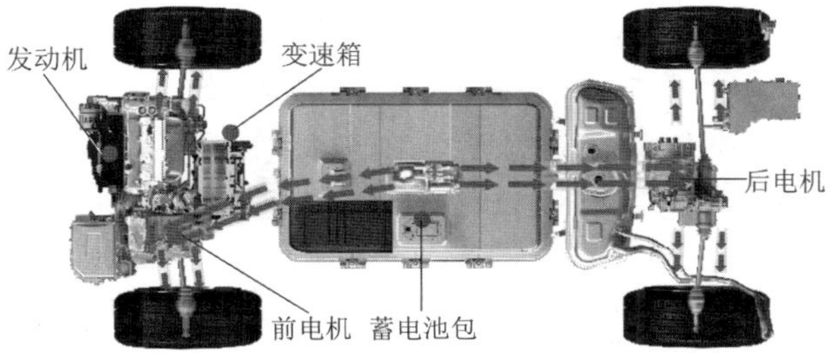

图 5-2-1　比亚迪的插电混动结构

2. 根据驱动系统结构的不同划分

根据驱动系统的结构不同，混合动力电动汽车可以划分为串联式混合动力、并联式混合动力和混联式混合动力三种，如图 5-2-2 所示。其中，串联式混合动力是由内燃机通过发电机为电池充电，再由电池驱动电机，或由内燃机通过发电机发电，再供给驱动电机驱动车辆；并联式混合动力由内燃机和电机独立或同时驱动车辆；混联式混合动力结合了并联和串联的特点，内燃机和电机可以独立或同时驱动车辆。

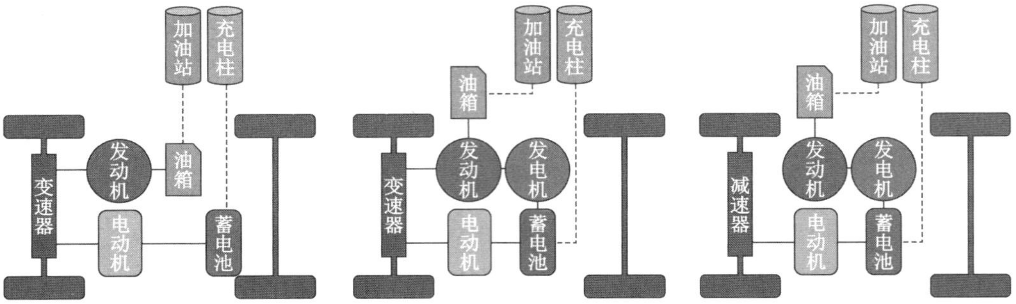

图 5-2-2　混合动力电动汽车三种驱动类型

二、混合动力电动汽车驱动系统的组成及特点

（一）串联式混合动力驱动系统的组成和特点

1. 串联式混合动力驱动系统的组成

串联式混合动力驱动系统由发动机、发电机、电机控制器、电机和动力蓄电池组成，如图 5-2-3 所示。其中发动机不直接驱动车辆，仅作为原动机使用，发动机将燃油的内能转化为机械能后驱动发电机运行进行发电，发电机产生的电能经电机控制器转化为交流电后，供给电机驱动车辆。另外动力蓄电池可以单独给车辆提供能源驱动车辆，或者与发电机同时给车辆提供能源驱动车辆。

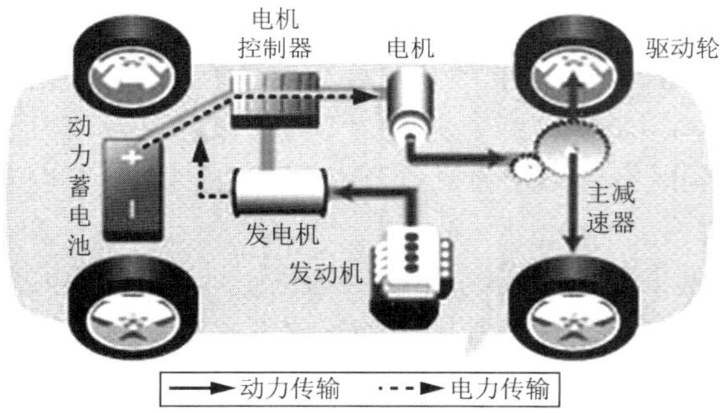

图 5-2-3　串联式混合动力驱动系统

2. 串联式混合动力驱动系统的特点

（1）能量转换效率高。

发动机-发电机组发出的电能向动力蓄电池充电，用于补充电池组的电量损耗，从而大大延长续驶里程。发动机在稳定、高效和低排放的经济区工作，具有较高燃油经济性和低的排放。

（2）操作性和加速性能良好。

串联式混合动力驱动系统装置采用电动机直驱的动力驱动方式，实现了车辆的无级变速，具有良好的操作性和加速动力性。

（3）布置灵活。

两大原动力没有机械连接，使得车辆布置有较大的自由度，同时也免去了二者的动力合成，控制相对简单。

（4）零污染状态。

串联式混合动力装置依靠电机驱动，可以以动力蓄电池为主动力源，在城市中实现“零污染”状态的行驶。

（5）能量传递路径较长。

串联式混合动力系统的能量传递路径较长，中间损失环节较多，在汽车中、高速巡航工况下系统能效较低，并且系统需要至少两个电机，成本较高。

（二）并联式混合动力驱动系统的组成及特点

1. 并联式混合动力驱动系统的组成

并联式混合动力驱动系统主要由发动机、变速器、电机控制器、电机和动力蓄电池组成。并联式混合动力驱动系统有两套驱动系统，即传统的内燃机系统和电机驱动系统。车内只有一台电机，驱动车轮的时候充当电机，不驱动车轮给电池充电的时候充当发电机。并联式混合动力驱动系统的发动机和电机可以同时或者单独驱动车辆，发动机与电动机共同驱动同一动力输出轴，系统输出动力等于两者动力之和，如图 5-2-4 所示。

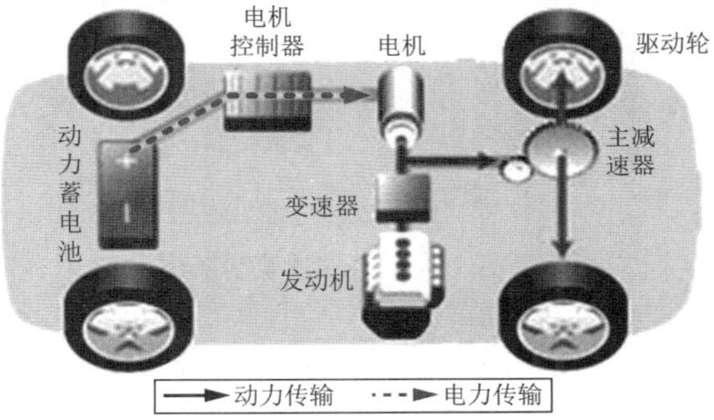

图 5-2-4　并联式驱动系统

2. 并联式混合动力驱动系统的特点

（1）高能量利用率。

发动机通过机械传动机构直接驱动汽车，无须机械能与电能之间的转换，因此发动机输出能量的利用率相对较高。

（2）动力输出优势。

通过电机和发动机的共同驱动，理论上可以实现动力输出的完美结合，实现 1 + 1 = 2 的效果，虽然实际输出可能略低，但极限输出也很高。

（3）适用工况。

并联式混合动力驱动系统最适合汽车在中、高速工况下稳定行驶，此时发动机和电机可以共同工作，以提供更好的动力输出。

（4）成本效益。

由于只是在传统燃油车基础上增加了电机和少量改动，因此对电机和电池的需求不高，可以节省成本。

（5）环保特性。

在繁华的市区低速行驶时，可以通过关停发动机，以纯电动方式运行，实现零排放。

（三）混联式混合动力驱动系统的组成及特点

1. 混联式混合动力驱动系统的组成

混联式混合动力驱动系统由发动机、动力分配机构、发电机、电机控制器、电机和动力蓄电池组成。混联式混合动力驱动是串联式和并联式的混合驱动形式，它既可以是串联式混合模式，也可以是并联式混合模式，这是具备机械变速机构的两套驱动系统，其中一套是内燃机系统，另外一套是电机驱动系统，而这两套驱动系统的动力一般由行星齿轮耦合在一块，一起综合调节电机和发动机的力矩和直接转速关系，综合性能较出色。这种混联式混合动力驱动系统与串联式混合动力驱动系统对比，混联式系统加入了机械动力的传递路线；与并联式混合动力驱动系统对比，混联式系统加入了电能的传递路线。在工作过程中的发动机输出功率，其中一部分传递给驱动轮，另一部分传递给发电机，以带动发电产生电能，这部分电能可传输给电机并转化为机械能形式来驱动汽车，也可传递给电池储存起来，如图 5-2-5 所示。

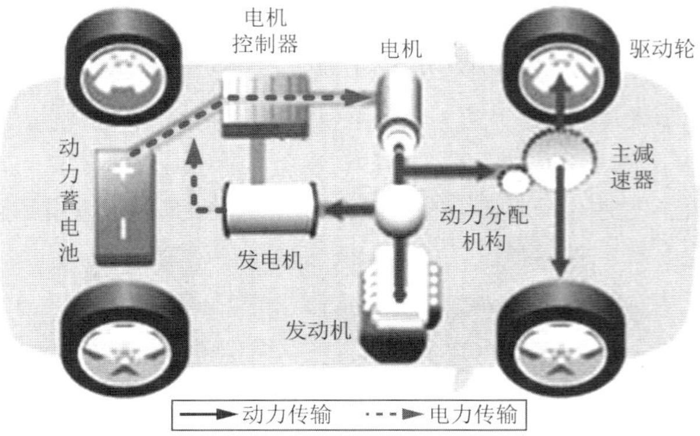

图 5-2-5　混联式驱动系统

2. 混联式混合动力驱动系统的特点

（1）灵活调节。

混联式混合动力驱动系统可以灵活地根据工况调节内燃机的功率输出和电机的运转，通过内燃机系统和电机驱动系统各自的机械变速机构来实现。

（2）高效能。

混联式混合动力驱动系统能够根据需要综合调节内燃机与电机之间的转速关系，从而提高整体的能源利用效率。

（3）适应性强。

混联式混合动力驱动系统能够适应不同的工作条件，提供更好的动力输出和能源管理。

三、混合动力电动汽车驱动系统的控制策略

（一）串联式混合动力驱动系统的控制策略

1. 串联式驱动系统的基本控制模式

串联式混合动力驱动系统共有三种基本控制模式，分别是以动力蓄电池为主的驱动控制模式、“负荷跟随”控制模式以及上述两种控制模式的一个折中方案。

（1）以动力蓄电池为主的驱动控制模式。

该模式主要利用动力蓄电池来驱动车辆，仅当SOC（电池电荷状态）降低到最小限值时，发动机才起动，发动机在最高效率区以输出恒定功率的方式工作，当SOC回升到最大限值时发动机关机。

（2）"负荷跟随"控制模式。

"负荷跟随"控制模式是指发动机的状态随动力蓄电池SOC负载功率的变化而变化。当动力蓄电池的SOC值较高且车辆需求功率不大时，发动机停止工作；当动力蓄电池的SOC值较低且车辆需求功率较高时，发动机正常工作，输出功率在一定范围内波动。

在"负荷跟随"控制模式下，发动机的状态会根据动力蓄电池的SOC值和车辆需求功率的变化而调整。具体来说，当动力蓄电池的SOC值较高且车辆需求功率不大时，发动机停止工作，由动力蓄电池单独提供动力；当动力蓄电池的SOC值较低且车辆需求功率较高时，发动机起动并正常工作，输出功率在一定范围内波动，以满足车辆的需求。

（3）上述两种控制模式的一个折中方案。

2. 串联式混合动力驱动系统工作模式

串联式混合动力驱动系统共有四种驱动模式，分别是动力蓄电池单独供电工作模式、发电机单独供电模式、动力蓄电池和发电机同时供电工作模式、能量回馈工作模式。

（1）动力蓄电池单独供电工作模式。

在动力蓄电池单独供电工作模式下，发动机是处于关闭状态的，车辆的驱动能量来源仅来自动力蓄电池，此时动力蓄电池将电能传输到电机控制器，经电机控制器逆变后输送给驱动电机，将电能转化为机械能驱动变速器，从而驱动车辆行驶。一般在起步或者小负荷阶段时驱动系统处于此种工作模式。

其功率流的路径为动力蓄电池—电机控制器—驱动电机—变速器—车轮，如图5-2-6所示。

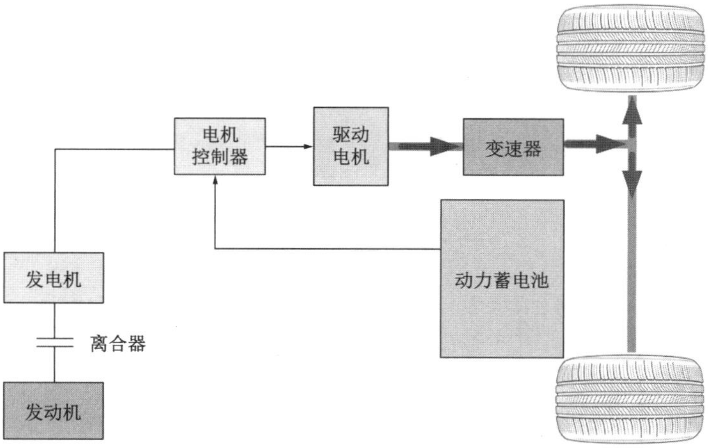

图5-2-6　动力蓄电池单独供电工作模式的功率流

（2）发电机单独供电工作模式。

在发电机单独供电工作模式下，动力蓄电池是不向外输出电能的，此时发动机起动，处于最优工况区域运行，离合器结合，发动机带动发电机旋转发电，然后电能传输到电机控制器，此时，若车辆驱动所需功率与发电机发出的功率相等，电能全部经电机控制器逆变后输送给驱动电机，从而驱动车辆行驶。若车辆驱动所需功率小于发电机发出的功率时，电能一部分经电机控制器逆变后输送给驱动电机，从而驱动车辆行驶，一部分经电机控制器后给动力蓄电池充电。一般在中、高负荷时驱动系统处于此种工作模式。

车辆驱动功率与发电机发出功率相等时，其功率流的路径为发动机—离合器—发电机—电机控制器—驱动电机—变速器—车轮，如图 5-2-7 所示。

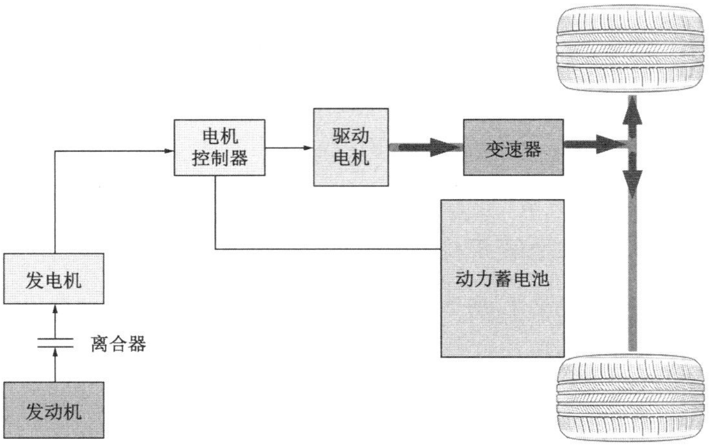

图 5-2-7　**发电机单独供电工作模式的功率流**（中负荷）

车辆驱动功率小于发电机发出功率相等时，其功率流的路径为发动机—离合器—发电机—动力蓄电池—电机控制器—驱动电机—变速器—车轮，如图 5-2-8 所示。

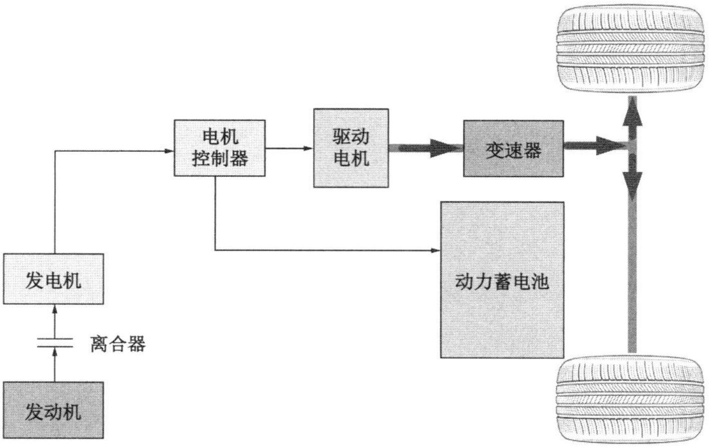

图 5-2-8　**发电机单独供电工作模式的功率流**（高负荷）

（3）动力蓄电池和发电机同时供电工作模式。

当车辆的负荷较大时，此时离合器结合，发动机带动发电机运行所提供的功率无法满足车辆的行驶需求，此时动力蓄电池将参与电量供给，与发电机一同为驱动电机供给电力，以满足大负荷工况下车辆对于动力的需求。一般是在加速或者爬坡时驱动系统处于此工作模式。

其功率流的路径为发动机—离合器—发电机 + 动力蓄电池—电机控制器—驱动电机—变速器—车轮，如图 5-2-9 所示。

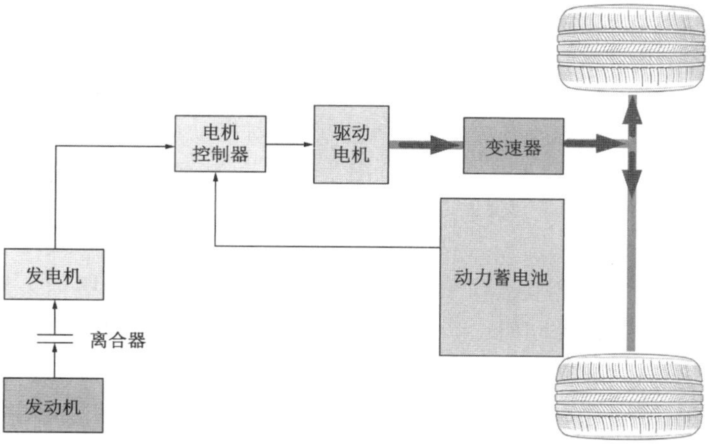

图 5-2-9　动力蓄电池和发电机同时供电工作模式的功率流

（4）能量回馈工作模式。

为了提高电动汽车的续驶里程，当车辆在下坡或者减速的时候，车辆会利用驱动电机的既可以做电机又可以做发电机的特性，将车辆的动能转化为电能储存在动力蓄电池里，此时发动机处于关闭状态，驱动电机做发电机使用，电机控制器将驱动电机发出的交流电能整流成直流电后给动力蓄电池充电。

其功率流为车轮—变速器—驱动电机—电机控制器—动力蓄电池，如图 5-2-10 所示。

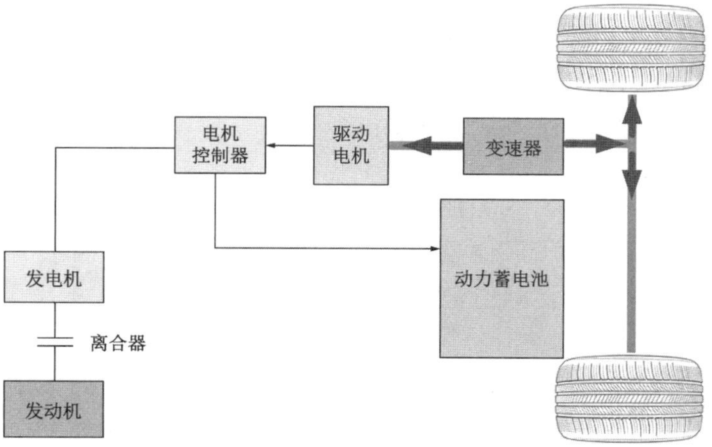

图 5-2-10　能量回馈工作模式的功率流

（二）并联式混合动力驱动系统控制策略

1. 并联式混合动力驱动系统控制模式

并联式混合动力驱动系统共有两种控制模式，一种是发动机辅助控制模式，另一种是电机辅助控制模式。

（1）发动机辅助控制模式。

这种模式主要利用动力蓄电池—电机系统来驱动车辆，仅当以较高的巡航速度行驶、爬坡和急加速时才使发动机起动。这种控制模式的优点：在大多数情况下，车辆都是用动力蓄电池的电能来工作，车辆的排放和燃油消耗较少，同时发动机可以利用车辆运动的惯性力来起动，而不用起动机。这种控制模式的缺点：由于发动机每次关机期间，发动机和催化转化装置的温度降低而导致它们的效率降低，尾气排放增加。

（2）电机辅助控制模式。

这种模式主要利用发动机来驱动车辆，电机只在两种状态下使用：一是用于瞬间加速和爬坡需要峰值功率时，可使发动机工作在最高效率区间，以降低排放和减少燃油消耗；二是在车辆减速制动时，电机被用来回收车辆的制动动能并对电池进行充电。这种模式的主要缺点是车辆不具备纯电动模式，在行驶过程中若经常加速，电池的电能消耗到最低限度，就会失去电机辅助能力，驾驶人会感到车辆动力性能有所降低。

2. 并联式混合动力驱动系统工作模式

并联式混合动力驱动系统共有五种工作模式，分别是纯电工作模式、发动机驱动工作模式、发动机驱动 + 充电工作模式、发动机驱动 + 电驱动工作模式、能量回馈工作模式。

（1）纯电工作模式。

在纯电工作模式下，车辆的驱动是由驱动电机提供动力完成的；发动机是关闭的；离合器 1 分离，离合器 2 接合。动力蓄电池将电能传输给电机控制器，经电机控制器逆变后给驱动电机供电，驱动电机动力经离合器 2 传输给车辆，驱动车辆行驶。一般车辆在低速行驶或者倒车时车辆处于此工作模式。

其功率流路径为动力蓄电池—电机控制器—驱动电机—离合器 2—车轮，如图 5-2-11 所示。

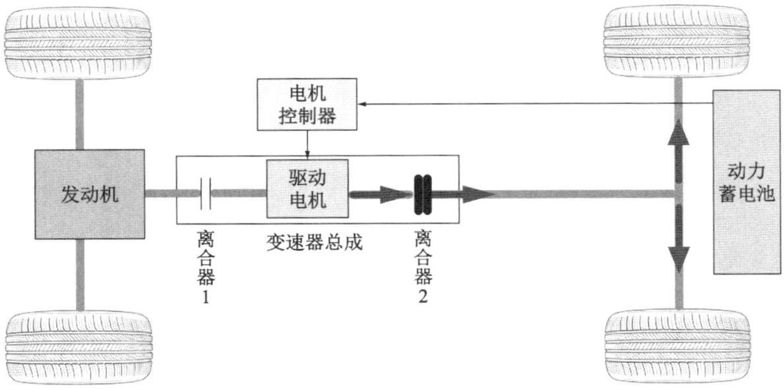

图 5-2-11　纯电工作模式功率流

（2）发动机驱动工作模式。

在发动机驱动工作模式下，发动机处于工作状态，车辆完全由发动机进行驱动，离合器 1 和离合器 2 是接合状态，电机控制器和电机中是没有电流通过的。一般车辆在巡航时处于此工作模式。

其功率流路径为发动机—离合器 1—离合器 2—车轮，如图 5-2-12 所示。

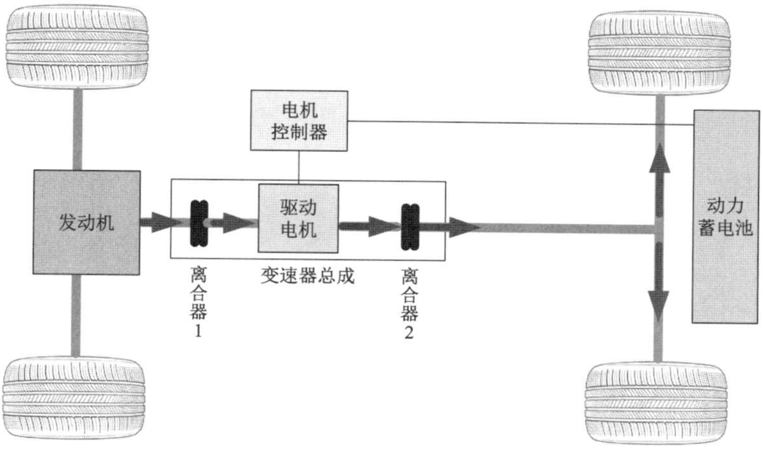

图 5-2-12　发动机驱动工作模式的功率流

（3）发动机驱动 + 充电工作模式。

在发动机驱动 + 充电工作模式下，发动机处于工作状态，离合器 1 和离合器 2 均处于接合状态，发动机的输出功率一部分用于驱动车辆行驶，另一部分给到驱动电机带动驱动电机运行，此时，驱动电机处于发电机状态，驱动电机发出的电能经电机控制器逆变后给动力蓄电池充电。一般车辆的动力蓄电池电量 SOC 较低时，车辆处于此种工作模式。

在此工作模式下，其功率流有两条，一条为发动机—离合器 1—离合器 2—车轮；另一条为发动机—离合器 1—驱动电机—电机控制器—动力蓄电池，如图 5-2-13 所示。

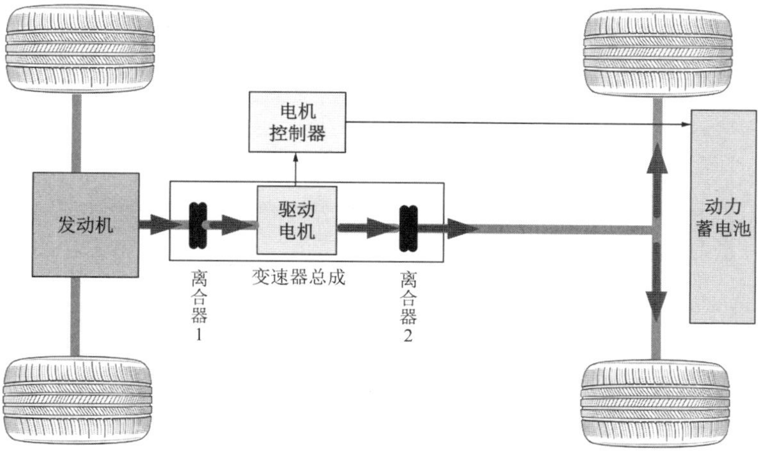

图 5-2-13　发动机驱动 + 充电工作模式的功率流

（4）发动机驱动 + 电驱动工作模式。

在发动机驱动 + 电驱动工作模式下，发动机处于工作状态，离合器 1 和离合器 2 均处于接合状态，驱动电机处于电动机状态。此时，车辆由发动机和驱动电机共同驱动。一般车辆在加速或者爬坡时车辆处于此种工作状态。

在此工作模式下，其功率流有两条，一条为发动机—离合器 1—离合器 2—车轮；另一条为动力蓄电池—电机控制器—驱动电机—离合器 2—车轮，如图 5-2-14 所示。

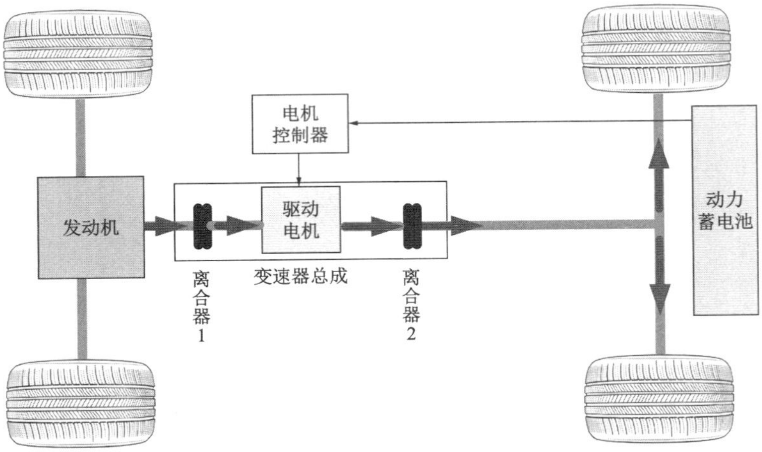

图 5-2-14 **发动机驱动 + 电驱动工作模式功率流**

（5）能量回馈工作模式。

在能量回馈工作模式下，发动机处于关闭状态，驱动电机做发电机使用，离合器 2 处于接合状态，车辆的动能通过离合器给到驱动电机，驱动电机将机械能转化为电能，储存在动力蓄电池中。一般车辆在减速、制动或者下坡时处于此工作模式。

其功率流为车轮—离合器 2—驱动电机—电机控制器—动力蓄电池，如图 5-2-15 所示。

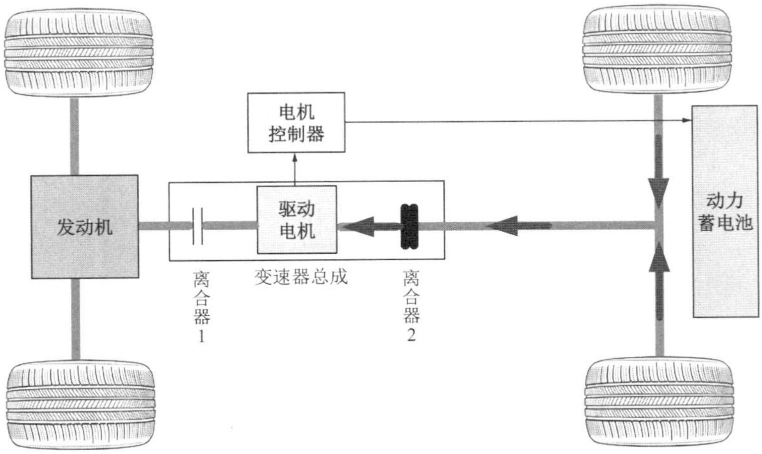

图 5-2-15 **能量回馈工作模式功率流**

（三）混联式混合动力驱动系统控制策略

1. 混联式混合动力驱动系统控制模式

混联式混合动力驱动系统结合了串联式混合动力驱动系统和并联式混合动力驱动系统的优点，能够根据不同的驾驶工况优化能量分配和动力输出。它适用于各种驾驶场景，包括城市驾驶、高速公路巡航和需要高动力输出的场景。通过不同的控制策略，如逻辑门限值控制、等效燃油消耗最小化控制、动态规划和极小值原理控制等，混联式混合动力驱动系统能够在保证燃油经济性的同时，提供强大的动力和舒适的驾驶体验。

（1）基于逻辑门限值、状态机的规则控制策略模型。

通过设定一系列的逻辑门限值和状态机规则，控制发动机、电机和制动器的运行。这种策略可以观察到发动机转矩、电机转矩、工作模式、挡位以及 SOC 的变化情况，同时还能观察到等效百公里燃油消耗量、速度跟随以及车速的变化情况。

（2）基于等效燃油消耗最小的控制策略模型。

目标是最大化燃油经济性，同时满足车辆的动力性和舒适性要求。通过优化发动机转速、力矩和燃油喷射等参数来实现这一目标。

（3）基于动态规划的控制策略模型。

使用优化算法解决多阶段决策问题，优化能量分配和动力输出。通过建立动态规划模型，找到最优的能量分配方案，以最小化等效百公里燃油消耗量。

（4）基于极小值原理的控制策略模型。

使用优化算法寻找最优的能量分配方案和驾驶工况选择。这种策略可以模拟非线性模型预测控制技术，实时预测未来的能源消耗和动力输出情况。

2. 混联式混合动力驱动系统工作模式

混联式混合动力驱动系统是串联式混合动力驱动系统和并联式混合动力驱动系统的结合体，因此其工作模式相对复杂，共有五种工作模式，分别是纯电工作模式、串联工作模式、并联工作模式、发动机直驱工作模式和能量回馈工作模式。

（1）纯电工作模式。

在纯电工作模式下，动力蓄电池的能量直接传递给电机，以驱动车辆前行。通常在起步和低速行驶的情况下，车辆处于纯电模式。这种模式的特点在于其快速的响应、平滑的行驶和出色的静谧性。

其功率流路径为动力蓄电池—电机控制器—驱动电机—离合器—车轮，如图 5-2-16 所示。

（2）串联工作模式。

在串联工作模式下，发动机处于工作状态，离合器接合，动力通过动力分配装置全部分配给发电机，带动发电机发电，产生的电能通过电机控制器传递给驱动电机，从而驱动车轮前进。在城市驾驶条件下，这种驱动形式能够实现较强劲的动力输出，同时保持较低的油耗。

其功率流路径为发动机—离合器—动力分配装置—发电机—电机控制器—驱动电机—车轮，如图 5-2-17 所示。

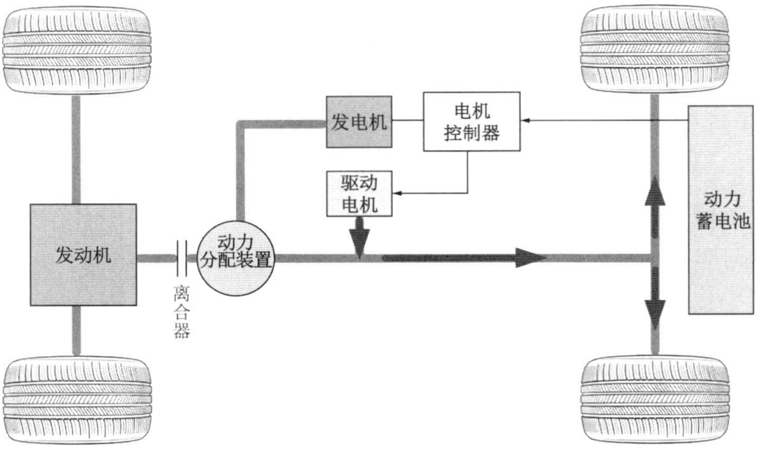

图 5-2-16　纯电工作模式的功率流

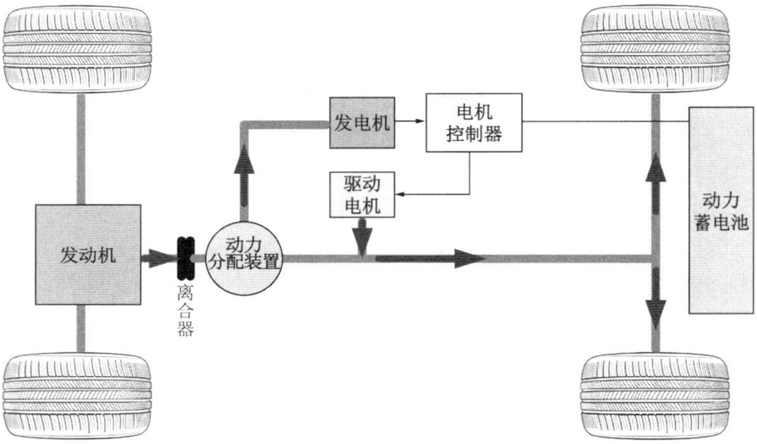

图 5-2-17　串联工作模式的功率流

（3）并联工作模式。

当汽车需要较高的动力输出时，发动机会以超出经济功率的方式驱动车辆，同时，控制系统会在适当的时候介入，通过动力蓄电池为电机提供电能，与发动机一同驱动车辆。在高速超车、超高速行驶或者爬坡的情况下，会采用并联工作模式。这种模式的特点是动力输出强大且高效。

在此工作模式下，功率流有两条，一条为发动机—离合器—动力分配装置—车轮；另外一条为动力蓄电池—电机控制器—驱动电机—车轮，如图 5-2-18 所示。

（4）发动机直驱工作模式。

在高速公路匀速巡航时，发动机会直接驱动车轮，确保持续稳定地工作在高效率区域。

其功率流路径为发动机—离合器—动力分配装置—车轮，如图 5-2-19 所示。

（5）能量回馈工作模式。

在能量回馈工作模式下，发动机处于关闭状态，驱动电机做发电机使用，离合器处于分离状态，车辆的车轮带动驱动电机旋转，驱动电机将机械能转化为电能，储存在动力蓄电池中。一般车辆在减速、制动或者下坡时处于此工作模式。

其功率流为车轮—驱动电机—电机控制器—动力蓄电池，如图 5-2-20 所示。

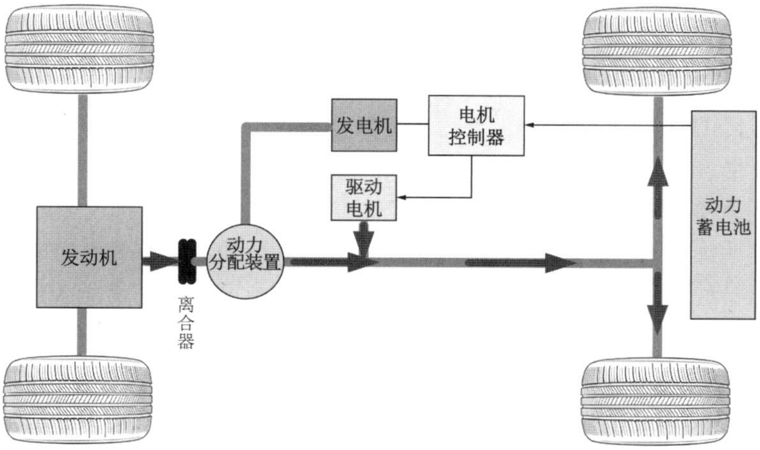

图 5-2-18　并联工作模式的功率流

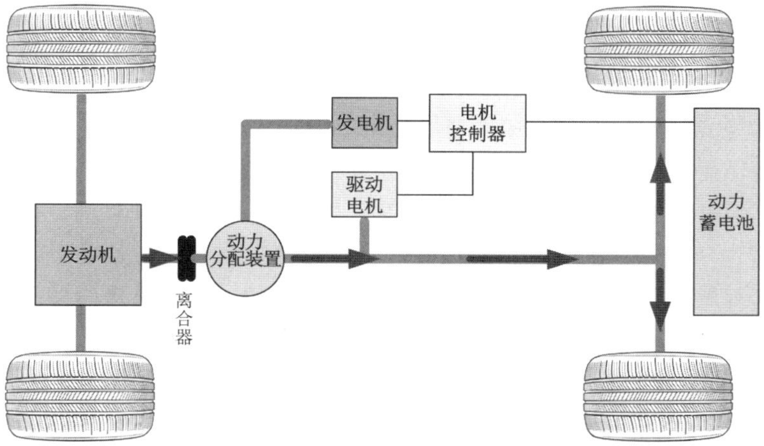

图 5-2-19　发动机直驱工作模式的功率流

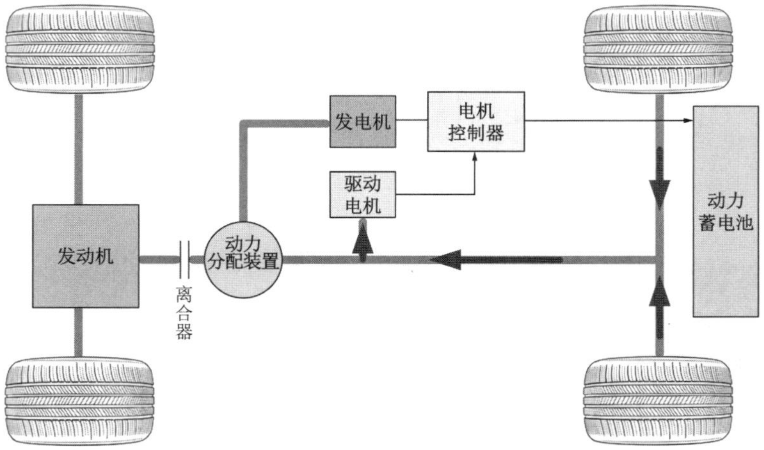

图 5-2-20　能量回收工作模式的功率流

知识延伸

比亚迪第五代DM技术

比亚迪第五代DM技术首先是以电为主的动力架构，采用以大功率电机驱动和大容量动力蓄电池供能为主、发动机为辅的技术路径，核心零部件全面升级，实现整体性能再突破。其次是全温域整车热管理架构。该系统包括三部分：电池热管理、前机舱热管理、座舱热管理，不再孤立解决各系统的热问题，而是通过智能调度整车热源，达到平衡状态，确保能耗最低。三是基于“璇玑”打造的智电融合电子电气架构。新架构通过深度集成VCU与双MEU，达到芯片集成（VCU＋驱动＋发电＋升压DC＋旋变解码×2）的效果，实现芯片算力大幅提升，并实现全球首家三脑合一，可以显著提升控制效率，降低车辆的静态功耗，集成高压充配电模块，打造了插电混动首个动力域控七合一（VCU/双电控/升压DC/OBC/DCDC/PDU），效率更高。

具体到第五代DM技术，是以比亚迪第四代DM为基石，对发动机、电机、动力蓄电池等核心零部件全面优化升级，其中新一代插混专用发动机采用高达16：1的超高压缩比，增加燃烧温度和压力、实现更大膨胀比、减少泵气损失并降低排气温度，以及高能点火，减少点火延迟，保障燃烧稳定性的智能电喷系统，可智能计算最佳喷油时刻，按需控制喷油量进入气管中雾化，实现最优EGR率以及最优燃烧，进而提升发动机效率；还有高滚流气道设计，改善混合气体，加速燃烧催前取气EGR，提高压力差、气体可燃性更高，提升燃烧能力，以及缸盖与缸体分开冷却的智能分体冷却技术，可智能按需调整冷量，从而实现更加节能的表现；另外，还有智能可变润滑系统，按需精准调整供油量，快速降温等共七项核心技术的引入，才使新发动机实现了46.06%的热效率。

还有新一代EHS电混系统EHS120和EHS160（最大功率和力矩输出分别为120kW、210N · m和160kW、260N · m），得益于优化能量流动路径，大幅降低摩擦损耗的高效“球＋柱”轴承，高效离合器与低黏度润滑油，以及创新的电机分段磁钢工艺和超薄硅钢片的引入带来更强的电机爆发力等，让EHS电驱系统的工况效率从87.6%提升至92%，功率密度从65kW/L提升至75kW/L。

此外还有匹配的新一代插混专用刀片电池组，和采用12V磷酸铁锂小电池与整车同寿命（有独立的电池管理，可使用15年），轻量化之余也实现了无铅化。其中，专属设计功率型插混专用刀片电池，兼顾功率密度和能量密度。通过成组效率优化，实现电池能量密度比上代提升15.9%；而采用的低阻抗设计、拓展电池策略应用窗口和智能均温技术等，将放电倍率提升至16C，回馈功率增强至5C，满足比亚迪针刺试验标准之余，还提升了动力蓄电池的续驶能力、稳定性和更快的温控速率。图5-2-21所示为比亚迪第五代DM系统结构。

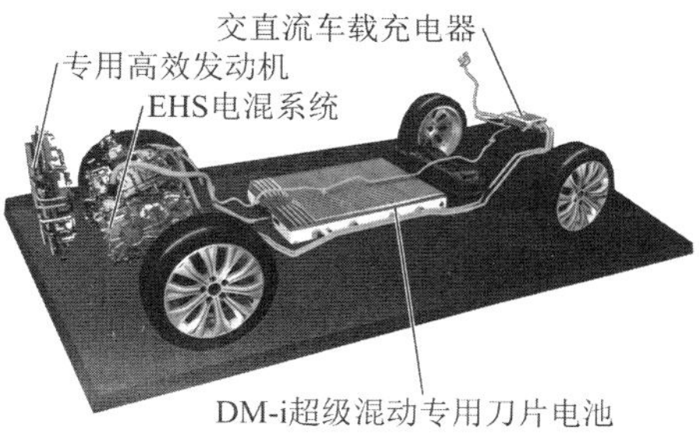

图5-2-21 比亚迪第五代DM系统结构

任务实施

混合动力电动汽车驱动系统认知

请根据工作任务单的指引（表 5-2-1），实车识别动力系统总成。

混合动力电动汽车驱动系统认知工作页　　表 5-2-1

<table>
<tr><td colspan="5" rowspan="2">混合动力电动汽车驱动系统认知</td><td colspan="2">班级：</td></tr>
<tr><td colspan="2">姓名：</td></tr>
<tr><td colspan="3">实训地点：</td><td colspan="4">实训时间：</td></tr>
<tr><td colspan="7">1. 车辆信息记录</td></tr>
<tr><td>品牌</td><td></td><td>整车型号</td><td></td><td>生产年月</td><td colspan="2"></td></tr>
<tr><td>驱动电机型号</td><td></td><td>电池电量</td><td></td><td>行驶里程</td><td colspan="2"></td></tr>
<tr><td>车辆识别码</td><td colspan="6"></td></tr>
<tr><td colspan="7">2. 作业场地准备</td></tr>
<tr><td colspan="6">检查设置隔离栏</td><td>□是 □否</td></tr>
<tr><td colspan="6">检查设置安全警示牌</td><td>□是 □否</td></tr>
<tr><td colspan="6">检查灭火器压力、有效期</td><td>□是 □否</td></tr>
<tr><td colspan="6">安装车辆挡块</td><td>□是 □否</td></tr>
<tr><td colspan="7">3. 对仪器进行检查</td></tr>
<tr><td colspan="6">检查仪器名称</td><td>是否正常</td></tr>
<tr><td colspan="6">防护用具：绝缘手套、车辆防护用具</td><td>□是 □否</td></tr>
<tr><td colspan="7">4. 检查与维护前的准备工作</td></tr>
<tr><td colspan="6">实施步骤</td><td>是否完成</td></tr>
<tr><td colspan="6">发动机的实车查找</td><td>□是 □否</td></tr>
<tr><td colspan="6">驱动电机的实车查找</td><td>□是 □否</td></tr>
<tr><td colspan="6">电机控制器的实车查找</td><td>□是 □否</td></tr>
<tr><td colspan="6">动力蓄电池的实车查找</td><td>□是 □否</td></tr>
<tr><td colspan="6">驱动系统台架的部件认知</td><td>□是 □否</td></tr>
<tr><td colspan="7">5. 7S 管理</td></tr>
<tr><td colspan="6">建立安全操作环境</td><td>□是 □否</td></tr>
<tr><td colspan="6">清理及整理工具量具</td><td>□是 □否</td></tr>
<tr><td colspan="6">清理及复原车辆正常状况</td><td>□是 □否</td></tr>
<tr><td colspan="6">清洗场地</td><td>□是 □否</td></tr>
<tr><td colspan="6">物品回收和环保</td><td>□是 □否</td></tr>
<tr><td colspan="6">完善和检查工作</td><td>□是 □否</td></tr>
<tr><td colspan="3">实训人（签字）：</td><td colspan="4">监督人（签字）：</td></tr>
</table>

任务评价

通过自评、互评及师评对本任务学习情况进行考评（表 5-2-2），掌握学习效果。

混合动力电动汽车驱动系统认知考核评分　　表 5-2-2

混合动力电动汽车驱动系统认知			实习日期：				
姓名：		班级：	学号：		导师签名：		
自评：□熟练 □不熟练		互评：□熟练 □不熟练	师评：□合格 □不合格				
日期：		日期：	日期：				
评分细则							
序号	评分项	得分条件	分值（分）	评分要求	自评	互评	师评
1	安全/7S/态度	□ 1. 能进行工位 7S 操作 □ 2. 能进行设备和工具安全检查 □ 3. 能进行车辆安全防护操作 □ 4. 能进行工具清洁、校准、存放操作 □ 5. 能进行三不落地操作	15	未完成 1 项扣 3 分	□熟练 □不熟练	□熟练 □不熟练	□合格 □不合格
2	专业技能能力	□ 1. 能在实车上找到发动机 □ 2. 能在实车上找到驱动电机 □ 3. 能在实车上找到电机控制器 □ 4. 能在实车上找到动力蓄电池 □ 5. 能在实车上识别驱动单元台架的各个部件	50	未完成 1 项扣 15 分，扣分不得超过 50 分	□熟练 □不熟练	□熟练 □不熟练	□合格 □不合格
3	工具及设备的使用能力	□ 1. 能正确使用安全防护工具 □ 2. 能正确使用维护工具	10	未完成 1 项扣 5 分，扣分不得超过 10 分	□熟练 □不熟练	□熟练 □不熟练	□合格 □不合格
4	资料、信息查询能力	□ 1. 能正确查询混合动力电动汽车的组成及工作模式 □ 2. 能正确使用车辆使用手册查询资料 □ 3. 能正确记录并查询资料章节页码	10	未完成 1 项扣 4 分，扣分不得超过 10 分	□熟练 □不熟练	□熟练 □不熟练	□合格 □不合格
5	数据判断和分析能力	□ 1. 能判断驱动系统的类型。 □ 2. 能正确判断驱动系统的各部件	10	未完成 1 项扣 4 分，扣分不得超过 10 分	□熟练 □不熟练	□熟练 □不熟练	□合格 □不合格
6	表单填写及报告撰写能力	□ 1. 字迹清晰 □ 2. 语句通顺 □ 3. 无错别字 □ 4. 无抄袭	5	未完成 1 项扣 1 分	□熟练 □不熟练	□熟练 □不熟练	□合格 □不合格
总分：							

任务拓展

宝马 5 系混合动力电动汽车（PHEV）的驱动模式

思考测试

一、填空题

1. 混合动力电动汽车是指同时装备__________和__________的汽车。

2. 根据驱动系统结构的不同，混合动力电动汽车可以分为__________、__________和__________三类。

3. 并联式混合动力驱动系统共有__________种控制模式，一种是__________控制模式，另一种是__________控制模式。

4. 并联式混合动力驱动系统的组成主要由__________、__________、__________、__________和__________组成。

二、选择题

1. 串联式混合动力驱动系统共有（　　）种控制模式。

A. 一　　B. 二　　C. 三　　D. 四

2. 并联式混合动力驱动系统，（　　）时发动机是处于关闭状态的。

A. 纯电工作模式　　B. 发动机驱动工作模式

C. 发动机驱动 + 充电工作模式　　D. 发动机驱动 + 电驱动工作模式

3. 混联式混合动力驱动系统，（　　）时发电机是处于工作状态的。

A. 纯电工作模式　　B. 串联工作模式

C. 并联工作模式　　D. 能量回收工作模式

三、判断题

串联式混合动力驱动系统，发动机无论在什么工况下，均不直接驱动车辆。（　　）

任务3 纯电动汽车驱动系统的维护与检测

学习目标

知识目标

（1）能够说出纯电动汽车驱动系统的维护与检查等级。

（2）能够说出纯电动汽车驱动系统外观检查的主要项目。

（3）能够叙述纯电动汽车驱动系统周期维护与检查的主要项目。

技能目标

（1）能正确进行纯电动汽车驱动系统的外观检查。

（2）能正确完成纯电动汽车驱动系统的紧固工作。

（3）能正确完成纯电动汽车驱动系统的电气检查。

（4）能正确完成纯电动汽车驱动系统的减速器润滑油的检查与更换。

素养目标

（1）培养安全生产、认真严谨的工作意识。

（2）培养分析问题和解决问题的能力。

（3）培养良好的职业素养和职业道德。

任务描述

你是一名纯电动汽车技术维修人员，一位客户反映其比亚迪 E6 车辆报车辆无法行驶故障，你的主管初步判断是由于车辆的驱动系统故障导致，要求你去完成诊断并找出原因，你能完成这个任务吗？

知识准备

一、纯电动汽车驱动系统的维护与检测概述

纯电动汽车和燃油汽车最大的区别在于动力系统的不同，所以针对燃油汽车发动机的保养，如机油、“三滤”、火花塞等的更换，纯电动汽车都不需要。纯电动汽车主要是对动力蓄电

池、高压线束、驱动电机等高压部件进行日常养护及周期维护，一般都是以检查、排除问题为主。

（一）纯电动汽车驱动系统的维护与检查等级

纯电动汽车由于与燃油汽车的不同，需要具有维护资质的专业维修人员对其进行维护。一般纯电动汽车驱动系统的维护主要分为日常维护和周期维护。

1. 日常维护

日常维护是以清洁、补给和安全检查为主要作业内容的车辆维护作业。

2. 周期维护

周期维护是按照预先设定的里程间隔或时间间隔而实施的维护。

（二）维护周期

纯电动汽车维护与检查周期根据营运及非营运纯电动汽车的使用频率进行区分，具体见表 5-3-1。

纯电动汽车的保养周期　　表 5-3-1

序号	维护类别	营运纯电动汽车	非营运纯电动汽车
1	日常维护	每个营运工作日	—
2	一级维护	行驶 5000～10000km 或者每间隔 1 个月	行驶 5000～10000km 或者每间隔 6 个月
3	二级维护	行驶 20000～30000km 或者每间隔 6 个月	行驶 20000～30000km 或者每间隔 1 年

注：维护作业间隔里程/时间，以先到者为准。

（三）纯电动汽车驱动系统的维护项目及要求

1. 日常维护与检查项目及要求

日常维护与检查是指以清洁、调整和安全检查为主要作业内容的车辆维护作业。一般由驾驶人进行，主要针对驱动电机系统的运行、外观以及管路等进行检查。具体见表 5-3-2。

纯电动汽车驱动系统日常维护与检查作业项目及要求　　表 5-3-2

作业项目	作业内容及要求
驱动电机系统	（1）检查运行工作状况，运行应平稳，且无异常振动和噪声； （2）检查系统外观及连接管路，表面应清洁，冷却管路应无渗漏现象

2. 周期维护与检查项目及要求

纯电动汽车的周期维护应由专业人员进行，针对驱动电机系统的周期检查主要包括外观、冷却系统、紧固、润滑系统等的维护，具体如表 5-3-3 所示。

驱动系统周期维护与检查项目及要求

表 5-3-3

作业项目		作业内容及要求
驱动电机系统	外观	（1）检查驱动电机壳体、减速器箱体及驱动电机控制器壳体外表面，外表面应无积尘、渗漏、裂纹，且应清洁、干燥； （2）检查高压线束，线束应无破损和老化现象，接线柱应无氧化腐蚀现象； （3）检查连接线束，线束应清洁、干燥且线路布设应无干涉
	冷却系统	（1）检查冷却液液面高度，视情况补给或更换冷却液，液面高度应在液位标识的上下限之间； （2）检查冷却管路的固定情况，软管与硬管连接处应无渗漏，管路布设应无干涉
	紧固	（1）检查系统安装固定情况，紧固力矩应符合汽车维修技术信息中的规定； （2）检查高压线束、接线柱等连接固定情况，线束及接线柱的连接应固定可靠、无松脱，紧固驱动电机的三相接线柱、电机控制器的三相接线柱及正负极接线柱的固定螺栓，固定螺栓的紧固力矩应符合汽车维修技术信息中的规定； （3）检查线束固定情况、接插件连接情况，线束应固定可靠、无脱落，接插件应锁紧可靠； （4）视情况或按照汽车维修技术信息中规定的里程或时间要求更换轴承，轴承应工作正常，无异响
	润滑系统	检查润滑系统，视情况补给或更换润滑油脂，润滑油液位高度应在液位标识的上下限之间

注：进行周期维护时，应先使用诊断仪或专用检测设备对专用装置进行进厂检验，读取故障码并根据驾驶人反映的车辆技术状况确定专用装置的附加作业项目。

3. 竣工检查项目及要求

电动汽车二级维护保养完成后，在交付客户使用前，需对车辆进行交付检验。交付检验标准应满足相关技术文件要求。如有不满足的项目，需进一步维修，再进行交付检验，满足交付检验技术要求后，方可交付客户使用。具体见表 5-3-4 要求。

周期维护交付检验项目及要求

表 5-3-4

检测部位	检测项目及要求
驱动电机	（1）驱动电机壳体表面应清洁、干燥，无渗漏或裂纹； （2）驱动电机应固定牢固； （3）端子接线或接插件应牢固，无松动； （4）钢丝螺套应装配到位，无损坏、无脱落情况； （5）三相高压连接铜排应无破损、无烧蚀； （6）低压接插座内针脚应无歪针、退针、断针情况； （7）密封圈应无损坏或遗失，无油液渗漏情况； （8）驱动电机轴承应无异响； （9）驱动电机绝缘电阻值应符合汽车维修技术信息中的规定
电机控制器	（1）电机控制器壳体外表面应清洁、干燥，无裂纹； （2）电机控制器接线应牢固且安装正确，内部应无空气留存； （3）高压端子应有绝缘屏蔽包裹，屏蔽端子应有绝缘胶带包裹； （4）屏蔽端子应固定且与动力母线端子无接触； （5）绝缘电阻值应符合汽车维修技术信息中的规定
冷却及润滑系统	（1）冷却管路应无老化、无变形、无折叠、无破损、无渗漏； （2）冷却水泵、风扇应工作正常； （3）水箱表面应清洁，无损伤、无渗漏； （4）冷却液、润滑油的液位应在液位标识的上下限之间
驱动电机离合器	（1）驱动电机离合器电控系统表面应清洁，线路及接插件应连接良好； （2）驱动电机离合器间隙应符合汽车维修技术信息中的规定，离合器应分离彻底，不发抖，不打滑

二、纯电动汽车驱动系统的维护与检测方法

纯电动汽车能否正常工作，关键在于电机能否正常运转。驱动电机的正常工作取决于很多因素，需要按照厂家维修手册操作规范进行维护与检查。在对纯电动汽车驱动系统进行维护之前，一定要做好高压安全防护。

（一）外观检查

1. 驱动电机外观检查

（1）检查驱动电机表面是否有油液污渍，是否存在漏液现象，如图 5-3-1a）所示。

（2）检查驱动电机的上水管和下水管有无裂纹和泄漏现象。如果存在泄漏情况，要查找泄漏部位。一般出现泄漏的地方主要集中在管路接口处、橡胶管路和金属结合面等，如图 5-3-1b）所示。

a)

b)

图 5-3-1　检查电机有无漏液

（3）目测车身底部防护层、驱动电机是否有磕碰、损坏等现象，如图 5-3-2 所示。

（4）使用压缩空气或干布对驱动电机的外观进行清洁，严禁使用水枪对驱动电机、电机控制器进行喷水清洗，如图 5-3-3 所示。

图 5-3-2　检查驱动电机有无磕碰、损坏

图 5-3-3　使用压缩空气清洁驱动电机

2. 电机控制器外观检查

（1）检查电机控制器表面是否有油液污渍。

（2）检查电机控制器冷却水管、接头处有无裂纹、有无渗漏。

（3）检查电机控制器表面有无磕碰、变形或损坏，使用压缩空气或干布擦拭外表，如图 5-3-4 所示。

a)

b)

图 5-3-4　电机控制器的检查与清洁

3. 减速器外观检查

检查减速器外部有无磕碰、变形，有无渗油、漏油情况。如果减速器发生渗漏油现象，主要原因包括输入轴油封磨损或损坏、差速器油封磨损或损坏、油塞处漏油、箱体破裂、油量过多导致由通气塞冒出，如图 5-3-5 所示。

若减速器存在漏油情况，按如下措施进行处置：

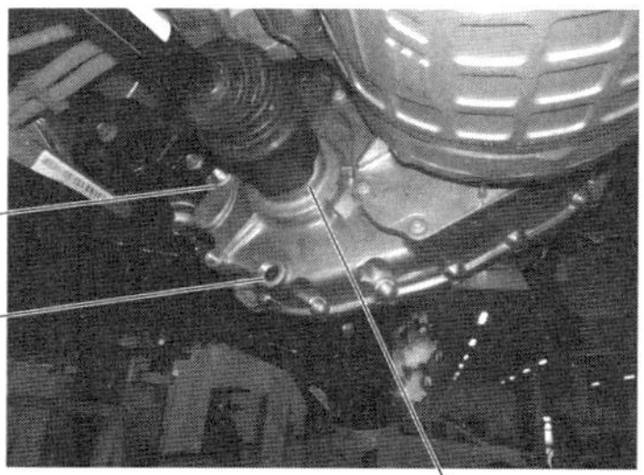

图 5-3-5　减速器外观检查

（1）输入轴油封磨损或损坏时，参照维修手册操作规范更换油封。

（2）差速器油封磨损或损坏时，参照维修手册操作规范更换油封。

（3）如果油塞处漏油，就对油塞进行涂胶处理，并按规定力矩拧紧油塞。

（4）箱体破裂时，参考维修手册对减速器进行维修。

（5）若油量过多，以致由通气塞冒出时，则检查油位并调整油量。

（二）紧固

1. 驱动电机紧固螺栓的检查

根据维修手册要求，用扭力扳手检查驱动电机固定螺栓力矩是否满足要求，如图 5-3-6 所示。

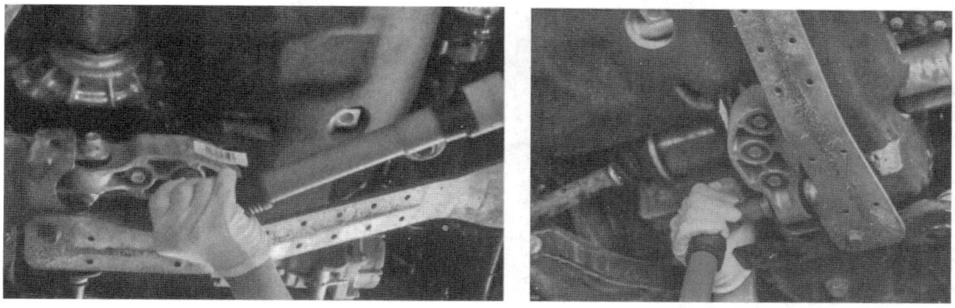

a)　　b)

图 5-3-6　驱动电机固定螺栓力矩的检查

2. 驱动电机及电机控制器插接器的检查

检查驱动电机及电机控制器高压连接器的连接状态是否完好，是否存在松动、老化、损坏现象，如发现以上情况，应及时予以修理或更换。检查驱动电机及电机控制器低压连接器的连接状态是否完好，目测各个连接器是否存在退针、变形、松脱、过热和损坏情况，如发现以上情况，应及时予以修理或更换，如图 5-3-7 所示。

a)　　b)

图 5-3-7　驱动电机及电机控制器插接器的检查

（三）电气检查

驱动电机及电机控制器的电气检查对于车辆的正常运行有着重要的作用。其主要包括驱动电机三相线束绝缘性检查、电机控制器高压端子绝缘性检查、驱动电机定子绕组阻值检查、驱动电机温度传感器的检查等。

1. 驱动电机三相线束绝缘性检查

驱动电机三相线束绝缘性检查的操作步骤如下：

（1）查看驱动电机铭牌，根据驱动电机的额定电压选择合适的绝缘表挡位。

（2）拆卸驱动电机控制器盖紧固螺栓，拆下三相线束固定螺栓，拆下三相线束连接器紧固螺栓，取下三相线束。

（3）检查绝缘表的好坏，选择合适的绝缘表挡位，黑色导线接绝缘表“COM”接线柱上，红色导线接绝缘表“V”或“绝缘”接线柱上。

（4）将绝缘表黑表笔搭铁，红色笔逐个测量驱动电机三相交流电 U、V、W 端子与搭铁绝缘电阻，阻值应 ≥ 20MΩ，如图 5-3-8 所示。

图 5-3-8　驱动电机三相线束绝缘性检查

2. 电机控制器高压端子绝缘性检查

使用绝缘表，选择 1000V 挡位，分别测量电机控制器 T+、T−、U、V、W 端子与电机控制器外壳绝缘阻值，绝缘阻值应 > 2.5MΩ，如图 5-3-9 所示。

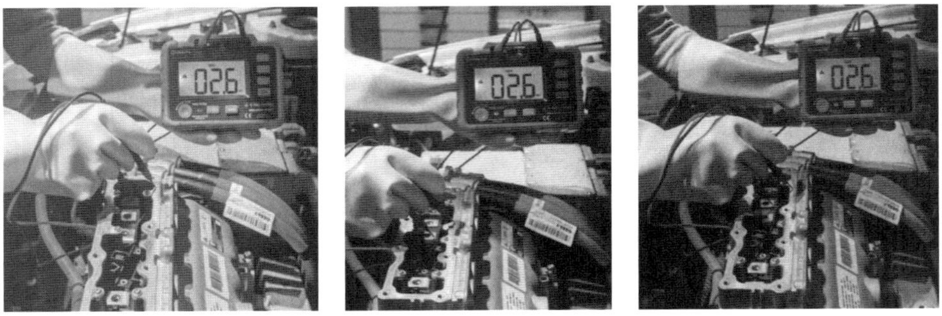

a)　　b)　　c)

图 5-3-9　电机控制器高压端子绝缘性检查

3. 驱动电机定子绕组阻值检查

使用万用表测量驱动电机的定子绕组 U 和 V 之间、V 和 W 之间、W 和 U 之间的阻值是否正常。在正常情况下，三相绕组阻值应近似相等，如图 5-3-10 所示。

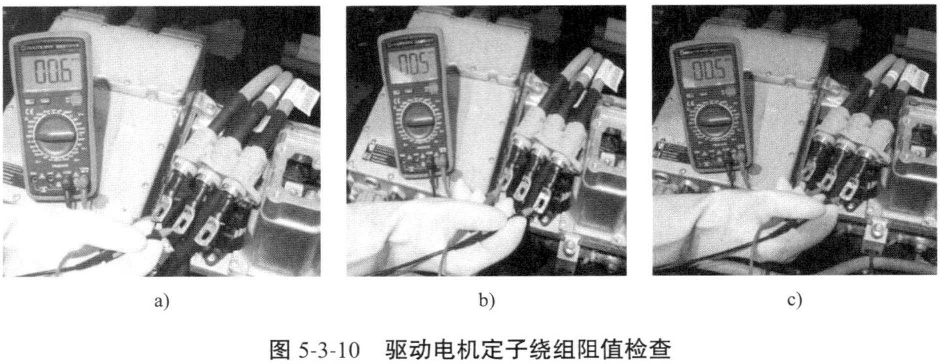

a)　　b)　　c)

图 5-3-10　驱动电机定子绕组阻值检查

4. 驱动电机温度传感器的检查

（1）驱动电机温度传感器电阻的特性。

驱动电机温度传感器电阻是一个负温度系数（Negative Temperature Coefficient，NTC）的热敏电阻。其电阻值随温度的升高而减小。在常温下的电阻值较高，例如，在室温为25℃时，驱动电机温度传感器的阻值对应负温度系数的热敏电阻的阻值大约为10kΩ，如图5-3-11所示。

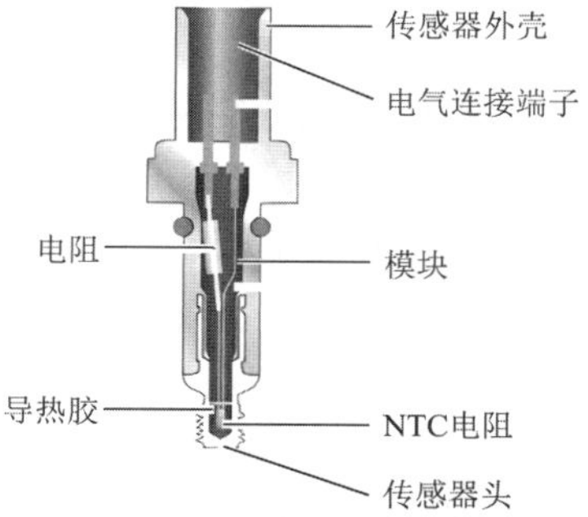

a) 冷却液温度传感器结构

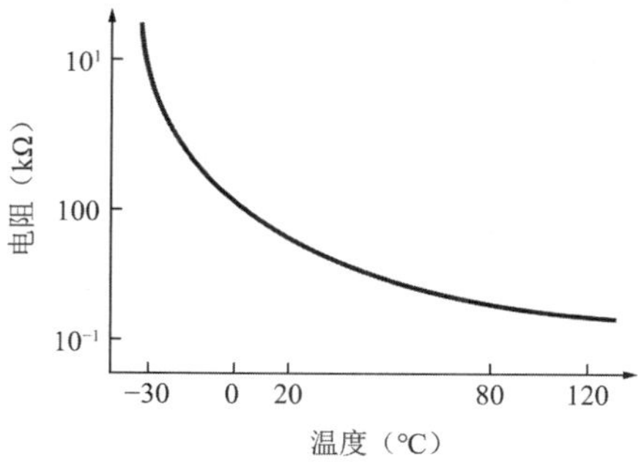

b) 负温度系数的热敏电阻特性曲线

图 5-3-11　温度传感器结构与特性曲线

（2）驱动电机温度传感器电阻的检测。

① 驱动电机温度传感器的电路图如图5-3-12所示。

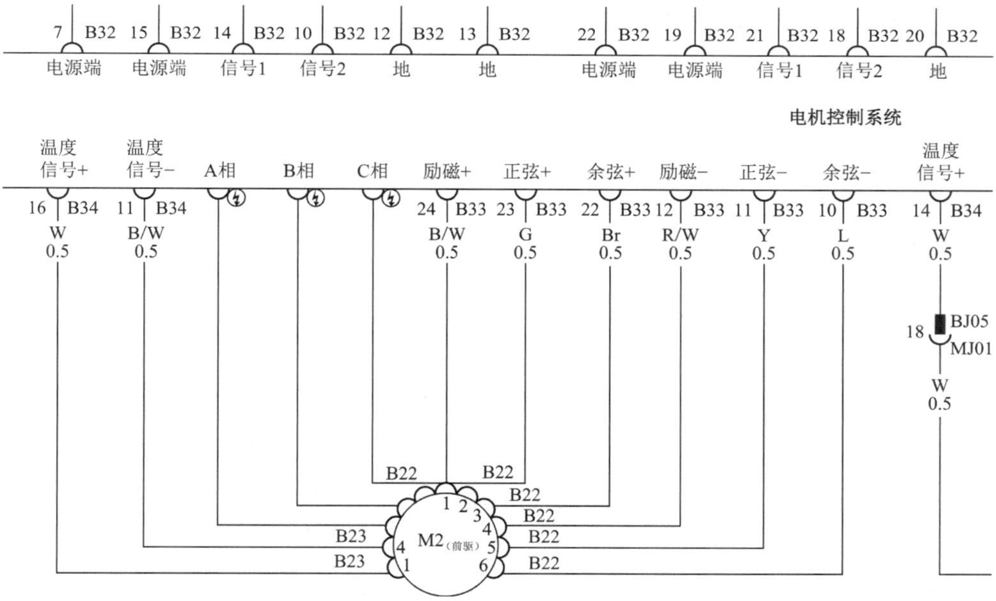

图 5-3-12　驱动电机温度传感器电路图

② 传感器电阻检测。

检测条件：断开驱动电机线束插头；打开点火开关至ON挡。

测量方法：测量B34-11和B34-16两端子间的阻值。

5. 旋转变压器的检查

（1）旋转变压器的内部结构。

旋转变压器在实际应用中，设置了两组二次线圈，两者相位差为 90°，从而可以输出幅值为正弦与余弦变化的两组信号，端子号为 S1～S4，励磁绕组端子号是 R1 和 R2。旋转变压器内部结构如图 5-3-13 所示。

（2）旋变传感器的组成结构及应用原理。

旋转变压器由定子和转子组成，其上有绕组作为变压器的原边接收励磁电压，转子绕组作为变压器的副边，通过电磁耦合在副边线圈上产生感应电压。转子在旋转时通过磁阻原理在副边的两相绕组上分别感应出正弦及余弦电压信号，故称为正弦绕组和余弦绕组，产生彼此相差 90°的电角度信号，如图 5-3-14 所示。

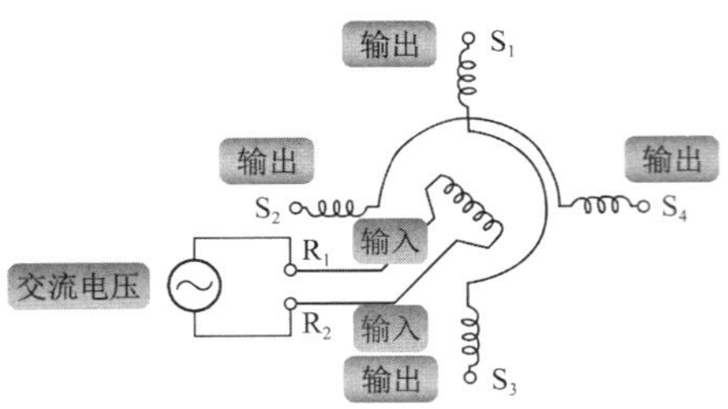

图 5-3-13　旋转变压器内部结构

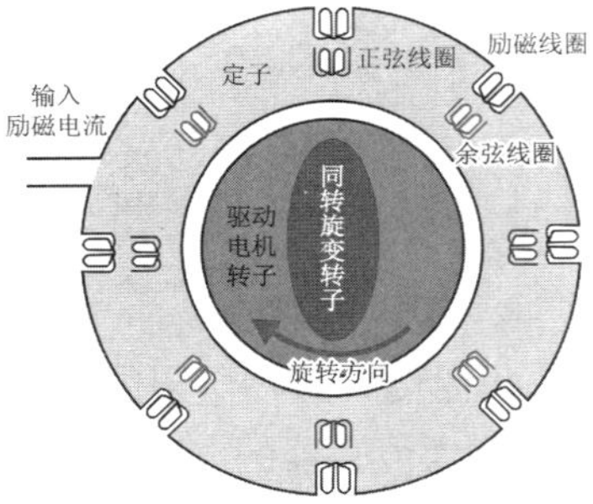

图 5-3-14　旋转变压器的组成结构及应用原理

（3）旋转变压器的检查。

旋转变压器与电机控制器中间通过 6 根低压线束连接。其中两根是电机控制器激励信号；另外 4 根分别是旋转变压器输出的正弦信号和余弦信号。6 根线当中任何一根线路出现故障都会导致驱动电机无法正常工作。

查找旋转变压器电路图如图 5-3-15 所示。

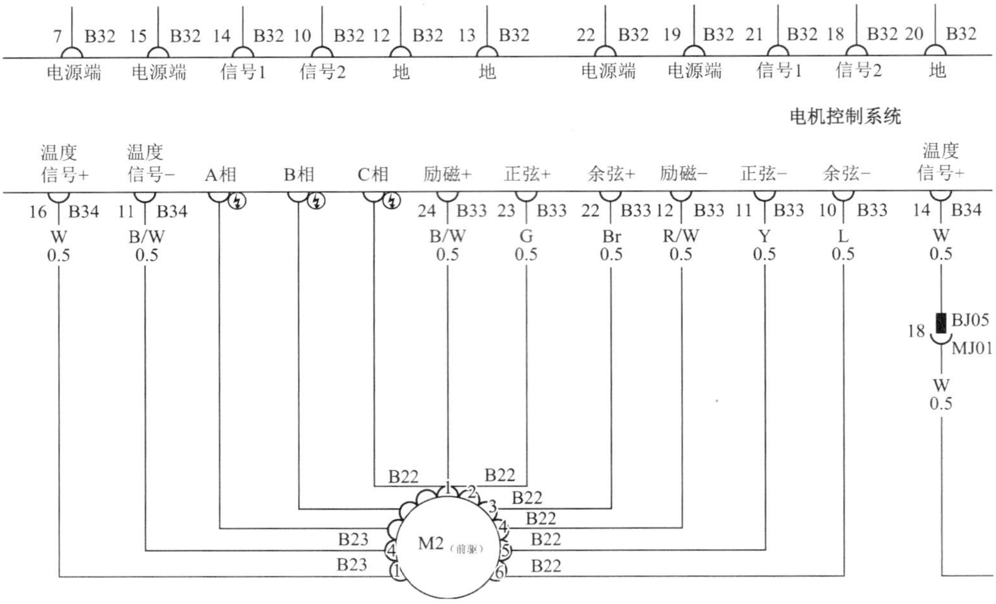

图 5-3-15　旋转变压器电路图

检测条件：断开电机线束插头；打开点火开关至 ON 挡。

测量方法：测量 B33-12 和 B33-24、B33-11 和 B33-23、B33-22 和 B33-33 之间的阻值。

（四）减速器润滑油的检查与更换

对于初期维护，建议行驶 3000km 或者 3 个月后更换一次润滑油，以后进行定期维护。其更换减速器润滑油的周期见表 5-3-5。减速器在经过 4 次保养后，应每间隔 6 个月或行驶 10000km（以先到者为准）进行定期保养维护。

减速器保养周期　　表 5-3-5

序号	保养次数	保养期限（时间和里程以先到者为限）
1	首次保养	购车 3 个月或行驶里程 3000km 以内
2	第二次保养	购车 9 个月或行驶里程 13000km 以内
3	第三次保养	购车 15 个月或行驶里程 23000km 以内
4	第四次保养	购车 21 个月或行驶里程 33000km 以内

加注和更换减速器润滑油的操作步骤如下：

（1）在换油前，必须停车断电，水平提升车辆。

（2）拆卸机舱底部护板总成。

（3）加注和更换减速器润滑油，方法如下。

①拆卸减速器加油螺塞 1。

②拆卸减速器放油螺塞 2，用回收容器接收放出的减速器润滑油。

③安装减速器放油螺塞 2，按照标准力矩扭紧。

④从加注孔处添加专用的减速器润滑油，直到油液开始流出。加注参考用量：1.7L±0.1L。

⑤重新安装并紧固减速器加油螺塞 1，按照标准力矩扭紧。

减速器润滑油的加注和更换示意如图 5-3-16 所示。

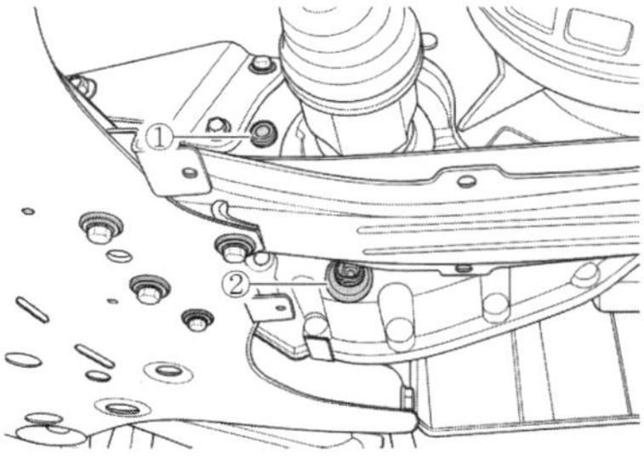

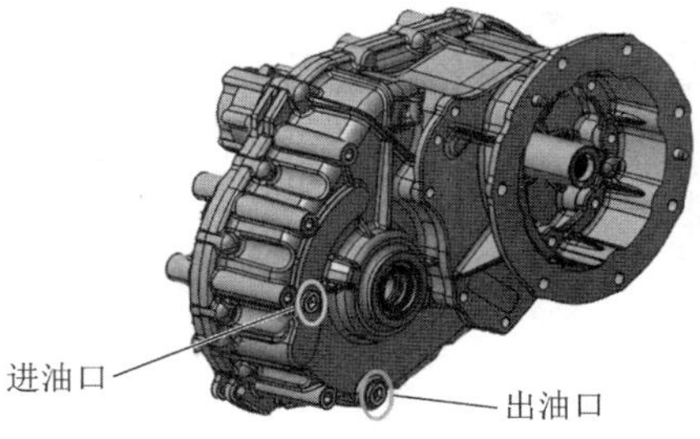

图 5-3-16　减速器润滑油加注和更换示意

知识延伸

人工智能加持下的新能源汽车故障诊断与维修技术

人工智能的快速发展为各个行业的运营模式带来了革命性的变化。在新能源车辆的维修中，人工智能技术不仅能够提高诊断和维修的效率，还能降低人力成本，提升客户满意度。修理过程中的数据收集、分析、预测和优化等功能都有效地依赖于AI技术的发展。

新能源车辆通常包括电动车（EV）、插电式混合动力车（PIIEV）和氢燃料电池车（ECEV）。这些车辆依赖复杂的电子控制系统、蓄电池管理系统等关键部件。与传统内燃机汽车相比，其维修和故障排除涉及更多专业知识和技能。这就需要维修人员不仅具备传统的机械维修能力，还需对电气系统有深刻理解。在这种背景下，人工智能所带来的自动化、智能化的解决方案显得尤为重要。

故障诊断是新能源车辆维修中最关键的环节之一。借助人工智能，尤其是机器学习和深度学习算法，可以有效地对车辆运行数据进行实时监测，提前识别潜在故障。在大型数据集的支持下，算法能够通过识别模式（Pattern）来实时监控动力蓄电池、电机、充电系统等核心部件的健康状态。例如，通过安装OBD-II接口等传感器，AI系统能够实时捕捉并分析车辆各项参数。如果出现异常波动，系统会立即通知维修人员进行检查和维护，从而有效避免车辆的进一步损坏。

在故障发生后，人工智能仍然能够帮助维修人员进行高效维修。通过参照历史故障数据和维修记录，AI系统能够快速定位问题来源，并提供推荐解决方案。这一点在处理多种复杂故障时尤为重要。在传统方式下，即使是经验丰富的维修人员也可能需要花费大量时间才能作出准确判断，而依赖AI的辅助可以大幅提升维修效率和准确性。

人工智能还可以在故障修复指导方面发挥作用。结合增强现实（AR）技术，为技术人员提供直观的维修方案指引。通过展示3D模型与实时视频结合的形式，能够使维修人员更清晰地理解如何执行复杂的维修步骤。同时，AR技术也能够用于培训新员工，使其在短时间内掌握针对新能源车辆的基本维修知识和技巧。

任务实施

纯电动汽车驱动系统的维护与检测

请根据工作任务单的指引（表 5-3-6），对纯电动汽车进行维护和检测。

纯电动汽车驱动系统的维护与检测工作页　　表 5-3-6

<table>
<tr><td colspan="4" rowspan="2">纯电动汽车驱动系统的维护与检测</td><td colspan="2">班级：</td></tr>
<tr><td colspan="2">姓名：</td></tr>
<tr><td colspan="3">实训地点：</td><td colspan="3">实训时间：</td></tr>
<tr><td colspan="6">1. 车辆信息记录</td></tr>
<tr><td>品牌</td><td></td><td>整车型号</td><td></td><td>生产年月</td><td></td></tr>
<tr><td>驱动电机型号</td><td></td><td>电池电量</td><td></td><td>行驶里程</td><td></td></tr>
<tr><td>车辆识别码</td><td colspan="5"></td></tr>
<tr><td colspan="6">2. 作业场地准备</td></tr>
<tr><td colspan="5">检查设置隔离栏</td><td>□是　□否</td></tr>
<tr><td colspan="5">检查设置安全警示牌</td><td>□是　□否</td></tr>
<tr><td colspan="5">检查灭火器压力、有效期</td><td>□是　□否</td></tr>
<tr><td colspan="5">安装车辆挡块</td><td>□是　□否</td></tr>
<tr><td colspan="6">3. 对仪器进行检查</td></tr>
<tr><td colspan="5">检查仪器名称</td><td>是否正常</td></tr>
<tr><td colspan="5">防护用具：绝缘手套、车辆防护用具</td><td>□是　□否</td></tr>
<tr><td colspan="6">4. 检查与维护前的准备工作</td></tr>
<tr><td colspan="5">实施步骤</td><td>是否完成</td></tr>
<tr><td colspan="5">驱动系统的外观检查，包括对电机、电机控制器、减速器等的检查</td><td>□是　□否</td></tr>
<tr><td colspan="5">驱动系统的紧固，包括驱动电机固定螺栓以及相关插接器</td><td>□是　□否</td></tr>
<tr><td colspan="5">驱动系统的电气检查，包括电机及电机控制器的绝缘性、电机三相绕组阻值检查和传感器检查等</td><td>□是　□否</td></tr>
<tr><td colspan="5">减速器润滑油的检查与更换</td><td>□是　□否</td></tr>
<tr><td colspan="6">5. 7S 管理</td></tr>
<tr><td colspan="5">建立安全操作环境</td><td>□是　□否</td></tr>
<tr><td colspan="5">清理及整理工具量具</td><td>□是　□否</td></tr>
<tr><td colspan="5">清理及复原车辆正常状况</td><td>□是　□否</td></tr>
<tr><td colspan="5">清洗场地</td><td>□是　□否</td></tr>
<tr><td colspan="5">物品回收和环保</td><td>□是　□否</td></tr>
<tr><td colspan="5">完善和检查工作</td><td>□是　□否</td></tr>
<tr><td colspan="3">实训人（签字）：</td><td colspan="3">监督人（签字）：</td></tr>
</table>

任务评价

通过自评、互评及师评对本任务学习情况进行考评（表 5-3-7），掌握学习效果。

纯电动汽车驱动系统的维护与检测考核评分　　表 5-3-7

<table>
<tr><td colspan="4">纯电动汽车驱动系统的维护与检测</td><td colspan="4">实习日期：</td></tr>
<tr><td colspan="2">姓名：</td><td colspan="2">班级：</td><td colspan="2">学号：</td><td colspan="2" rowspan="3">导师签名：</td></tr>
<tr><td colspan="2">自评：□熟练 □不熟练</td><td colspan="2">互评：□熟练 □不熟练</td><td colspan="2">师评：□合格 □不合格</td></tr>
<tr><td colspan="2">日期：</td><td colspan="2">日期：</td><td colspan="2">日期：</td></tr>
<tr><td colspan="8">评分细则</td></tr>
<tr><td>序号</td><td>评分项</td><td>得分条件</td><td>分值（分）</td><td>评分要求</td><td>自评</td><td>互评</td><td>师评</td></tr>
<tr><td>1</td><td>安全/7S/态度</td><td>□ 1. 能进行工位 7S 操作
□ 2. 能进行设备和工具安全检查
□ 3. 能进行车辆安全防护操作
□ 4. 能进行工具清洁、校准、存放操作
□ 5. 能进行三不落地操作</td><td>15</td><td>未完成 1 项扣 3 分</td><td>□熟练
□不熟练</td><td>□熟练
□不熟练</td><td>□合格
□不合格</td></tr>
<tr><td>2</td><td>专业技能能力</td><td>□ 1. 能正确完成驱动系统的外观检查
□ 2. 能正确完成驱动系统部件的紧固
□ 3. 能正确完成驱动系统电气检查
□ 4. 能正确完成减速器润滑油的检查与更换</td><td>50</td><td>未完成 1 项扣 15 分，扣分不得超过 50 分</td><td>□熟练
□不熟练</td><td>□熟练
□不熟练</td><td>□合格
□不合格</td></tr>
<tr><td>3</td><td>工具及设备的使用能力</td><td>□ 1. 能正确使用安全防护工具
□ 2. 能正确使用维护工具</td><td>10</td><td>未完成 1 项扣 5 分，扣分不得超过 10 分</td><td>□熟练
□不熟练</td><td>□熟练
□不熟练</td><td>□合格
□不合格</td></tr>
<tr><td>4</td><td>资料、信息查询能力</td><td>□ 1. 能正确查询纯电动汽车的保养项目及要求
□ 2. 能正确使用车辆使用手册查询电路图
□ 3. 能正确记录查询资料章节页码</td><td>10</td><td>未完成 1 项扣 4 分，扣分不得超过 10 分</td><td>□熟练
□不熟练</td><td>□熟练
□不熟练</td><td>□合格
□不合格</td></tr>
<tr><td>5</td><td>数据判断和分析能力</td><td>□ 1. 能正确判断驱动系统外观的好坏
□ 2. 能正确判断驱动系统电气部件的好坏</td><td>10</td><td>未完成 1 项扣 4 分，扣分不得超过 10 分</td><td>□熟练
□不熟练</td><td>□熟练
□不熟练</td><td>□合格
□不合格</td></tr>
<tr><td>6</td><td>表单填写及报告撰写能力</td><td>□ 1. 字迹清晰
□ 2. 语句通顺
□ 3. 无错别字
□ 4. 无抄袭</td><td>5</td><td>未完成 1 项扣 1 分</td><td>□熟练
□不熟练</td><td>□熟练
□不熟练</td><td>□合格
□不合格</td></tr>
<tr><td colspan="8">总分：</td></tr>
</table>

• 任务拓展

电动汽车旋转变压器的调零操作

思考测试

一、填空题

纯电动汽车驱动系统的维护主要分为__________和__________。

二、选择题

1. 驱动电机的绝缘性检查，其绝缘阻值应（　　）。

A. ≥ 20MΩ　　B. ≥ 10MΩ　　C. ≥ 2.5MΩ　　D. ≥ 5MΩ

2. 电机控制器高压端子绝缘性检查，其绝缘阻值应（　　）。

A. ≥ 1MΩ　　B. ≥ 1.5MΩ　　C. ≥ 2MΩ　　D. ≥ 2.5MΩ

3. 非营运电动汽车一级维护的周期为（　　）。

A. 5000～10000km 或者每间隔 6 个月　　B. 20000～30000km 或每间隔 1 年

C. 5000～10000km 或者每间隔 1 个月　　D. 20000～30000km 或每间隔 6 个月

三、判断题

1. 进行周期维护时，应先使用诊断仪或专用检测设备对专用装置进行进厂检验。（　　）

2. 电动汽车二级维护保养完成后，在交付客户使用前，需对车辆进行交付检验。（　　）

3. 使用压缩空气或干布对驱动电机的外观进行清洁，可以使用水枪对驱动电机、电机控制器进行喷水清洗。（　　）

4. 驱动电机温度传感器电阻是一个负温度系数的热敏电阻，温度越低，电阻值越小。（　　）

拓展小节：混合动力电动汽车驱动系统的维护与检测

模块六

动力蓄电池管理控制技术

任务1　动力蓄电池管理系统的认知

学习目标

知识目标

（1）掌握动力蓄电池管理系统的结构。
（2）掌握动力蓄电池管理系统的功能。
（3）掌握动力蓄电池管理系统的工作原理。

技能目标

（1）能在台架上认知动力蓄电池管理系统的各组成部件。
（2）能正确检测动力蓄电池的供电线路。

素养目标

（1）培养自主学习、查找资料、制定计划的能力；
（2）培养良好的团队合作意识。
（3）培养良好的职业素养和职业道德。

任务描述

某新能源汽车 4S 店的维修师傅要求作为实习生的你对某品牌纯电动汽车的动力蓄电池管理系统进行更换。你知道电动汽车动力蓄电池管理系统的内容有哪些吗？对其进行更换时有什么注意事项？

知识准备

一、动力蓄电池管理系统架构

动力蓄电池管理系统（Battery Management System，BMS）是用来对动力蓄电池进行安全监控及管理，以提高动力蓄电池使用效率的装置，如图 6-1-1 所示。作为推动电动汽车发展的关键技术，如何有效地分配电池的能量，延长其使用寿命是动力蓄电池管理系统的关键问题，其性能的优劣在很大程度上影响着整车性能的好坏。动力蓄电池管理系统对动力蓄电池进行有效控制，以达到增加续驶里程，延长使用寿命，降低运行成本的目的，并保证电池组应用的安全性和可靠性。因此，动力蓄电池管理系统已经成为电动汽车不可缺少的核心部件之一。

从拓扑架构上看，动力蓄电池管理系统可分为集中式（Centralized）和分布式（Distributed）两类，如图 6-1-2 所示。

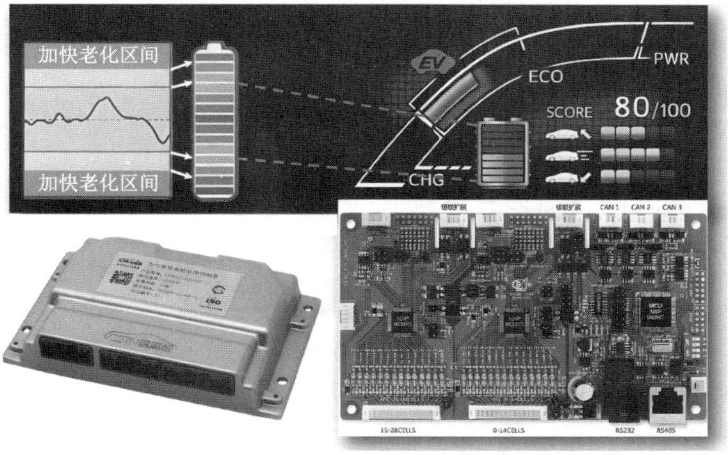

图 6-1-1　动力蓄电池管理系统

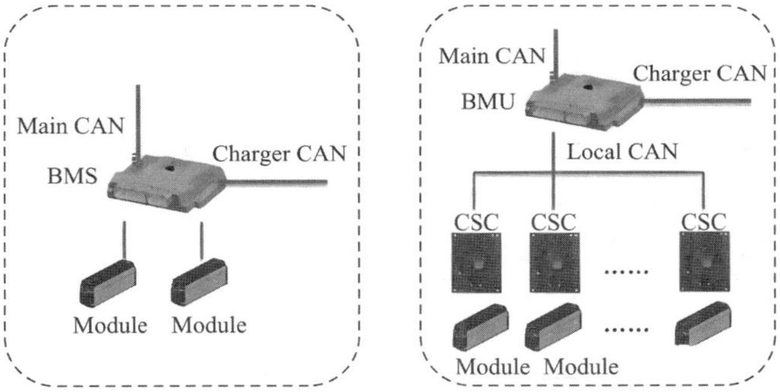

a) 集中式　　b) 分布式

图 6-1-2　动力蓄电池管理系统架构图

（一）集中式动力蓄电池管理系统

集中式动力蓄电池管理系统是将所有控制和管理功能集中在一个控制器中，该控制器通常被称为电池控制单元（BCU），负责采集电池数据、计算电池状态、执行控制策略等。

集中式动力蓄电池管理系统的优点：

（1）结构简单，成本低廉。

（2）易于维护和升级。

（3）数据集中，便于分析。

集中式动力蓄电池管理系统的缺点：

（1）可靠性较低，单点故障风险高。

（2）通信线路复杂，容易受干扰。
（3）扩展性差，难以满足大容量电池组的需求。

（二）分布式动力蓄电池管理系统

分布式动力蓄电池管理系统将控制和管理功能分布在多个控制器中，每个控制器负责管理一组或多个蓄电池单体。分布式动力蓄电池管理系统通常采用主从式结构，主控制器负责协调各从控制器的运行。

分布式动力蓄电池管理系统的优点：
（1）可靠性高，单点故障风险低。
（2）通信线路简单，抗干扰能力强。
（3）扩展性好，易于满足大容量电池组的需求。
分布式动力蓄电池管理系统的缺点：
（1）结构复杂，成本较高。
（2）维护和升级难度较大。
（3）数据分散，分析难度较大。

（三）集中式动力蓄电池管理系统与分布式动力蓄电池管理系统的比较

集中式动力蓄电池管理系统和分布式动力蓄电池管理系统各有优缺点，应根据具体的应用场景选择合适的动力蓄电池管理系统架构，见表 6-1-1。

集中式动力蓄电池管理系统与分布式动力蓄电池管理系统的对比　　表 6-1-1

特性	集中式动力蓄电池管理系统	分布式动力蓄电池管理系统
结构	简单	复杂
成本	低	高
可靠性	低	高
通信	复杂	简单
扩展性	差	好
适用场景	小型电动汽车、储能系统	大型电动汽车、混动汽车、燃料电池汽车

二、动力蓄电池管理系统的作用与组成

动力蓄电池管理系统与动力蓄电池紧密结合，通过传感器对动力蓄电池的电压、电流、温度进行实时检测，同时进行漏电检测、热管理、电池均衡管理、报警提醒，计算剩余电能（State of Charge，SOC）、放电功率，报告电池的健康状态（State of Health，SOH）和剩余电荷状态。根据动力蓄电池的电压、电流及温度等参数，用算法控制最大输出功率以获得最大行驶里程。此外，动力蓄电池管理系统用算法控制充电机进行最佳电流的充电，通过 CAN 总线接口与车

载总控制器、电机控制器、能量控制系统、车载显示系统等进行实时通信。

动力蓄电池管理系统包括硬件和软件。其中，硬件由主控盒、从控盒、高压监测盒、电压采集线、电流传感器、加热膜传感器、电池内部 CAN 总线等组成，如图 6-1-3 所示；软件由监测电压、监测电流、监测温度、监测绝缘电阻、电荷状态估算等程序组成。

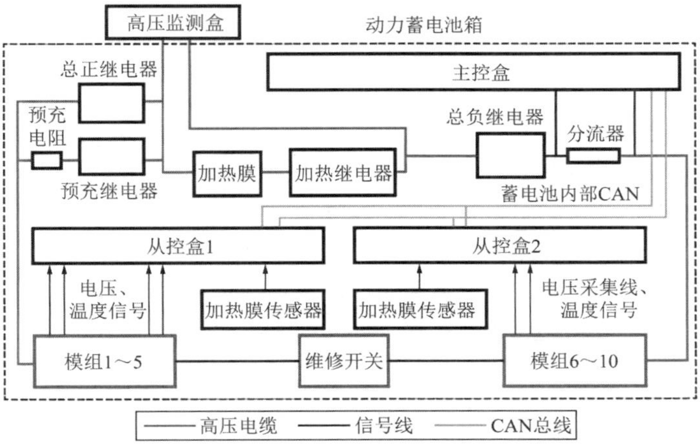

图 6-1-3　动力蓄电池管理系统电气架构

动力蓄电池管理系统的主控盒如图 6-1-4 所示。其作用主要包括：①接收从控盒发来的实时模块电压和模组温度，并计算最大值和最小值；②接收高压监测盒发来的总电压和总电流；③通过控制器局域网（CAN）与整车控制单元（VCU）、充电机等通信，通过快充 CAN 与直流充电桩、数据采集终端通信；④控制充、放电电流（执行部件是车载充电机、直流快充桩和电机控制器）；⑤控制动力蓄电池加热。

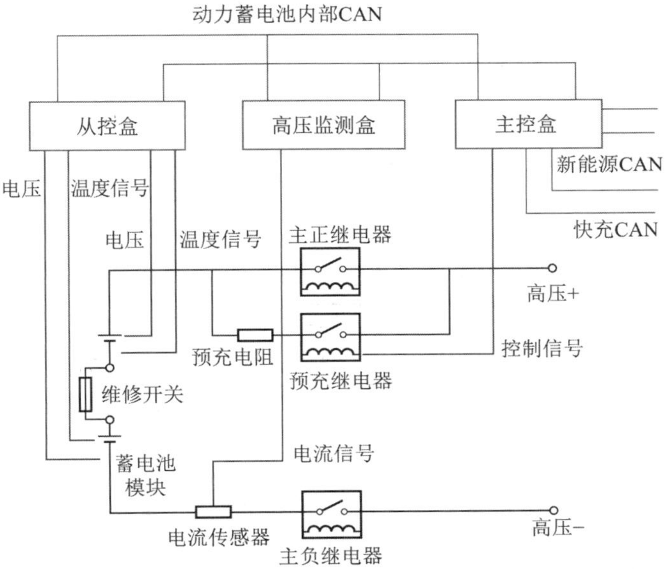

图 6-1-4　动力蓄电池管理系统主控盒

从控盒也称作动力蓄电池信息采集盒，如图 6-1-5 所示，从控盒的作用主要包括：①实时监控每个模块电压；②实时监测每个模组的温度；③监测 SOC 值；④将以上监测到的数据传送给主控盒。

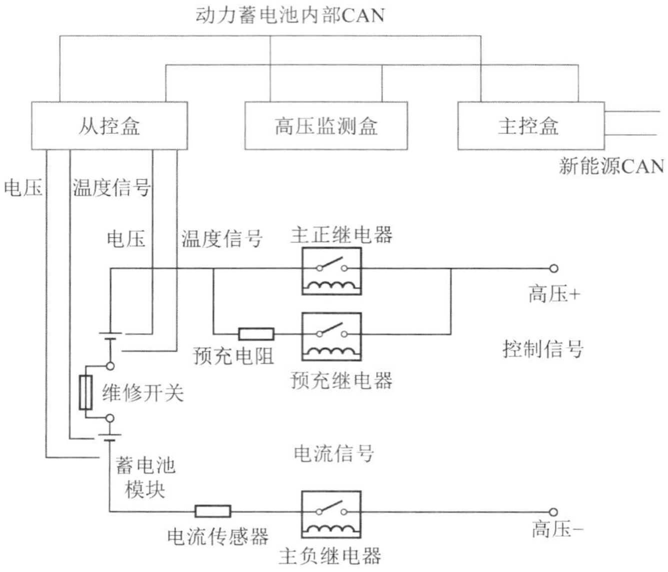

图 6-1-5 电池管理系统从控盒

高压监测盒的作用主要包括：①监测动力蓄电池总电压，包括主继电器的内外四个监测点（主正继电器内、主正继电器外、主负继电器内、主负继电器外）；②监测充放电电流；③监测高压系统绝缘性；④监测高压连接情况；⑤将以上监测到的数据传送给主控盒。

三、动力蓄电池管理系统的工作原理

动力蓄电池管理系统的数据采集模块通过高精度的传感器元件，如电压传感器、电流传感器和温度传感器，实时收集动力蓄电池管理系统中单体蓄电池单元的电压、电流和温度等数据。电压、电流和温度等数据被传输至动力蓄电池管理系统的主控制器，主控制器利用这些数据进行状态估计，包括计算动力蓄电池的荷电状态（SOC）、健康状态（SOH）、能量状态（SOE）和功率状态（SOP）。

动力蓄电池管理系统的主控制器根据采集到的数据和预设的算法，控制供电回路的通断，以防止动力蓄电池发生过充、过放、过温、短路等异常现象。此外，动力蓄电池管理系统负责将采集的关键数据，通过车载网络技术（CAN 总线）上报给整车控制器，并接收控制器的指令，与车辆上的其他系统协调工作，如图 6-1-6 所示。

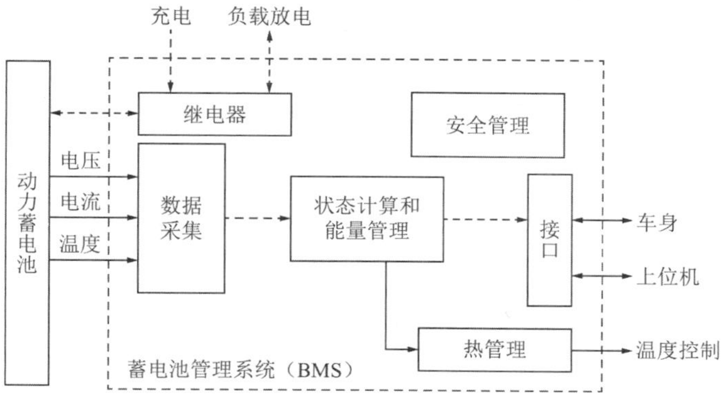

图 6-1-6　动力蓄电池管理系统结构框图

四、动力蓄电池管理系统的功能

动力蓄电池管理系统是电动汽车电池安全和性能的核心，主要负责实时监测蓄电池模组的电压、电流、温度等关键参数，以确保蓄电池在安全的工作范围内运行。动力蓄电池管理系统估算蓄电池的荷电状态、健康状态和功率状态，防止过充、过放、过热和短路等危险情况，及时发出警告并切断电源以保护动力蓄电池，进而优化动力蓄电池性能和延长使用寿命。此外，通过动力蓄电池均衡技术，动力蓄电池管理系统减少单体蓄电池间的差异，维持一致性。动力蓄电池管理系统与车辆其他系统协调工作，通过通信接口传递动力蓄电池状态信息，以确保整车性能最优化。

（一）动力蓄电池数据采集与监测

动力蓄电池数据采集一般是指对动力蓄电池的电压、电流、温度三种物理量数据的采集和监测等。电压、电流、温度等参数是动力蓄电池管理系统顶层计算、控制逻辑和动力蓄电池高压安全的基础。其中，温度的监测主要是针对动力蓄电池、蓄电池所在环境的温度、动力蓄电池箱的温度等。

动力蓄电池数据采集与监测是在线地、持续不间断地进行的。动力蓄电池数据采集可以监测单体蓄电池的工作状况，如单体蓄电池电压、工作电流、环境温度等。在充、放电过程中，实时采集蓄电池模组中单体蓄电池的端电压、温度、充放电电流及总电压，平衡蓄电池模组中单体蓄电池间的电压，使蓄电池模组中的各个蓄电池组达到均衡一致的状态，防止蓄电池发生过充电或过放电现象。在监测过程中若发现所采集的数据有异常时，可及时查询对应单体蓄电池的状况，并挑选出有问题的单体蓄电池做对应处理，从而保持整组蓄电池运行的可靠性和高效性。

（二）动力蓄电池状态评估

动力蓄电池状态评估是动力蓄电池管理系统的核心技术之一，对确保蓄电池安全可靠运行、提高蓄电池的运行效率以及延长其使用寿命发挥着至关重要的作用。根据动力蓄电池数据的采集，进行计算、分析与诊断，可以对动力蓄电池的状态进行评估。动力蓄电池状态分析包括荷电状态分析、健康状态分析、功率状态分析、剩余寿命预测以及实时容量等，如图 6-1-7 所示。

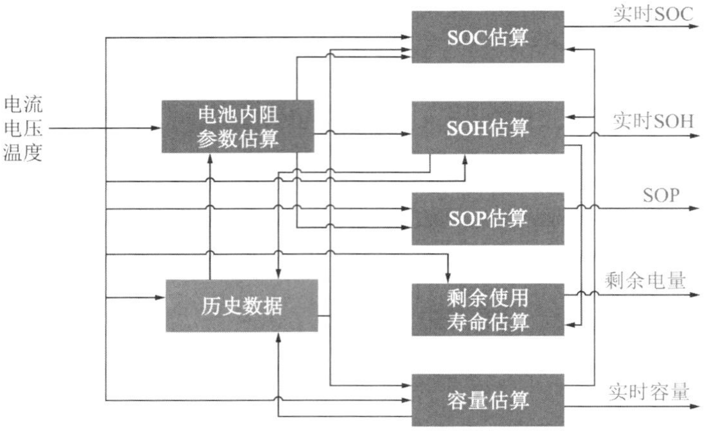

图 6-1-7　动力蓄电池的荷电状态评估

1. 动力蓄电池的荷电状态评估

荷电状态是用动力蓄电池的剩余电量占电池额定电量的百分比来表示的。荷电状态作为动力蓄电池的关键状态之一，精确地估算荷电状态，防止电池过充和过放，对准确预测汽车的续驶里程、保证蓄电池的安全工作区间并延长蓄电池的循环寿命至关重要，能提高蓄电池的利用率，大大提升驾乘体验。

不同荷电状态下蓄电池能量存储状态如图 6-1-8 所示。100%表示电池完全充满电；0%表示电池完全放电；绿色部分表示存储的能量；空白部分表示可以重复充电；而红色部分表示由电池老化导致的永久损失。当电池还未老化时，红色部分不存在，即可以认为最大可用容量等于额定容量；随着蓄电池老化程度的加深，红色失效部分的范围将会扩大，最大可用容量不断减小，此时要获得准确的荷电状态信息，需要首先对最大可用容量进行估计。

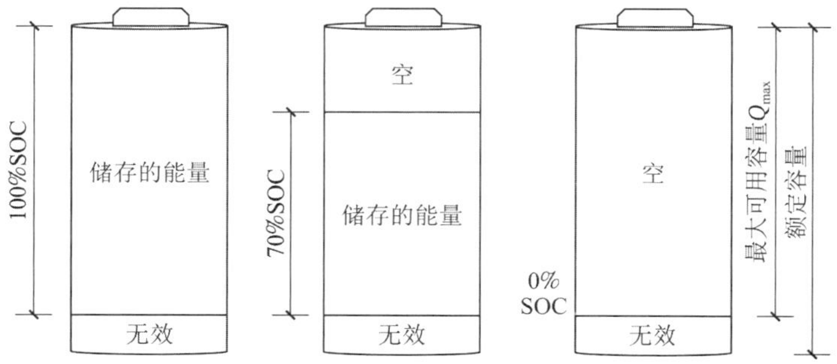

图 6-1-8　不同 SOC 下电池能量存储状态

电池荷电状态无法直接测量，仅能通过电流、电压等可测量参量间接推算。目前，荷电状态估计方法主要可以分为四类（如图 6-1-9 所示），即基于表征参数法、安时积分法、基于模型估计法以及基于数据驱动估计法。

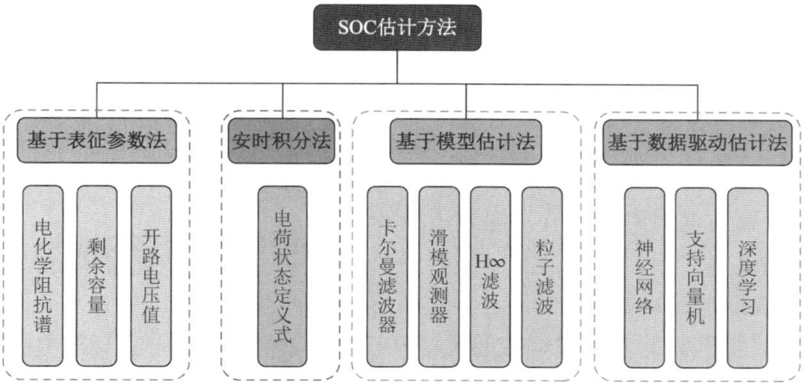

图 6-1-9　荷电状态估计方法分类

（1）基于表征参数法。基于表征参数估计动力蓄电池荷电状态的基本原理是通过构建蓄电池物理参数与荷电状态之间稳定的映射关系实现。其物理参数主要包括电化学阻抗谱、剩余容量和开路电压值等。然而，目前高精度电化学阻抗谱的获取仍主要依赖于电化学工作站，其昂贵的成本和庞大的体积，导致其应用于实车仍面临较大挑战。

（2）安时积分法，又称库仑计数法，是通过如下荷电状态定义式理论计算蓄电池的荷电状态。该方法计算复杂度低、易实现。但该方法依赖荷电状态初始值精度，且是开环估计，在车用动力蓄电池实际运行过程中，存在电流测量误差，易导致最终获得的荷电状态存在较大的累计误差。因此，安时积分法一般不单独使用，而是同其他估计方法结合使用获取较高精度的荷电状态。计算式如下：

$$\mathrm{SOC}(t)=\mathrm{SOC}(t_0)+\frac{\int_{t_0}^{t}\eta I_{\mathrm{t}}\,\mathrm{d}t}{C_{\max}}$$

（3）基于模型估计法。基于模型估计电池电荷状态主要依靠建立合适的电池模型以及状态估计算法两个步骤来实现。其估计精度主要取决于所选蓄电池模型和状态估计算法的性能。常用的动力蓄电池模型有电化学模型、分数阶模型以及等效电路模型；而状态估计算法主要包括滤波器系列（如卡尔曼滤波器、粒子滤波、H∞滤波等）和观测器系列（如比例积分观测器、滑膜观测器等）。

（4）基于数据驱动估计法。基于数据驱动估计法是指通过建立并训练大量动力蓄电池离线数据（如蓄电池的电流、电压、温度等）与荷电状态之间的直接映射关系模型。主要包括电池测试、数据准备和预处理、功能算法实现和电池荷电状态估计验证。该估计方法不需要动力蓄电池复杂的电化学反应机理，对于解决强非线性问题具有较大优势，估计精度高；但对所用实验数据的质量和数量十分依赖，同时所建模型的复杂度、所选训练函数与训练截止条件等也会直接影响模型的估计精度与泛化能力。

2. 动力蓄电池荷电状态评估

动力蓄电池健康度（State of Health，SOH）是指电池在长期使用过程中，相对于新蓄电池的最大容量保持率，是用来评估蓄电池老化或衰退程度的一个重要指标。动力蓄电池的 SOH 以百分比的形式表示当前蓄电池相对于新电池的健康状态。SOH 越高，说明电池性能越好，续驶里程越稳定。通常蓄电池健康状态的数值范围为 0%～100%。其中，100%表示电池处于全新的状态；若数值低于 100%，则说明蓄电池的性能下降了。

$$SOH = \frac{Q_{aged}}{Q_{rate}} \times 100\%$$

式中：Q_{aged}——新蓄电池出厂时的额定容量或标称容量；

Q_{rate}——投入使用后蓄电池实际的可用容量，其值随着充放电循环次数的增加会不断减小。

研究表明，锂蓄电池的老化过程主要发生在正极、负极、电解质以及正负极与电解质的界面部位。正极材料逐渐溶解、电极材料发生相变、电解液逐渐分解等因素是锂蓄电池可逆容量逐步下降的主要原因。正极晶体结构的变异，导致了蓄电池内阻的上升和容量的下降。由蓄电池正极的内应力造成的正极材料晶格结构坍塌、活性物质粉化脱落、电解液对电极的腐蚀副反应新相沉积、导电剂的反应、黏结剂分解以及集流体的腐蚀是正电极老化的主要因素。蓄电池负极的 SEI 膜的形成与增长、电解液对负极的腐蚀、锂金属的沉积、黏结剂的分解以及集流体的腐蚀是造成负电极老化的主要原因。

蓄电池内部反应机理复杂，其 SOH 值受到诸多因素影响，导致其性能衰退的运行及环境因素包括动力蓄电池使用过程中的工作温度、运行中的放电深度、放电电流的大小、充/放电倍率等因素会相互耦合，使得准确且快速地估计电池健康状态极具挑战。因此，需要在使用过程中不断地进行评估和更新，以确保驾驶人获得更为准确的信息。

（三）动力蓄电池的安全管理

电池安全保护无疑是电动汽车管理系统首要的、最核心的功能，可以避免电池因工作在极端的条件下而造成电池寿命缩短、损坏，甚至爆炸、起火等危害人身安全的事情发生。当电池的实际参数高于或低于约定值时，系统将自动作出判断，并采取断开、预充等方式保护蓄电池的安全。动力蓄电池管理系统的安全管理主要有过充、过放保护，过流保护，过温保护，人身安全保护，绝缘电阻检测与高压互锁检测等。

1. 过充、过放保护

动力蓄电池过充、过放时，其电压随极化程度增大而迅速上升，引起正极活性物质结构的不可逆变化，电池副反应会放出热量和释放出氧加速电解液的分解，产生大量气体，使电池内压升高。当内压达到一定程度后安全阀开启，活性物质和空气的接触会进一步产生更多的热量，热失控风险增大，存在爆炸、燃烧等隐患，影响电池寿命，严重时会威胁到蓄电池模块的安全，进而引发人身安全事故。

过充保护指的是在蓄电池的荷电状态为 100%的情况下，为了防止因持续充电导致电池受损，而采取的中断电池的充电回路的保护措施。过放保护是指在蓄电池的荷电状态是 0 的情况下，为防止进一步放电损害电池，而采取切断电池的放电回路措施。例如，磷酸铁锂蓄电池设定的充电（3.65V）和放电（2.7V）截止保护电压，进行分级报警，并在必要时切断电流回路。

动力蓄电池管理系统与整车、充电机等实现通信，并实时提供蓄电池状态，便于及时发出指令控制，有效防止高充、低放的发生。在实际操作过程中，如果动力蓄电池管理系统检测到的蓄电池电压高于或者低于所设定的保护电压值，就要及时切断电流回路以保护电池。

2. 过流保护

动力蓄电池在充、放电过程中，过大的电流会对蓄电池模块和线路造成损害，还会因蓄电池模块过热而引起爆炸、燃烧等安全问题。因此，为了确保蓄电池的安全和延长其使用寿命，动力蓄电池管理系统需要具备过流保护功能。

过流保护指的是在电池充、放电过程中，如果工作电流超过了安全值，就应该采取相应的安全保护措施。如充电 0.5C 时，比亚迪 e5 快充的电流为 125A，慢充的电流为 40A，并启动保护。宝马 i3 在 3C 放电 1min 即可启动保护。

动力蓄电池管理系统具备判定过流功能，当动力蓄电池处于充、放电状态时，若检测到的电流超过设定值，在 0.2s 延时后仍大于某个值，则判断为过流，此时保护执行电路会切断充电、放电保护开关。

3. 过温保护

当温度超过预设的阈值时，动力蓄电池管理系统会立即采取保护措施。动力蓄电池在高温下工作可能引起难以控制的化学反应，轻则损伤蓄电池，重则会引起交通事故，造成人员伤亡。

动力蓄电池管理系统为保证电池包在正常范围内工作，控制策略的温度过高或过低，达到设定的二级阈值：

（1）高温保护（1 级）温度为 55℃，延时 3s，只告警不保护，最高温度小于 45℃时恢复。

（2）高温保护（2 级）温度为 60℃，延时 3s，充电开关：OFF，放电开关：OFF，最高温度小于 50℃时恢复。

（3）低温充电保护，温度 0℃，延时 3s，充电开关：OFF，放电开关：ON，最低温度高于 3℃或放电电流大于 0.8A 时恢复。

（4）低温放电保护，温度为−20℃，延时 3s，充电开关：OFF，放电开关：OFF，最低温度高于−10℃或充电电流大于 0.8A 时恢复。

4. 人身安全保护

在人身安全方面，动力蓄电池管理系统通过高压控制的手段来保护。电动汽车动力蓄电池电压高达 300～800V，远超人体安全电压 36V，风险隐患极大，必须做好高压控制。常见的高压控制措施有继电器控制、高压互锁、绝缘监测等。周全的高压防护控制，可有效保护驾驶人、乘客和维修人员的人身安全。

5. 绝缘电阻检测

绝缘电阻是反映蓄电池供电安全的重要指标。根据人体所能承受的最大电压，绝缘电阻一旦低于 500Ω/V，动力蓄电池管理系统就应该对驾乘人员做出安全警告或者切断高压接触器停止供电。

在动力蓄电池管理系统内，一般需要对整个电池系统和高压系统进行绝缘检测，在检测时采用比较简单的测量方式：依靠电桥来测量总线正极和负极对地线的绝缘电阻。高压系统的绝缘状态监测点一般设置在正极母线和负极母线接触器的主接触点处，同时动力蓄电池金属底壳与车身搭铁也必须保持良好的接触状态。通过检测高压回路正、负母线对车辆底盘的绝缘电阻，可以反映高压系统的绝缘性能。

6. 高压互锁检测

高压互锁主要用来确认整个高压系统的完整性，当高压系统回路断开或者完整性受到破坏时，动力蓄电池管理系统必须启动高压安全保护措施。高压互锁检测系统（High Voltage Inter-lock，HVIL）的存在，可以使高压总线在上电之前，保证整个系统的完整性，即电池系统主、负继电器闭合给电之前就完成了对其安全性的检测，做到了防患于未然。HVIL 主要是通过插接器的低压连接回路完成的，蓄电池管理系统一般需要提供电路的检测回路。

高压互锁装置内配备了用于监测高压部件盖板是否可靠关闭的行程开关，以及车辆碰撞和翻转信号的监测装置。该装置用于触发断电信号，确保在毫秒级时间内断开高压回路，并利用高压系统放电电路将汽车高压部件电容端的电压在短时间内放掉，避免漏电或火灾事故的发生。

（四）动力蓄电池能量管理

1. 动力蓄电池的充电控制管理

蓄电池的充电控制管理是指动力蓄电池管理系统采用智能充电算法和控制策略，在蓄电池充电过程中对充电电压、充电电流、充电时长、充电效率以及充电的饱满程度等参数进行实时的优化控制，以保证充电过程的安全性和效率。

动力蓄电池管理系统中的充电管理模块，能检测到充电枪插枪信号并被信号唤醒。能够根据蓄电池的特性、温度高低以及充电机的功率等级，控制充电机对充电电压、充电电流等参数进行实时的优化控制。动力蓄电池管理系统监测电池的电压、电流、温度和内阻等参数，蓄电池的实际充电电流应在允许的充电电流和充电机的设计最大输出电流之间取较小值。

2. 蓄电池的放电控制管理

蓄电池的放电控制管理是指在蓄电池的放电过程中根据蓄电池的状态对放电电流大小进行控制，以使蓄电池模块发挥更大的效能。例如，在蓄电池模块剩余容量小于 10%的状态下，应适当地限制蓄电池模块的最大放电电流。这样做尽管会对汽车的最高速度产生影响，但却有利于延长车辆的续驶里程，更为重要的是，有利于延长蓄电池模块的寿命。

制动能量回收常常也是能量控制管理的重要内容之一。例如，某些混合动力电动汽车需要通过充、放电控制管理把蓄电池的荷电状态维持在 60%～80%，以保证有足够的电荷容量空间来接收来自制动回收的能量。这样做可以使蓄电池工作在等效内阻较小的一个区间，从而使充、放电的效率更高。

3. 蓄电池的均衡控制管理

单体蓄电池生产工艺不稳定等因素或者使用环境不一致，使得蓄电池模块内的各个单体蓄电池总存在一定程度的不一致性。动力蓄电池管理系统对蓄电池的均衡控制管理是指采取一定的措施尽可能地降低蓄电池不一致性的负面影响，以达到优化蓄电池模块的整体放电效能，延长蓄电池模块整体寿命的效果。

如图 6-1-10 所示，蓄电池模块中只要有一个单体蓄电池的电压低于放电的限定值，就必须对整个蓄电池模块进行保护，但此时蓄电池模块内其他单体蓄电池往往还带有一定量的剩余电荷，因此，对蓄电池进行均衡管理有利于把剩余电荷利用起来，从而提高蓄电池模块的放电效能。

动力蓄电池管理系统的均衡管理主要分为被动均衡（有损均衡）和主动均衡（无损均衡）。主动均衡原理是动力蓄电池管理系统根据自身判断，将能量高的单体蓄电池能量传递给能量低的单体蓄电池，进而实现蓄电池能量利用的最大化；被动均衡则是通过并联电阻消耗掉多余的能量。在应用场合以及要求不高的情况下，通常采用被动均衡的方式，因为被动均衡的原理简单，对硬件的要求也不是太高。尽管主动均衡的效果比被动均衡要好，同时也能最大化地将单体蓄电池的能量利用起来，但是主动均衡一方面要求相对复杂的硬件电路，另一方面需要相对复杂的控制算法。

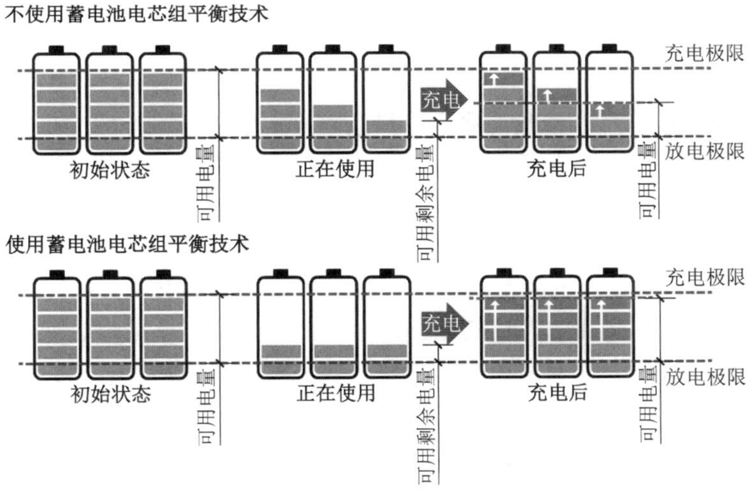

图 6-1-10　电芯均衡过程

（五）动力蓄电池热管理

动力蓄电池管理系统的蓄电池热管理是依据蓄电池性能在不同温度下变化的分析，结合蓄电池自身内部的电化学反应与生热机理，涉及传热、材料、电化学不同门类的交叉，通过设计合理的系统使蓄电池在高温及低温时热失控得到控制，从而使蓄电池整体性能获得提高的一种新技术。

为了实现蓄电池包性能的最优化，必须通过蓄电池热管理系统确保各单体蓄电池工作在一个合理的温度范围内。动力蓄电池热管理是对蓄电池系统内部热环境进行制约、调节和利用，其目的是使动力蓄电池工作在一个最佳的热环境中，充分发挥其性能。同时，提供一个能量平衡的环境，以实现整车能量的综合利用。热管理系统的主要功能包括：

（1）在蓄电池温度较高时进行有效散热，防止产生热失控事故。

（2）在蓄电池温度较低时进行预热，提升电池温度，确保低温下的充电、放电性能和安全性。

（3）减小蓄电池模块内的温度差异，抑制局部热区的形成，防止高温位置处蓄电池过快衰减，降低蓄电池组的整体寿命。

（六）动力蓄电池信息管理

电动汽车蓄电池模块中单体蓄电池数量较多，单位时间内产生大量的数据，这些数据有些需要通过仪表告知驾驶人，有些需要通过通信网络传送到蓄电池管理系统以外的设备（如整车控制器、电机控制器等），也有一些需要作为历史数据被保存到系统中。

（1）蓄电池自诊断。蓄电池管理系统具备自诊断功能，系统上电后首先对电压、温度、通信、时钟、存储器、内部通信等硬件进行自诊断，上报到监控系统并做必要的显示。

（2）蓄电池信息的显示。蓄电池管理系统通常通过仪表把蓄电池状态信息显示出来，告知驾驶人或汽车维修人员。一般来说，需要显示的信息通常包括以下三类。

① 实时电压、电流、温度信息。由于汽车上的单体蓄电池个数较多，通常只需要把整个蓄电池模块的总电压、总电流、最高电池电压、最低电池电压、最高电池温度和最低电池温度等信息反映在仪表上。

② 蓄电池剩余电量信息。蓄电池剩余电量信息好比传统汽车上的油量表，反映蓄电池剩余电量的百分比。为了使驾驶人获得更为直观的感受，通常也会把剩余行驶里程的估算值或剩余可行驶时间显示在仪表上。

③ 报警信息。当蓄电池模块存在安全问题或即将发生安全问题的时候，需要及时通过仪表通知驾驶人。此时，往往还需要配合声音报警等其他多种手段来引起驾驶人的及时注意。

（3）系统内外信息的交互。先进的电动汽车控制，离不开车载信息通信网络。蓄电池管理系统具有“内网”和“外网”两级网络。其中，内网用于传递蓄电池管理系统的内部信息。外网应是双工双通（支持双向通信），蓄电池管理系统需要将电压、电流、温度等信息发送给其他部件，另外，整车控制器也需要将“是否有充电机接入”“是否允许进行充电”等信息发送给蓄电池管理系统。

（4）历史信息存储。信息存储从时效上具有两种方式，即“临时存储”与“永久存储”。临时存储是利用 RAM，暂时保存电池信息，如暂存上 1min 估算所得的剩余电量及在过去 1min 内电流的变化信息，以便估算出此时此刻电池的剩余容量值；永久存储可利用 EPROM、Flash Memory 等器件来实现，可保存时间跨度较大的历史信息。

蓄电池历史信息存储具有以下重要意义。

① 数据缓冲，提高分析估算的精度。由于存在干扰，实时监测到的电压、电流的数值存在错误，利用历史数据，有助于对可能存在的错误数据进行滤波，以得到更精确的数据。

② 有助于蓄电池状态分析。动力蓄电池管理系统能根据一段时间蓄电池的历史数据，对蓄电池的老化状态等进行评估。

③ 有助于故障分析与排除。蓄电池历史信息存储功能类似于飞机的黑匣子，当电动汽车发生故障后，可以通过对历史数据的分析发现故障原因，有助于故障的排除。

知识延伸

比亚迪刀片蓄电池技术

1. 技术背景与研发历程

在新能源汽车快速发展的过程中，蓄电池技术一直是核心竞争力之一。早期众多车企热衷于三元锂蓄电池，因为其能量密度较高，能够带来更长的续驶里程。然而，三元锂蓄电池在安全性方面存在一定的隐患，热失控引发的火灾事故时有发生。比亚迪始终把安全放在首位，从未放弃对稳定性更高的磷酸铁锂蓄电池的研发。经过多年努力，2020 年 3 月 29 日，比亚迪终于发布了历经多年研究的刀片蓄电池。

2. 技术特点

结构特点：刀片蓄电池之所以得名，是因为单体蓄电池的形状像刀片一样。比亚迪研发的大电芯长约 0.6m，厚度仅 13.5mm。这种长方形的设计与传统的圆柱形或方形蓄电池有很大的不同。传统的蓄电池包中，蓄电池模块需要由蓄电池电芯组成，然后蓄电池包再由蓄电池模块组成。其中，结构件和大量横梁占据了 60%的空余空间，电池的有效空间利用率仅为 40%。而刀片蓄电池通过创新的结构设计，能够更有效地利用空间。它像“刀片”一样插入蓄电池组，取消了传统蓄电池的壳体结构，由刀片蓄电池来充当蓄电池的梁和蓄电池电芯组。这样的设计使得蓄电池包的体积利用率提升了 50%以上。

安全性高：刀片蓄电池在安全方面表现出色，通过了最为严苛的针刺测试。在针刺实验中，刀片蓄电池被刺穿后，蓄电池温度可以保持在 30～60℃之间。而传统的三元锂蓄电池在针刺后会发生剧烈的反应，甚至起火爆炸。这是因为刀片蓄电池的线路长，表面积大，散热快。同时比亚迪还在刀片蓄电池上运用了高温“陶瓷电池”技术，在高风险安全位点全面使用了耐高温和拥有绝缘性能的高温陶瓷涂层，覆盖了极耳和极柱。这些措施大大降低了蓄电池电芯组发生内部短路时的安全风险。

能量密度高：刀片蓄电池的出现改变了磷酸铁锂蓄电池能量密度相对较低的局面，其体积能量密度高达 50%。也就是说，在相同的空间内，刀片蓄电池的容量可以提升 50%。这使得搭载刀片蓄电池的电动汽车能够拥有与高能量密度三元锂蓄电池同等水平的续驶里程，极大地提升了磷酸铁锂蓄电池的竞争力。

电池寿命长：刀片蓄电池的循环寿命大于 4500 次，即充电 4500 次后，蓄电池衰减小于 20%。

3. 应用与影响

应用范围：比亚迪所研发的刀片蓄电池广泛应用于其旗下的多款电动汽车，诸如秦、唐、宋、元等热销车型均有所采用。此外，奔驰旗下的Smart全新纯电动车型亦采纳了此项技术。得益于刀片蓄电池的加持，该车型在续驶与安全两大关键领域均取得了长足进步。

行业影响：刀片蓄电池以其独特的结构和优越的性能，为新能源汽车的发展提供了新的解决方案。随着新能源汽车市场的不断扩大，比亚迪的刀片蓄电池技术有望推动整个行业的进一步发展。

4. 技术展望

未来比亚迪将继续对刀片蓄电池进行研发和改进，进一步提高其能量密度、安全性和循环寿命等性能指标。同时随着第二代刀片蓄电池的研发和推出，其能量密度有望达到190W · h/kg，续驶里程有望突破1000km。这将为新能源汽车的发展带来更大的突破。

任务实施

动力蓄电池管理系统认知

请根据工作任务单指引（表 6-1-2），在实车上找到动力蓄电池管理系统控制器，对动力蓄电池管理系统控制器供电线路进行检测。

动力蓄电池管理系统认知工作页　　　　表 6-1-2

<table>
<tr><td colspan="4" rowspan="2">动力蓄电池管理系统认知</td><td colspan="2">班级：</td></tr>
<tr><td colspan="2">姓名：</td></tr>
<tr><td colspan="3">实训地点：</td><td colspan="3">实训时间：</td></tr>
<tr><td colspan="6">1. 车辆信息记录</td></tr>
<tr><td>品牌</td><td></td><td>整车型号</td><td></td><td>生产年月</td><td></td></tr>
<tr><td>驱动电机型号</td><td></td><td>电池电量</td><td></td><td>行驶里程</td><td></td></tr>
<tr><td>车辆识别码</td><td colspan="5"></td></tr>
<tr><td colspan="6">2. 作业前准备</td></tr>
<tr><td colspan="6">作业前现场环境检查</td></tr>
<tr><td colspan="5">检查是否规范着装</td><td>□是　□否</td></tr>
<tr><td colspan="5">检查是否拉设安全围挡</td><td>□是　□否</td></tr>
<tr><td colspan="5">检查放置安全警示牌</td><td>□是　□否</td></tr>
<tr><td colspan="5">检查灭火器压力、有效期</td><td>□是　□否</td></tr>
<tr><td colspan="5">检查测量终端状态</td><td>□是　□否</td></tr>
<tr><td colspan="5">铺设防护四件套</td><td>□是　□否</td></tr>
<tr><td colspan="6">防护用具检查</td></tr>
<tr><td colspan="5">检查绝缘手套</td><td>□是　□否</td></tr>
<tr><td colspan="5">检查护目镜</td><td>□是　□否</td></tr>
<tr><td colspan="5">检查安全帽</td><td>□是　□否</td></tr>
<tr><td colspan="5">检查绝缘鞋</td><td>□是　□否</td></tr>
<tr><td colspan="6">仪表工具检查</td></tr>
<tr><td colspan="5">检查万用表、绝缘检测仪是否正常</td><td>□是　□否</td></tr>
<tr><td colspan="5">检查汽车故障诊断仪是否正常</td><td>□是　□否</td></tr>
<tr><td colspan="5">检查绝缘工具是否齐全、正常</td><td>□是　□否</td></tr>
</table>

续上表

仪表工具检查	
检查放电工装是否正常	□是 □否
检查维修手册、电路图是否完备	□是 □否
测量绝缘地垫绝缘电阻	
测量值____Ω；标准值____Ω	□是 □否
3. 检查动力蓄电池管理系统供电电源熔断器 EF01 和 IF18 是否熔断	
把启动开关打至 OFF 挡，拆下蓄电池负极	□是 □否
拔下熔断器 EF01	□是 □否
拔下熔断器 IF18	□是 □否
测量熔断丝电阻值，判断熔断丝是否损坏	
测量值：EF01____________Ω；IF18____________Ω 标准值：EF01____________Ω；IF18____________Ω	□是 □否
4. 检查动力蓄电池管理系统线束连接器侧电源电压	
断开动力蓄电池管理系统线束连接器 CA69	□是 □否
连接蓄电池负极	□是 □否
测量线束连接器 CA69/（ ）与接地电压 测量值：____________V；标准值：____________V	□是 □否
将启动开关打至 ON 挡	□是 ☑否
测量线束连接器 CA69/（ ）与接地电压 测量值：____________V；标准值：____________V	□是 □否
5. 7S 管理	
关闭车辆启动开关	□是 □否
收起并整理防护四件套	□是 □否
关闭测量平台一体机	□是 □否
关闭测量平台电源开关	□是 □否
清洁并整理测量平台	□是 □否
清洁防护用具并归位	□是 □否
清洁整理仪器设备与工具	□是 □否
清洁实训场地	□是 □否
收起安全警示牌	□是 □否
收起安全围挡	□是 □否
实训人（签字）：	监督人（签字）：

任务评价

通过自评、互评及师评对本任务学习情况进行考评（表 6-1-3），掌握学习效果。

动力蓄电池管理系统认知考核评分　　表 6-1-3

动力蓄电池管理系统认知			实习日期：				
姓名：		班级：	学号：			导师签名：	
自评：□熟练 □不熟练		互评：□熟练 □不熟练	师评：□合格 □不合格				
日期：		日期：	日期：				
评分细则							
序号	评分项	得分条件	分值（分）	评分要求	自评	互评	师评
1	安全/7S/态度	□ 1. 能进行工位 7S 操作 □ 2. 能进行设备和工具安全检查 □ 3. 能进行车辆安全防护操作 □ 4. 能进行工具清洁、校准、存放操作 □ 5. 能进行三不落地操作	15	未完成 1 项扣 3 分	□熟练 □不熟练	□熟练 □不熟练	□合格 □不合格
2	专业技能能力	□ 1. 识读动力蓄电池供电电路 □ 2. 正确断开/连接低压蓄电池负极 □ 3. 正确找到熔断器 EF01、IF18 位置 □ 4. 正确拔下熔断器 EF01、IF18 □ 5. 正确测量熔断器 EF01、IF18 的电阻值 □ 6. 正确断开动力蓄电池管理系统控制器线束连接器 CA69 □ 7. 正确测量动力蓄电池管理系统控制器线束连接器侧电源电压 □ 8. 正确完成熔断丝电阻和 BMS 控制器线束连接器侧电源电压测量	50	未完成 1 项扣 5 分，扣分不得超过 50分	□熟练 □不熟练	□熟练 □不熟练	□合格 □不合格
3	工具及设备的使用能力	□ 1. 能正确选用维修工具 □ 2. 能正确使用维修工具 □ 3. 能正确使用绝缘测试仪 □ 4. 能正确使用读取和校准万用表	10	未完成 1 项扣 5 分，扣分不得超过 10分	□熟练 □不熟练	□熟练 □不熟练	□合格 □不合格
4	资料、信息查询能力	□ 1. 能正确使用维修手册查询资料 □ 2. 能在规定时间内查询所需资料 □ 3. 能正确记录所查询资料章节页码 □ 4. 能正确记录所需维修信息	10	未完成 1 项扣 4 分，扣分不得超过 10分	□熟练 □不熟练	□熟练 □不熟练	□合格 □不合格
5	数据判断和分析能力	□ 1. 能判断作业场地是否安全 □ 2. 能分析绝缘地垫绝缘是否正常 □ 3. 正确判断动力蓄电池管理系统供电电源熔断器 EF01 和 IF18 是否熔断 □ 4. 能分析动力蓄电池管理系统控制器线束连接器侧电源电压是否正常	10	未完成 1 项扣 3 分，扣分不得超过 10分	□熟练 □不熟练	□熟练 □不熟练	□合格 □不合格
6	表单填写及报告撰写能力	□ 1. 字迹清晰 □ 2. 语句通顺 □ 3. 无错别字 □ 4. 无抄袭	5	未完成 1 项扣 1 分	□熟练 □不熟练	□熟练 □不熟练	□合格 □不合格
总分：							

任务拓展

不同品牌新能源汽车动力蓄电池管理系统安装位置

思考测试

一、单选题

1. 动力蓄电池管理系统的主要作用是（ ）。

A. 提高动力蓄电池使用效率　　B. 降低电动汽车成本

C. 增加电动汽车质量　　D. 减少电动汽车续驶里程

2. 集中式 BMS 的主要优点是（ ）。

A. 结构复杂　　B. 成本较高

C. 数据集中，便于分析　　D. 维护难度大

3. 分布式 BMS 的主要优点是（ ）。

A. 可靠性低　　B. 通信线路复杂

C. 可靠性高，单点故障风险低　　D. 扩展性差

4. 动力蓄电池管理系统不包括以下（ ）功能。

A. 数据采集与监测　　B. 动力蓄电池状态评估

C. 车辆导航系统控制　　D. 动力蓄电池安全管理

5. 动力蓄电池状态估计中，SOC 代表（ ）。

A. 剩余电量　　B. 剩余容量

C. 剩余电压　　D. 剩余功率

二、多选题

1. 动力蓄电池管理系统的主要功能包括（ ）。

A. 数据采集与监测　　B. 动力蓄电池状态评估

C. 动力蓄电池安全管理　　D. 动力蓄电池能量管理与热管理

2. 集中式动力蓄电池管理系统的缺点包括（ ）。

A. 可靠性较低　　B. 通信线路复杂

C. 扩展性差　　D. 结构复杂、成本较高

3. 分布式 BMS 的优点包括（ ）。

A. 可靠性高　　B. 通信线路简单

C. 扩展性好　　D. 结构复杂、成本较高

4. 动力蓄电池状态评估中，通常会评估（ ）状态。

A. 荷电状态（SOC）　　B. 健康状态（SOH）

C. 功率状态（SOP）　　D. 剩余寿命

E. 实时容量

5. 动力蓄电池管理系统的安全管理功能包括（　　）。

A. 过充、过放保护　　B. 过流保护

C. 过温保护　　D. 人身安全保护

E. 绝缘电阻检测与高压互锁检测

三、判断题

1. 动力蓄电池管理系统是电动汽车不可缺少的核心部件之一。（　　）

2. 集中式动力蓄电池管理系统的可靠性比分布式动力蓄电池管理系统高。（　　）

3. 动力蓄电池管理系统的主要功能之一是防止电池过充和过放。（　　）

4. 动力蓄电池管理系统不需要进行数据采集与监测。（　　）

5. 动力蓄电池管理系统不能进行蓄电池的热管理。（　　）

任务2 动力蓄电池的数据流采集与分析

学习目标

知识目标

（1）掌握动力蓄电池数据流含义。

（2）掌握动力蓄电池故障码含义。

技能目标

（1）能使用汽车故障诊断仪进行动力蓄电池数据流的读取和分析。

（2）能使用汽车故障诊断仪进行动力蓄电池故障码的读取和分析。

素养目标

（1）培养数据采集和分析能力。

（2）培养良好的团队合作意识和沟通意识。

（3）培养良好的职业素养和职业道德。

任务描述

试装车在测试过程中，仪表显示“请检查动力系统、EV 功能受限”警示。关闭电源后重新上电，仪表“OK”灯不亮。请作为蓄电池助理测试工程师的你协助主管处理此故障。

知识准备

一、数据采集与分析的目的

动力蓄电池数据流是指在动力蓄电池管理系统中，对动力蓄电池进行监控和管理时所涉及的数据的收集、处理和传输过程。动力蓄电池管理系统通过对蓄电池的电压、电流、温度等参数实时采集，动力蓄电池管理系统可以优化蓄电池的工作状态及充、放电策略，精确控制蓄电池的充、放电过程，防止蓄电池过充、过放、过热等危险情况的发生，提高蓄电池的能量效率和功率输出，避免蓄电池的深度充、放电和在极端温度下工作，可以减缓蓄电池的老化，延长蓄电池的使用寿命。动力蓄电池管理系统以电压、电流、温度等为基础，进行蓄电池的 SOC 和 SOH 分析，提供蓄电池的实时状态信息，帮助用户和维修人员了解蓄电池的使用状况。此外，动力蓄电池管理系统能够通过数据分析识别蓄电池的异常行为，及时发出预警，进行故障诊断，减少意外停机故障概率和维修成本。因此，动力蓄电池管理系统的数据采集与分析对于蓄电池的安全、性能、寿命和用户体验都有着至关重要的作用。

动力蓄电池管理系统的主要任务以及信号输入和输出见表 6-2-1，由表可知，动力蓄电池数据采集的主要是蓄电池的电压、电流、温度等参数。

动力蓄电池管理系统的主要任务以及输入和输出　　表 6-2-1

动力蓄电池管理系统的主要任务	输入的信号	执行部件
电压不一致监控	单体蓄电池的电压值	动力蓄电池故障灯
蓄电池模块电压平衡	蓄电池电压和温度	电压平衡电路
内阻不一致监控	单体蓄电池内阻值	动力蓄电池故障灯
低温或电量低时限流控制	电池电压、电流、温度	通知功率元件进行限流降功率
上电继电器组控制	制动信号和一键开关信号	上电继电器组
直流充电继电器组控制	直流充电枪 CAN 信号	直流充电继电器组
车载充电机充电电压控制	蓄电池电压、电流、温度	充电机充电电流
直流充电桩充电电压控制	蓄电池电压、电流、温度	充电机充电电流
蓄电池箱内部温度平衡控制	蓄电池温度	蓄电池箱内制冷装置电磁阀阀门
		蓄电池箱内制热装置电磁阀阀门
		鼓风机电机转速控制
蓄电池容量的计算	蓄电池电压、电流、温度	仪表 SOC 显示
		仪表剩余行驶里程计算
蓄绝缘检测	蓄电池电压、电流	动力蓄电池绝缘警告灯
		动力蓄电池故障灯

二、动力蓄电池管理系统数据采样分类

1. 单点采样

单体蓄电池只设置一个采样点，采集该单体蓄电池的电压、电流或温度等信息。单点采样的优点是结构简单、成本低廉；缺点是精度较低，无法有效反映单体蓄电池内部的差异性。

2. 多点采样

在单体蓄电池上设置多个采样点，采集不同位置的电压、电流、温度或内阻等信息。多点采样的精度较高，可以有效反映单体蓄电池内部的差异性，但是结构复杂、成本较高。

3. 分布式采样

分布式采样是将采样电路分布在蓄电池模块的各个位置，采集蓄电池模块的不同区域的信息。其优点是可靠性好，精度高；缺点是结构复杂、成本高。

不同采样方法的采样精度、可靠性及适用场景见表 6-2-2，分布式采样精度达到±0.1%～0.5%，可靠性比其他两个采样方法高，获得的采样数据更准确，产生的误差相对较小。

不同采样方法的采样精度、可靠性及适用场景　　表 6-2-2

采样方式	采样精度	可靠性	成本	适用场景
单点采样	±1%～2%	一般	低	对精度要求不高的应用场景，如便携式电子设备的蓄电池
多点采样	±0.5%～1%	一般	高	对精度要求较高的应用场景，如电动汽车蓄电池模块、储能电池组
分布式采样	±0.1%～0.5%	高	高	对精度和可靠性要求都较高的应用场景，如高性能电动汽车电池组、大型储能电池组

三、数据采集模块

动力蓄电池管理系统可以分为主控制模块（蓄电池信息处理 BCU）和子系统控制模块（信息采集 BMC）。其中，子系统控制模块（BMC）也称为蓄电池监测及控制模块，主要实现单体蓄电池/模块的基本信息采集及蓄电池均衡控制的执行等功能。BMC 模块主要由温度采集模块、电流采集模块、电压采集模块、均衡控制模块和数据传输及命令执行模块组成，如图 6-2-1 所示。

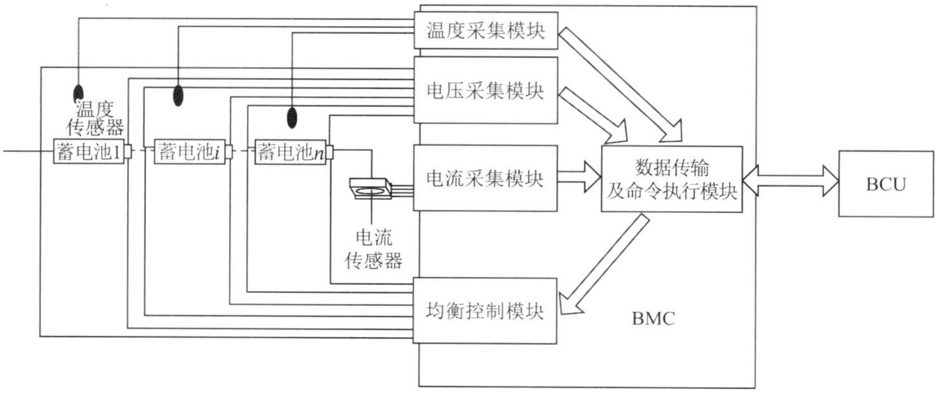

图 6-2-1　BMC 模块的组成

1. 温度采集模块

温度采集模块配合温度传感器，实现对动力蓄电池管理系统进行温度采集，并将数据传输给数据传输及命令执行模块。其中，温度传感器的数量由蓄电池包的需求决定。

2. 电压采集模块

电压采集模块是动力蓄电池管理系统安全技术非常关键的一环，配置相应的蓄电池电压采集芯片以配合模块功能的实现。大部分的蓄电池电压采集芯片都支持 8 个以上的电压采集通道，即可以同时监测多个蓄电池电压状态，但一般不会超过 16 个。因此，对于总线连接或者星形连接的拓扑结构动力蓄电池管理系统来说，单个 BMC 可管理的单体蓄电池数量一般不超过 16 个。

由于单体蓄电池的电压一般在 0～5V，在蓄电池剩余电量的评估中，蓄电池电压状态的采集对系统采集精度的要求相当高，因此在电压采集芯片的选择上，不仅要求芯片能满足蓄电池电压采集范围的需求，其芯片质量、稳定性、通道数等参数都是必须考虑的内容。

3. 电流采集模块

电流采集模块配合电流传感器或者分流器实现对蓄电池组的电流进行采集，并且实现向数据传输及命令执行模块传输相关的数据。为了能更好地对蓄电池剩余电量进行评估，一般对电流传感器的精度要求会比较高。

4. 均衡控制模块

均衡控制模块会通过上位机（BCU）传输的指令，实现对整个蓄电池组的均衡控制，由于均衡控制过程中会产生一定的能量传输，因此该模块在使用过程中的发热量与其他模块相比会比较多，所以在设计过程中，该模块也会跟其他模块在物理空间上进行恰当的隔离。

5. 数据传输及命令执行模块

数据传输及命令执行模块将对温度采集模块、电压采集模块及电流采集模块获得的数据进行处理，并且通过一定的方式将这些数据传输给上位机（BCU）。同时，该模块也将接收 BCU 的相关指令，并根据相关指令实现对蓄电池的均衡控制。

四、数据采集参数

1. 蓄电池电压参数

单体蓄电池电压采集是动力蓄电池管理系统中的重要一环，其性能的好坏及精度的高低决定了系统对蓄电池状态信息判断的准确程度，将进一步影响后续控制策略能否有效进行。常用的检测方法有以下五种。

（1）继电器阵列法。

继电器阵列法由端电压传感器、继电器阵列、A/D 转换芯片、光电耦合器、多路模拟开关等组成，如图 6-2-2 所示。当想要测量n块串联的蓄电池组的端电压时，需要$n+1$ 根导线引入各节点。当想要测量第m块蓄电池的端电压时，单片机发出相应的控制信号，通过多路模拟开关、光电耦合器和继电器驱动电路选通相应的继电器，将m和$m+1$ 根导线引入到 A/D 转换芯片。

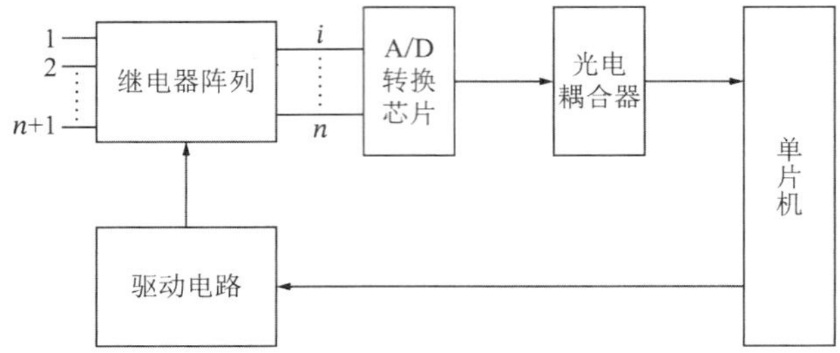

图 6-2-2　继电器阵列法电路

（2）恒流源法。

使用恒流源法采集蓄电池电压的原理是，在不使用转换电阻的前提下，将蓄电池端电压转化为与之呈线性变化关系的电流信号，以此提高系统的抗干扰能力，而在蓄电池组中，蓄电池组相邻两节点间的电压差就是蓄电池端电压，因此要求恒流源电路具有很好的共模抑制能力，设计时多选用集成运算放大器来达到目的。由运算放大器和绝缘栅型场效应管组合构成的减法运算恒流源法电路如图 6-2-3 所示。

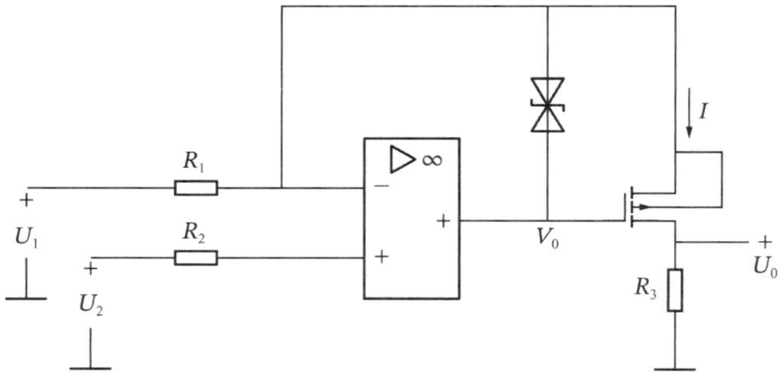

图 6-2-3　由运算放大器和绝缘栅型场效应管组合构成的减法运算恒流源法电路

（3）隔离运算放大器采集法。

隔离运算放大器是一种能够对模拟信号进行电气隔离的电子元件。其广泛用作工业过程控制中的隔离器和各种电源设备中的隔离介质。由输入和输出两部分组成并单独供电，以隔离层划分，信号经输入部分调制处理后经过隔离层，由输出部分解调复现。隔离运算放大器在 600V 动力蓄电池管理系统中的应用如图 6-2-4 所示。

（4）压/频转换电路采集法。

当利用压/频（V/f）转换电路实现单体蓄电池电压采集功能时，压/频变换器的应用变得尤为关键，它是把电压信号转换为频率信号的元件。压/频转换电路采集法中，电压信号直接被转换为频率信号，不需要 A/D 转换，直接进入单片机的计数器端口进行处理。为了配合压/

频转换电路在单体蓄电池电压采集系统中的应用，需要对选择电路和运算放大器电路加以设计，实现多路采集的功能。压/频变换器 LM331 用作高精度压/频转换的电路原理图如图 6-2-5 所示。

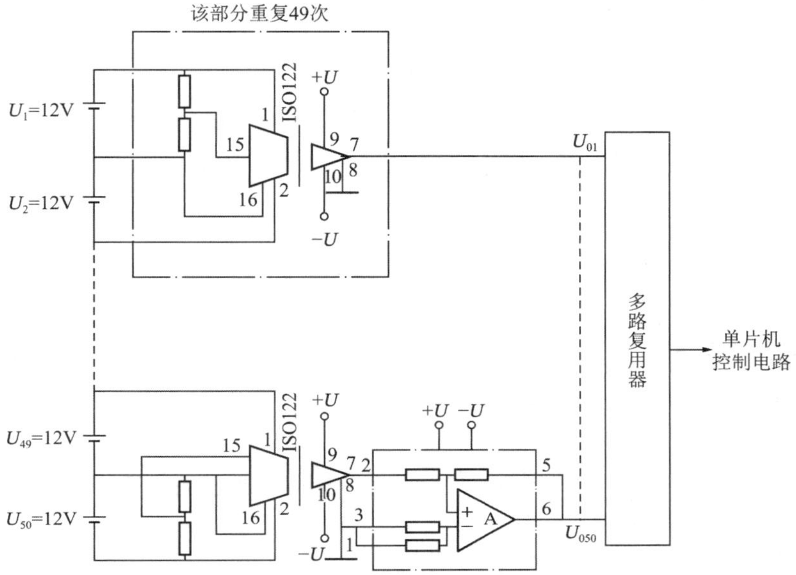

图 6-2-4　隔离运算放大器在 600V 动力蓄电池管理系统中的应用

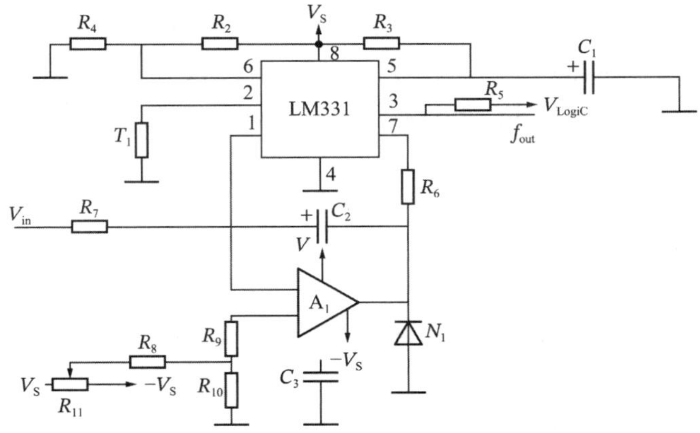

图 6-2-5　压/频变换器 LM331 用作高精度压/频转换的电路原理图

（5）线性光电耦合放大电路采集法。

基于线性光电耦合器件的单体蓄电池电压采集电路实现了信号采集端和处理端之间的隔离，从而提高了电路的稳定性与抗干扰能力。

线性光电耦合器 TIL300 如图 6-2-6 所示，由一个利用红外 LED 照射而分叉配置的隔离反馈光二极管和一个输出光二极管组成，并采用特殊工艺技术来补偿 LED 时间和温度特性的非线性，使输出信号与 LED 发出的伺服光通量呈线性比例关系。

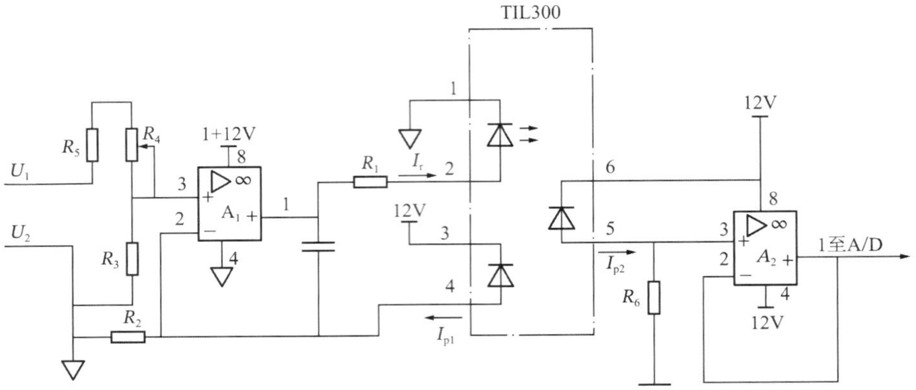

图 6-2-6 线性光耦 TIL300

2. 蓄电池电流参数

常用的电流检测方式有以下四种。

（1）分流器。

分流器的原理是在母线回路中串联微欧级别的电阻，通过测量压降的形式，依据欧姆定律计算电流的大小。

（2）互感器。

互感器基于法拉第电磁感应原理，可以实现非接触式测量，同时提供准确的电流测量结果。当电流通过互感器的一侧（称为主侧）时，会在另一侧（称为副侧）产生一个与主侧电流成比例的电压信号。互感器的一侧与另一侧的比例关系可以根据绕组的匝数比来确定。

（3）霍尔元件电流传感器。

开环霍尔的原理是基于使用霍尔元件检测原边导体中电流产生的磁场，并经过线性放大后将磁场转换为电压信号输出。利用霍尔元件的感应灵敏度（Sensitivity）特性，可以将输出电压转换为相应的电流值。

（4）光纤传感器。

光纤传感器基于光纤中的光信号的传输特性。当电流通过动力蓄电池时，会在附近产生磁场，这个磁场会引起光纤中的一些物理特性的变化，如弯曲、拉伸或折射指数的变化。

3. 温度采集

（1）热敏电阻采集法。

利用热敏电阻的阻值随温度的变化而变化的特性，用一个定值电阻和热敏电阻串联起来构成一个分压器，从而把温度的高低转化成为电压信号，再通过模/数转换得到温度的数字信息。

（2）热电偶采集法。

双金属体在不同温度下会产生不同的热电动势，通过采集这个电动势的值就可以查表得到温度的值。

（3）集成温度传感器。

基于热敏电阻式温度传感器，在生产的过程中进行校正，精度可以媲美热电偶，而且直接输出数字量，很适合在数字系统中使用。

五、动力蓄电池管理系统故障级别的名称和编码

新能源汽车的故障判断功能是蓄电池保护的重要手段，根据蓄电池的相关采样数据信息，提前告警或者进行诸如降功率、下高压等动作，防止蓄电池因故障或者过度使用而发生危险，从而延长蓄电池的使用寿命。故障处理级别，目前默认规定为 3 级，一级故障（轻微）；二级故障（较重）；三级故障（中等）。

常见故障判断有如下四种。

（1）电压相关故障判断：单体蓄电池过压故障、单体蓄电池欠压故障、单体蓄电池压差过大故障、总电压过压故障、总电压欠压故障、极限过压故障、极限欠压故障。

（2）温度相关故障判断：单体蓄电池温度过高故障、单体蓄电池温度过低故障、温差过大故障、极限高温故障、极限低温故障。

（3）电流相关故障判断：充电电流过大故障、放电过流故障、电流传感器故障。

（4）继电器相关故障判断：继电器粘连故障和继电器断路故障。

一、二、三级故障名称和故障码对照表分别见表 6-2-3～表 6-2-5。

一级故障名称和故障码对照表　　表 6-2-3

故障名称	故障码	对整车的影响
单体蓄电池电压过压	P0004	行车模式：蓄电池放电电流降为 0A，高压断开，无法行车。车载充电：请求停止充电/停止加热，主正、主负继电器断开。直流快充：BMS 发送终止充电，主正、主负继电器断开
蓄电池外部短路（放电过流）	P0006	
温度过高	P0007	
蓄电池内部短路	P0014	

二级故障名称和故障码对照表　　表 6-2-4

故障名称	故障码	对整车影响
单体蓄电池电压欠压	P0269	行车模式：限功率至放电电流 25A
BMS 内部通信故障	P0279	行车模式：限功率至放电电流 25A，“最大允许充电电流”调整为 0A。充电模式：发送请求停止充电，如果上报故障后 2s 内未收到响应，BMS 主动断开高压继电器或加热继电器
BMS 硬件故障	P0284	
BMS 与车载充电机通信故障	P0283	车载充电模式：请求停止充电，或请求停止加热，如果上报故障后 2s 内未收到响应，BMS 主动断开高压继电器或加热继电器
温度过高	P0258	行车模式：限功率至放电电流 25A，“最大允许充电电流”调整为 0A
绝缘电阻过低	P0276	行车模式：限功率至放电电流 25A，“最大允许充电电流”调整为 0A。充电模式：发送请求停止充电，如果上报故障后 2s 内未收到响应，BMS 主动断开高压继电器或加热继电器
加热元件故障	P0281-1	充电模式：请求停止加热，如果上报故障后 2s 内未收到响应，BMS 主动断开加热继电器

三级故障名称和故障码对照表　　表 6-2-5

故障名称	故障码	对整车影响	恢复条件
温度过高故障	P1043	行车模式：放电功率降为当前状态的 50%	重新上电
绝缘电阻过低	P1047	上报不处理	
电压不均衡	P1046	行车模式：放电功率降为当前状态的 40%	
单体蓄电池电压欠压	P1040		
温度不均衡	P1045	上报不处理	
放电过流	P1042	行车模式：放电功率降为当前状态的 50%	

知识延伸

无线电池管理系统技术

无线电池管理系统（Wireless Battery Management System，WBMS）技术是指使用无线通信进行信号传输的动力蓄电池管理系统，是动力蓄电池管理系统的关键部件，监控动力蓄电池工作参数（温度、电压、电流等），进行动力蓄电池状态估计，为蓄电池管理系统提供通信、安全、蓄电池电芯组均衡及管理控制，并提供与应用设备通信的接口。其主要包含电池控制单元、电池检测单元及其附件。

WBMS 技术采用无线通信的方式，大幅减少动力蓄电池管理系统内部线束，节省了大量布置空间并减少质量，可实现动力蓄电池管理系统的高效集成，目前已应用在个别车型。但该技术目前还面临电磁兼容性较差、抗干扰稳定性较差、网络攻击风险较高和成本较高的挑战，技术成熟度较低，尚不满足大规模商用的条件，期望通过产业链协同努力，促进 WBMS 技术尽快完成验证和实现规模应用。

传统的 BMS 技术方案采用线束进行数据通信，因为菊花链有线通信协议中内置了功能安全特性，所以这是实现汽车 ASIL D 合规性的最可靠方法。然而，线束也有其缺点：电缆故障、保修维修和蓄电池电芯组更换的成本高昂。为解决上述问题，WBMS 系统使用无线方案把线束取消后，省出来的空间可以放更多蓄电池电芯，提高动力蓄电池管理系统的比能量。WBMS 技术的本质是采用无线通信，减少从控 CSU 之间、从控与主控 BMS 之间的线束，而电压与温度的采样以及将电压和温度传送至从控 CSU 的方案不受影响；此外，BMS 与继电器、高温熔断器、整车 VCU 之间的控制连接线也不受影响。

卓越的 WBMS 网络可变革现有的动力蓄电池管理系统，通过实施经过独立评估的功能安全设计，使主机厂能够简化动力蓄电池管理系统的设计流程，提高系统的可靠性，并减轻车辆质量，从而延长续驶里程。WBMS 技术的主要优势包括：通过消除线束来降低系统成本和生产的复杂性；使新架构能够更有效地利用空间，设计出更高比能量的蓄电池包；通过消除繁重、成本高昂且需要频繁维护的布线工作，并减少连接器的数量来提高自动化水平，从而加快组装速度并提高生产效率。另外，WBMS 技术的无线协议可提供高性能的数据通信，支持高达 1.2Mb/s 的数据吞吐量，每个节点的延迟小于 2ms，确保了超过 99.999%可用性，保障了数据通信的安全性。

任务实施

动力蓄电池的数据流采集与分析

请根据工作任务单指引（表 6-2-6），利用汽车故障诊断仪读取动力蓄电池的故障码和数据流，并分析相应含义。

动力蓄电池的数据流采集与分析工作页　　表 6-2-6

动力蓄电池的数据流采集与分析				班级：	
				姓名：	
实训地点：			实训时间：		
1. 车辆信息记录					
品牌		整车型号		生产年月	
驱动电机型号		电池电量		行驶里程	
车辆识别码					
2. 作业前准备					
作业前现场环境检查					
检查是否规范着装					□是　□否
检查是否拉设安全围挡					□是　□否
检查放置安全警示牌					□是　□否
检查灭火器压力、有效期					□是　□否
检查测量终端状态					□是　□否
铺设防护四件套					□是　□否
防护用具检查					
检查绝缘手套					□是　□否
检查护目镜					□是　□否
检查安全帽					□是　□否
检查绝缘鞋					□是　□否
仪表工具检查					
检查万用表、绝缘检测仪是否正常					□是　□否
检查汽车故障诊断仪是否正常					□是　□否
检查绝缘工具是否齐全、正常					□是　□否
检查放电工装是否正常					□是　□否
检查维修手册、电路图是否完备					□是　□否

续上表

<table>
<tr><td colspan="3">测量绝缘地垫绝缘电阻</td></tr>
<tr><td colspan="2">测量值____Ω；标准值____Ω</td><td>□是　□否</td></tr>
<tr><td colspan="3">3. 动力蓄电池故障码读取</td></tr>
<tr><td colspan="3">实施步骤</td></tr>
<tr><td colspan="2">关闭点火开关</td><td>□是　□否</td></tr>
<tr><td colspan="2">将 OBD-II测量线连接至 VCI 设备</td><td>□是　□否</td></tr>
<tr><td colspan="2">连接车辆 OBD 诊断座，VCI 设备电源指示灯亮起</td><td>□是　□否</td></tr>
<tr><td colspan="2">打开点火开关</td><td>□是　□否</td></tr>
<tr><td colspan="2">启动诊断仪，选择新能源汽车</td><td>□是　□否</td></tr>
<tr><td colspan="2">选择相应车型</td><td>□是　□否</td></tr>
<tr><td rowspan="6">读取故障代码</td><td>故障代码</td><td>含义</td></tr>
<tr><td></td><td></td></tr>
<tr><td></td><td></td></tr>
<tr><td></td><td></td></tr>
<tr><td></td><td></td></tr>
<tr><td></td><td></td></tr>
<tr><td rowspan="6">数据流读取</td><td>数据名称</td><td>数据值</td></tr>
<tr><td></td><td></td></tr>
<tr><td></td><td></td></tr>
<tr><td></td><td></td></tr>
<tr><td></td><td></td></tr>
<tr><td></td><td></td></tr>
<tr><td colspan="3">4. 7S 管理</td></tr>
<tr><td colspan="2">关闭车辆起动开关</td><td>□是　□否</td></tr>
<tr><td colspan="2">收起并整理防护四件套</td><td>□是　□否</td></tr>
<tr><td colspan="2">关闭测量平台一体机</td><td>□是　□否</td></tr>
<tr><td colspan="2">关闭测量平台电源开关</td><td>□是　□否</td></tr>
<tr><td colspan="2">清洁并整理测量平台</td><td>□是　□否</td></tr>
<tr><td colspan="2">清洁防护用具并归位</td><td>□是　□否</td></tr>
<tr><td colspan="2">清洁整理仪器设备与工具</td><td>□是　□否</td></tr>
<tr><td colspan="2">清洁实训场地</td><td>□是　□否</td></tr>
<tr><td colspan="2">收起安全警示牌</td><td>□是　□否</td></tr>
<tr><td colspan="2">收起安全围挡</td><td>□是　□否</td></tr>
<tr><td>实训人（签字）:</td><td colspan="2">监督人（签字）:</td></tr>
</table>

任务评价

通过自评、互评及师评对本任务学习情况进行考评（表 6-2-7），掌握学习效果。

动力蓄电池的数据流采集与分析考核评分 表 6-2-7

<table>
<tr><td colspan="4">动力蓄电池的数据流采集与分析</td><td colspan="4">实习日期：</td></tr>
<tr><td colspan="2">姓名：</td><td colspan="2">班级：</td><td colspan="2">学号：</td><td colspan="2" rowspan="3">导师签名：</td></tr>
<tr><td colspan="2">自评：□熟练 □不熟练</td><td colspan="2">互评：□熟练 □不熟练</td><td colspan="2">师评：□合格 □不合格</td></tr>
<tr><td colspan="2">日期：</td><td colspan="2">日期：</td><td colspan="2">日期：</td></tr>
<tr><td colspan="8">评分细则</td></tr>
<tr><td>序号</td><td>评分项</td><td>得分条件</td><td>分值（分）</td><td>评分要求</td><td>自评</td><td>互评</td><td>师评</td></tr>
<tr><td>1</td><td>安全/7S/态度</td><td>□ 1. 能进行工位 7S 操作
□ 2. 能进行设备和工具安全检查
□ 3. 能进行车辆安全防护操作
□ 4. 能进行工具清洁、校准、存放操作
□ 5. 能进行三不落地操作</td><td>15</td><td>未完成 1 项扣 3 分</td><td>□熟练
□不熟练</td><td>□熟练
□不熟练</td><td>□合格
□不合格</td></tr>
<tr><td>2</td><td>专业技能能力</td><td>□ 1. 能完成实训前的准备工作
□ 2. 能正确使用车辆
□ 3. 能正确将 OBD-II测量线连接至 VCI 设备
□ 4. 能正确使用测试诊断仪
□ 5. 能正确读取故障代码
□ 6. 能正确读取数据流
□ 7. 能正确说出故障码意义
□ 8. 能正确按照流程完成实训中各步骤</td><td>50</td><td>未完成 1 项扣 5 分，扣分不得超过 50 分</td><td>□熟练
□不熟练</td><td>□熟练
□不熟练</td><td>□合格
□不合格</td></tr>
<tr><td>3</td><td>工具及设备的使用能力</td><td>□ 1. 能正确选用维修工具
□ 2. 能正确使用维修工具
□ 3. 能正确使用诊断仪</td><td>10</td><td>未完成 1 项扣 5 分，扣分不得超过 10 分</td><td>□熟练
□不熟练</td><td>□熟练
□不熟练</td><td>□合格
□不合格</td></tr>
<tr><td>4</td><td>资料、信息查询能力</td><td>□ 1. 能正确使用维修手册查询资料
□ 2. 能在规定时间内查询所需资料
□ 3. 能正确记录查询资料章节页码
□ 4. 能正确记录所需维修信息</td><td>10</td><td>未完成 1 项扣 4 分，扣分不得超过 10 分</td><td>□熟练
□不熟练</td><td>□熟练
□不熟练</td><td>□合格
□不合格</td></tr>
<tr><td>5</td><td>数据判断和分析能力</td><td>□ 1. 能正确判断故障码代表的意义
□ 2. 能正确判断故障对整车的影响
□ 3. 能正确判断读取数据是否正常</td><td>10</td><td>未完成 1 项扣 3 分，扣分不得超过 10 分</td><td>□熟练
□不熟练</td><td>□熟练
□不熟练</td><td>□合格
□不合格</td></tr>
<tr><td>6</td><td>表单填写及报告撰写能力</td><td>□ 1. 字迹清晰
□ 2. 语句通顺
□ 3. 无错别字
□ 4. 无抄袭</td><td>5</td><td>未完成 1 项扣 1 分</td><td>□熟练
□不熟练</td><td>□熟练
□不熟练</td><td>□合格
□不合格</td></tr>
<tr><td colspan="8">总分：</td></tr>
</table>

• 任务拓展

比亚迪秦EV电动汽车动力蓄电池的部分数据流、故障码

思考测试

一、单选题

1. 动力蓄电池管理系统的主要作用是（　　）。

A. 提高电池的充电速度　　B. 优化电池的工作状态及充放电策略

C. 增加电池的物理强度　　D. 减少电池的重量

2. 在动力蓄电池管理系统中，（　　）方法的精度最高。

A. 单点采样　　B. 多点采样

C. 分布式采样　　D. 随机采样

3. 动力蓄电池管理系统中，（　　）模块负责实现单体蓄电池/模块的基本信息采集及蓄电池均衡控制的执行等功能。

A. 主控制模块（BCU）　　B. 子系统控制模块（BMC）

C. 数据传输模块　　D. 均衡控制模块

4. 蓄电池电压采集模块在动力蓄电池管理系统中（　　）。

A. 仅用于监测电池温度

B. 仅用于监测电池电流

C. 非常关键的一环，用于监测电池电压状态

D. 用于电池的物理连接

5. 在电流采集模块中，（　　）方法是通过测量压降的形式来计算电流大小的。

A. 分流器　　B. 互感器

C. 霍尔元件电流传感器　　D. 光纤传感器

二、多选题

1. 动力蓄电池数据流包括（　　）参数的采集。

A. 电压　　B. 电流　　C. 温度　　D. 重量

2. 动力蓄电池管理系统的主要任务包括（　　）。

A. 优化蓄电池的工作状态　　B. 精确控制蓄电池的充、放电过程

C. 提高蓄电池的能量效率　　D. 减少蓄电池的重量

3. 动力蓄电池管理系统中，（　　）模块是子系统控制模块（BMC）的组成部分。

A. 温度采集模块　　B. 电压采集模块

C. 均衡控制模块　　D. 数据传输及命令执行模块

4. 动力蓄电池管理系统中，(　　)方法可以用于单体蓄电池电压采集。

A. 继电器阵列法　　B. 恒流源法

C. 隔离运放采集法　　D. 压/频转换电路采集法

5. 动力蓄电池管理系统中，(　　)方法可以用于蓄电池电流参数采集。

A. 分流器　　B. 互感器

C. 霍尔元件电流传感器　　D. 光纤传感器

三、判断题

1. 动力蓄电池管理系统能够通过数据分析识别电池的异常行为，及时发出预警。(　　)

2. 分布式采样的精度可以达到±0.1%～0.5%，可靠性比其他两个采样方法高。(　　)

3. 动力蓄电池管理系统中的主控制模块（BCU）主要负责电池信息处理。(　　)

4. 电压采集模块不需要考虑芯片的质量、稳定性、通道数等参数。(　　)

5. 动力蓄电池管理系统中，温度采集模块不需要配合温度传感器。(　　)

任务3 动力蓄电池热管理系统检测

学习目标

知识目标

（1）了解动力蓄电池热管理的重要性。

（2）掌握动力蓄电池进行散热的方法。

（3）掌握动力蓄电池进行加热的方法。

技能目标

（1）能在车辆上指出动力蓄电池热管理系统部件。

（2）能检测 PTC 加热水泵、三通电磁阀、热交换器电磁阀 3 个电器组件的供电电压并分析异常。

素养目标

（1）培养良好的安全意识与团队合作意识。

（2）以工匠之心筑质量之魂，培养爱岗敬业的劳动态度。

（3）培养一丝不苟的工作作风与责任担当的职业素养。

任务描述

一辆 2018 款吉利帝豪 EV450 电动汽车出现动力蓄电池温度过高故障。你知道电动汽车为什么需要动力蓄电池热管理系统吗?你知道动力蓄电池热管理系统的类型和工作原理吗?请你对动力蓄电池热管理系统水泵、三通电磁阀不工作的故障进行诊断与排除。

知识准备

一、蓄电池热管理的重要性

动力蓄电池是电动汽车的能量来源，在充、放电过程中由于蓄电池阻抗的存在，电流通过蓄电池时会导致蓄电池内部产生热量。另外，蓄电池内部的电化学反应也会产生一定的热量，从而导致蓄电池的温度上升，而温度升高会影响蓄电池的很多工作特性参数，如内阻、电压、

SOC、可用容量、充放电效率和蓄电池的使用寿命等。

温度对蓄电池的循环寿命有很大的影响。研究表明，同一款蓄电池电芯，当温度上升 10℃时，蓄电池电芯的循环寿命下降近 50%。蓄电池热效应问题也会影响到整车的性能和循环寿命，因此，做好蓄电池的热管理对电池的性能、寿命乃至整车行驶里程都十分重要。

二、蓄电池热管理技术

1. 空气冷却

空气冷却是以空气为介质，利用空气中的热对流，使得蓄电池与空气直接交换热量，从而降低蓄电池温度的一种散热方式。空气冷却可根据是否利用风机分为自然冷却和强制冷却。没有利用风机的是自然冷却；利用风机的是强制冷却。采用强制冷却的车型有北汽新能源、丰田普锐斯等。大量的研究表明：强制冷却的散热效果要远远高于自然冷却的散热效果。

图 6-3-1 所示为串行冷却方式，气流从一侧流入，另一侧流出，这种方式将导致距离空气进口流道较远的蓄电池冷却情况不好，会出现蓄电池散热不均匀的现象，使得电池温差大；并行冷却方式，气流一般从下面进入，上面流出。从图中可以看出，冷却气流基本上能流过每块蓄电池表面，因此各个蓄电池之间的温差会小于串行冷却，但同样带来了热量分配不均的问题。

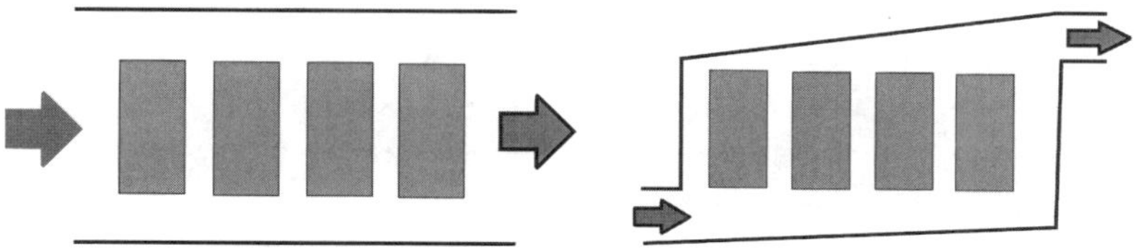

a) 串行风道　　b) 并行风道

图 6-3-1　串行和并行冷却方式

空气冷却是目前较成熟的冷却方案，它具有成本低、能耗低、技术成熟等优点，并且控制也较容易；由于整个冷却系统的结构不复杂，后期的维护既容易也便宜。而缺点是冷却效果受环境温度影响较大，在炎热的夏天，散热效率较低。在冬天，如果蓄电池需要加热，就需要额外的加热系统，比如在蓄电池间安装电加热膜等。另外，空气冷却的方式对大规模蓄电池模块散热的均匀性难以保障，存在部分蓄电池发热量较大、散热效率非常低的问题，这就影响了蓄电池模块的安全性。空气冷却在新能源汽车蓄电池热管理行业中，并不是最佳的冷却方式。

2. 动力蓄电池液冷技术

动力蓄电池液冷技术是热管理技术中的一种，该技术通常使用换热系数高的冷却液，使蓄电池与冷却液进行热交换，从而降低蓄电池温度。

液冷是一种极为有效的散热方法，其与空气冷却相比，传热系数更高。电动汽车的液冷系统可以根据绝缘液体与蓄电池的接触形式，分为直接接触和间接接触。将单体蓄电池或蓄电池模块沉浸在液体中进行热交换的形式为直接接触形式；另外，也可在蓄电池模块间设置冷却通道，或在蓄电池底部采用冷却板，动力蓄电池的热量通过冷却板再传递到冷却液，这种液冷形式为间接接触。这两种形式对液冷系统的气密性要求较高。此外，对机械强度要求较高，需要保证耐振动性以及冷却系统的使用寿命要求。

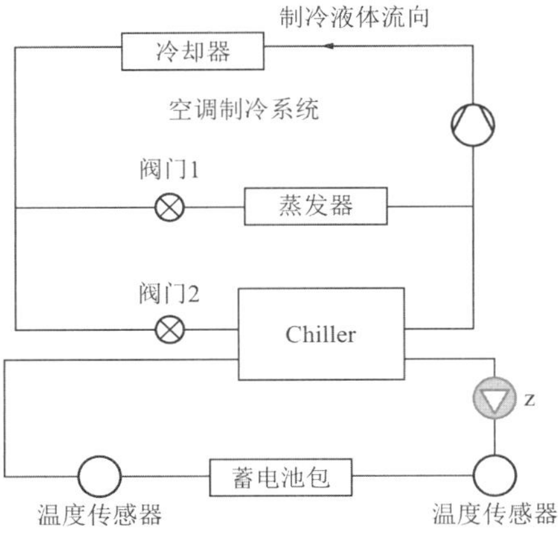

图 6-3-2　**液冷系统**

电动汽车液冷系统主要由冷却液、冷却板、电子水泵、温度传感器、散热器等组成。其基本原理如图 6-3-2 所示，压缩机作为制冷的动力发起点，决定着整个系统的换热能力。Chiller（冷却装置）具有制冷剂和冷却液的交换作用；换热量的大小也直接决定着冷却液的温度；水泵决定了管路内冷却液的流速，流速越快，换热性能就会越好，反之亦然。目前，液冷是许多电动汽车的优选方案，国内外的典型产品如通用沃蓝达（Volt）、特斯拉（Tesla）等都用到了液冷系统，与沃蓝达的并行流道相比，特斯拉的液冷采用串行流道，Tesla 液冷结构模拟图和实物图如图 6-3-3 所示，冷板安装于蓄电池间隙，这种结构设计难度较大，同时，蛇形冷板在较大程度上增加了液冷系统的压力损失。虽然有研究表明液冷比风冷散热效果更佳，但是目前液冷系统的设计仍然存在一些问题，如冷却板的结构设计以及流道设计，冷却液的流速对蓄电池温度会产生很大的影响，需要将其影响因素控制在合适的范围内。

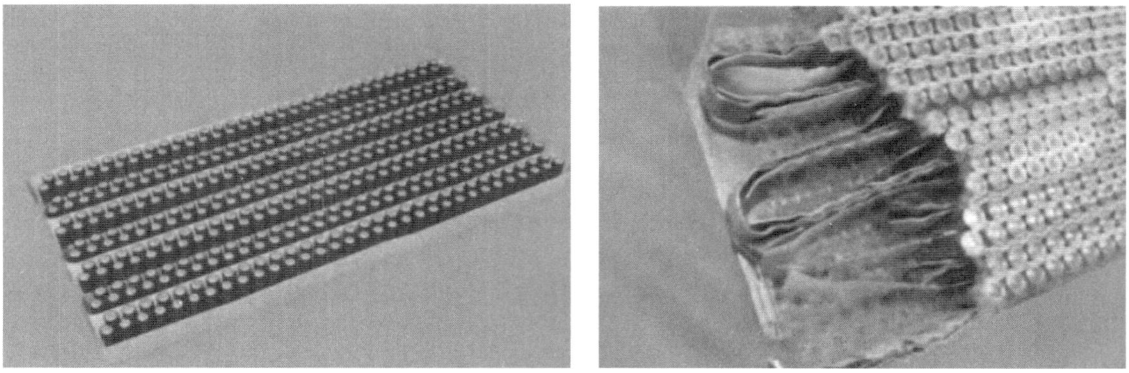

图 6-3-3　**Tesla 液冷结构模拟图和实物图**

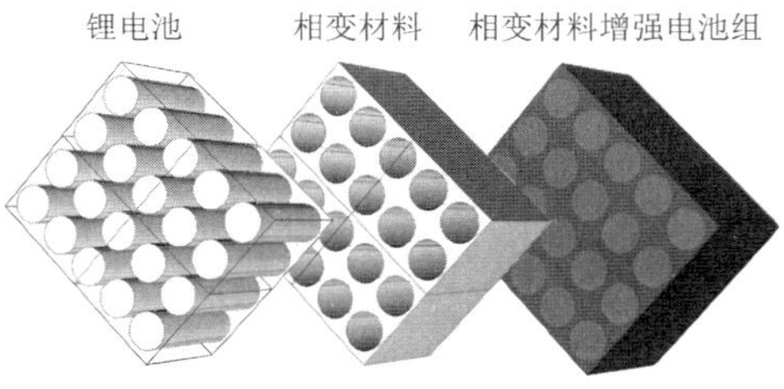

图 6-3-4　**相变材料围绕着蓄电池模块**

3. 相变材料冷却

相变材料（Phase Change Materials，PCM）散热技术是利用了相变材料发生相变时会吸收热量的原理，将相变材料围绕着蓄电池组（图 6-3-4），在一定环境下达到相变温度，相变材料发生相变并吸收蓄电池工作时产生的热量，从而有效避免蓄电池模块温度过高的过程。因为相变过程是一个恒温过程，这样可以很好地把蓄电池温度维持在相变材料相变温度附近，从而抑制蓄电池温度继续上升。但使用相变材料冷却需重视密封问题，并且会增大蓄电池包的体积，降低能量密度。此外，保温功能只能在有限的驻车时间内维持，长时间的电池预热还要靠内建的热源，而且保温一般需要较低的导热系数，这可能会带来温度分布不均的问题。

在实际应用中，考虑到成本问题，大多采用工业石蜡做相变材料，有机相变材料物理化学性质稳定，具有过冷度小、相变潜热较大、热稳定性好等优点，但是导热系数较小，传热能力较差。相比于有机相变材料，无机相变材料具有温度范围广、蓄热性能好、热导率高、成本低等特点，但也存在相分离、过冷度较大和腐蚀等问题。共晶相变材料是由有机和无机组成的混合材料，是一种复合材料，包括无机-无机、有机-有机或者无机-有机相变材料的二元或多元共晶体系，通过混合多种相变材料克服单一相变材料的缺点，使其更好地应用于实际情况。

复合相变材料是当下蓄电池热管理材料方面研究的主要方向之一。其中热门的研究话题有相变材料中的添加剂材料散热效果研究、相变材料与风冷组成的混合冷却系统散热效果研究以及相变材料与空气冷却组成的蓄电池热管理混合冷却系统、复合相变材料保温性能研究等。

4. 热管冷却

热管冷却是将热管分为蒸发段、热量传递段和冷凝段，其主要散热原理是通过热管蒸发段吸热将蓄电池包中热量导出，蒸发段热量因形成的压力差通过热管中间段传递到冷凝段散热，进而实现蓄电池包的有效热管理，热管冷却工作原理如图 6-3-5 所示

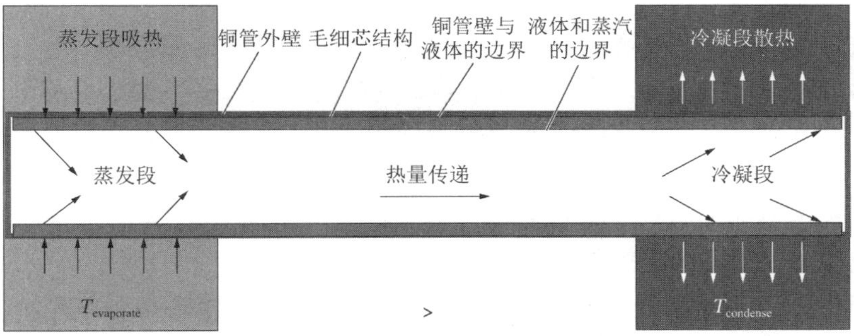

图 6-3-5　热管冷却工作原理

三、动力蓄电池管理系统的热管理组成及控制方式

动力蓄电池热管理系统主要包含蓄电池管理系统、制冷模块、加热模块、膨胀水箱、水温传感器、3 个三通管，如图 6-3-6 所示。动力蓄电池系统包括蓄电池包 1、蓄电池包 2、蓄电池管理系统控制器。制冷模块包括空调机组、水泵、TMS 控制器。加热模块包括 PTC 和加热器控制器。PTC 是正温度系数的电阻丝。蓄电池包 1 出水口通过三通 1 与蓄电池包 2 出水口连

接，蓄电池包 1 进水口通过三通 2 与蓄电池包 2 进水口连接。制冷模块通过三通 3 与动力蓄电池系统连接。维修球阀通过三通 3 与动力蓄电池系统连接。水温传感器通过三通 2 与动力蓄电池系统连接。

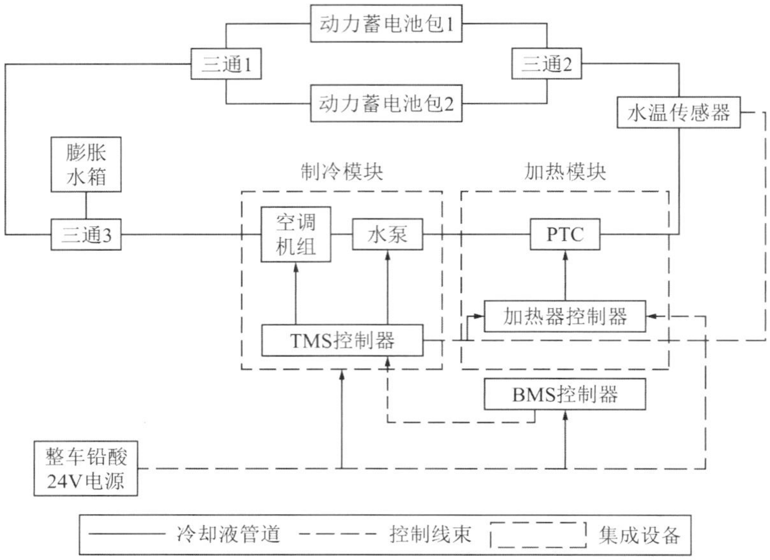

图 6-3-6　BMS 的热管理组成图

热管理循环回路：膨胀水箱→三通 3→空调机组→水泵→PTC→水温传感器→三通 2→蓄电池包 1、蓄电池包 2→三通 1→三通 3→膨胀水箱。

新能源汽车钥匙打到 ON 挡时，蓄电池管理系统控制器开始采集蓄电池包 1 和蓄电池包 2 内的所有蓄电池电芯组温度。当蓄电池电芯组的最高温度$T_{max} \geqslant 37℃$，蓄电池管理系统控制器发送报文给 TMS 控制器，TMS 控制器接收报文后，发送“制冷”指令给空调机组、水泵，水泵、空调机组（压缩机）开启，通过内部的制冷剂（R134a 等）对冷却液水温进行冷却，压缩机开启的设定目标水温$T = 18℃ \pm 1℃$，并根据当前水温实时调节压缩机功率。

动力蓄电池热管理系统的控制策略：

（1）当蓄电池电芯最高温度T_{max}处于 32～37℃时，蓄电池管理系统控制器发送报文给 TMS 控制器，TMS 控制器接收报文后，发送“自循环”指令给水泵，水泵开启，空调机组（压缩机）关闭，冷却管路在水泵的作用下处于自循环模式。

（2）当$T_{max} < 32℃$，蓄电池管理系统控制器发送报文给 TMS 控制器，TMS 控制器接收报文后，发送“关机”指令给水泵，水泵关闭，动力蓄电池通过自身壳体与外界环境进行散热。

（3）当蓄电池电芯组的最低温度T_{min}处于 12～15℃时，BMS 控制器发送报文给 TMS 控制器，TMS 控制器接收报文后，发送”开机“指令给水泵，同时转发报文给加热器控制器，加热器控制器发送“加热”指令给 PTC，水泵、PTC 开启，冷却液设定目标水温$T = 40℃ \pm 1℃$，开始对冷却液进行加热，热量经过蓄电池包 1 和蓄电池包 2 内部，实现蓄电池包加热。

知识延伸

蓄电池管理系统热管理技术

随着新能源汽车的快速发展，蓄电池管理系统（BMS）作为其核心组成部分，其性能与安全性越来越受到业界的关注。在BMS中，热管理技术作为确保蓄电池组在安全、高效状态下运行的关键技术，其重要性不言而喻。蓄电池组在运行过程中，由于内部化学反应会产生热量。如果热量不能得到及时有效地散发，会导致蓄电池温度升高，进而影响蓄电池的性能和使用寿命，甚至可能引发安全事故。

1. BMS热管理技术当前关键技术

（1）热敏电阻技术：通过热敏电阻来检测蓄电池的温度，并将温度数据传递给BMS进行处理。这种方法简单可靠，但受限于热敏电阻的精度和响应速度。

（2）热电偶技术：热电偶利用塞贝克效应来测量温度，具有较高的精度和稳定性。然而其安装和维护成本较高，且容易受到电磁干扰。

（3）红外测温技术：通过红外传感器来测量蓄电池表面的温度，具有非接触、快速响应的特点。但红外测温受环境温度和蓄电池表面发射率的影响较大。

（4）液体冷却技术：利用液体（如水、乙二醇等）作为冷却介质，通过循环流动来带走蓄电池的热量。这种方法散热效果好，但需要额外的冷却系统和管道，增加了系统的复杂性和成本。

（5）热管技术：热管是一种高效的传热元件，它利用内部工质的相变来传递热量。热管具有体积小、质量轻、传热效率高等优点，在BMS热管理中具有广阔的应用前景。

2. BMS热管理技术未来发展趋势

（1）集成化：随着蓄电池技术的不断发展，未来BMS热管理技术将越来越注重集成化设计。通过集成化设计，可以减小系统的体积和质量，提高系统的可靠性和效率。

（2）智能化：利用先进的传感器和算法技术，实现BMS热管理系统的智能化控制。智能化控制可以根据蓄电池的实际工作状态和环境条件自动调节散热策略，从而优化蓄电池的性能和使用寿命。

（3）新型冷却技术：未来BMS热管理技术将不断探索新型冷却技术，如固态热管、纳米流体等。这些新型冷却技术具有更高的传热效率和更低的能耗，可以为BMS提供更有效的热保障。

任务实施

动力蓄电池热管理系统检测

请根据工作任务单指引（表 6-3-1），检测 PTC 加热水泵、三通电磁阀、热交换器电磁阀 3 个电器组件的供电电压并分析异常。

动力蓄电池热管理系统检测工作页　　表 6-3-1

动力蓄电池热管理系统检测				班级：	
				姓名：	
实训地点：			实训时间：		
1. 车辆信息记录					
品牌		整车型号		生产年月	
驱动电机型号		电池电量		行驶里程	
车辆识别码					
2. 作业前准备					
作业前现场环境检查					
检查着装是否规范					□是　□否
检查是否拉设安全围挡					□是　□否
检查是否正确放置安全警示牌					□是　□否
检查灭火器压力、有效期					□是　□否
检查测量终端状态					□是　□否
铺设防护四件套					□是　□否
防护用具检查					
检查绝缘手套					□是　□否
检查护目镜					□是　□否
检查安全帽					□是　□否
检查绝缘鞋					□是　□否
仪表工具检查					
检查万用表、绝缘检测仪是否正常					□是　□否
检查汽车故障诊断仪是否正常					□是　□否
检查绝缘工具是否齐全、正常					□是　□否
检查放电工装是否正常					□是　□否
检查维修手册、电路图是否完备					□是　□否

续上表

测量绝缘地垫绝缘电阻	
测量值____Ω；标准值____Ω	□是　□否
3. 检测 PTC 加热水泵供电电压	
断开加热水泵线束连接器 CA72	□是　□否
打开点火开关，车辆上电	□是　□否
测量线束连接器 CA72/（　　）与接地电压 测量值：____________V；标准值：____________V	□是　□否
空调开启制热功能	□是　□否
测量线束连接器 CA72/（　　）与接地电压 测量值：____________V；标准值：____________V	□是　□否
4. 检测三通电磁阀供电电压	
断开三通电磁阀线束连接器 CA56	□是　□否
打开点火开关，车辆上电	□是　□否
测量线束连接器 CA56/（　　）与接地电压 测量值：____________V；标准值：____________V	□是　□否
空调开启制热功能	□是　□否
测量线束连接器 CA56/（　　）与接地电压 测量值：____________V；标准值：____________V	□是　□否
5. 检测热交换器电磁阀供电电压	□是　□否
打开点火开关，车辆上电	□是　□否
测量线束连接器 CA57/（　　）与接地电压 测量值：____________V；标准值：____________V	□是　□否
空调开启制热功能	□是　□否
测量线束连接器 CA57/（　　）与接地电压 测量值：____________V；标准值：____________V	□是　□否
6. 7S 管理	
关闭车辆起动开关	□是　□否
收起并整理防护四件套	□是　□否
关闭测量平台一体机	□是　□否
关闭测量平台电源开关	□是　□否
清洁并整理测量平台	□是　□否
清洁防护用具并归位	□是　□否
清洁整理仪器设备与工具	□是　□否
清洁实训场地	□是　□否
收起安全警示牌	□是　□否
收起安全围挡	□是　□否
实训人（签字）：	监督人（签字）：

任务评价

通过自评、互评及师评对本任务学习情况进行考评（表 6-3-2），掌握学习效果。

动力蓄电池热管理系统检测考核评分 表 6-3-2

<table>
<tr><th colspan="4">动力蓄电池热管理系统检测</th><th colspan="4">实习日期：</th></tr>
<tr><td colspan="2">姓名：</td><td>班级</td><td colspan="2">学号：</td><td colspan="3" rowspan="3">导师签名：</td></tr>
<tr><td colspan="2">自评：□熟练 □不熟练</td><td>互评：□熟练 □不熟练</td><td colspan="2">师评：□合格 □不合格</td></tr>
<tr><td colspan="2">日期：</td><td>日期：</td><td colspan="2">日期：</td></tr>
<tr><td colspan="8">评分细则</td></tr>
<tr><td>序号</td><td>评分项</td><td>得分条件</td><td>分值（分）</td><td>评分要求</td><td>自评</td><td>互评</td><td>师评</td></tr>
<tr><td>1</td><td>安全/7S/态度</td><td>□ 1. 能进行工位 7S 操作
□ 2. 能进行设备和工具安全检查
□ 3. 能进行车辆安全防护操作
□ 4. 能进行工具清洁、校准、存放操作
□ 5. 能进行三不落地操作</td><td>15</td><td>未完成 1 项扣 3 分</td><td>□熟练
□不熟练</td><td>□熟练
□不熟练</td><td>□合格
□不合格</td></tr>
<tr><td>2</td><td>专业技能能力</td><td>□ 1. 能正确找到 PTC 及相关部件
□ 2. 能正确说出热管理系统各部件功能
□ 3. 能正确找出加热水泵线束连接器 CA72
□ 4. 能正确断开加热水泵线束连接器 CA72
□ 5. 能正确给车辆上电
□ 6. 能正确开启空调制热功能
□ 7. 能正确测量 PTC 加热水泵供电电压
□ 8. 能正确测量三通电磁阀供电电压
□ 9. 检测热交换器电磁阀供电电压
□ 10. 能正确按照步骤完成相应操作</td><td>50</td><td>未完成 1 项扣 15 分，扣分不得超过 50 分</td><td>□熟练
□不熟练</td><td>□熟练
□不熟练</td><td>□合格
□不合格</td></tr>
<tr><td>3</td><td>工具及设备的使用能力</td><td>□ 1. 能正确选用维修工具
□ 2. 能正确使用维修工具
□ 3. 能正确使用万用表
□ 4. 能正确绝缘测试仪</td><td>10</td><td>未完成 1 项扣 5 分，扣分不得超过 10 分</td><td>□熟练
□不熟练</td><td>□熟练
□不熟练</td><td>□合格
□不合格</td></tr>
<tr><td>4</td><td>资料、信息查询能力</td><td>□ 1. 能正确使用维修手册查询资料
□ 2. 能在规定时间内查询所需资料
□ 3. 能正确记录所查询资料章节页码
□ 4. 能正确记录所需维修信息</td><td>10</td><td>未完成 1 项扣 4 分，扣分不得超过 10 分</td><td>□熟练
□不熟练</td><td>□熟练
□不熟练</td><td>□合格
□不合格</td></tr>
<tr><td>5</td><td>数据判断和分析能力</td><td>□ 1. 能判断 PTC 加热水泵供电电压是否正常
□ 2. 能判断三通电磁阀供电电压是否正常
□ 3. 能判断热交换器电磁阀供电电压是否正常
□ 4. 能分析异常原因</td><td>10</td><td>未完成 1 项扣 3 分，扣分不得超过 10 分</td><td>□熟练
□不熟练</td><td>□熟练
□不熟练</td><td>□合格
□不合格</td></tr>
</table>

续上表

评分细则							
序号	评分项	得分条件	分值（分）	评分要求	自评	互评	师评
6	表单填写及报告撰写能力	□ 1. 字迹清晰 □ 2. 语句通顺 □ 3. 无错别字 □ 4. 无抄袭	5	未完成1项扣1分	□熟练 □不熟练	□熟练 □不熟练	□合格 □不合格
总分：							

• 任务拓展

不同品牌新能源汽车动力蓄电池热管理方案

思考测试

一、单选题

1. 动力蓄电池在充、放电过程中产生的热量会影响（　　）工作特性参数。

A. 内阻、电压、SOC　　B. 可用容量、电池寿命

C. 充放电效率　　D. 以上都是

2. 空气冷却中，（　　）冷却方式没有利用风机。

A. 自然冷却　　B. 强制冷却　　C. 并行冷却　　D. 串行冷却

3. 液冷系统中，（　　）形式是将单体蓄电池或蓄电池模块沉浸在液体中进行热交换。

A. 直接接触　　B. 间接接触　　C. 自然风冷　　D. 强制风冷

4. 相变材料散热技术的原理是（　　）。

A. 相变材料发生相变时会释放热量

B. 相变材料发生相变时会吸收热量

C. 相变材料在高温下不发生相变

D. 相变材料在低温下不发生相变

5. 动力蓄电池热管理系统的控制方式中，当蓄电池电芯组的最高温度T_{max}处于32～37℃时，BMS控制器会发送（　　）指令。

A. 自循环　　B. 制冷　　C. 关机　　D. 加热

二、多选题

1. 动力蓄电池热管理技术包括（　　）。

A. 空气冷却　B. 液冷技术　C. 相变材料冷却　D. 热管冷却

2. 空气冷却的优点包括（　　）。

A. 成本低　B. 能耗低

C. 技术成熟　D. 冷却效果受环境温度影响小

3. 液冷系统的优点包括（　　）。

A. 传热系数高　B. 冷却效果

C. 结构简单　D. 适用于大规模电池组

4. 相变材料冷却技术的优点包括（　　）。

A. 可以维持电池温度在相变温度附近　B. 相变过程是恒温过程

C. 增加电池包体积　D. 提高能量密度

5. 动力蓄电池热管理系统的发展方向包括（　　）。

A. 轻量化　B. 高比能　C. 高均温性　D. 绿色环保

三、判断题

1. 温度上升 10°C时，蓄电池电芯组的循环寿命会下降近 50%。（　　）

2. 空气冷却不受环境温度影响。（　　）

3. 液冷系统的传热系数比空气冷却低。（　　）

4. 相变材料冷却技术可以避免蓄电池模块温度过高。（　　）

5. 热管冷却技术是通过热管蒸发段吸热将蓄电池包中热量导出的。（　　）

任务4　动力蓄电池无法充电故障检测

学习目标

知识目标

（1）掌握充电控制的内容。

（2）能说出交流充电桩的充电控制过程。

（3）了解直流充电桩的充电控制过程。

技能目标

（1）能排除交流充电过程中的充电故障。

（2）能排除直流充电过程中的充电故障。

素养目标

（1）培养良好的安全意识。

（2）培养故障诊断分析能力。

（3）培养良好的职业素养和职业道德。

任务描述

一辆2019年5月出厂的吉利EV450纯电动汽车，在进行交流充电时出现“刚开始能充电，一会后就不能充电了”的故障现象，经汽车故障诊断仪诊断为充电枪过热。这种情况将使纯电动汽车存在严重的安全隐患。如果你是该车的修理技术人员，应如何找出原因？修理方案应如何制定？

知识准备

一、动力蓄电池的充电方式

1. 恒压充电

恒压充电（Constant Voltage Charge，CV）是指以一个受控的恒定电压给蓄电池进行充电的方式。在充电瞬间，电压达到设定值，电流处于峰值状态。充电时，电流会逐渐下降，以维持恒定不变的电压。

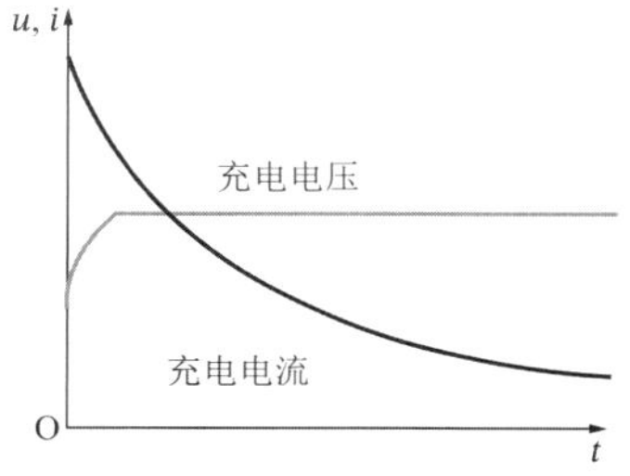

图 6-4-1　恒压充电

如图 6-4-1 所示，随着充电的进行，充电电流逐渐减小。与恒流充电相比，其充电过程更加接近最佳充电曲线，控制简单、成本低。缺点是充电时间较长，并且在充电初期蓄电池充电电流过大，直接影响锂蓄电池的寿命和使用质量。所以恒压充电方法很少单独使用，只有在充电电源电压低而电流大时采用。

2. 恒流充电

恒流充电（Constant Current Charge，CC）是指以一个受控的恒定电流给蓄电池进行充电的方式。在整个充电过程中，电流恒定不变，电压逐渐升高。为保持蓄电池充电电流的恒定，一般采用调整电源的充电电压或改变与蓄电池串联的电阻值的方式，如图 6-4-2 所示。按充电电流的大小不同，恒流充电又可分为快速充电、标准充电和涓流充电。其优点是控制简单，适用于对多个蓄电池串联的蓄电池组进行充电；缺点是锂蓄电池的可接受充电的能力会随着充电的进行逐渐降低，在充电后期过大的充电电流会使电池内部产生气泡，对蓄电池造成损坏。因此恒流充电仅作为阶段充电中的一个环节。

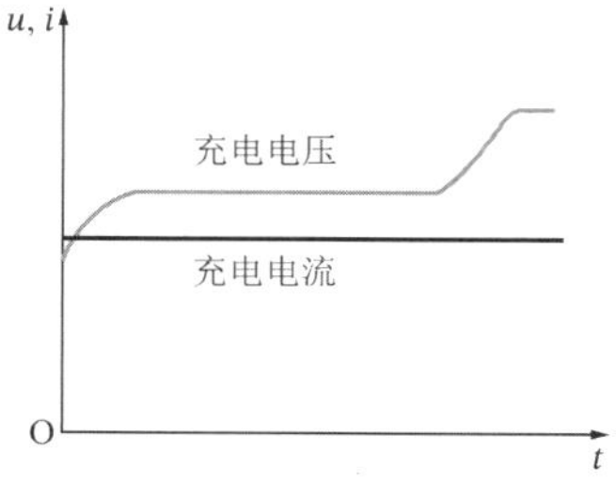

图 6-4-2　恒流充电

3. 恒流—恒压充电

恒流—恒压（CC-CV）充电系统是新能源汽车主流的充电方式之一，包括恒流充电阶段和恒压充电阶段。如图 6-4-3 所示，在开始充电之前，首先检测蓄电池电压，若蓄电池电压低于阈限电压，则以小电流对蓄电池进行涓流充电，使蓄电池电压缓慢上升；若蓄电池电压达到阈限电压，则进入恒流充电阶段，在此阶段以较大的电流对蓄电池进行快速充电，蓄电池电压上升较快，蓄电池容量将达到其额定值的 85%左右；在蓄电池电压上升到上限电压后，电路切换到恒压充电模式，蓄电池电压维持高电压不变，充电电流逐渐减小，充电速度变慢，保证蓄电池充满，当充电电流降到 0.1C 或 0.05C 时，即判定电池充满。

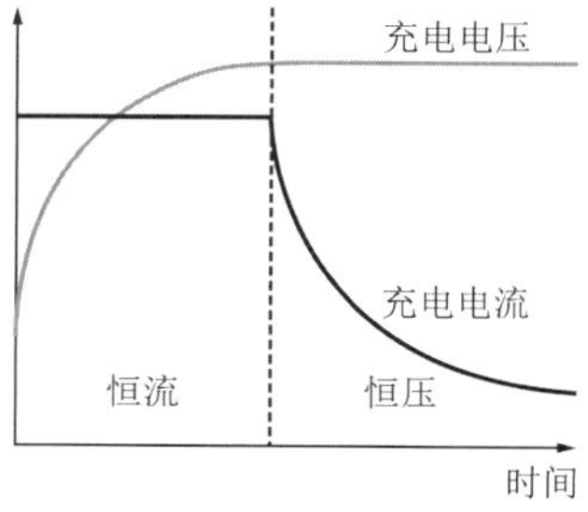

图 6-4-3　恒流-恒压充电

4. 脉冲充电

脉冲充电是一种采用周期性脉冲电流进行充电的技术，可以有效地减少蓄电池极化现象，提高充电效率。在充电过程中采用一定强度的充电电流，并以充—停或充—停—放的间歇性方式，以形成脉冲电流对动力蓄电池进行充电控制的技术手段，其过程将对连续的充电过程所形成的电量以间歇性的方式进行释放，从而起到缓解极化现象的作用，进而实现提高动力蓄电池的充电量的目的。脉冲充电主要包括三个阶段：预充、恒流充电和脉冲充电，如图 6-4-4 所示。

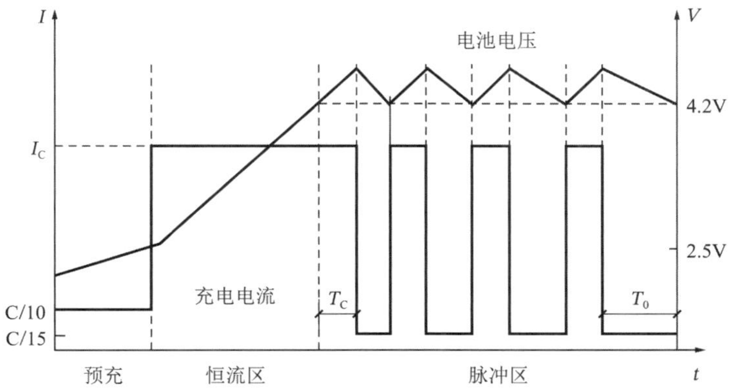

图 6-4-4　脉冲充电

二、新能源汽车能量补给方式

新能源汽车特别是电动汽车蓄电池能量消耗后的补给方式主要有换电和充电两种，新能源汽车动力蓄电池充电的方式主要有直流快充和交流慢充两种。

直流快充与交流慢充方式的区别是：直流充电（快充）主要是通过充电站的充电桩将直流高压电直接通过直流充电插孔给动力蓄电池充电。交流充电（慢充）主要是通过家用电源插头或者交流充电桩接入交流充电插孔，通过车载充电机将 220V 交流电转为 330V 直流电（比亚迪 E6 为例）给动力蓄电池进行充电。

（一）交流慢充方式

动力蓄电池在放电终止后，应立即充电（在特殊情况下也不应超过 24h）。交流慢充电流相当低，约为 15A，这种充电叫作交流慢充常规充电。动力蓄电池的充电方法都采用小电流的恒压或恒流充电，一般充电时间为 5～8h，甚至长达 10～20h。这种充电方式是利用车载充电机，接 220V 交流电即可。

1. 交流慢充适用情况

交流慢充的方式适用情况主要有以下三种：

（1）用户对电动汽车的行驶里程要求相对较低，车辆行驶里程能满足用户 1 天使用需要，利用晚间停运时间可以完成充电。

（2）由于交流慢充充电电流和充电功率比较小，因此在居民区、停车场和公共充电站都可以进行充电。

（3）规模较大的集中充电站，能够同时为多辆电动乘用车提供停车场地并进行充电。

2. 交流慢充的优点

交流慢充模式有以下优点：

（1）尽管充电时间较长，但因为所用功率和电流的额定值并不关键，因此充电器安装成本比较低。图 6-4-5 所示的脉冲充电为壁挂式交流充电桩，可安装在车库内使用。

图 6-4-5　挂壁式充电桩

（2）可充分利用电力低谷时段进行充电，降低充电成本。

（3）可提高充电效率和延长电池的使用寿命。

（二）直流快充方式

直流快充又称快速充电或应急充电，是以较大直流电流短时间在电动汽车停车的 20min～2h 内，为其提供短时间充电服务，一般充电电流为 150～400A。

直流快充模式的优点是充电时间短。但是，相对交流慢充模式，直流快充存在一定的缺点：

（1）“快充”实际并不快，还能降低动力蓄电池的使用寿命。

由于受电池技术影响，目前电动汽车使用最多的是锂蓄电池。锂元素是比钠还要活跃的金属元素之一，快充易使锂元素太过活跃，从而使蓄电池中的电解液发生沉淀，产生气泡现象，也就是平常人们所看到的蓄电池身上易凸起“小包”，摸上去有手感发热等情况，严重的会导致蓄电池爆炸等安全事故。因此充电电流不宜过大。目前市面上各大厂商都在鼓吹其电动汽车直流快充时间在 10min 左右。实际上，以目前技术来看是达不到的。以 BYD E6 纯电动汽车为例，这款电动汽车采用磷酸铁锂蓄电池，其快速安全充电模式的充电时间仍然需要 2h。

电动汽车充电快慢与充电器功率、蓄电池充电特性和温度等紧密相关。在当前蓄电池技术水平下，即使快充也需要 30min 才能充电到蓄电池容量的 80%。超过 80%后，为保护电池安全，充电电流必须变小，充到 100%的时间将较长。此外，在冬天气温较低时，蓄电池要求充电电流变小，充电时间会变得更长些。

传统加油站为燃油汽车加油时，整个流程为 5～8min。相较之下，电动汽车至少需要 30min 才能将电池容量恢复到 80%以上，这对充电技术提出了巨大的挑战。

（2）充电站成本较高，盈利模式有待完善。

目前，直流充电方式的充电价格在 2 元/瓦左右。以一个充电站 1000kW 的容量计算，加上送变电设施、铺设专用电缆以及新建监控系统等，不包括建设用地成本，一个充电站的成本在 300 万～500 万元。

直流充电关键技术如下：

① 高性能直流充电器技术：效率、谐波、使用寿命。

② 直流充电环境适应性技术：宽的温度范围、户外使用时凝露、风沙防护等。

③ 安全防护技术：漏电、短路防护、误插拔防护、断线防护、倾倒防护、防误操作、防止带电插拔等。

④ 充电器的高互换性技术：物理接口、电气接口、通信协议的高度兼容互换。

⑤ 直流充电与电网的接口、有序充电以及与电网的互动技术。

（三）换电模式

充电难、充电时间长、续驶里程短的问题，一直困扰着新能源汽车用户。与电动汽车充电模式相比，蓄电池更换方式具有更换时间快，电能补充速度快，自动化程度高等特点，如图 6-4-6 所示。蓄电池换电站一般包括配电系统、充电系统、换电系统、监控系统等部分。根据其主要服务的车辆类型和服务能力可划分为三类：第一类蓄电池换电站是指具备商用车和乘用车更换蓄电池的能力，并具备辐射本地的蓄电池配送功能；第二类蓄电池换电站是指具备乘用车或商用车蓄电池的更换能力，并具备一定的蓄电池配送功能；第三类蓄电池换电站是指通过第一类、第二类蓄电池换电站配送的电池，具备乘用车蓄电池的更换能力。总体而言，蓄电池换电站所要具备的核心功能就是为电动车辆进行蓄电池箱的快速更换。

图 6-4-6　蔚来汽车换电站

直接更换电动汽车的蓄电池组时需要考虑的是：由于蓄电池组质量较大，更换蓄电池的专业化要求较强，需配备专业人员借助专业机械来快速完成蓄电池的更换、充电和维护。

三、充电系统的工作过程

（一）交流充电系统的工作过程

交流充电桩或家用 16A 供电插座提供的交流电经过车载充电机的整流、滤波、升压，转换为高压直流电，通过高压控制盒连接到动力蓄电池。在温度为 25℃的环境下，SOC 由 0 充至 100%需要 8～10h，建议长期采用慢充电。交流充电系统主要是由供电设备（交流充电桩或家用交流电源）、车载充电机、慢充充电插孔、充电枪、高压线束、低压控制线束、高压控制盒、动力蓄电池、整车控制器（VCU）等部件组成。BMS 通过 CAN 将动力蓄电池充电接收能力的数据发送至车载充电机，车载充电机对充电电流进行控制，如图 6-4-7 所示。

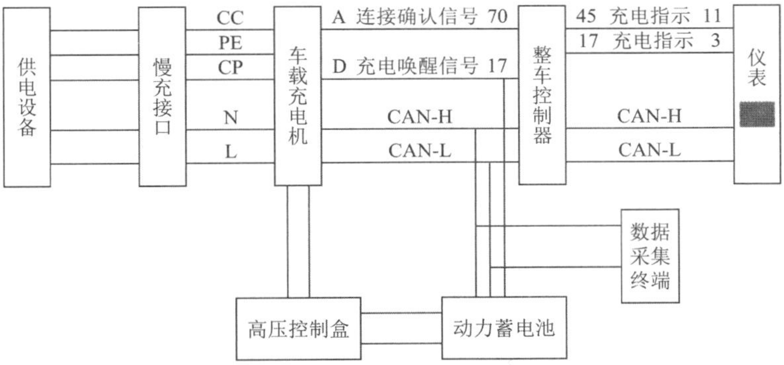

图 6-4-7　交流充电系统的工作过程示意

交流充电系统的工作过程：

（1）交流供电。将充电枪连接到交流充电桩或家用 16A 供电插座，充电桩经充电枪向电动汽车输入交流电。

（2）充电唤醒。充电枪通过 CC 充电连接确认后，车载充电机向整车控制器（Vehicle Controller Unit，VCU）、蓄电池管理系统发出连接确认信号和充电唤醒信号，整车控制器唤醒仪表显示连接状态。

（3）检测充电需求。蓄电池管理系统检测动力蓄电池是否需要充电，并计算所需充电电流。

（4）发送充电指令。蓄电池管理系统向车载充电机发送充电指令，动力蓄电池管理模块控制动力蓄电池正、负接触器闭合，开始进行充电。

（5）充电过程。车载充电机将外部设备提供的 220V 交流电整流为高压直流电储存到动力蓄电池。

（6）停止充电。蓄电池管理系统检测到充电完成后，给车载充电机发送指令，车载充电机停止工作，电池正、负继电器断开，充电结束。

（二）直流充电系统的工作过程

直流充电系统主要由直流充电桩、快充接口、高压控制盒、动力蓄电池、整车控制器、高压线束和低压控制线束等组成。直流充电主要是通过充电站的充电柜将直流高压电直接通过直流充电插孔给动力蓄电池充电。

直流充电系统的工作过程示意如图 6-4-8 所示，充电枪连接车辆充电插座后，充电桩检测到检测点的电压为 4V 后，判断充电连接完成，闭合充电锁止机构。然后充电桩再闭合 K3 和 K4，A+和 A−输出低压电。A+和 A−输出后，硬线唤醒 VCU 或者 BMS，该模块被唤醒并识别到唤醒信号后，再唤醒 DC/DC 变换器等其他充电相关模块。BMS 被唤醒后检测到 CC2 电阻在 1000Ω 左右后，判断直流充电枪连接，进入直流充电模式。

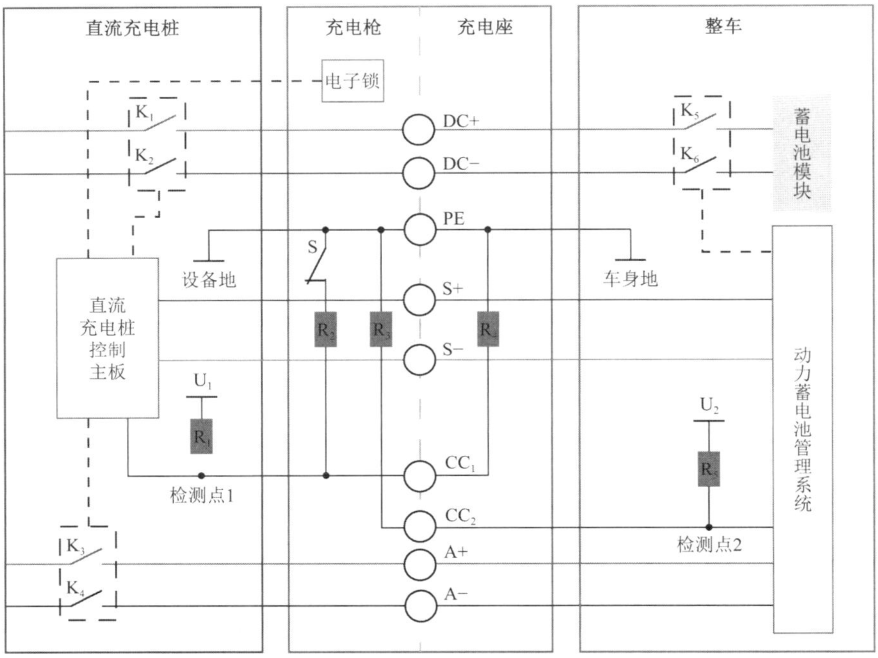

图 6-4-8　直流充电系统的工作过程示意

充电桩、BMS 互发送充电握手报文。充电桩告诉 BMS 充电协议版本号，是遵照 2015 年还是 2011 年的通信协议规范。BMS 告诉充电桩最高允许充电电压。

充电桩闭合 K1 和 K2 做绝缘检测，绝缘检测完毕后会再断开 K1 和 K2，所以在充电开始前会听到继电器动作的声音。充电桩、BMS 互发送充电辨识报文。充电桩告诉 BMS 通信链路是否正确。BMS 告诉充电桩蓄电池类型、容量、电压等参数。BMS 发充电配置报文，告诉充电桩单体最高允许充电电压、最高允许充电电流、最高允许充电电压、标称能量等参数。

充电桩发送时间同步和输出能力报文，告诉 BMS 现在的年月日时分秒，以及最高和最低输出电压、电流。

BMS 发送充电是否准备就绪报文，开始肯定是没有准备好。等 BMS 控制蓄电池主继电器闭合和外部的直流充电继电器 K5、K6 闭合后，就准备好了。K5 和 K6 闭合后，充电桩检测到蓄电池电压值与 BMS 发送的值偏差不超过 5%且在自身输出范围内后，闭合 K1 和 K2。此时充电桩准备就绪，发出报文告诉 BMS 自己准备好了。

BMS 和充电桩互发送充电状态报文。BMS 告诉充电桩充电请求电压、电流、充电模式和当前实际充电电压、电流、SOC、剩余充电时间等。充电桩告诉 BMS 实际输出电压、电流、充电时间等。

（三）交流慢充与直流快充的区别

（1）结构不同，交流充电插孔是七星孔，直流充电是九星孔。

（2）充电方式不同，交流充电对车辆输入的是交流电，经车载充电机整流升压后给动力蓄电池充电；而直流充电对车辆直流输入的是高压直流电。

（3）充电快慢不同，直流充电电流大，是常规充电电流的十倍甚至几十倍，所以直流充电比交流充电要快，从而直流充电的功率也要比交流充电大。

（4）成本不同，由于直流充电结构复杂，控制也比较复杂，直流充电的制作成本要比交流充电的高；

（5）对蓄电池使用寿命的影响不同，由于直流快速充电的电流电压较高，短时间内对蓄电池的冲击较大，容易令蓄电池的活性物质脱落和电池发热，无论蓄电池再完美，长期快速充电终究影响蓄电池的使用寿命；而交流充电以较低的速度给设备蓄电池充电不仅可以减少热量和电池压力，而且对蓄电池的长期健康也有好处；在使用交流慢速充电中，蓄电池的循环寿命通常可以达到 3000 次以上，而如果一直使用直流快速充电的情况，循环寿命将会缩短到千次左右，甚至更低；

（6）就使用安全来说，交流充电相对于直流充电更加安全。

四、动力蓄电池充电策略

（一）多阶段恒流充电策略

多阶段恒流充电策略如图 6-4-9 所示。其充电协议中，每一个台阶都持续一定的充电时间，直到电池电压/容量达到过渡点，就跳跃到下一个充电台阶，充电过程转入下一个预置电流。由锂蓄电池的极化约束条件可知，在锂蓄电池充电初期，即低电荷状态（State of Charge，SOC）区间一般使用高电流；在充电末期，即高电荷状态区间，一般使用低电流。因此，MSCC（阶梯式充电）电流水平是逐级降低的。

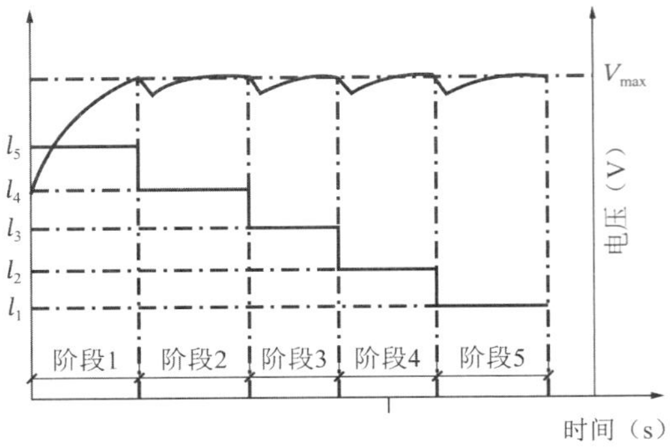

图 6-4-9　多阶段恒流充电策略

MSCC 策略的特点是简单，易于控制和实现。因此，该策略在目前的电动车充电策略中得到了广泛应用。

目前采用这种充电策略的有雪佛兰 BoltEV、现代 Kona 和 IONIQ、起亚 Kiae-Niro、北汽 EU7、蔚来 ES6 等车型。其中，雪佛兰 BoltEV、现代 Kona 和起亚 Kiae-Niro 采用五阶梯式充电模式，北汽 EU7 采用四阶梯式充电模式，而现代 IONIQ 则采用两阶梯式，蔚来 ES6 主体采用阶梯式充电策略，但在后期高电荷状态区间呈现出斜坡模式。

然而，阶梯式充电模式的问题在于缺乏选择最佳蓄电池充电电流的理论基础，若选取电流倍率过大，则容易使电池在某一阶段温升超过额定值，从而对蓄电池使用寿命产生影响。

（二）脉冲充电策略

脉冲充电被认为是一种快速、高效的锂离子蓄电池充电策略，它可以被理解为一个不连续的恒流（CC）充电或恒压（CV）充电，即充电电流被周期性地静置或放电脉冲中断，如图 6-4-10 所示。

脉冲充电策略最先应用于铅酸蓄电池快速充电，然后探索用于锂离子蓄电池的快速充电。脉冲充电的主要特点是通过静置或者加一段放电区间（类似于交流充电方式）来消除或降低极化电压，使下一周期的可接受电流高于其他充电方式。这将使脉冲充电的平均充电电流高于其他充电方式，从而缩短充电时间。

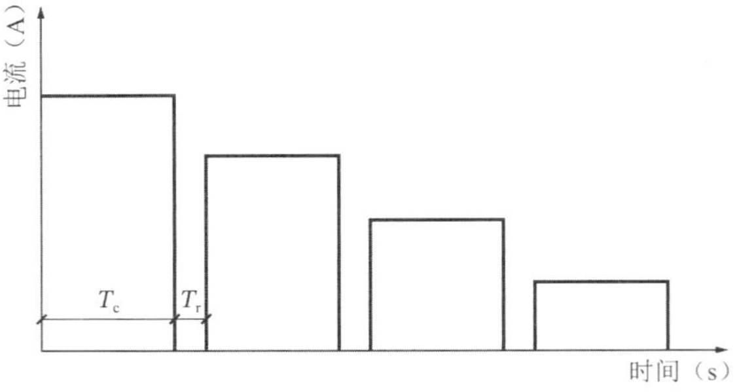

图 6-4-10　脉冲充电

T_c-充电时间；T_r-充电停止时间

脉冲充电策略的关键是通过理论或者实验设计出最合适的脉冲参数（幅值、频率、占空比等）。虽然脉冲充电策略具有更短的充电时间和更高的充电效率，但在高荷电状态下进行脉冲充电是一种不合理的技术，容易造成锂离子电池的过电压失控，在实际应用中也应考虑其温度和对循环寿命的影响。在实际应用中，一般很少有车企直接采用脉冲充电作为大功率充电模式，但少部分车型采用了脉冲快充的方式，采用脉冲的充电模式可以减小锂蓄电池极化，从而充进更多电量。

采用脉冲充电模式的车型有梅赛德斯奔驰 Mercedes-BenzB-Class、雷诺 RenaultZOE、比亚迪 BYDE6 等。其中，雷诺 RenaultZOE 充电 25～30min 后的行车里程可达 100km 左右，优于一般的充电模式。

（三）SRC 充电策略

SRC（Sine Wave Ripple Current，正弦纹波电流）充电策略采用正弦电流和直流电流叠加作为充电电流，如图 6-4-11 所示，该策略通过最小化锂离子蓄电池阻抗频率，从而降低锂离子蓄电池的产热。

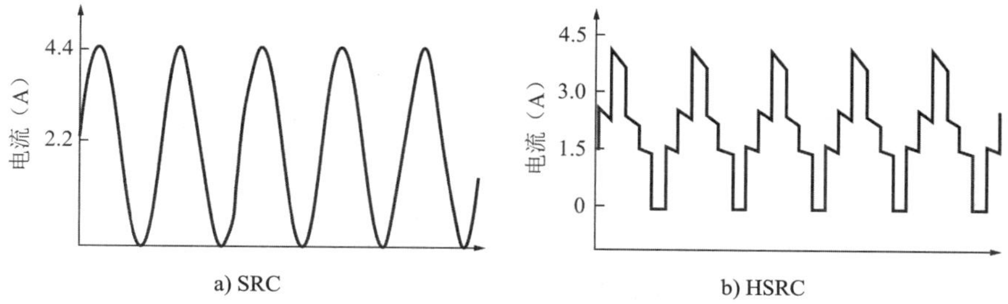

图 6-4-11　SRC 充电电流波形

许多研究人员通过电化学阻抗谱（Electrochemical Impedance Spectroscopy，EIS）分析得到锂离子蓄电池 SRC 充电的最佳频率。目前，对于 SRC-CV 充电方式能否改善锂离子电池的充电性能还没有定论。但已有研究表明，SRC 充电策略具有更短的充电时间，更高的充电效率和更好的温升控制效果。

然而 SRC 充电策略对硬件水平要求较高，成本较高，还需要进一步的理论分析和实验工作了解 SRC 充电在工业上的应用。

（四）Boost-Charge 策略

Boost-Charge（升压充电）的特点是启动充电阶段设置更高的电流或最高的电压，然后是较为平缓的 CC-CV 部分，如图 6-4-12 所示。

Boost-Charge 作为一种新型快速充电策略可以明显缩短充电时间，提高充电效率，并且对循环寿命没有明显的影响。然而 Boost-Charge 没有考虑充电电流的优化和温度的控制，因此在大功率充电条件下，蓄电池模块产热情况严重，如果不配以合适的热管理系统，可能会引起热失控。

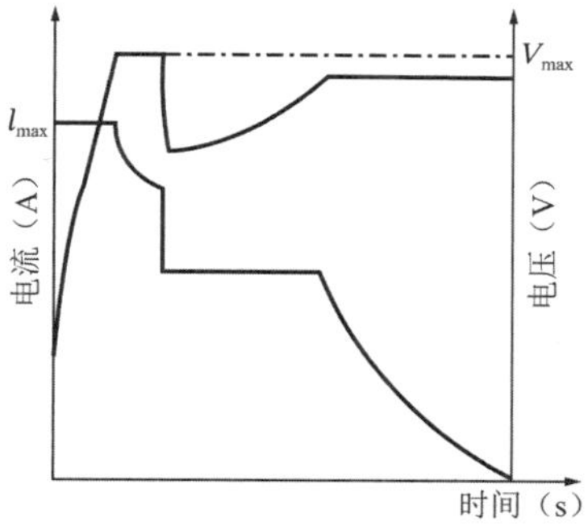

图 6-4-12　Boost-Charging

五、动力蓄电池无法充电故障

（一）车载充电机常见的故障与检修

车载充电机故障信息将通过 CAN 总线报至总线上，通过 CAN 总线可以找出发生的故障信息。

车载充电机常见的故障如下：

（1）12V 低压供电异常。

当充电器 12V 模块异常时，BMS、仪表等由于没有唤醒信号，无法与充电器进行通信。

当 12V 未上电，最简单的判断方式之一就是交流上电的时候，蓄电池没有发出继电器闭合的声音，一般都是 12V 异常。因此需要检查低压熔断器盒内充电唤醒的熔断器及继电器，以及充电器端子是否出现退针的情况。

（2）充电器检测的蓄电池电压不满足要求。

在充电过程中，BMS 可以正常工作，但在充电器工作开始前需检测动力蓄电池电压，只有当动力蓄电池电压在工作范围内时，车载充电机才可以正常工作；否则，充电器认为蓄电池不满足充电的要求。针对这种情况，常见的为高压插件端子退针或高压熔断器熔断，或者蓄电池电压超过工作范围。

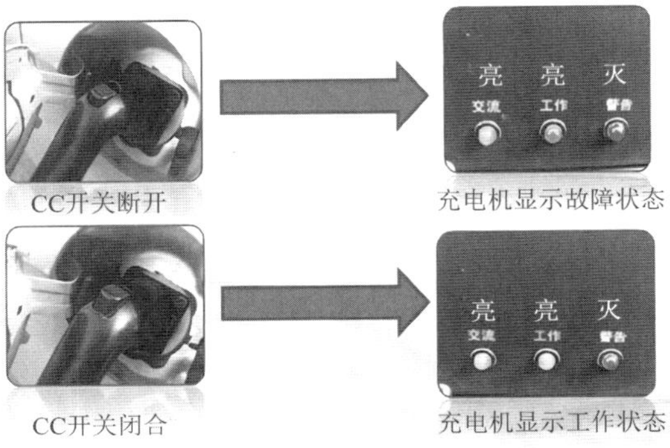

图 6-4-13　充电器显示的状态

（3）充电器与充电桩握手协议检测异常。

在充电器的工作过程中，会检测与充电桩之间的握手信号，当检测到 CC（充电控制）的线路的开关断开时，充电器会认为充电枪即将被拔出，因此会停止工作，以防止带电插拔的情况发生，从而延长充电枪端子的使用寿命。如果充电枪未完全插入到位，可能会导致这种情况的发生。如图 6-4-13 所示是充电器显示的工作状态。

（二）快充常见的故障与检修

（1）充电桩显示车辆未连接。

检修方法如下：

① 检查快充口 CC1 端与 PE 端是否有 1000Ω 电阻。

② 检查快充口导电层是否脱落。

③ 检查充电枪 CC2 与 PE 是否导通。

（2）动力蓄电池继电器未闭合。

检修方法如下：

① 检查充电桩输出正极唤醒信号是否正常。

② 检查充电桩输出负极唤醒信号与 PE 是否导通。

③ 检查充电桩 CAN 通信是否正常。

（3）动力蓄电池继电器正常闭合，但无输出电流。

检修方法如下：

① 检查充电桩与蓄电池管理系统软件版本是否匹配。

② 检查高压连接器及线缆是否正确连接。

③ 用诊断仪查看充电监控状态。以北汽新能源 EV 系列车辆为例，如图 6-4-14 所示。

北汽新能源>>车辆选择 >> E150EV >> 系统选择 >> 动力蓄电池充电状态监控

名称	当前值	单位
动力蓄电池充电请求	请求充电	
动力蓄电池加热状态	未加热	
动力蓄电池当前充电状态	充电状态	
动力蓄电池允许最大充电电流	10.0	A
动力蓄电池加热电流请求值	6.0	A
动力蓄电池允许最高充电端电压	370.00	V
剩余充电时间	0	min
CHG初始化状态	已完成	
动力蓄电池加热状态	停止加热	
充电机当前充电状态	正在充电	
充电机输出端电流	7.5	A
充电机输出端电压	3353.0	V
充电机输出端过压保护故障	正常	
充电机输出端欠压保护故障	正常	
充电机输出电流过流保护故障	正常	
充电机过温保护故障	正常	

图 6-4-14　充电监控状态表

（4）DC/DC 变换器不工作。

检修方法如下：

① 检查连接器是否正常连接。

② 检查高压熔断器是否熔断。

③ 检查使能信号输入是否正常（12V）。

（三）慢充常见的故障与检修

以下以北汽 E150 EV 车辆为例介绍慢充常见的故障诊断与排除方法。

1. 车辆无法充电

故障现象：车辆在使用充电桩充电时，充电桩指示灯亮，充电器电源工作灯亮，车辆无法充电现象。

可能原因：动力蓄电池控制器故障、动力蓄电池故障、通信故障。

故障诊断与排除：根据上述故障现象，充电桩和充电器工作指示灯正常，第一个检查对象应该放在通信和动力蓄电池内部。用汽车故障诊断仪诊断故障码及数据流，读出故障码：P1048（SOC 过低保护故障）、P1040（单体蓄电池电压欠压故障）、P1046（蓄电池电压不均衡保护故障）、P0275（蓄电池电压不均衡保护故障）；读出数据流：蓄电池电芯组的最低电压为 2.56V、蓄电池电芯组的最高电压为 3.2V，蓄电池电芯组的电压差大于 500mV 时，蓄电池管理系统（BMS）启动充、放电保护而无法充电，经过更换蓄电池电芯组，动力蓄电池故障解除，车辆恢复充电。

故障分析：通过以上故障诊断与排除过程，总结一下动力蓄电池具备充电的条件：

① 充电桩与充电器或快充桩与动力蓄电池的通信要匹配。

② 车载充电机要能正常工作，无故障。

③ 整车控制器与充电器、动力蓄电池控制器通信要正常。

④ 唤醒信号要正常。
⑤ 整车控制器和动力蓄电池控制器的信号要正常。
⑥ 蓄电池电芯组之间的电压差小于 500mV。
⑦ 高压电路无绝缘故障。
⑧ 动力蓄电池内部温度在充电的温度范围内。

2. 充电时充电桩跳闸

故障现象：车辆在使用充电桩充电时、出现充电桩跳闸，充电器无法充电。

可能原因：充电器内部短路。

故障诊断与排除：检查了充电桩交流 220V 电压、充电桩 CP 线与充电器连接正常，再检查充电线束、高压线束、充电器、动力蓄电池的绝缘均正常，更换充电器，故障排除。

故障分析：因为此车的故障现象是充电桩跳闸，说明唤醒信号和互锁电路工作正常；基本可以断定是充电器内部短路故障。

3. 充电器指示灯不亮

故障现象：车辆在使用充电桩充电时，充电器指示灯不亮，车辆无法充电。

可能原因：充电器内部故障、充电唤醒信号中断或互锁电路故障。

故障诊断与排除：检查 FU 低压熔断器盒内的蓄电池充电熔断器和充电器低压电源，将万用表旋到直流电压挡测量充电器低压电源正常，再检查充电系统连接插件无退针、锈蚀现象，更换充电器，故障排除。

故障分析：经检查，充电器低压供电正常，而充电工作指示灯都不亮，基本确定为充电器内部故障。

● 知识延伸

800V 高压快充技术

“长途出行续驶不够”和“充电不方便”仍是当下新能源汽车消费者两大痛点，为了延长续驶里程，各大厂商纷纷采取加大蓄电池容量的技术方案，并且提供快充方案能有效地解决充电及续驶焦虑，800V 高压快充技术由此应运而生。

目前，800V 高压快充解决方案主要有三种：纯 800V 高压平台、高性价比半 800V 高压架构，以及仅有 800V 高压快充系统，每种方案都有其优缺点。

1. 纯 800V 高压平台

纯 800V 高压平台架构如图 6-4-15 所示。其优缺点如下。

优点：充电速度快，可以实现极高的充电功率，大幅缩短充电时间；系统效率高，整个动力系统和零部件都针对 800V 设计，整体效率更高。

缺点：成本较高，需要全新的电气架构和组件，初期投资成本较高；技术要求高，对蓄电池、电机等零部件的技术要求更高，可能需要更先进的材料和技术。

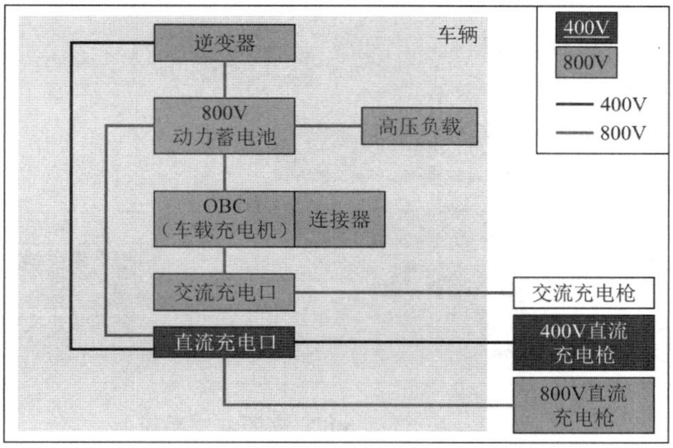

图 6-4-15　纯 **800V** 高压平台架构

2. 高性价比半 800V 高压架构

高性价比半 800V 高压架构如图 6-4-16 所示。其优缺点如下。

优点：成本相对较低，部分保留现有 400V 系统组件，减少了完全升级到 800V 系统的成本；兼容性较好，能够在一定程度上兼容现有的 400V 充电基础设施。

缺点：充电速度和效率略有损失，由于部分系统仍为 400V 设计，可能无法达到纯 800V 平台的高速充电效率；系统复杂性增加，需要额外的变换器等设备来实现 400V 和 800V 系统的兼容，增加了系统的复杂性。

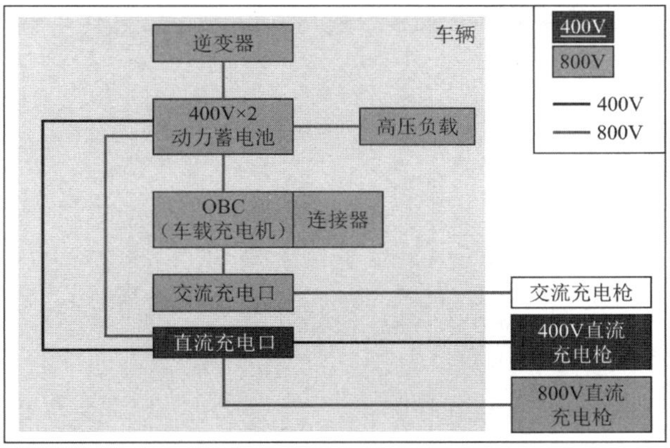

图 6-4-16　高性价比半 **800V** 高压架构

3. 仅有 800V 高压快充系统

仅有 800V 高压快充系统如图 6-4-17 所示，该方案仅要求直流快充和动力蓄电池为 800V，其余高压零部件沿用 400V，动力蓄电池的 800V 通过 DC/DC 变换器降压至 400V 以适配 400V 高压零部件，400V 直流电通过 DC/DC 变换器升压至 800V 直流电再对蓄电池充电。当前，不同车载高压零部件的高压成熟度不一致，部分车企或采用此混合方案，并向全系 800V 逐步迭代。

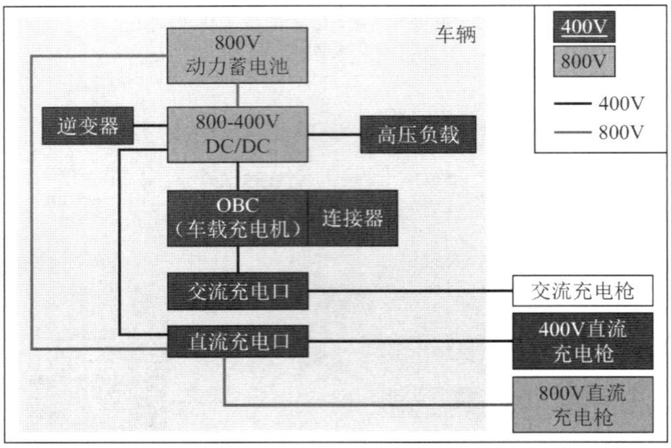

图 6-4-17　仅有 800V 高压快充系统

与大电流快充相比，高压快充具有以下显著优势。

（1）根据热力学原理，高电压可以有效减少充电过程中的发热量，提高充电效率。

（2）高压快充的充电区间更宽，能够实现更长时间的持续高功率充电，进一步缩短充电时间。

（3）整车轻量化方面，通过将 400V 平台提升至 800V，由于电流减小，发热量降低，线束和高压母排变细，整车质量将会降低。根据 P3 Automotive 的研究，采用 800V 架构后电动车的质量将减少 25kg 以上。

（4）减少损耗方面，800V 高压架构将使用 SiC MOSFET 替代 Si IGBT 作为车辆功率半导体，其在全负荷范围内的损耗均低于 Si IGBT，特别是在 25%负荷条件（车辆正常使用工况）下损耗可降低 80%，根据意法半导体的数据，使用 SiC 的高压架构车辆的能量效率比 400V 车辆高 3.5%～8%。

任务实施

动力蓄电池无法充电故障检测

请根据工作任务单指引（表 6-4-1），完成快充接口的检查与维护、交流充电桩用慢充线的检查与维护、用交流慢充线给实车进行充电和充电系统故障诊断排除任务。

动力蓄电池无法充电故障检测工作页　　表 6-4-1

<table>
<tr><td colspan="5" rowspan="2">动力蓄电池无法充电故障检测</td><td colspan="2">班级：</td></tr>
<tr><td colspan="2">姓名：</td></tr>
<tr><td colspan="3">实训地点：</td><td colspan="4">实训时间：</td></tr>
<tr><td colspan="7">1. 车辆信息记录</td></tr>
<tr><td>品牌</td><td></td><td>整车型号</td><td></td><td>生产年月</td><td colspan="2"></td></tr>
<tr><td>驱动电机型号</td><td></td><td>电池电量</td><td></td><td>行驶里程</td><td colspan="2"></td></tr>
<tr><td>车辆识别码</td><td colspan="6"></td></tr>
<tr><td colspan="7">2. 作业场地准备</td></tr>
<tr><td colspan="6">检查设置隔离栏</td><td>□是　□否</td></tr>
<tr><td colspan="6">检查设置安全警示牌</td><td>□是　□否</td></tr>
<tr><td colspan="6">检查灭火器压力、有效期</td><td>□是　□否</td></tr>
<tr><td colspan="7">3. 对仪器进行检查</td></tr>
<tr><td colspan="6">检查仪器名称</td><td>是否正常</td></tr>
<tr><td colspan="6">防护用具：绝缘手套、绝缘胶带、绝缘鞋、绝缘服、车辆防护用具</td><td>□是　□否</td></tr>
<tr><td colspan="6">拆装工具：新能源专用拆装工具套装、旋具</td><td>□是　□否</td></tr>
<tr><td colspan="6">检测工具：万用表、兆欧表</td><td>□是　□否</td></tr>
<tr><td colspan="7">4. 充电设备的检查与维护</td></tr>
<tr><td colspan="6">实施步骤</td><td>是否正常</td></tr>
<tr><td rowspan="8">快充充电插孔的检查与维护</td><td colspan="5">（1）检查充电插孔各端子有无损坏</td><td>有□　否□</td></tr>
<tr><td colspan="5">（2）检查充电插孔是否干燥无异物</td><td>有□　无□</td></tr>
<tr><td colspan="5">（3）检查充电插孔有无烧蚀和锈蚀现象</td><td>有□　无□</td></tr>
<tr><td colspan="6">（4）检查充电插孔端子 DC+、DC−绝缘电阻</td></tr>
<tr><td colspan="2">端子、测量孔名称</td><td>测量值</td><td colspan="2">标准值</td><td>是否正常</td></tr>
<tr><td colspan="2">DC+ —壳体绝缘电阻</td><td></td><td colspan="2"></td><td>是□　否□</td></tr>
<tr><td colspan="2">DC− —壳体绝缘电阻</td><td></td><td colspan="2"></td><td>是□　否□</td></tr>
<tr><td colspan="6">（5）直流快充端子 CC1 与 PE 之间电阻测量 CC1-PE</td></tr>
</table>

续上表

4. 充电设备的检查与维护				
实施步骤				是否正常
快充充电插孔的检查与维护	端子、测量孔名称	测量值	标准值	是否正常
	快充接口 CC1-PE 电阻			是□　否□
交流充电桩用慢充线的检查与维护	（1）检查慢充线外观有无破损、老化、裂纹			有□　无□
	（2）用万用表测量两端充电枪各端子			
	端子、测量孔名称	测量值	标准值	是否正常
	慢充线束 L-L 间电阻			是□　否□
	慢充线束 PE-PE 间电阻			是□　否□
	慢充线束 NC1-NC1 间电阻			是□　否□
	慢充线束 NC2-NC2 间电阻			是□　否□
	慢充线束 CC-CC 间电阻			是□　否□
	慢充线束 CP-CP 间电阻			是□　否□
	（3）用万用表测量 CC 与 PE 之间的电阻			
	端子、测量孔名称	测量值	标准值	是否正常
	慢充线束 CC-PE 间电阻			是□　否□
用交流慢充线给实车进行充电	（1）打开充电盖板和充电插座防尘盖			是□　否□
	（2）将供电端（桩端）充电枪与充电桩上的充电插座良好连接			是□　否□
	（3）将车端充电枪与车身上的充电座良好连接			是□　否□
	（4）充电结束后，先将车端充电枪拔出，再拔出供电端充电枪			是□　否□
	（5）盖好供电端充电枪和车端充电枪的防尘盖			是□　否□
充电系统故障诊断排除	故障现象：			
	故障原因分析：			
	故障排除步骤：			
	总结：			
5. 7S 管理				
建立安全操作环境				是□　否□
清理及整理工具量具				是□　否□
清理及复原车辆正常状况				是□　否□
清洗场地				是□　否□
物品回收和环保				是□　否□
完善和检查工作				是□　否□
实训人（签字）：		监督人（签字）：		

任务评价

通过自评、互评及师评对本任务学习情况进行考评（表 6-4-2），掌握学习效果。

动力蓄电池无法充电故障检测考核评分　　表 6-4-2

<table>
<tr><td colspan="4">动力蓄电池无法充电故障检测</td><td colspan="4">实习日期：</td></tr>
<tr><td colspan="2">姓名：</td><td>班级：</td><td colspan="2">学号：</td><td colspan="3" rowspan="3">导师签名：</td></tr>
<tr><td colspan="2">自评：□熟练 □不熟练</td><td>互评：□熟练 □不熟练</td><td colspan="2">师评：□合格 □不合格</td></tr>
<tr><td colspan="2">日期：</td><td>日期：</td><td colspan="2">日期：</td></tr>
<tr><td colspan="8">评分细则</td></tr>
<tr><td>序号</td><td>评分项</td><td>得分条件</td><td>分值（分）</td><td>评分要求</td><td>自评</td><td>互评</td><td>师评</td></tr>
<tr><td>1</td><td>安全/7S/态度</td><td>□ 1. 能进行工位 7S 操作
□ 2. 能进行设备和工具安全检查
□ 3. 能进行车辆安全防护操作
□ 4. 能进行工具清洁、校准、存放操作
□ 5. 能进行三不落地操作</td><td>10</td><td>未完成 1 项扣 2 分，扣分不得超过 10 分</td><td>□熟练
□不熟练</td><td>□熟练
□不熟练</td><td>□合格
□不合格</td></tr>
<tr><td>2</td><td>专业技能能力</td><td>□ 1. 能正确进行快充接口的检查与维护
□ 2. 能正确进行交流充电桩用慢充线的检查与维护
□ 3. 能用交流慢充线给实车进行充电
□ 4. 能够排除充电系统故障</td><td>30</td><td>未完成 1 项扣 10 分，扣分不得超过 30 分</td><td>□熟练
□不熟练</td><td>□熟练
□不熟练</td><td>□合格
□不合格</td></tr>
<tr><td>3</td><td>工具及设备的使用能力</td><td>□ 1. 检查设置安全警示牌
□ 2. 检查灭火器压力、有效期
□ 3. 安装车辆档块
□ 4. 能正确检查防护用具：绝缘手套、绝缘胶带、绝缘鞋、绝缘服、车辆防护用具
□ 5. 能正确检查拆装工具：新能源专用拆装工具套装、扭力扳手
□ 6. 能正确检查检测工具：万用表、兆欧表</td><td>10</td><td>未完成 1 项扣 2 分，扣分不得超过 10 分</td><td>□熟练
□不熟练</td><td>□熟练
□不熟练</td><td>□合格
□不合格</td></tr>
<tr><td>4</td><td>快充接口的检查与维护</td><td>□ 1. 能正确查找到快充接口
□ 2. 能正确测量 DC+与壳体、DC-与壳体直接的绝缘电阻，并进行记录和判断
□ 3. 能正确测量 CC1 与 PE 之间电阻，并进行记录和判断</td><td>15</td><td>未完成 1 项扣 5 分，扣分不得超过 15 分</td><td>□熟练
□不熟练</td><td>□熟练
□不熟练</td><td>□合格
□不合格</td></tr>
<tr><td>5</td><td>交流充电桩用慢充线的检查</td><td>□ 1. 能进行慢充线束外观检查
□ 2. 能正确测量两端充电枪各端子，并进行记录和判断
□ 3. 能正确测量 CC 与 PE 之间电阻，并进行记录和判断</td><td>20</td><td>未完成 1 项扣 5 分，扣分不得超过 20 分</td><td>□熟练
□不熟练</td><td>□熟练
□不熟练</td><td>□合格
□不合格</td></tr>
<tr><td>6</td><td>用交流慢充线给实车进行充电</td><td>□ 1. 能打开充电盖板和充电插座防尘盖
□ 2. 能正确连接充电枪与车辆
□ 3. 能正确拆除充电枪与车辆</td><td>15</td><td>未完成 1 项扣 5 分，扣分不得超过 15 分</td><td>□熟练
□不熟练</td><td>□熟练
□不熟练</td><td>□合格
□不合格</td></tr>
<tr><td colspan="8">总分：</td></tr>
</table>

● 任务拓展

比亚迪 E6 电动汽车充电插孔检测

思考测试

一、单选题

1. 恒压充电的特点是（　　）。

A. 电流恒定不变　　B. 电压恒定不变

C. 充电速度最快　　D. 充电初期电池充电电流逐渐增大

2. 恒流充电中，随着充电的进行，充电电流会（　　）变化。

A. 逐渐增大　　B. 逐渐减小

C. 保持不变　　D. 先增大后减小

3. 恒流-恒压（CC-CV）充电系统中，当蓄电池电压上升到上限电压后，充电模式会切换到（　　）。

A. 继续恒流充电　　B. 切换到恒压充电模式

C. 停止充电　　D. 切换到脉冲充电模式

4. 以下（　　）充电方式是新能源汽车主流的充电方式之一。

A. 恒压充电　　B. 恒流充电

C. 恒流-恒压充电　　D. 脉冲充电

5. 新能源汽车的直流快充与交流慢充的主要区别是（　　）。

A. 充电接口不同　　B. 充电时间不同

C. 充电功率不同　　D. 所有以上选项

二、多选题

1. 以下（　　）是恒流-恒压（CC-CV）充电系统的优点。

A. 控制简单　　B. 充电速度快

C. 接近最佳充电曲线　　D. 成本低

2. 以下（　　）因素会影响直流快充的充电时间。

A. 充电器功率　　B. 电池充电特性

C. 温度　　D. 充电桩的兼容性

3. 以下（　　）是交流慢充方式的优点。

A. 充电时间长　　B. 充电成本低

C. 可提高充电效率　　D. 延长电池使用寿命

4. 以下（　　）是蓄电池更换方式的特点。

A. 更换时间快　　B. 电能补充速度快

C. 自动化程度高　　D. 成本低廉

5. 以下（　　）是动力蓄电池无法充电故障的可能原因。

A. 车载充电机故障　　B. 动力蓄电池内部温度过高

C. 通信故障　　D. 单体电芯之间电压差过大

三、判断题

1. 恒压充电方法由于充电初期蓄电池充电电流过大，直接影响锂蓄电池的寿命和使用质量，因此很少单独使用。（　　）

2. 恒流充电在充电后期过大的充电电流会使蓄电池内部产生气泡，对蓄电池造成损坏，因此恒流充电仅作为阶段充电中的一个环节。（　　）

3. 脉冲充电通过间歇性地充—停或充—停—放的方式，可以有效地减少蓄电池极化现象，提高充电效率。（　　）

4. 交流慢充方式的充电时间通常比直流快充方式的充电时间短。（　　）

5. 直流快充由于充电电流和电压较高，对蓄电池的冲击较大，长期快速充电会影响蓄电池的使用寿命。（　　）

拓展小节：动力蓄电池模组电压均衡

模块七

新能源汽车辅助控制技术

任务1 电动汽车制动系统的认知与检测

学习目标

知识目标

（1）掌握电动汽车制动系统的组成结构与各部件功能及安装位置。
（2）掌握电动汽车制动系统的工作原理。
（3）掌握电动汽车 EPB 系统的工作原理。
（4）熟悉电动汽车 EPB 系统检测的一般步骤与方法。
（5）能识读电动汽车 EPB 系统电路图、会分析 EPB 系统控制逻辑。

技能目标

（1）能运用检测工具与设备，根据 EPB 系统电路图，按照电动汽车 EPB 系统检测的一般步骤，完成电动汽车 EPB 系统功能检测。

（2）能根据检测的数据结果，对电动汽车制动系统进行数据分析，判断故障原因，并能制订维修方案。

素养目标

（1）培养良好的安全意识。
（2）培养团队合作意识与沟通表达能力。
（3）培养良好的职业素养和职业道德。
（4）培养分析能力和劳动精神。

任务描述

某新能源汽车仪表盘显示“驻车力不足，存在溜车风险”，针对此问题应该如何对电子稳定程序（Electronic Stability Program，ESP）系统进行检测？

知识准备

一、电动汽车制动系统的作用及组成

汽车制动系统的作用是使行驶中的汽车按照驾驶人的意愿进行强制减速或停车，使已停

驶的汽车在各种道路条件下（包括坡道）稳定驻车，使下坡行驶的汽车速度保持稳定。

制动系统由供能装置、控制装置、传动装置和制动器四大装置组成。

（1）传动装置：将制动能量传输到制动器的各个部件，如制动主缸（制动总泵）、轮缸（分泵）。

（2）控制装置：产生制动动作和控制制动效果的各种部件，如制动踏板。

（3）供能装置：供给或调节制动所需能量以及改善传动介质状态的部件。

（4）制动器：控制装置产生阻碍车辆运动或运动趋势的部件。根据摩擦副中旋转元件的结构形式的不同，可将制动器分为盘式制动器和鼓式制动器。

二、电动汽车制动系统的类型

制动系统通常可分为行车制动系统、驻车制动系统、应急制动系统及辅助制动系统等。用以使行驶中的汽车降低速度或停车的制动系统称为行车制动系统；用以使已停驶的汽车驻留原地不动的制动系统称为驻车制动系统；在行车制动系统失效的情况下，保证汽车仍能实现减速或停车的制动系统称为应急制动系统；在行车过程中，辅助行车制动系统降低车速或保持车速稳定，但不能将车辆紧急制动的制动系统称为辅助制动系统。下面将针对制动器为盘式制动器的盘式制动系统和 EPB 系统的结构组成及工作原理进行详细阐述。

（一）盘式制动系统

1. 盘式制动系统的结构组成及分类

盘式制动系统主要由制动盘、制动卡钳、活塞等部件组成，可分为定钳盘式和浮钳盘式制动系统，如图 7-1-1 所示。

2. 传统液压盘式制动系统的工作原理

通过液压系统驱动制动块压紧制动盘，产生摩擦力矩来实现制动，如图 7-1-2 所示。具体过程如下。

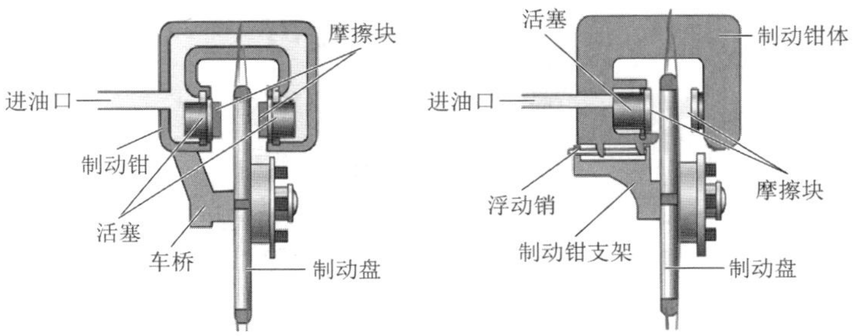

图 7-1-1　定钳盘式和浮钳盘式制动系统

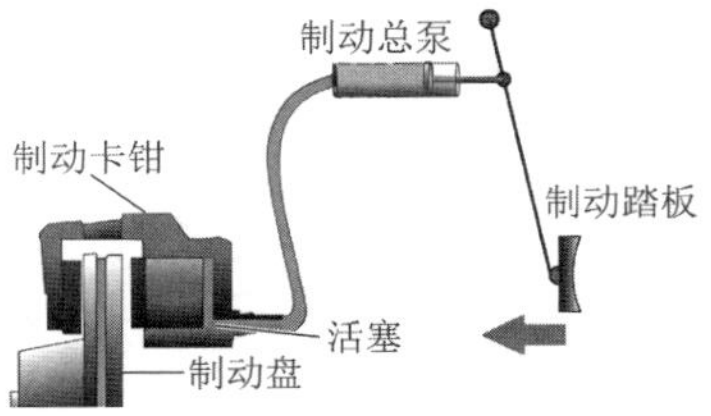

图 7-1-2　传统液压盘式制动系统工作原理

（1）制动时：驾驶人踩下制动踏板，制动总泵（主缸）内的油液产生压力，油液通过制动油管流入各个车轮的分泵（轮缸）中，将压力最终传递到轮缸活塞中。活塞在液压作用下将两制动块压紧制动盘，产生摩擦扭力矩而制动。

（2）放松制动时：活塞和制动块依靠密封圈的弹力和弹簧的弹力回位，完成制动解除。

（二）电子驻车制动系统

电子驻车制动（Electrical Parking Brake，EPB）系统是由控制单元控制的电子驻车制动系统。EPB 系统通过一个 EPB 开关对驻车制动器进行控制，该系统不仅实现了驻车制动的电子化控制，同时 EPB 控制单元通过数据总线与车身电子稳定程序（Electronic Stability Program，ESP）系统连接，可以实现车辆的自动停止固定功能和动态的应急制动。

目前，车辆上装配的 EPB 系统有两种形式，一种是钢索牵引式 EPB 系统，是通过驻车制动执行电机驱动制动拉线使驻车制动系统工作的 EPB 系统。另一种是整合卡钳式 EPB 系统，是将驻车制动执行电机安装于后轮两侧的制动卡钳上，由驻车制动执行电机直接控制制动卡钳的活塞。

1. 拉索牵引式 EPB 系统

拉索牵引式电控驻车执行机构与传统驻车制动无异，同为制动蹄（或制动盘）式，仅仅是把原来用于平衡左右侧驻车制动力的驻车制动拉索平衡器换成电子控制拉索控制模块而已，如图 7-1-3 所示。由于拉索牵引式电控驻车装置的加装成本低，结构紧凑，因而更利于对普通车型应用时的设计变更。

2. 整合卡钳式 EPB 系统

整合卡钳式 EPB 系统需要专用的制动卡钳和相关的执行机构，其执行部件均位于后轮制动卡钳上，没有了传统的驻车制动拉索，系统变得更加简单，如图 7-1-4 所示，但成本相对较高。由于整合卡钳式 EPB 系统采用了电线进行指令信号传递，因而更利于对普通车辆的组装（或改装）及驻车系统的简化、更经济实用。

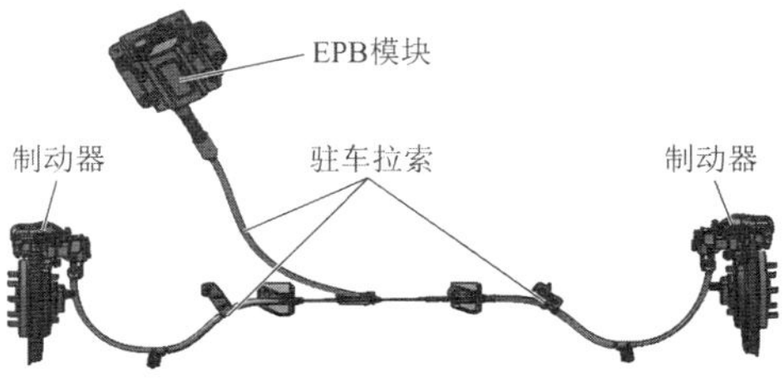

图 7-1-3　拉索牵引式 EPB 系统

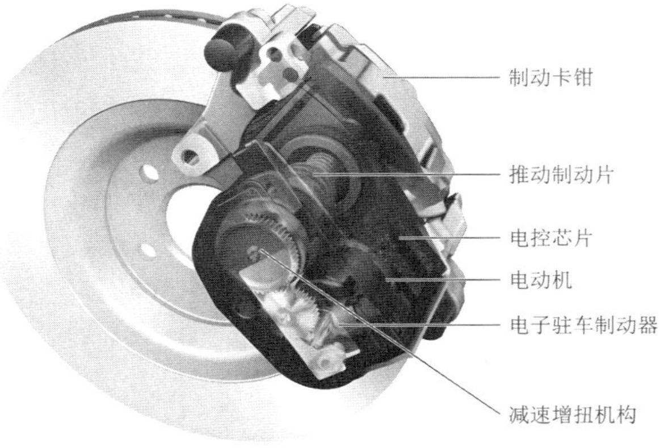

图 7-1-4　整合卡钳式 EPB 系统

三、电动汽车制动系统的工作原理

（一）电子控制制动系统的工作原理

在新能源汽车中，传统的常规型制动助力器已被电子控制制动系统所取代。特别在混合动力电动汽车和部分纯电动汽车中，电子控制制动系统主要由制动输入装置、电源供应部分以及液压控制系统三大部分构成。在常规制动操作中，制动主缸分总成产生的液压并非直接施加于轮缸上，而是作为液压信号被使用。真正施加到轮缸上的控制压力，是通过制动执行器总成的液压调节来实现的。如图 7-1-5 所示，这样的设计不仅优化了制动系统的效率，也提升了系统的响应速度和精准度。

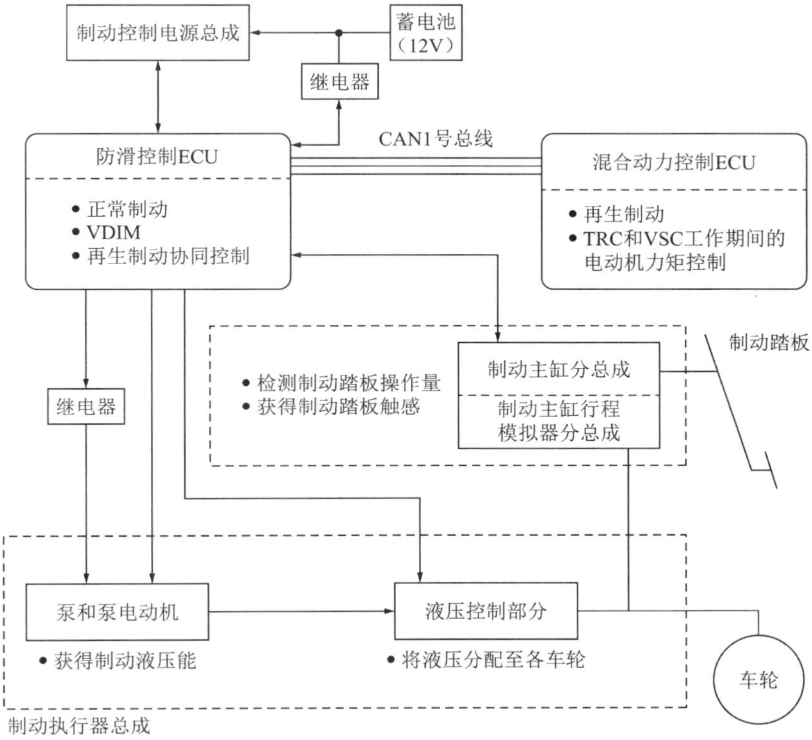

图 7-1-5　典型新能源汽车制动系统工作原理

（二）再生制动的工作原理

再生制动系统是一种既高效又节能的制动系统，是电动汽车所独有的功能，它通过回收汽车在制动过程中产生的动能并将其转换为电能，储存在蓄电池中供未来使用，如图 7-1-6 所示。在这种系统中，车辆行驶时通常使用电动机来驱动，将电能转化为动能供给车辆行驶。而当驾驶人需要减速或制动时，通过电动机反转使电动机转变为发电机，将车辆的动能再次转化为电能，并将其存储进蓄电池。这一过程不但避免了制动能量的浪费，而且通过充电池的方式，增加了电动汽车的续驶里程，为驾驶提供了更高的能源利用效率。

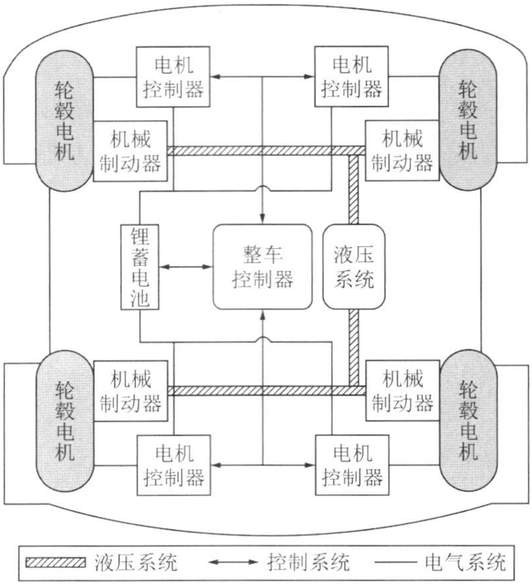

图 7-1-6　电动汽车再生制动工作原理

（三）EPB 系统工作原理

如图 7-1-7 所示，EPB 模块通过内置在 ESP 电脑中的纵向加速度传感器来测算坡度，从而可以算出车辆在斜坡上由于重力而产生的下滑力，电脑通过电机对后轮施加制动力来平衡下滑力，使车辆能停在斜坡上。

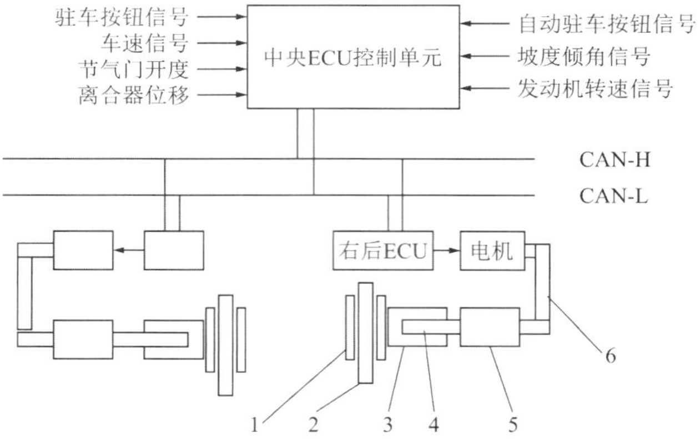

图 7-1-7　EPB 系统工作原理

1-制动摩擦片；2-制动盘；3-制动活塞；4-螺纹丝杠；5-轮系减速机构；6-传动皮带

当车辆起步时，电脑通过踩下加速踏板的深度来测算需要施加的制动力，同时通过高速 CAN 与发动机电脑通信来获知发动机牵引力的大小。电脑自动计算发动机牵引力的增加，相应地减少制动力。当牵引力足够克服下滑力时，电脑驱动电机解除制动，从而实现车辆顺畅起步。

四、电动汽车 EPB 系统电路原理图识别

电动汽车 EPB 系统的工作电路由 EPB ECU、左右 EPB 电机及相关控制电路和通信线路等组成，如图 7-1-8 所示。

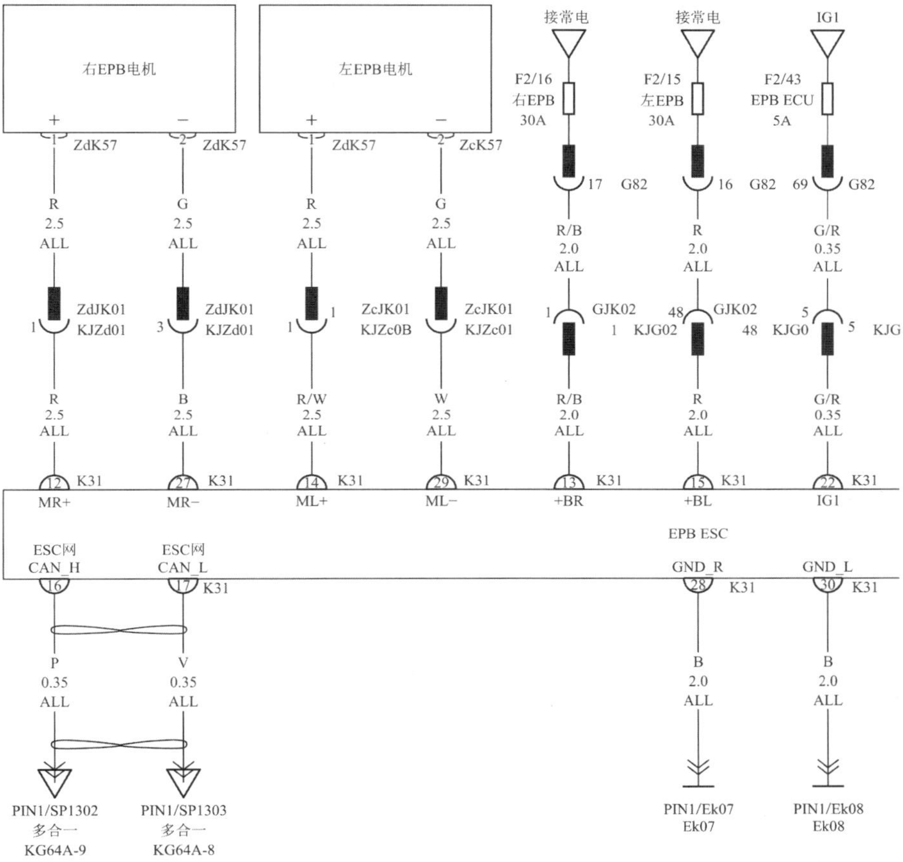

图 7-1-8　**EPB 系统的工作电路**

• 知识延伸

电子稳定程序（ESP）系统（以比亚迪秦为例）

1. ESP 系统的功能

ESP 集成有防抱死制动系统（Anti-lock Braking System，ABS）、牵引力控制系统（Traction Control System，TCS）和车辆动态控制（Vehicle Dynamics Control，VDC）三个功能模块；ESP9i 另外集成有上坡辅助（Hill-start Assist Control，HHC）、液压制动辅助（Hydraulic Brake Assist，

HBA）两个增值子功能。其中，VDC 为控制侧滑，用于保持车辆方向的稳定性；HHC 是在松开制动踏板后，能够保持驾驶人所施加的制动压力，最多可有 1～2s 时间将脚从制动踏板移动到加速踏板上，防止停在坡上的车辆后滑；HBA 为驾驶人在快速踩下制动踏板时，用于识别出车辆处于紧急状态，可迅速将制动压力提高至最大值，从而使 ABS 更迅速介入，有效地缩短制动距离。

2. ESP 系统的组成

ESP 系统由带电子控制单元的 ESP 液压调节模块（偏航率传感器集成在 ESP 模块中）、轮速传感器（霍尔式）、转向盘转角传感器（Steering Angle Sensor，SAS）、偏航率传感器、ESP 开关、与发动机管理系统的通信组成，部分组成如图 7-1-9 所示。

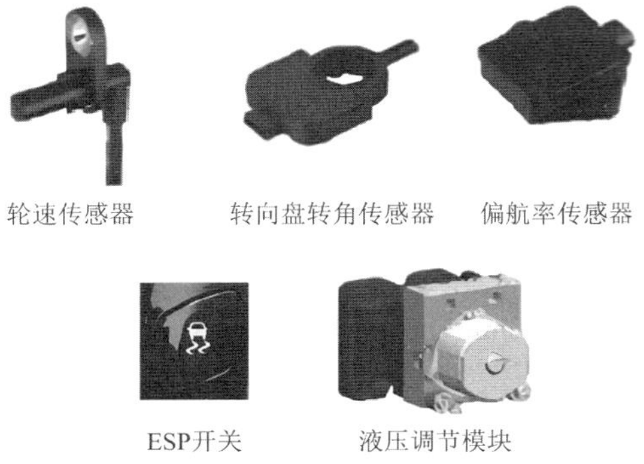

图 7-1-9　**ESP 系统的组成部件**

3. ESP 系统控制原理

ESP 系统控制过程如图 7-1-10 所示。

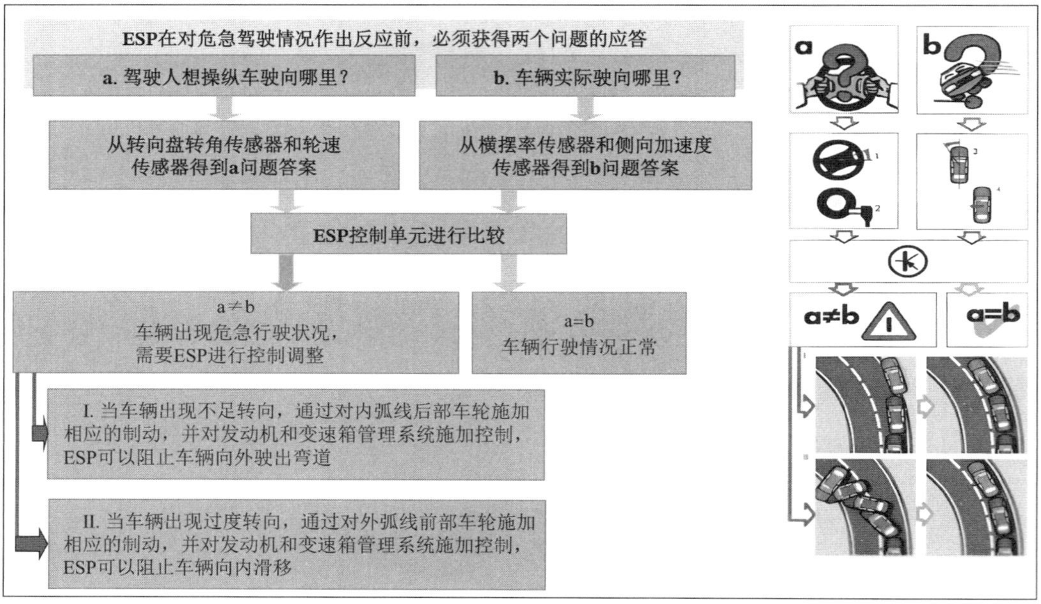

图 7-1-10　**ESP 系统控制原理**

任务实施

以比亚迪秦车型为例，开展电动汽车 EPB 系统的检测

请根据工作任务单的指引（表 7-1-1），测量模块线束端电压、驻车制动执行电机与 ECU 连接线束、ESC CAN 网络线路检测、EPB ECU 的检测，并检查驻车制动执行电机电阻。

电动汽车 EPB 系统的检测（比亚迪秦）工作页　　　　表 7-1-1

电动汽车 EPB 系统的检测				班级：	
				姓名：	
实训地点：			实训时间：		
1. 车辆信息记录					
品牌		整车型号		生产年月	
驱动电机型号		蓄电池电量		行驶里程	
车辆识别码					
2. 作业场地准备					
检查设置隔离栏					□是　□否
检查设置安全警示牌					□是　□否
检查灭火器压力、有效期					□是　□否
安装车辆挡块					□是　□否
3. 对仪器进行检查					
检查仪器名称					是否正常
防护用具：绝缘手套、安全帽、护目镜、绝缘毯、绝缘鞋、车辆防护用具					□是　□否
4. 检查与维护前的准备工作					
检查数字万用表是否良好					□是　□否
检查是否准备好常用工具套装					□是　□否
检查是否关闭电源开关					□是　□否
实施步骤					
步骤名称	操作步骤	图示			是否完成
测量线束端电压	断开 K31 连接器	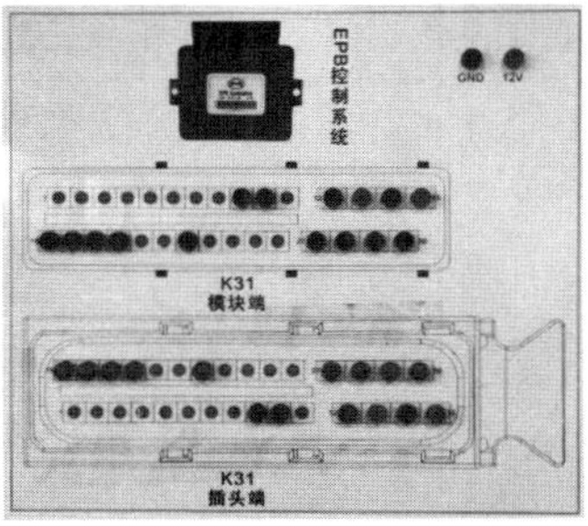			□是　□否

续上表

实施步骤			
步骤名称	操作步骤	图示	是否完成
测量线束端电压	测量 K31/13 与车身电压，标准值应为 11～14V	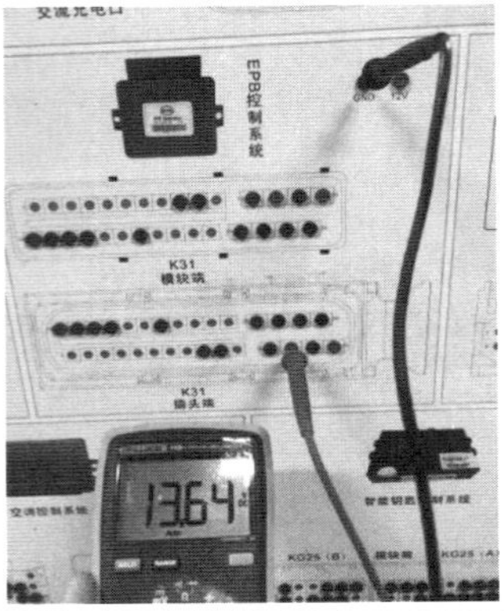	□是　□否
	测量 K31/15 与车身电压，标准值应为 11～14V	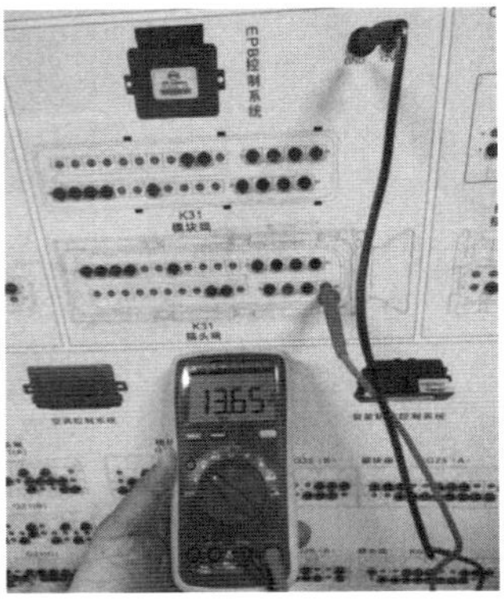	□是　□否
	测量 K31/22 与车身电压，标准值应为 11～14V	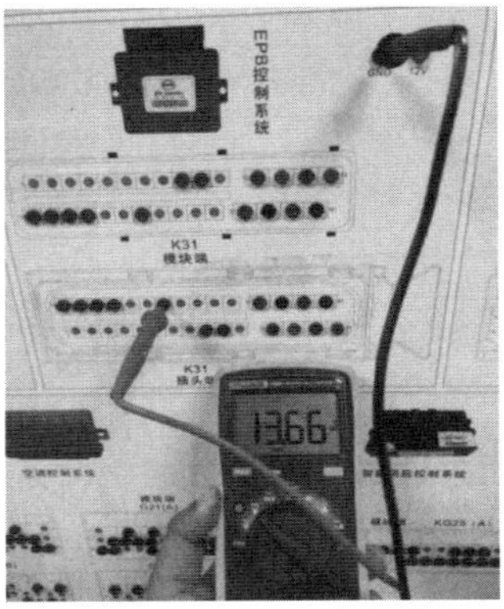	□是　□否
	测量 K31/28 与车身电阻，标准值应小于 1Ω	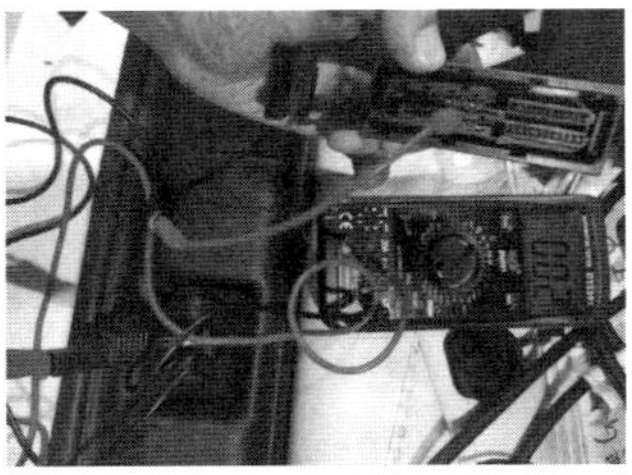	□是　□否

续上表

实施步骤			
步骤名称	操作步骤	图示	是否完成
测量线束端电压	测量 K31/30 与车身电阻，标准值应小于 1Ω		□是　□否
检查驻车制动执行电机电阻	断开电机连接插头	—	□是　□否
	测量左侧电机端子电阻 zdk57/1-zdk57/2，标准值应为 0.1～0.8Ω	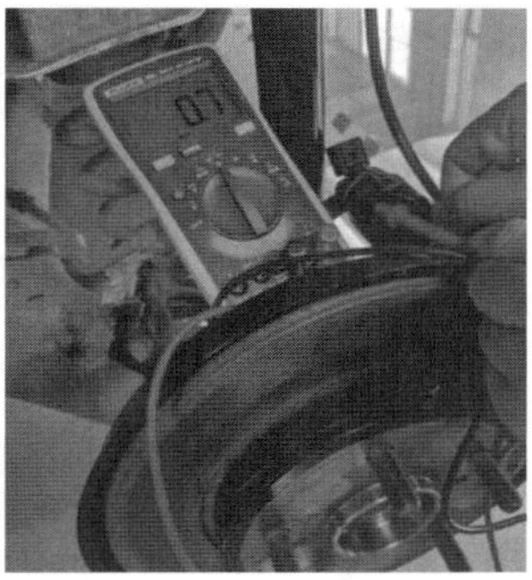	□是　□否
	测量右侧电机端子电阻 zck57/1-zck57/2，标准值应为 0.1～0.8Ω（方法同上）	—	□是　□否
检测驻车制动执行电机与 ECU 连接线束	测量 zdk57/1 与 K31/22 间的电阻（标准值应小于 1Ω）（左后轮）	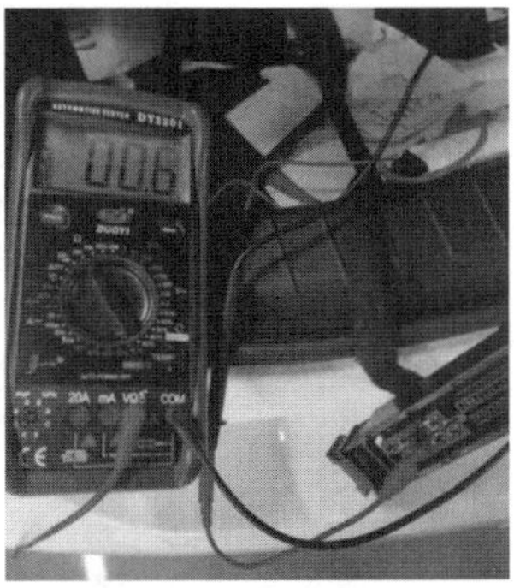	□是　□否
	测量 zdk57/2 与 K31/27 间的电阻（标准值应小于 1Ω）（左后轮）		□是　□否

续上表

实施步骤			
步骤名称	操作步骤	图示	是否完成
检测驻车制动执行电机与ECU连接线束	测量 zck57/1 与 K31/14 间的电阻（标准值应小于 1Ω）（右后轮、方法同上）	—	□是　□否
	测量 zck57/2 与 K31/29 间的电阻（标准值应小于 1Ω）（右后轮、方法同上）	—	□是　□否
ESC CAN 网络线路检测	打开点火开关，测量 K31/16 与车身搭铁电压。标准电压应为 2.5～3.5V	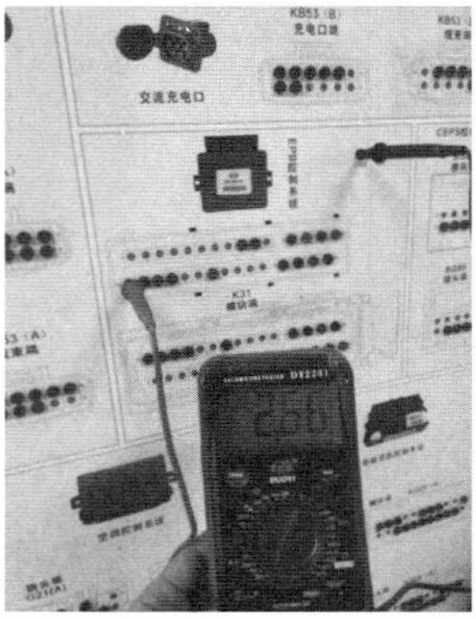	□是　□否
	打开点火开关，测量 K31/17 与车身搭铁电压。标准电压应为 1.5～2.5V	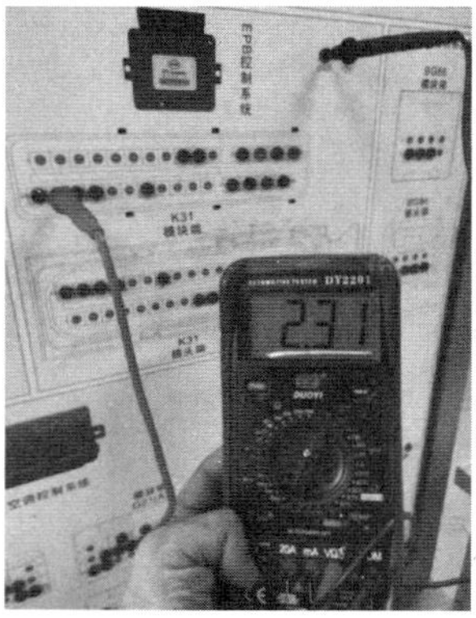	□是　□否
	关闭点火开关，断开蓄电池负极，测量 K31/16-K31/17 电阻，电阻值约为 60Ω		□是　□否

续上表

实施步骤			
步骤名称	操作步骤	图示	是否完成
ESC CAN 网络线路检测	测量 K31/16-网关模块 14 电阻，电阻值应小于 1Ω	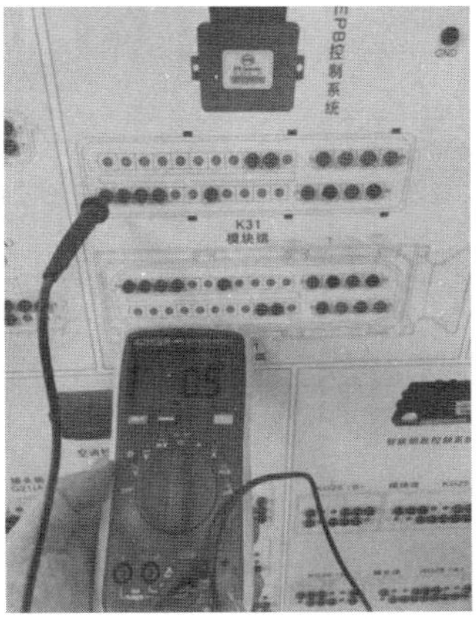	□是　□否
	测量 K31/17-网关模块 13 电阻，电阻值应小于 1Ω	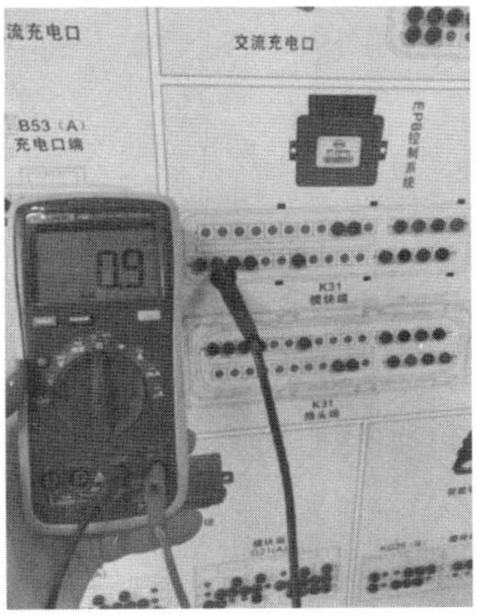	□是　□否
检测 EPB ECU	连接好所有插接件	—	□是　□否
	启动并释放 EPB 系统		□是　□否
	读取故障码，如故障码依旧出现，则更换 EPB ECU		□是　□否

续上表

5. 7S 管理	
建立安全操作环境	□是　□否
清理及整理工具量具	□是　□否
清理及复原车辆正常状况	□是　□否
清洗场地	□是　□否
物品回收和环保	□是　□否
完善和检查工作	□是　□否
实训人（签字）：	监督人（签字）：

任务评价

通过自评、互评及师评对本任务学习情况进行考评（表 7-1-2），掌握学习效果。

电动汽车 EPB 系统检测（比亚迪秦）考核评分　　表 7-1-2

电动汽车 EPB 系统检测			实习日期：				
姓名：		班级：	学号：		导师签名：		
自评：□熟练 □不熟练		互评：□熟练 □不熟练	师评：□合格 □不合格				
日期：		日期：	日期：				
评分细则							
序号	评分项	得分条件	分值（分）	评分要求	自评	互评	师评
1	安全/7S/态度	□ 1. 能进行工位 7S 操作 □ 2. 能进行设备和工具安全检查 □ 3. 能进行车辆安全防护操作 □ 4. 能进行工具清洁、校准、存放操作 □ 5. 能进行三不落地操作	15	未完成1项扣3分	□熟练 □不熟练	□熟练 □不熟练	□合格 □不合格
2	专业技能能力	□ 1. 能正确进行 EPB 系统电源检测 □ 2. 能正确进行 ESC CAN 网络线路检测 □ 3. 能正确进行驻车制动控制电动机检测 □ 4. 能正确进行驻车制动执行电机与 ECU 连接线束电阻的检测 □ 5. 能正确使用解码仪对 EPB ECU 进行检测	50	未完成1项扣15分，扣分不得超过50分	□熟练 □不熟练	□熟练 □不熟练	□合格 □不合格
3	工具及设备的使用能力	□ 1. 能正确使用比亚迪秦电控系统示教板 □ 2. 能正确使用检测工具（解码仪、万用表） □ 3. 能正确使用拆装工具 □ 4. 能正确查阅技术资料	10	未完成1项扣5分，扣分不得超过10分	□熟练 □不熟练	□熟练 □不熟练	□合格 □不合格
4	资料、信息查询能力	□ 1. 能正确查询空调系统故障码 □ 2. 能正确使用车辆使用手册查询资料 □ 3. 能正确记录查询资料章节页码	10	未完成1项扣4分，扣分不得超过10分	□熟练 □不熟练	□熟练 □不熟练	□合格 □不合格
5	数据判断和分析能力	□ 1. 能判断车辆上电是否正常 □ 2. 能分析 EPS 电路控制逻辑 □ 3. 能判断测量数据是否正常	10	未完成1项扣3分，扣分不得超过10分	□熟练 □不熟练	□熟练 □不熟练	□合格 □不合格
6	表单填写及报告撰写能力	□ 1. 字迹清晰 □ 2. 语句通顺 □ 3. 无错别字 □ 4. 无抄袭	5	未完成1项扣1分	□熟练 □不熟练	□熟练 □不熟练	□合格 □不合格
总分：							

• 任务拓展

比亚迪秦新能源汽车制动系统部件的检测

思考测试

一、填空题

1. 制动系统通常可分为________系统、________系统、________系统及________系统等。

2. 盘式制动系统主要由________、________、________等部件组成，可分为________盘式和________盘式制动系统。

3. 在混合动力电动汽车和部分纯电动汽车中，电子控制制动系统主要由________装置、________部分以及________系统三大部分构成。

二、选择题

1.制动系统由（　　）装置组成。

A. 供能装置　　B. 控制装置　　C. 传动装置　　D. 制动器

2. EPB 系统是由控制单元控制的 EPB 系统，简称为（　　）系统。

A. ESP　　B. ABS　　C. EPB　　D. ASR

3. 在进行 ESC CAN 网络线路检测时，ESC CAN 网络终端电阻是由两个（　　）Ω 的电阻串联而成。

A. 30　　B. 60　　C. 90　　D. 120

三、判断题

1. 在电动汽车中，再生制动系统通过回收汽车在制动过程中产生的动能并将其转换为电能，储存在电池中供未来使用。（　　）

2. 整合卡钳式 EPB 系统需要专用的制动卡钳和相关的执行机构，其执行部件位于前、后车轮制动卡钳上。（　　）

任务2　电动汽车助力转向系统的认知与检测

学 习 目 标

知识目标

（1）掌握电动助力转向系统的基本组成与工作原理。

（2）熟悉电动助力转向系统检测的一般步骤。

（3）能识读电动助力转向系统电路图、会分析电动助力转向电控系统控制逻辑。

技能目标

（1）能运用检测工具与设备，根据电动助力转向系统电路图，按照电动助力转向系统检测的一般步骤，完成电动汽车助力转向系统功能检测。

（2）能根据检测的数据结果，对电动汽车助力转向系统进行数据分析，判断故障原因，并能制订维修方案。

素养目标

（1）培养操作规范性。

（2）培养团队合作意识与沟通表达能力。

（3）培养良好的职业素养和职业道德。

任务描述

一辆比亚迪电动汽车，客户反映车辆转向沉重，且仪表提示转向系统故障。你该如何进行检测与维修？

知识准备

一、电动助力转向系统概念及组成结构

电动助力转向（Electric Power-assistant Steering，EPS）系统是指利用 EPS 电机提供转向动力，辅助驾驶人进行转向操作的转向系统。该系统是由传感器（力矩转角传感器、车速传感器）、控制器（EPS 电子控制单元）、执行器（EPS 电机）以及减速装置、齿轮齿条转向器等相

关机械部件组成。

1. 力矩及转角传感器

转矩及转角传感器用来检测转向盘转角和转矩的大小和方向，它是 EPS 控制信号之一。力矩及转角传感器安装在转向器输入轴处，如图 7-2-1 所示。

图 7-2-1　转矩及转角传感器安装位置及转矩及转角传感器实物图

2. 减速机构

电动转向系统中的减速机构通常包含减速齿轮、输出轴以及轴承等部件。减速齿轮与助力电动机的输出轴相配合，实现从助力电动机输出轴上的高速低转矩到低速高转矩的转换，从而提供充分的转向力矩。减速机构的输出轴负责将这一转向力矩传递至电动助力转向器，以完成车辆的转向操作。此外，减速机构还承担着提高输出力矩、减轻电机负载和降噪等多重功能，如图 7-2-2 所示。

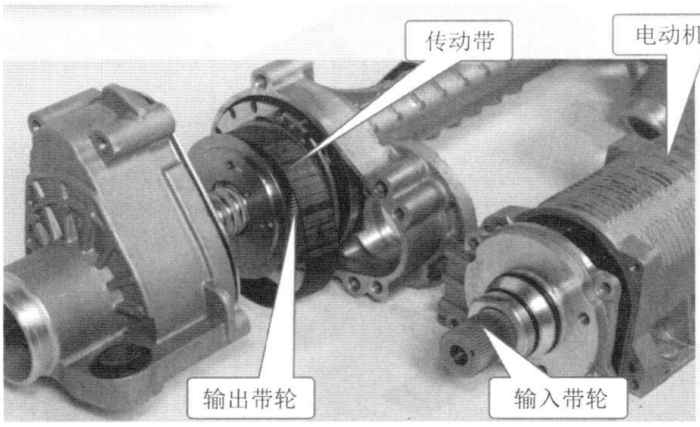

图 7-2-2　动力转向系统减速机构

3. 助力电机

助力电机在电动转向系统中扮演着至关重要的角色，它根据电子控制单元的指令，精准地输出所需的助力转矩，从而成为整个系统的动力源泉。如图 7-2-3 所示，电动助力电机多采用无刷永磁式直流设计，以确保其性能的稳定和高效。由于助力电机对电动助力转向系统（EPS）的性能产生深远影响，它被视为 EPS 的核心组件之一。因此，这种电机必须具备低转速下输出大转矩、转矩波动小、转动惯量小等特性，同时其尺寸和质量也要尽可能小，以满足现代车辆对紧凑性和轻量化的需求。除此之外，高可靠性和易控制性也是助力电动机不可或缺的特点，以确保 EPS 系统的安全性和操作的便捷性。

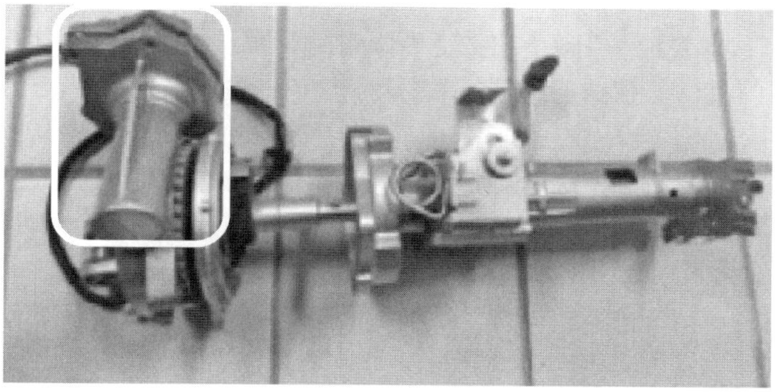

图 7-2-3　电动助力电机

4. 齿轮齿条转向器

与传统汽车齿轮齿条转向器的结构形式及工作原理相同。

5. 电动转向电子控制单元（EPS ECU）

电动转向控制器主要由硬件电路和软件程序组成，在电源、电机等其他部件正常工作时，其本身的可靠性应比较高，硬件本身不易出现故障。

6. 车速传感器

车速传感器在电动转向系统中扮演着重要角色，其主要功能是实时监测车辆的行驶速度。这类传感器将车速数据传递给电动助力转向电子控制单元（EPS ECU），为系统的助力控制提供必要信息。

二、电动助力转向系统功能

EPS 系统由 EPS 电机提供助力，助力大小由 EPS 电子控制单元实时调节与控制。根据车速的不同提供不同的助力，改善汽车的转向特性，减轻停车泊位和低速行驶时的操纵力，提高高速行驶时的转向操纵稳定性，进而提高了汽车的主动安全性。

EPS 系统主要有以下几个功能：

1. 助力控制功能

EPS 的助力特性属于车速感应型，即在同一转向盘转矩输入下，电机的目标电流随车速的变化而变化，能较好地兼顾轻便性与路感的要求。EPS 的助力特性采用分段型助力特性。EPS 电机根据转向盘偏离方向施加助力转矩，以保证低速时转向轻便，高速时操作稳定并获得较好的路感。

2. 回正控制功能

转向时，由于转向轮主销后倾角和主销内倾角的存在，使得转向轮具有自动回正的作用。EPS 系统在机械转向机构的基础上，增加了 EPS 电机和减速机构。EPS 系统通过 EPS 电子控制单元对 EPS 电机进行转向回正控制，与前轮定位产生的回正转矩一起进行车辆的转向回正动作，使转向盘迅速回正，抑制转向盘振荡，保持路感，提高转向灵敏性和稳定性，优化转向回正特性，缩短了收敛时间。回正控制通过调整回正补偿电流，进而产生回正作用转矩，该转矩沿某一方向使转向轮返回到中间位置

3. 阻尼控制功能

车辆高速行驶时，通过控制阻尼补偿电流进行阻尼控制，增强驾驶人路感，改善车辆高速行驶情况下转向的稳定性。

三、电动助力转向系统类型

根据助力输出范围以及空间布置限制条件，助力模块（电机、控制单元、减速机构）在各种电动转向系统中安装在不同的位置，具体分为转向管柱助力式、齿轮助力式、齿条助力式，如图 7-2-4 所示。

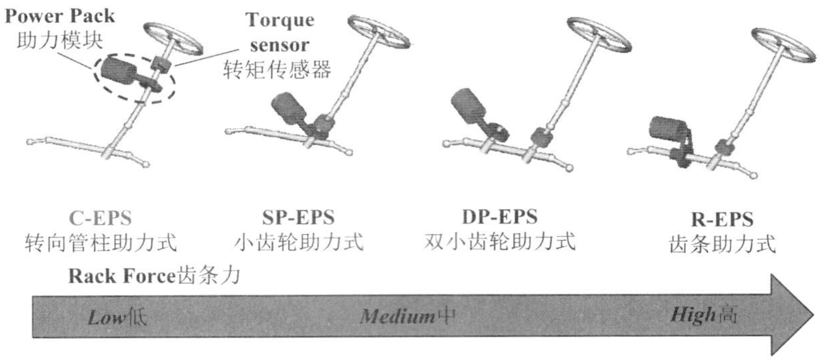

图 7-2-4　电动助力转向系统类型

四、电动助力转向系统工作原理

1. 基本原理

汽车转向时，转矩及转角传感器把检测到的转矩及角度信号的大小、方向经处理后传给

EPS 电子控制单元，EPS 电子控制单元同时接收车速传感器检测到的车速信号，然后根据车速传感器和转矩及转角传感器的信号决定电机的旋转方向和助力转矩的大小。同时电流传感器检测电路的电流，对驱动电路实时监控，最后由驱动电路驱动电机工作，实施助力转向。其工作原理如图 7-2-5 所示。

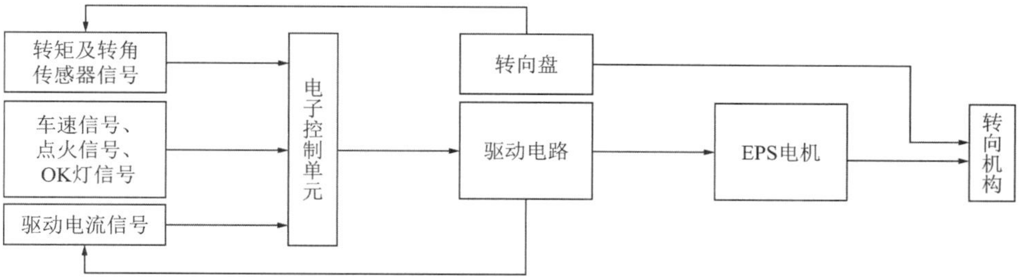

图 7-2-5　**EPS 系统工作原理**

2. 电动助力转向系统的控制方式

（1）助力基本控制。

为了弥补系统在响应转矩传感器信号时的延迟，需要实施相位补偿。通过相位补偿后的信号，确定所需的助力量。这些控制与车辆的特性密切相关，通常通过预先设定的图谱来实现。此外，助力量还可以根据车速进行调整，以实现车速感应特性。之后，结合辅助控制量，将最终的助力指令值传递给电流控制部分，图 7-2-6 所示为电动助力转向系统控制方式逻辑线路图。

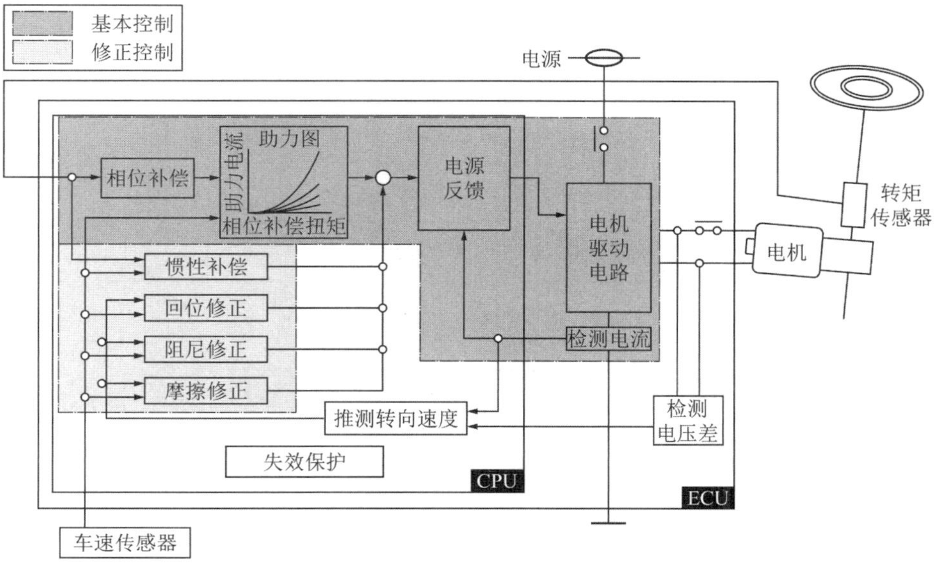

图 7-2-6　**电动助力转向系统控制方式**

（2）助力辅助控制。

转向盘不仅受驾驶人操作影响，还会在路面施加力矩于轮胎时产生转动。因此，除了基本的助力控制，还需要实施助力辅助控制。主要的助力辅助控制包括：

惯性补偿：在排除电机惯性力矩的影响时，为了实现平稳的助力控制。

回位修正：在转向后由于回正转矩使转向盘回位时，进行相应的修正。

阻尼修正：在松手后回位时，为了使转向盘稳定，进行的修正。

摩擦修正：由电机或机构部分摩擦引起的助力延迟，进行相应的修正。

（3）电机电流控制。

为了使电机能够实时跟踪上述的电机电流指令值，需要对电机的电流进行控制。通常，通过检测电机电流，并与指令值进行比较，修正其中的差量，即采用反馈控制。

（4）失效保护。

由于电动助力转向系统提供的助力约为驾驶人转向操作力的 10 倍，因此在助力出现异常时需要迅速检测并采取相应措施，以确保系统的安全性和可靠性。电动助力转向系统失效保护措施见表 7-2-1。

电动助力转向系统失效保护措施　　表 7-2-1

检测项目	控制方式
转矩传感器相关（转矩传感器出现异常等）	停止助力
电动机转角传感器相关（电动机转角传感器输出异常等）	
EPS ECU 驱动电路相关（电动机端子电压异常等）	
微控制器相关（微控制器或定制集成电路异常等）	
电动机加热保护相关（通过温度推测进行加热保护控制）	限制助力
EPS ECU 加热保护相关（通过温度推测进行加热保护控制）	
车速相关（车速信号、发动机转速信号、CAN 总线异常等）	
电源相关（点火装置电压、电动机电源电压异常等）	

五、电动助力转向系统电路原理图识别

图 7-2-7 所示为比亚迪秦电动助力转向系统电路图。

（1）电动助力转向系统 ECU 工作电源：IG1→ON 挡电熔断器→G2L/10→8。

（2）助力电动机工作电源：常电，12V→正极配电盒熔断器→电源输入正 2。

（3）助力电动机/ECU 搭铁线路：1→负极搭铁。

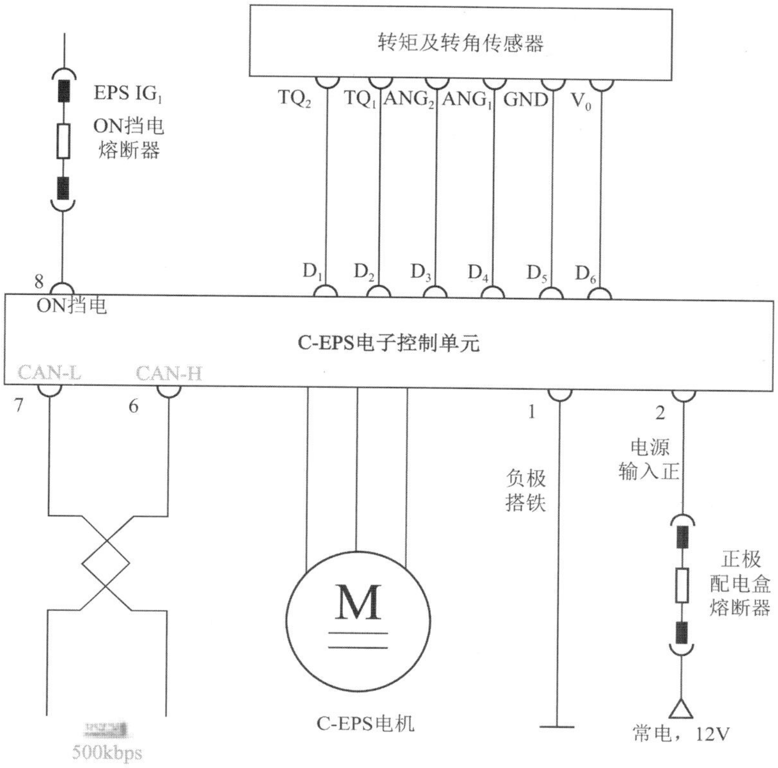

图 7-2-7　比亚迪秦电动助力转向系统电路

● 知识延伸

EPS 过载保护

1. 温度保护

（1）如果 EPS 组件温度过高，就会减小转向助力。通过降低电机电流限制 EPS 自身产生的热量，从而防止组件承受过高热负荷。同时，ECU 会存储一条故障代码。

（2）如果环境温度较高且转向操作猛烈，特别是在车辆静止时，就会出现这种过载保护现象（比如频繁进行遥控转向等）。

（3）如果出现过载情况，EPS 就会减小转向助力，行驶过程中的转向操作会稍显沉重（若为原地转向操作，则会很沉重）。

2. 其他保护

驾驶人在尝试转动前车轮时，若遇到坚硬的障碍物（如路肩），可能会引发另一种过载现象。如果在较短时间间隔内反复出现这种情况，就会减小转向助力。这样既可以防止 EPS 组件承受过大的机械负荷，又能向驾驶人发出遇到坚硬障碍物的警告。

EPS 常见故障及原因

表 7-2-2 所示为 EPS 常见故障及故障的常见原因。

EPS 常见故障及故障原因　　表 7-2-2

症状	可能原因
转向沉重	轮胎（充气不当）
	前轮定位（不正确）
	转向节（磨损）
	悬架摆臂球头节（磨损）
	转向管柱总成（有故障）
	电动助力转向器总成（有故障）
	EPS 控制单元
回位不足	轮胎（充气不当）
	前轮定位（不正确）
	转向管柱（弯曲）
	电动助力转向器总成（有故障）
游隙过大	转向节（磨损）
	中间轴、滑动节叉（磨损）
	转向器（有故障）
异常噪声	减速机构（磨损）
	转向节（磨损）
	电动助力转向器总成（有故障）
转向盘抖动	制动盘表面不平
	电动助力转向器总成（有故障）
	转向管柱总成（有故障）

任务实施

电动助力转向系统（EPS）的检测（以比亚迪秦车型为例）

请根据工作任务单的指引（表 7-2-3），进行电动助力转向系统电源检测、ESC CAN 网络线路检测和转矩传感器电压信号测量任务。

电动助力转向系统（EPS）检测工作页　　　表 7-2-3

<table>
<tr><td colspan="4" rowspan="2">电动助力转向系统（EPS）检测</td><td colspan="2">班级：</td></tr>
<tr><td colspan="2">姓名：</td></tr>
<tr><td colspan="3">实训地点：</td><td colspan="3">实训时间：</td></tr>
<tr><td colspan="6">1. 车辆信息记录</td></tr>
<tr><td>品牌</td><td></td><td>整车型号</td><td></td><td>生产年月</td><td></td></tr>
<tr><td>驱动电机型号</td><td></td><td>电池电量</td><td></td><td>行驶里程</td><td></td></tr>
<tr><td>车辆识别码</td><td colspan="5"></td></tr>
<tr><td colspan="6">2. 作业场地准备</td></tr>
<tr><td colspan="5">检查设置隔离栏</td><td>□是　□否</td></tr>
<tr><td colspan="5">检查设置安全警示牌</td><td>□是　□否</td></tr>
<tr><td colspan="5">检查灭火器压力、有效期</td><td>□是　□否</td></tr>
<tr><td colspan="5">安装车辆挡块</td><td>□是　□否</td></tr>
<tr><td colspan="6">3. 对仪器进行检查</td></tr>
<tr><td colspan="5">检查仪器名称</td><td>是否正常</td></tr>
<tr><td colspan="5">防护用具：绝缘手套、安全帽、护目镜、绝缘垫、绝缘鞋、车辆防护用具、数字万用表、拆装工具</td><td>□是　□否</td></tr>
<tr><td colspan="6">4. 检查与维护前的准备工作</td></tr>
<tr><td colspan="6">实施步骤</td></tr>
<tr><td>步骤名称</td><td colspan="2">操作步骤</td><td colspan="2">图示</td><td>是否完成</td></tr>
<tr><td rowspan="2">电动助力转向系统电源检测</td><td colspan="2">打开点火开关，检查助力电动机 8-1，电压为 12V</td><td colspan="2">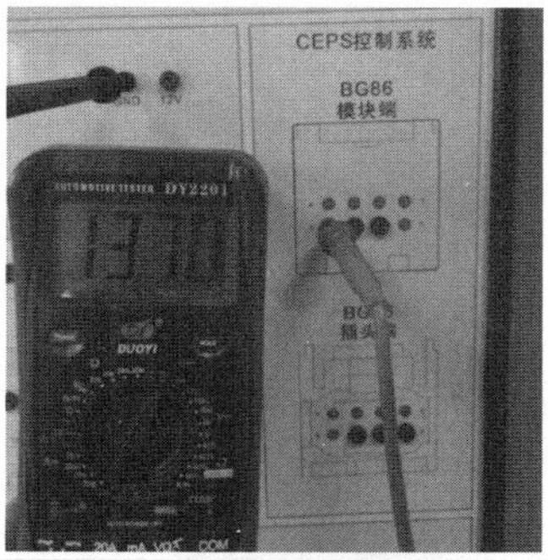
</td><td>□是　□否</td></tr>
<tr><td colspan="2">关闭点火开关，断开蓄电池负极，检查电动助力转向系统搭铁线电阻，1（GND）-车身搭铁，电阻值应小于 1Ω</td><td colspan="2">
</td><td>□是　□否</td></tr>
</table>

续上表

实施步骤			
步骤名称	操作步骤	图示	是否完成
ESC CAN 网络线路检测	打开点火开关，测量 6 与车身搭铁电压。标准电压应为 2.5～3.5V		□是　□否
	打开点火开关，测量 7 与车身搭铁电压。标准电压应为 1.5～2.5V		□是　□否
	关闭点火开关，断开蓄电池负极，测量 6 和 7 的电阻，电阻值约为 60Ω	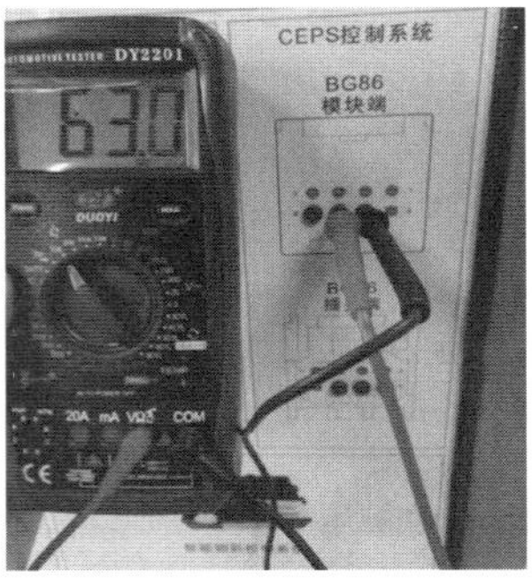	□是　□否
	测量 7～网关模块 13 电阻，电阻值应小于 1Ω	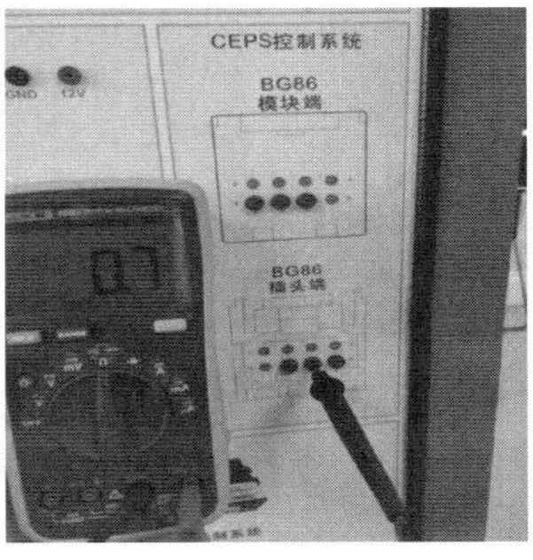	□是　□否

续上表

实施步骤			
步骤名称	操作步骤	图示	是否完成
ESC CAN 网络线路检测	测量 6～网关模块 14 电阻，电阻值应小于 1Ω	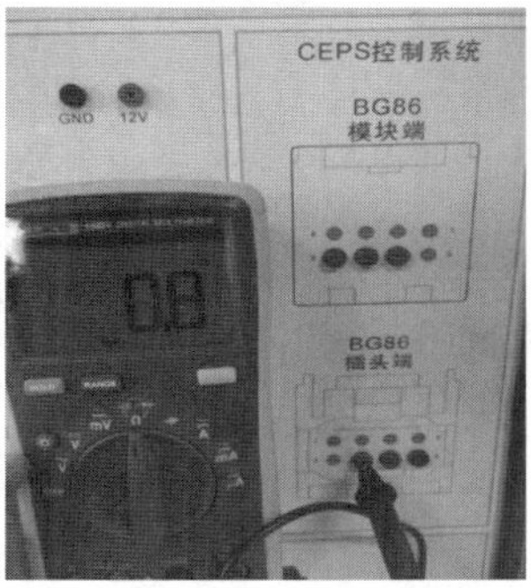	□是　□否
力矩传感器电压信号测量	测量转矩传感器电源电压V_0，约为 5V		□是　□否
	测量转矩传感器 2 号端子 TQ1 信号电压，约为 2.4V，转动转向盘数值有变化（前车轮朝前）		□是　□否
	测量转矩传感器 1 号端子 TQ2 信号电压，约为 1.3V，转动转向盘数值有变化（前车轮朝前）		□是　□否
	测量转矩传感器 3 号端子 ANG2 信号电压，约为 3.5V，转动转向盘数值有变化（前车轮朝前）		□是　□否

续上表

实施步骤			
步骤名称	操作步骤	图示	是否完成
转矩传感器电压信号测量	测量转矩传感器 3 号端子 ANG1 信号电压，约为 1.3V，转动转向盘数值有变化（前车轮朝前）	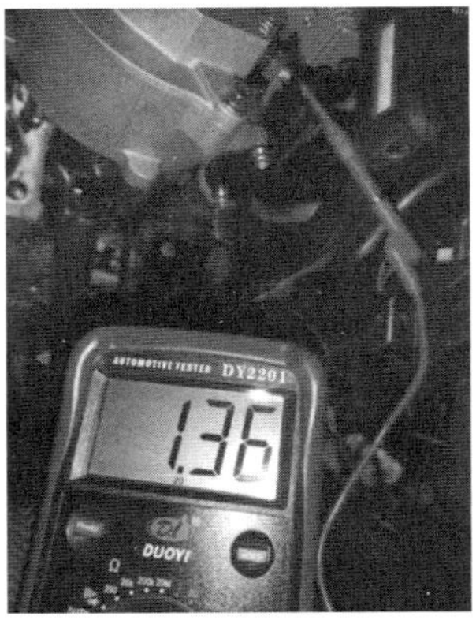	□是　□否
5. 7S 管理			
建立安全操作环境			□是　□否
清理及整理工具量具			□是　□否
清理及复原车辆正常状况			□是　□否
清洗场地			□是　□否
物品回收和环保			□是　□否
完善和检查工作			□是　□否
实训人（签字）:	监督人（签字）:		

任务评价

通过自评、互评及师评对本任务学习情况进行考评（表 7-2-4），掌握学习效果。

电动助力转向系统（EPS）检测考核评分　　表 7-2-4

<table>
<tr><td colspan="2">电动助力转向系统（EPS）检测</td><td colspan="2">实习日期：</td></tr>
<tr><td>姓名：</td><td>班级：</td><td>学号：</td><td rowspan="3">导师签名：</td></tr>
<tr><td>自评：□熟练 □不熟练</td><td>互评：□熟练 □不熟练</td><td>师评：□合格 □不合格</td></tr>
<tr><td>日期：</td><td>日期：</td><td>日期：</td></tr>
</table>

<table>
<tr><td colspan="8">评分细则</td></tr>
<tr><td>序号</td><td>评分项</td><td>得分条件</td><td>分值（分）</td><td>评分要求</td><td>自评</td><td>互评</td><td>师评</td></tr>
<tr><td>1</td><td>安全/7S/态度</td><td>□ 1. 能进行工位 7S 操作
□ 2. 能进行设备和工具安全检查
□ 3. 能进行车辆安全防护操作
□ 4. 能进行工具清洁、校准、存放操作
□ 5. 能进行三不落地操作</td><td>15</td><td>未完成 1 项扣 3 分</td><td>□熟练
□不熟练</td><td>□熟练
□不熟练</td><td>□合格
□不合格</td></tr>
<tr><td>2</td><td>专业技能能力</td><td>□ 1. 能正确进行电动助力转向系统电源检测
□ 2. 能正确进行 ESC CAN 网络线路检测
□ 3. 能正确进行力矩传感器电压信号检测</td><td>50</td><td>未完成 1 项扣 15 分，扣分不得超过 50 分</td><td>□熟练
□不熟练</td><td>□熟练
□不熟练</td><td>□合格
□不合格</td></tr>
<tr><td>3</td><td>工具及设备的使用能力</td><td>□ 1. 能正确使用拆装工具
□ 2. 能正确使用检测工具
□ 3. 能正确查阅技术资料</td><td>10</td><td>未完成 1 项扣 5 分，扣分不得超过 10 分</td><td>□熟练
□不熟练</td><td>□熟练
□不熟练</td><td>□合格
□不合格</td></tr>
<tr><td>4</td><td>资料、信息查询能力</td><td>□ 1. 能正确查询 EPS 含义
□ 2. 能正确使用维修手册查询资料
□ 3. 能正确记录查询资料章节页码</td><td>10</td><td>未完成 1 项扣 3 分，扣分不得超过 10 分</td><td>□熟练
□不熟练</td><td>□熟练
□不熟练</td><td>□合格
□不合格</td></tr>
<tr><td>5</td><td>数据判断和分析能力</td><td>□ 1. 能判断车辆上电是否正常
□ 2. 能分析 EPS 电路控制逻辑
□ 3. 能判断测量数据是否正常</td><td>10</td><td>未完成 1 项扣 4 分，扣分不得超过 10 分</td><td>□熟练
□不熟练</td><td>□熟练
□不熟练</td><td>□合格
□不合格</td></tr>
<tr><td>6</td><td>表单填写及报告撰写能力</td><td>□ 1. 字迹清晰
□ 2. 语句通顺
□ 3. 无错别字
□ 4. 无抄袭</td><td>5</td><td>未完成 1 项扣 1 分</td><td>□熟练
□不熟练</td><td>□熟练
□不熟练</td><td>□合格
□不合格</td></tr>
<tr><td colspan="8">总分：</td></tr>
</table>

● 任务拓展

EPS 系统检测

思考测试

一、填空题

1. 电动助力转向系统是由__________、__________、__________以及减速装置、齿轮齿条转向器等相关机械部件组成。

2. 汽车转向时，转矩及转角传感器把检测到的转矩及角度信号的大小、方向经处理后传给__________，__________同时接收车速传感器检测到的车速信号，然后根据__________和__________的信号决定电机的旋转方向和助力力矩的大小。

3. 检查转向盘的自由行程时，转向盘最大自由行程不大于__________。

4. 在电动助力转向系统中，转向盘除了基本的助力控制，还需要实施助力辅助控制。主要包括：__________、__________、__________、__________。

二、选择题

1.根据助力输出范围以及空间布置限制条件，助力模块（电机，控制单元，减速机构）在各种电动转向系统中安装在不同的位置，具体分为（　　）。

A. 液压助力式　　B. 转向柱助力式　　C. 齿轮助力式　　D. 齿条助力式

2. 电动助力转向系统的英文缩写为（　　）。

A. ACC　　B. ESP　　C. EPS　　D. ASR

三、判断题

1. 电动助力转向系统的助力特性属于车速感应型，车辆静止或低速转弯时提供较小的助力，高速行驶时提供的助力增大。（　　）

2. 转矩及转角传感器用来检测转向盘转角和转矩的大小和方向，它是电动助力转向系统控制信号之一，其位置安装在转向器的齿条上。（　　）

任务3　电动汽车空调系统的认知与检测

学习目标

知识目标

（1）掌握电动汽车空调系统的组成结构与各部件功能。

（2）掌握电动汽车空调系统的制冷、制热工作原理。

（3）识别比亚迪 E5 汽车空调系统的部件。

（4）了解比亚迪 E5 汽车空调系统的控制方法。

技能目标

（1）能正确操作电动汽车空调系统的控制面板。

（2）能熟练进行空调制冷系统制冷剂压力、压缩机的检测。

（3）能熟练进行空调制暖系统鼓风机、高压熔断器和暖风水泵的检查。

（4）熟练进行空调滤芯的检查和更换。

素养目标

（1）培养良好的安全意识。

（2）培养团队合作意识与沟通表达能力。

（3）培养良好的职业素养和职业道德。

（4）增强对能源消耗、环保节能等领域的关注。

任务描述

你作为一名技术人员，将负责对一辆电动汽车的空调系统进行例行检查。你知道电动汽车空调系统内容有哪些吗？对其进行系统检测时有什么注意事项？

知识准备

一、电动汽车空调系统的作用

电动汽车空调系统不仅影响驾驶人和乘客的舒适性，还对车辆的安全性、能耗和性能有直接影响，其功能主要体现在以下四个方面。

（1）电动汽车空调系统的核心功能是调节车内温度，确保车内乘客在不同季节和气候条件下都能保持舒适的驾驶体验。

（2）空调系统通过过滤空气中的灰尘、花粉和其他污染物，提供清洁的空气，改善车内空气质量。

（3）空调系统可以除去车内空气中的湿气，防止车窗内侧起雾，保证驾驶人的视线清晰，提升行车安全性。

（4）空调系统通过冷却或加热蓄电池组，帮助蓄电池组保持在最佳工作温度范围内，避免因过热或过冷导致蓄电池组的性能下降或使用寿命缩短。

二、电动汽车空调制冷系统的组成及工作原理

（一）电动汽车空调制冷系统的组成

电动汽车空调制冷系统的结构如图 7-3-1 所示，主要由电动压缩机、冷凝器、膨胀阀、蒸发器、鼓风机、制冷剂、电子控制系统及管路系统等组成。这些部件协同工作，通过制冷剂的循环和相变过程实现车内温度的调节。汽车空调管路系统分为高压管路和低压管路。高压管路负责输送高温高压气态制冷剂，其通常连接压缩机和冷凝器，并与膨胀阀相连；低压管路负责输送低温低压液态制冷剂，通常连接蒸发器和压缩机。

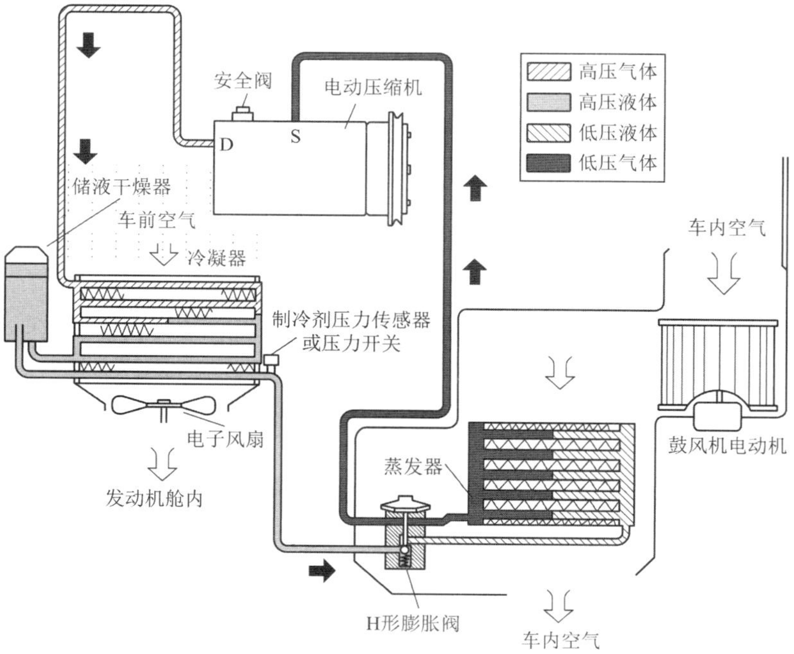

图 7-3-1　电动汽车制冷系统的组成

（二）电动汽车空调制冷系统的工作原理

电动汽车空调制冷系统的工作原理主要基于制冷剂的相变过程，通过吸热和放热来调节车内温度。系统启动时，电动压缩机由电池供电并开始工作，压缩后的高温高压气体进入冷凝器。在冷凝器中，制冷剂通过与外部空气（或冷却液）交换热量而冷却。在此过程中，制冷剂释放出热量并转变为液态。冷凝后的高压液态制冷剂通过膨胀阀，转变为低温低压的液体并进入蒸发器。在蒸发器中，制冷剂吸收车内空气中的热量，导致其蒸发成气态。蒸发器内的冷空气通过鼓风机送入车内，从而降低车内温度。最后，低压气体再次被电动压缩机吸入，形成一个闭合的循环，从而实现持续的制冷效果。

在电动汽车空调系统中，电动变频压缩机是一种通过调节电动机的转速来控制压缩机工作状态的设备，如图 7-3-2 所示。螺旋形固定蜗形管安装在壳体上，负责形成压缩腔的外壁，与可变蜗形管相互作用。电机轴将电机的旋转运动传递给可变蜗形管并使其移动，从而调整制冷剂的压缩程度。油挡板可有效防止油进入压缩腔，保证压缩过程的高效性和制冷剂的纯净性。与传统固定速压缩机相比，变频压缩机具有更高的能效和更好的温度控制能力。

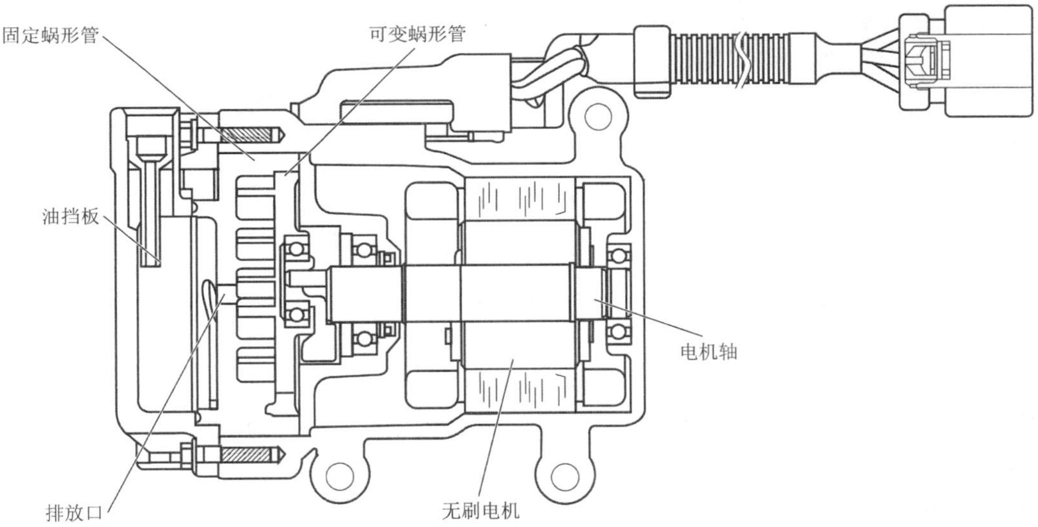

图 7-3-2　电动变频压缩机内部结构

三、电动汽车空调制暖系统的组成及工作原理

（一）电动汽车驻车加热器

为了提高寒冷天气下的车内舒适性，节省蓄电池能耗，并防止蓄电池性能下降，部分电动汽车采用传统燃油车用驻车加热器作为加热源。驻车加热器可分为气暖式和水暖式两类，如图 7-3-3 所示。

1. 气暖式驻车加热器

气暖式驻车加热器主要基于燃料的燃烧与热交换，通过对空气进行加热来提高车内温度。燃料通过燃油泵输送到加热器的燃烧室，并与空气混合后点燃，产生的高温气体通过热交换器，与流经热交换器的空气进行热交换，然后通过风扇或鼓风机将暖风送入车内。

2. 水暖式驻车加热器

虽然电动汽车依赖电力驱动，但水暖式驻车加热器仍然使用独立的燃料系统（如柴油或汽油）来加热冷却液。燃料通过燃油泵被输送到加热器的燃烧室并与空气混合，经点火装置点燃后产生的热量通过热交换器传递给冷却液。冷却液（电池冷却液或专用暖风冷却液）被加热后，经循环泵进入车内的暖风系统热交换器，然后通过风扇或鼓风机将暖风送入车内。

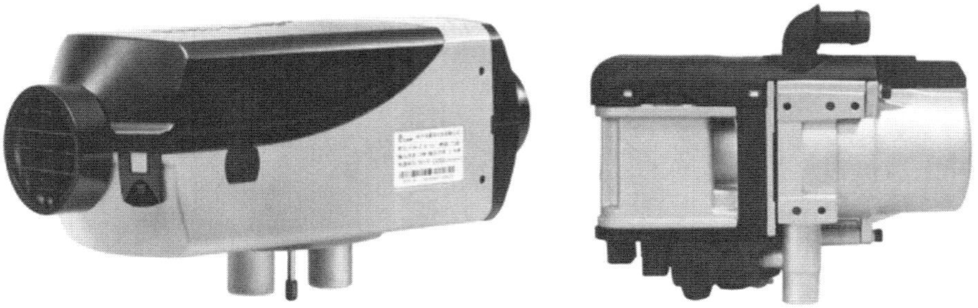

a) 气暖式　　b) 水暖式

图 7-3-3　驻车加热器

（二）PTC 加热器

在电动汽车中，PTC 加热器是一种常见的电加热装置，由正温度系数（Positive Temperature Coeffcient，PTC）加热器元件、散热片、控制模块及温度传感器等组成，可分为 PTC 加热空气式（加热空气）和 PTC 水加热式（加热冷却液）两种。

PTC 加热器的工作原理基于正温度系数材料的电阻随温度变化的特性。当电动汽车的空调或供暖系统启动时，电流通过 PTC 元件，PTC 材料开始发热。此时，冷空气（或冷却液）流经散热片，吸收 PTC 元件的热量，并通过鼓风机吹入车内，从而实现车厢加热。当空气（或冷却液）温度或 PTC 元件的温度较低时，加热功率较大，提供快速的加热效果；当温度达到设定值后，PTC 材料的电阻显著增加，功率自动降低，确保恒温加热。这种自控温功能不仅能防止过热，还可以节约能量。

（三）水暖式 + PTC 加热式

电动汽车中，水暖式和 PTC 加热器可以结合工作，PTC 加热器用于快速响应，水暖式加热系统提供长期稳定的热量，形成高效的双模式加热系统。通过将水暖系统和 PTC 加热器的优势结合，能够根据车内温度需求和电动汽车的工作状态进行灵活的切换或协同工作，确保车辆在各种环境下都能提供稳定、快速的供暖。

四、其他制冷/制热方式

（一）半导体制冷/制热

半导体制冷/制热是基于半导体元件通过电流实现制冷/制热的技术，主要由半导体制冷片、散热器、风扇或液冷系统、温度传感器及控制器等组成。半导体制冷/制热虽然效率相对较低，但其体积小、噪声低、温控精准，适合用于小范围或辅助制冷/制热，尤其在电池管理和车内局部区域温控中表现优越。

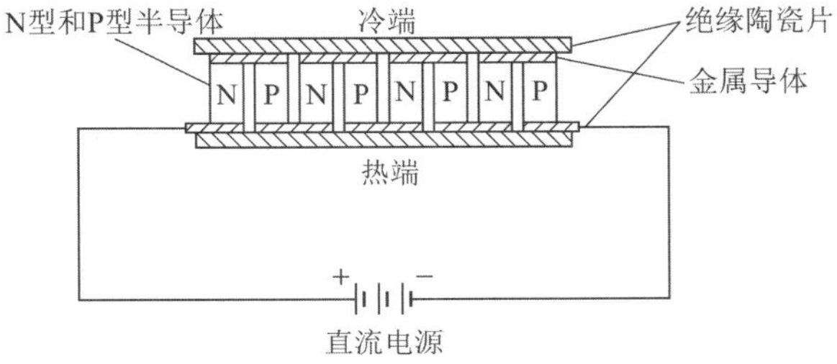

图 7-3-4　半导体制冷原理示意图

半导体制冷/制热工作原理基于珀耳帖效应，如图 7-3-4 所示。当直流电流通过由 N 型半导体和 P 型半导体组成的导体连接处时，电流会使得电子从一侧向另一侧运动，N 型和 P 型半导体的不同电特性导致电子在界面处转移能量。制冷过程中，一侧（冷端）会吸收周围的热量，使得该侧温度下降，起到制冷的效果；另一侧（热端）则会释放这些能量，导致温度升高，需配合散热器和风扇将这部分热量排出，避免影响系统效率。如果反向供电，冷端和热端的作用可以互换，即实现加热功能。控制器和温度传感器能够实时调节电流大小，确保车内温度或电池温度维持在合适范围内。

（二）热泵型空调制冷/制热

电动汽车中的热泵型空调是一种高效节能的空调系统，能够在制冷和制热模式之间灵活转换。相比传统电加热或空调压缩机系统，热泵型空调可以通过逆转工作流程，在冬季为车内供热，夏季制冷，极大提升了能源效率。热泵型空调主要由电动压缩机、热交换器（蒸发器和冷凝器）、四通电磁换向阀和电磁导向阀等组成，如图 7-3-5 所示。

在制冷模式下，热泵系统与普通空调系统的工作原理类似。电动压缩机将蒸发器排出的低温低压过热气压缩为高压高温的气体，并流经冷凝器散发热量后成为过冷液体。过冷液体进入蒸发器吸收车内空气的热量，导致车内空气温度下降，从而达到制冷效果。低温低压过热气再次回到压缩机，开始下一个循环。

在制热模式下，四通电磁换向阀改变制冷剂流向，冷凝器和蒸发器的功能角色互换，使得系统可以利用外部空气中的热量来为车内供暖。压缩机将低压气态的制冷剂压缩为高压高温的气体，进入车内的冷凝器（此时的冷凝器位于车内），释放热量并冷凝成过冷液体。这一过程中，热量被释放到车厢内，用于加热空气。过冷液体进入车外热交换器蒸发吸热变为气态，再次被压缩机压缩，进入下一个循环。

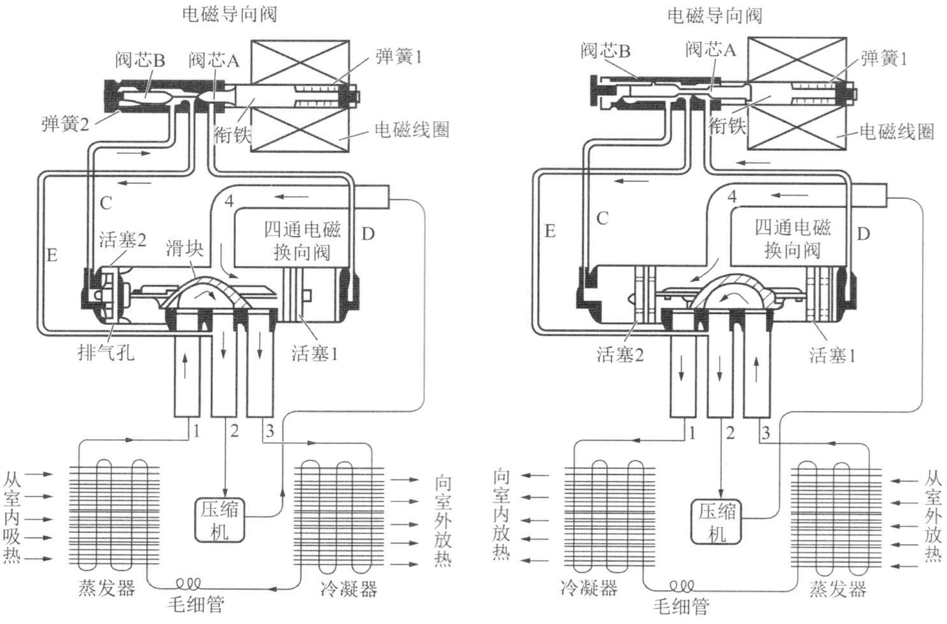

a) 制冷　　b) 制热

图 7-3-5　热泵型空调工作原理示意

五、电动汽车空调通风系统与空气净化装置

（一）电动汽车空调通风系统

空调通风是指通过空气流动来调节车内空气质量和温度的过程，主要包括将新鲜空气引入车内、促进空气流通、去除车内的异味和湿气，从而提高乘客的舒适性和驾驶体验。电动汽车空调系统的通风方式一般有动压通风、强制通风和综合通风三种。

1. 动压通风

动压通风利用车辆在行驶过程中产生的空气流动来实现通风，这种方式不依赖于车辆内部的风扇，而是通过车外空气的流动来吸入新鲜空气。如图 7-3-6 所示，当车辆行驶时，车身会在空气中产生一定的动压，使外部空气通过通风口进入车内。车外空气的流动形成了压力差，使空气能够自然而然地流入车厢。动压通风不需要额外的能量消耗，节省电力，特别适合在车辆行驶时使用，可以有效提高空气流通。

2. 强制通风

强制通风依赖于车辆内的风扇或鼓风机主动推动空气流动，从而实现通风。如图 7-3-7 所示，在强制通风模式下，风扇将车外的新鲜空气或车内空气循环，通过空气滤清器处理后送入车内。该方式可实现更强的空气流动，提高车内空气质量。

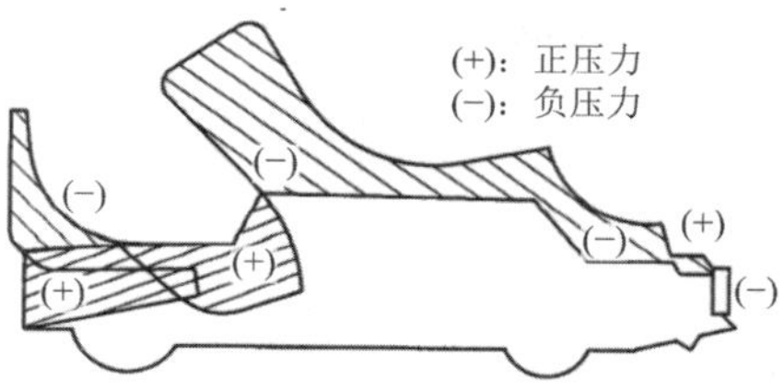

图 7-3-6　动压通风

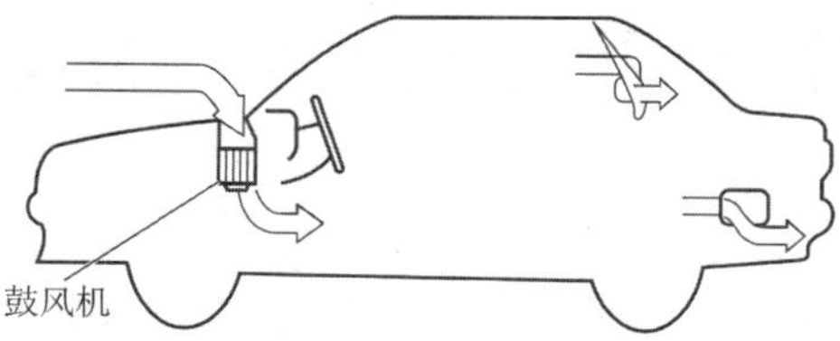

图 7-3-7　强制通风

3. 综合通风

综合通风结合了动压通风和强制通风的优点，根据不同的需求和环境条件灵活调整通风方式。在综合通风模式下，系统会根据车辆行驶状态、内外部温度和湿度情况自动选择是使用动压通风还是强制通风。比如在高速行驶时，可以更多依赖动压通风，而在低速或停放状态时，更多依赖强制通风。

（二）电动汽车的空气净化装置

电动汽车空调系统采用的空气净化装置通常有空气过滤式和静电集尘式两种。

1. 空气过滤式空气净化装置

空气过滤式空气净化装置如图 7-3-8 所示，它通过使用物理滤材（如纸质、纤维或合成材料）来过滤空气中的灰尘、花粉、细菌、霉菌及其他微小颗粒物和污染物，具有高效过滤、简单易用、无二次污染等优点。然而，空气过滤式空气净化装置对气体污染物效果有限，且需定期更换。

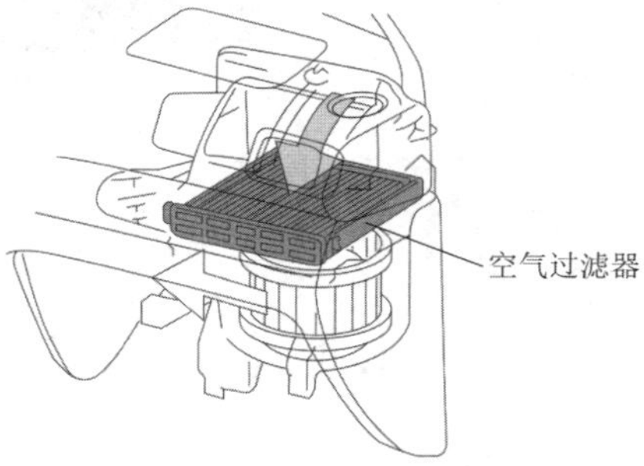

图 7-3-8　空气过滤式空气净化装置

2. 静电集尘式空气净化装置

静电集尘式空气净化装置如图 7-3-9 所示，其利用静电作用来捕捉空气中的颗粒物。当空气通过装置时，颗粒物被施加电荷，随之被吸引到带有相反电荷的集尘板上，从而达到净化空气的效果。静电集尘式空气净化装置具有高效能、再利用性强、性能持续性强等优点，但存在二次污染、能耗较高、维护要求高等问题，目前仅用于少部分高级轿车和旅行车中。

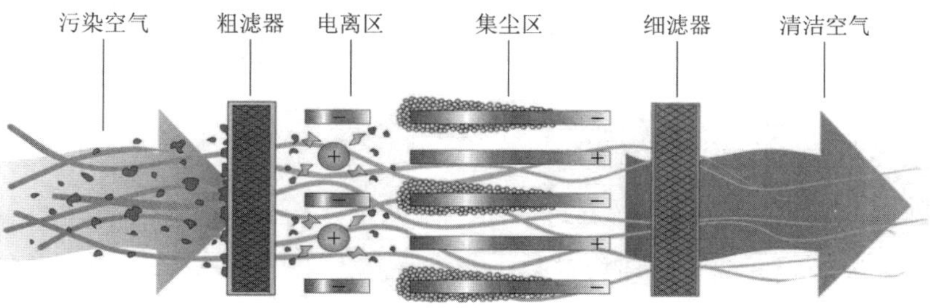

图 7-3-9　静电集尘式空气净化装置

六、比亚迪 E5 汽车的空调系统

比亚迪 E5 汽车的空调系统主要由电动压缩机总成、冷凝器总成、制冷管路、PTC 水加热器总成、暖风电动水泵、HVAC 总成（供热通风与空气调节）、风道、空调控制器等零部件组成，提供制冷、制热、通风、除湿和空气净化等多种功能，如图 7-3-10 所示。

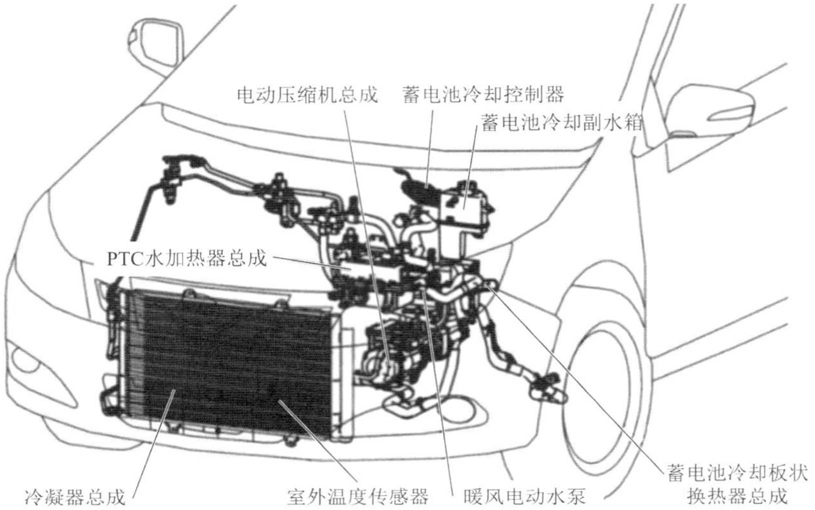

图 7-3-10　比亚迪 E5 汽车空调系统的组成及相对位置

（一）比亚迪 E5 汽车空调制冷系统

比亚迪 E5 汽车的空调制冷系统管路连接如图 7-3-11 所示，其具有车厢制冷、蓄电池冷却以及车厢制冷 + 蓄电池冷却三种工作状态。

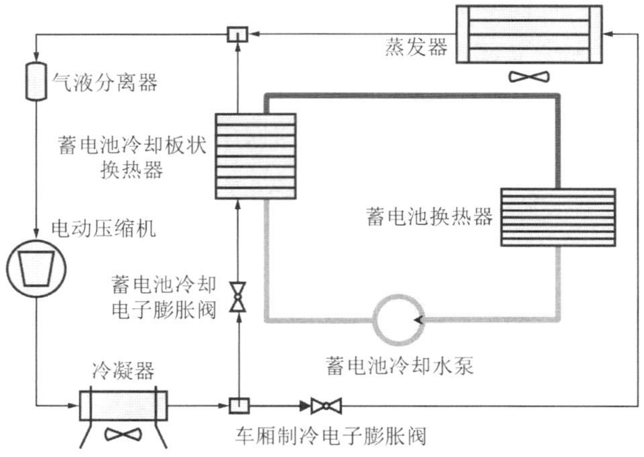

图 7-3-11　比亚迪 E5 汽车空调制冷系统管路连接

1. 车厢制冷

空调系统启动，压缩机将低压低温的制冷剂气体吸入，压缩成高压高温的气体，并通过冷凝器转变为液态制冷剂。液态制冷剂通过车厢制冷电子膨胀阀，压力降低并转变为低压低温的液体。低压液态制冷剂进入蒸发器，吸收车内空气的热量，转变为气体，从而使车厢内的空气温度降低。

2. 蓄电池冷却

压缩机将低压低温的制冷剂气体吸入，并压缩成高压高温的气体，并通过冷凝器转变为液态制冷剂。液态制冷剂通过蓄电池冷却电子膨胀阀，压力降低并转变为低压低温的液体。低压液态制冷剂通过专用管道循环流经蓄电池组，吸收蓄电池工作过程中产生的热量。系统中的传感器实时监测蓄电池的温度，确保冷却效果，并根据需要调节冷却液的流量和温度。

3. 车厢制冷 + 蓄电池冷却

两个电子膨胀阀都打开，压缩机同时为车厢和蓄电池冷却系统同步运行，确保两个系统的协同工作。

（二）比亚迪 E5 汽车空调制暖系统

比亚迪 E5 汽车的空调制暖系统采用 PTC 水加热式，主要由 PTC 水加热器总成、暖风电动水泵、补偿水壶和散热器及暖风水管组成，如图 7-3-12 和图 7-3-13 所示。冷却液从补偿水壶进入 PTC 水加热器总成，PTC 水加热器将电能转换为热能，迅速加热冷却液，并通过暖风电动水泵推动加热后的液体在整个加热系统中循环。加热后的冷却液通过热交换器（加热水箱）传递给车厢内的空气，从而提高车厢内部的温度。PTC 水加热器总成由 PTC 水加热器驱动控制板和 PTC 水加热器组成，空调 ECU 通过 CAN 总线与 PTC 水加热器驱动控制板通信，从而控制 PTC 水加热器的功率。

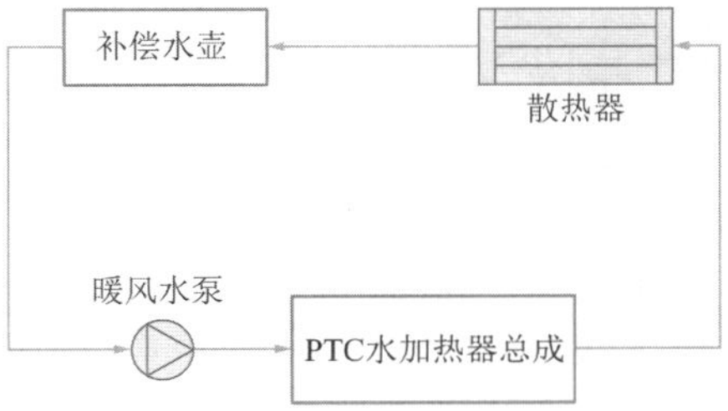

图 7-3-12　空调制暖系统管路连接

图 7-3-13　PTC 水加热器总成

比亚迪 E5 汽车的 PTC 水加热器电路连接如图 7-3-14 所示。系统采用了 9 个 PTC 加热器芯并联连接的设计，可实现逐级调节加热功率；PTC 加热器芯与动力蓄电池负极之间的通断由 4 个 IGBT（绝缘栅双极型晶体管）进行控制，能够快速、高效地控制加热器的工作，确保加热器芯能够根据温度需求启停；加热器芯的另一端通过空调熔断器和主接触器与动力蓄电池的正极相连，可提供电路保护，防止过流损坏加热器或其他电气元件。

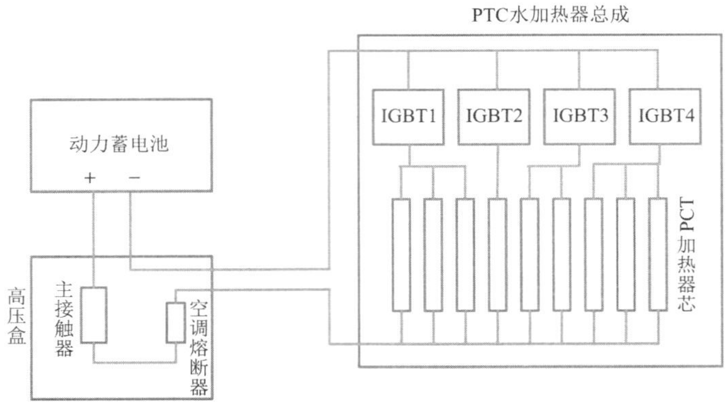

图 7-3-14　比亚迪 E5 汽车 PTC 水加热器电路连接

（三）比亚迪 E5 汽车空调电气控制系统

比亚迪 E5 汽车的空调电气控制系统主要由信号输入元件、执行元件和空调 ECU（电子控制单元）组成，各个部分协同工作，确保空调系统在不同环境条件下的高效、舒适运作。执行元件负责按照空调 ECU 的指令执行具体的调节操作，从而控制车内的空气温度、湿度、气流方向等，主要包括电动压缩机控制、膨胀阀控制、冷凝器风扇转速控制以及送风速度控制等。

1. 电动压缩机控制

电动压缩机的变频控制系统是电动汽车空调系统中的核心部分，如图 7-3-15 所示。通过对压缩机的转速进行调节，系统能够根据不同的工况提供更高效、更灵活的制冷能力。同时，变频控制还集成了低温保护、低压保护和高压保护功能，确保系统安全稳定运行。

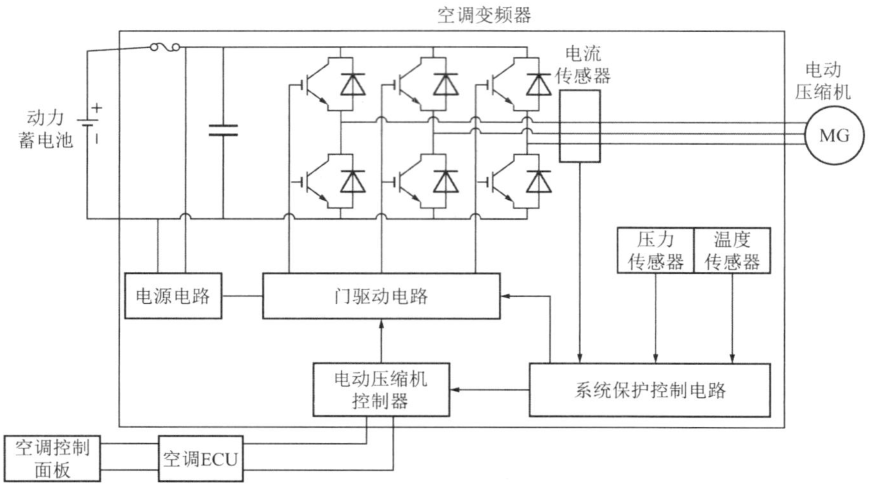

图 7-3-15　电动压缩机变频控制原理示意

（1）压缩机转速控制。空调 ECU 根据室外温度、室内温度和鼓风机风量等计算出内部设定温度，并将其与室内温度进行比较，通过变频器调整电动压缩机电机的输入频率和电压，从而改变其工作转速。

（2）低温保护。系统中温度传感器实时监测蒸发器表面的温度，如果蒸发器温度过低，低温保护模块会持续限制压缩机的运行。

（3）低压保护。接收到压力过低的信号后，会立即停止压缩机的工作，防止系统在制冷剂不足或泄漏时继续运行，从而保护压缩机和其他部件免受损坏。

（4）高压保护。接收到压力过高的信号后，压缩机停止工作，防止损坏系统中的管路、冷凝器或其他部件。

2. 膨胀阀控制

膨胀阀的作用是调节制冷剂进入蒸发器的流量和压力，使高压液态制冷剂减压并气化，从而吸收热量并降低车内温度。膨胀阀控制原理是通过感知蒸发器出口的温度和压力，自动调节制冷剂的流量，以保证系统稳定工作。

3. 冷凝器风扇转速控制

冷凝器风扇的转速控制基于温度与压力传感器反馈数据，通过空调 ECU 实现风扇转速的实时调节，以防止制冷系统压力过高，达到用户要求制冷量的目的。与传统汽车相比，比亚迪 E5 汽车只要空调开关接通，冷凝器风扇就开始工作。

4. 送风速度控制

送风速度控制原理通过调节鼓风机电机的转速，来控制车内空气流通的风速，进而影响空调系统的制冷、制热效果和车内的舒适性。送风速度控制主要依赖于空调系 ECU、风速调节开关、鼓风机电机和相关的传感器。

● 知识延伸

电动汽车空调系统技术发展趋势

当前电动汽车的空调系统正在向智能、高效发展，聚焦于提高系统能效、降低能源消耗，以满足新能源汽车在不同气候条件下的运行需求。

1. 智能化控制和深度学习应用

智能空调系统利用人工智能和深度学习分析用户的使用习惯，自适应调节温度和空气流量，为用户提供更舒适的体验。同时，数字孪生和物联网技术也增强了空调系统的响应速度和智能性，帮助车内外环境数据的分析和预测，使空调系统更精确地控制车内环境。

2. 热泵技术和环保冷媒

热泵系统能够在冬夏两季提供加热和冷却功能，尤其在低温环境下表现突出，有效减少电动车对蓄电池加热和空调制冷的额外需求，从而提升续驶里程。此外，R1234yf、R290 等低全球变暖潜能值（GWP）冷媒和 CO_2 冷媒因环保而逐渐替代传统 HFC 制冷剂。

3. 综合能源管理系统

随着新能源汽车对能源管理的需求增加，智能能源管理系统（Smart Energy Management System，SEMS）成为趋势。SEMS 通过边缘计算和大数据技术整合空调、蓄电池冷却、车载电机的热管理等多项子系统，优化整体能耗和管理精度，以实现更佳的经济性和能效。此外，一些先进的电动汽车空调系统还增加了余热回收功能，将电机、控制器等部件产生的热量循环利用，有效减轻蓄电池负担。

4. 空调系统小型化

基于碳化硅半导体推出高效空调压缩机控制器。这款控制器适用于 400～1000V 的电动车平台，利用第三代 SiC MOSFET 器件，显著提高了电动空调系统的能效并减小噪声，推动空调系统小型化及降低成本。

任务实施

任务 1：电动汽车空调系统的认知

请根据工作任务单的指引（表 7-3-1），查找空调系统铭牌，并在车上指出电动压缩机、电子膨胀阀、蓄电池冷却板换热器、高低压维修接口、PTC 水加热器总成和暖风电动水泵的安装位置。

电动汽车空调系统认知（比亚迪 E5）工作页　　表 7-3-1

<table>
<tr><td colspan="5" rowspan="2">电动汽车空调系统认知</td><td colspan="2">班级：</td></tr>
<tr><td colspan="2">姓名：</td></tr>
<tr><td colspan="4">实训地点：</td><td colspan="3">实训时间：</td></tr>
<tr><td colspan="7">1. 车辆信息记录</td></tr>
<tr><td>品牌</td><td></td><td>整车型号</td><td></td><td>生产年月</td><td colspan="2"></td></tr>
<tr><td>驱动电机型号</td><td></td><td>电池电量</td><td></td><td>行驶里程</td><td colspan="2"></td></tr>
<tr><td>车辆识别码</td><td colspan="6"></td></tr>
<tr><td colspan="7">2. 作业场地准备</td></tr>
<tr><td colspan="6">检查设置隔离栏</td><td>□是 □否</td></tr>
<tr><td colspan="6">检查设置安全警示牌</td><td>□是 □否</td></tr>
<tr><td colspan="6">检查灭火器压力、有效期</td><td>□是 □否</td></tr>
<tr><td colspan="6">安装车辆挡块</td><td>□是 □否</td></tr>
<tr><td colspan="7">3. 对仪器进行检查</td></tr>
<tr><td colspan="6">检查仪器名称</td><td>是否正常</td></tr>
<tr><td colspan="6">防护用具：绝缘手套、车辆防护用具</td><td>□是 □否</td></tr>
<tr><td colspan="7">4. 检查与维护前的准备工作</td></tr>
<tr><td colspan="6">实施步骤</td><td>是否完成</td></tr>
<tr><td colspan="6">实车上认识空调系统铭牌</td><td>□是 □否</td></tr>
<tr><td colspan="6">实车上认识电动压缩机的安装位置及连接部件</td><td>□是 □否</td></tr>
<tr><td colspan="6">实车上认识电子膨胀阀的安装位置及连接部件</td><td>□是 □否</td></tr>
<tr><td colspan="6">实车上认识蓄电池冷却板状换热器的安装位置及连接部件</td><td>□是 □否</td></tr>
<tr><td colspan="6">实车上认识高、低压维修接口的安装位置</td><td>□是 □否</td></tr>
<tr><td colspan="6">实车上认识 PTC 水加热器总成的安装位置及连接部件</td><td>□是 □否</td></tr>
<tr><td colspan="6">实车上认识暖风水泵的安装位置及连接部件</td><td>□是 □否</td></tr>
<tr><td colspan="7">5. 7S 管理</td></tr>
<tr><td colspan="6">建立安全操作环境</td><td>□是 □否</td></tr>
</table>

续上表

清理及整理工具量具	□是　□否
清理及复原车辆正常状况	□是　□否
清洗场地	□是　□否
物品回收和环保	□是　□否
完善和检查工作	□是　□否
实训人（签字）：	监督人（签字）：

任务 2：电动汽车空调系统的检测

请根据工作任务单的指引（表 7-3-2），检查空调系统各功能，检测制冷剂压力和空调压缩机低压通信线束，并进行空调滤芯检查和更换任务。

电动汽车空调系统检测（比亚迪 E5）工作页　　表 7-3-2

电动汽车空调系统检测				班级：	
				姓名：	
实训地点：			实训时间：		
1. 车辆信息记录					
品牌		整车型号		生产年月	
驱动电机型号		电池电量		行驶里程	
车辆识别码					
2. 作业场地准备					
检查设置隔离栏					□是　□否
检查设置安全警示牌					□是　□否
检查灭火器压力、有效期					□是　□否
安装车辆挡块					□是　□否
3. 对仪器进行检查					
检查仪器名称					是否正常
防护用具：绝缘手套、车辆防护用具					□是　□否
4. 检查与维护前的准备工作					
实施步骤					是否完成
检查制冷功能					□是　□否
检测制冷剂压力					□是　□否
检测空调压缩机低压通信线束					□是　□否

续上表

实施步骤	是否完成
检查鼓风机调节功能	□是　□否
检查空调高压熔断器	□是　□否
检查暖风电动水泵	□是　□否
检查和更换空调滤芯	□是　□否
5. 7S 管理	
建立安全操作环境	□是　□否
清理及整理工具量具	□是　□否
清理及复原车辆正常状况	□是　□否
清洗场地	□是　□否
物品回收和环保	□是　□否
完善和检查工作	□是　□否
实训人（签字）：	监督人（签字）：

任务评价

通过自评、互评及师评对电动汽车空调系统认知的学习情况进行考评（表 7-3-3），掌握学习效果。

电动汽车空调系统认知（比亚迪 E5）考核评分 表 7-3-3

电动汽车空调系统认知			实习日期：				
姓名：		班级：	学号：		导师签名：		
自评：□熟练 □不熟练		互评：□熟练 □不熟练	师评：□合格 □不合格				
日期：		日期：	日期：				
评分细则							
序号	评分项	得分条件	分值（分）	评分要求	自评	互评	师评
1	安全/7S/态度	□ 1. 能进行工位 7S 操作 □ 2. 能进行设备和工具安全检查 □ 3. 能进行车辆安全防护操作 □ 4. 能进行工具清洁、校准、存放操作 □ 5. 能进行三不落地操作	15	未完成 1 项扣 3 分	□熟练 □不熟练	□熟练 □不熟练	□合格 □不合格
2	专业技能能力	□ 1. 能说出常用空调制冷系统的工作原理 □ 2. 能说出常用空调制暖系统的工作原理 □ 3. 能正确查找空调系统各部件的安装位置 □ 4. 能说出各系统模块的功能	50	未完成 1 项扣 15 分，扣分不得超过 50 分	□熟练 □不熟练	□熟练 □不熟练	□合格 □不合格
3	工具及设备的使用能力	□ 1. 能正确使用空调系统的控制面板 □ 2. 能正确使用维护工具	10	未完成 1 项扣 4 分，扣分不得超过 10 分	□熟练 □不熟练	□熟练 □不熟练	□合格 □不合格
4	资料、信息查询能力	□ 1. 能正确查询空调系统的功能 □ 2. 能正确使用车辆使用手册查询资料 □ 3. 能正确记录查询资料章节页码	10	未完成 1 项扣 4 分，扣分不得超过 10 分	□熟练 □不熟练	□熟练 □不熟练	□合格 □不合格
5	数据判断和分析能力	□ 1. 能判断车辆上电是否正常 □ 2. 能判断控制面板工作是否正常 □ 3. 能判断制冷系统工作是否正常 □ 4. 能判断制暖系统工作是否正常	10	未完成 1 项扣 3 分，扣分不得超过 10 分	□熟练 □不熟练	□熟练 □不熟练	□合格 □不合格
6	表单填写及报告撰写能力	□ 1. 字迹清晰 □ 2. 语句通顺 □ 3. 无错别字 □ 4. 无抄袭	5	未完成 1 项扣 1 分	□熟练 □不熟练	□熟练 □不熟练	□合格 □不合格
总分：							

通过自评、互评及师评对电动汽车空调系统检测的学习情况进行考评（见表 7-3-4），掌握学习效果。

电动汽车空调系统检测（比亚迪 E5）考核评分 表 7-3-4

电动汽车空调系统检测			实习日期：				
姓名：		班级：	学号：		导师签名：		
自评：☐熟练 ☐不熟练		互评：☐熟练 ☐不熟练	师评：☐合格 ☐不合格				
日期：		日期：	日期：				
评分细则							
序号	评分项	得分条件	分值（分）	评分要求	自评	互评	师评
1	安全/7S/态度	☐1. 能进行工位 7S 操作 ☐2. 能进行设备和工具安全检查 ☐3. 能进行车辆安全防护操作 ☐4. 能进行工具清洁、校准、存放操作 ☐5. 能进行三不落地操作	15	未完成 1 项扣 3 分	☐熟练 ☐不熟练	☐熟练 ☐不熟练	☐合格 ☐不合格
2	专业技能能力	☐1. 能熟练检查空调系统制冷/制暖功能 ☐2. 能熟练进行制冷剂压力、压缩机的检测 ☐3. 能熟练进行空调滤芯的检查和更换 ☐4. 能熟练进行空调制暖系统鼓风机、高压熔断器和暖风水泵的检查	50	未完成 1 项扣 15 分，扣分不得超过 50 分	☐熟练 ☐不熟练	☐熟练 ☐不熟练	☐合格 ☐不合格
3	工具及设备的使用能力	☐1. 能正确使用空调系统的控制面板 ☐2. 能正确使用检测工具	10	未完成 1 项扣 5 分，扣分不得超过 10 分	☐熟练 ☐不熟练	☐熟练 ☐不熟练	☐合格 ☐不合格
4	资料、信息查询能力	☐1. 能正确查询空调系统的故障码 ☐2. 能正确使用车辆使用手册查询资料 ☐3. 能正确记录查询资料章节页码	10	未完成 1 项扣 4 分，扣分不得超过 10 分	☐熟练 ☐不熟练	☐熟练 ☐不熟练	☐合格 ☐不合格
5	数据判断和分析能力	☐1. 能判断车辆上电是否正常 ☐2. 能判断控制面板工作是否正常 ☐3. 能判断制冷系统工作是否正常 ☐4. 能判断制暖系统工作是否正常	10	未完成 1 项扣 3 分，扣分不得超过 10 分	☐熟练 ☐不熟练	☐熟练 ☐不熟练	☐合格 ☐不合格
6	表单填写及报告撰写能力	☐1. 字迹清晰 ☐2. 语句通顺 ☐3. 无错别字 ☐4. 无抄袭	5	未完成 1 项扣 1 分	☐熟练 ☐不熟练	☐熟练 ☐不熟练	☐合格 ☐不合格
总分：							

● 任务拓展

电动汽车热泵空调系统

思考测试

一、填空题

1. 汽车空调管路系统中，高压管路负责输送________，通常连接________和________，并与膨胀阀相连；低压管路负责输送________，通常连接________和________。

2. 驻车加热器可分为________和________两类。

3. 热泵型空调主要由________、________、________和________等组成。

二、选择题

1. 电动汽车空调系统的通风方式一般有（　　）。

A. 动压通风　　B. 循环通风

C. 强制通风　　D. 综合通风

2. 比亚迪 E5 汽车的空调制暖系统采用（　　）。

A. 水暖式驻车加热器　　B. PTC 水加热式

C. 半导体制热　　D. 热泵型空调制热

3. 比亚迪 E5 汽车电动压缩机变频控制系统集成了（　　）功能。

A. 低压保护　　B. 高压保护

C. 低温保护　　D. 高温保护

三、判断题

1. 电动汽车空调制冷系统的工作原理主要基于制冷剂的相变过程，通过吸热和放热来调节车内温度。（　　）

2. PTC 加热器的工作原理是基于半导体元件通过电流实现制热。（　　）

任务4 电动汽车高级驾驶辅助系统的认知与检测

学习目标

知识目标

（1）掌握常用电动汽车高级驾驶辅助系统的基本组成与工作原理。

（2）熟悉常见电动汽车高级驾驶辅助传感器的功能与工作原理。

（3）理解电动汽车高级驾驶辅助系统的集成及其在不同驾驶环境中的表现。

技能目标

（1）能在实车正确指出电动汽车高级驾驶辅助系统主要部件的位置。

（2）能熟练掌握电动汽车高级驾驶辅助系统的安装、调试与维护方法。

素养目标

（1）培养良好的安全意识。

（2）培养团队合作意识与沟通表达能力。

（3）培养良好的职业素养和职业道德。

（4）结合自动驾驶、人工智能、传感器技术等多领域知识，强化跨学科综合应用能力。

任务描述

你作为一名技术人员，将负责对一辆电动汽车的高级驾驶辅助系统进行例行检查。你知道电动汽车高级驾驶辅助系统有哪些吗？对其进行检测时有什么注意事项？

知识准备

一、改善视野类高级驾驶辅助系统的认知

（一）汽车自适应前照灯系统

1. 汽车自适应前照灯系统的定义

汽车自适应前照灯系统（Adaptive Front Lighting System，AFS）是一种智能照明技术，能

够根据车辆的行驶速度、转向角度、道路条件以及环境光线等因素动态调整前照灯的光束方向、亮度和范围，使汽车能实现弯道内侧自动照亮、远光灯与近光灯之间的自动切换、灯光亮度自动增强、灯光高度自动调节等功能。这一系统的目的是提高驾驶人在夜间或恶劣天气条件下的能见度，增强驾驶安全性，更好地适应各种驾驶环境。汽车自适应前照灯系统通常由前照灯模块、传感器系统、AFS 控制电路及执行机构等组成，如图 7-4-1 所示。

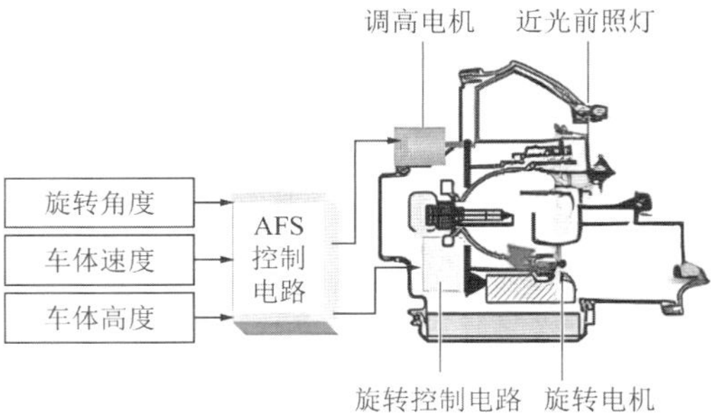

图 7-4-1　汽车自适应前照灯系统的组成

2. 汽车自适应前照灯系统的工作原理

汽车自适应前照灯系统的工作原理如图 7-4-2 所示。系统通过前置摄像头和传感器（如转向角传感器、车速传感器或环境光线传感器等）实时收集车辆行驶信息和外界环境的光照情况。汽车自适应前照灯系统的控制电路根据传感器收集到的数据实时分析当前的驾驶条件，并自动调整前照灯的光束方向、角度和亮度，例如：转弯时，根据转向角传感器的输入，前照灯会向车辆转弯的方向旋转，使光束照亮转弯内侧的道路；高速行驶时，光束会向远处投射，以增强远距离的能见度；低速行驶或城市驾驶时，光束会更集中，以避免干扰其他车辆和行人；环境光线变暗时，系统自动增强灯光亮度。

部分高级车辆还具备远光灯辅助控制功能。前置摄像头不断监控前方是否有迎面而来的车辆或前车尾灯，如果检测到其他车辆，系统会自动切换为近光灯，避免对其他驾驶人造成眩光。当前方道路无车辆时，系统会重新激活远光灯，确保最佳照明范围。

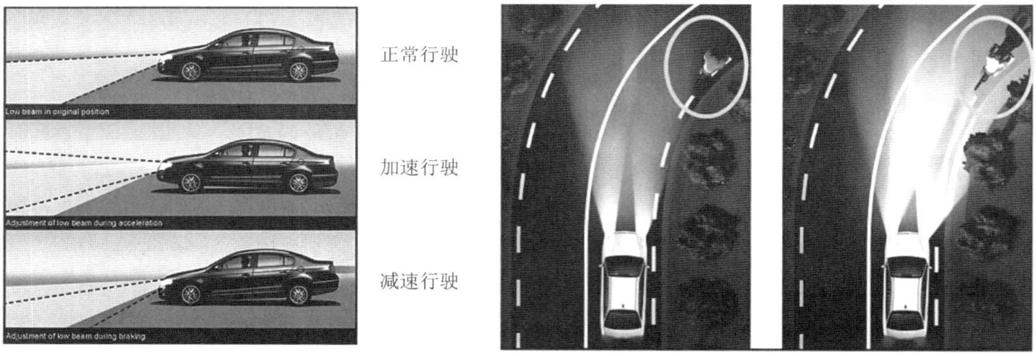

a) 上下调节功能　　b) 左右调节功能

图 7-4-2　汽车自适应照明系统工作原理

（二）夜视辅助驾驶系统

1. 夜视辅助驾驶系统的定义及组成

夜视辅助驾驶系统（Night Vision Device，NVD）利用红外线摄像头或热成像技术，能在低光或完全黑暗的条件下帮助驾驶人探测前方道路上无法用肉眼轻易看到的物体，如行人、动物或障碍物，并将捕捉到的图像显示在车内屏幕上或通过抬头显示器投射到风窗玻璃上。

这一系统的目的是通过提高驾驶人在夜间行驶时的可视范围，可提前预警潜在危险，增强夜间或恶劣天气下的驾驶安全性。夜视辅助驾驶系统通常由红外线摄像头或热成像摄像头、控制单元、图像显示单元及预警系统等组成。

2. 夜视辅助驾驶系统的工作原理

夜视辅助驾驶系统的工作原理如图 7-4-3、图 7-4-4 所示。安装在车辆前部的摄像头持续扫描道路环境中各类物体的热辐射，并通过热差生成图像。控制单元使用内置的图像处理算法和检测算法，识别物体类型并分析其运动轨迹。处理后的图像会实时显示在中控屏幕或抬头显示器中，帮助驾驶人在不分散注意力的情况下观察前方潜在的危险。在一些高级系统中，会根据物体与车辆之间的距离以及车辆的行驶速度，判断是否存在碰撞风险。如果系统判断前方物体对行车有潜在危险，会立即触发预警系统，通过视觉警示或声音警报提醒驾驶人采取措施。如果物体过近且驾驶人未作出反应，系统还可以联动自动紧急制动系统（Autonomous Emergency Braking，AEB），对车辆进行制动以避免碰撞。

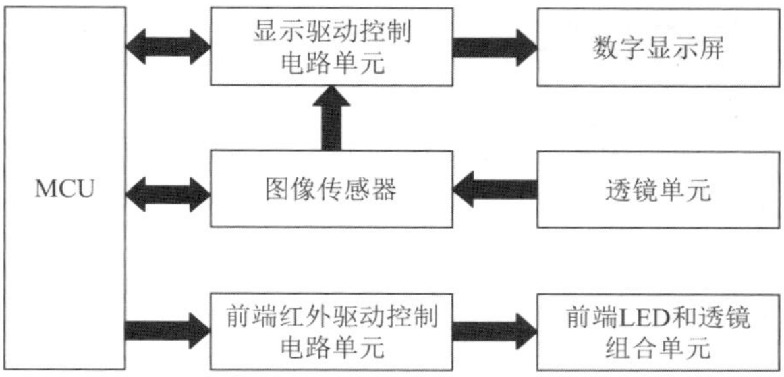

图 7-4-3　夜视辅助驾驶系统的组成

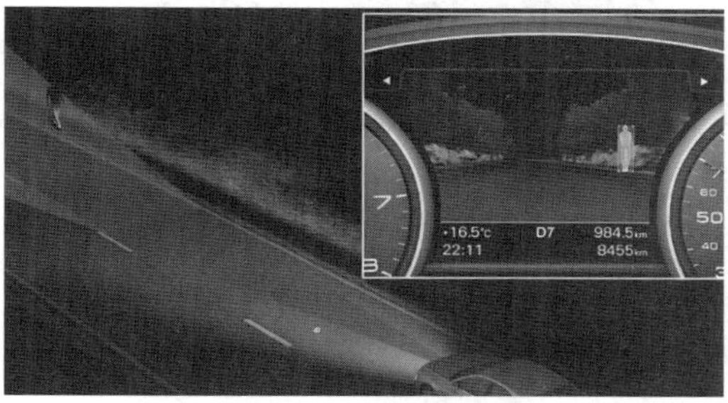
图 7-4-4　夜视辅助驾驶系统的工作原理

（三）汽车平视显示系统

1. 汽车平视显示系统的定义

汽车平视显示系统（Head-Up Display，HUD）通过将速度、导航信息、交通标志、行车状态以及驾驶辅助系统的警示等关键信息投射到风窗玻璃上，直接在驾驶人的视线范围内显示，帮助驾驶人在行驶过程中更方便地获取信息而无须低头查看仪表盘或中控屏，能有效提升驾驶安全性。汽车平视显示系统通常由图像源、光学系统、图像合成器和控制单元等组成。

2. 汽车平视显示系统的工作原理

汽车平视显示系统的工作原理主要涉及信息的采集、处理和投影，如图 7-4-5 所示。系统通过各种传感器和电子设备获取实时数据，利用控制单元进行汇总，并经 CAN 总线等通信协议传输给汽车平视显示系统。图像合成器接收来自控制单元的信息，将其转换为适合投影的图像格式，并通过投影单元的光源（通常是 LED 或激光）进行投射。系统会实时监测道路和驾驶环境的变化，自动更新显示内容，驾驶人也可通过控制界面（如物理按钮、触摸屏或语音命令）调整显示的内容或布局，以满足个人需求。

（四）全景泊车系统

1. 全景泊车系统的定义

全景泊车系统（Around View Monitor，AVM）是一种利用多个摄像头（通常在车辆前部、后部和侧面）捕捉车辆周围的实时图像，并将这些图像合成一幅 360°全景视图的泊车辅助系统，如图 7-4-5、图 7-4-6 所示。该系统能够提供清晰的视野，显示周围的障碍物、行人和其他车辆，以帮助驾驶人在狭窄空间内停车时更好地观察和判断周围环境，减少碰撞风险，提高泊车的安全性和便捷性。全景泊车系统通常由摄像头、控制单元、图像合成器及人机交互界面等组成。

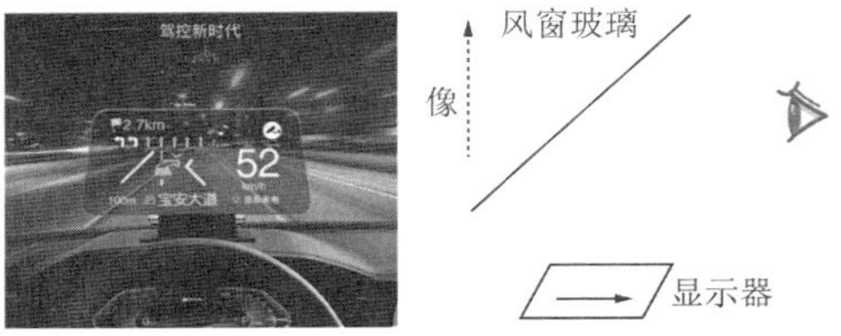

图 7-4-5　汽车平视显示系统工作原理

图 7-4-6　全景泊车系统示意

2. 全景泊车系统的工作原理

全景泊车系统的工作原理涉及多个步骤，主要通过多摄像头的协同工作和图像处理技术，实现对车辆周围环境的全面感知。全景泊车系统通常配备多个鱼眼镜头，分别安装在车辆的前部、后部和两侧，以获取更宽的视野范围。采集到的视频信号会通过数据线（如 CAN 总线或视频传输线）传输至控制单元，并使用图像处理算法进行合成，确保最终图像的连续性和无缝性。全景图像可以进行物体检测和障碍物识别，并被实时显示在车辆的中控显示屏上，当系统检测到潜在的障碍物或距离过近时，会通过视觉和听觉信号提醒驾驶人，以提高泊车的安全性。此外，部分高级系统通过集成自动泊车功能，能够提供距离指示和方向引导，甚至自动控制车辆的转向和速度，以帮助驾驶人更好地进行泊车操作。

二、预警类高级驾驶辅助系统的认知

（一）车道偏离预警系统

1. 车道偏离预警系统的定义

车道偏离预警系统（Lane Departure Warning System，LDWS）利用图像处理和传感器技术，实时监测车辆在行驶过程中是否偏离其所在车道，并提供视觉或听觉警报，以帮助驾驶人保持安全的行车轨迹，防止潜在的事故发生，如图 7-4-7 所示。车道偏离预警系统通常由前视摄像头、控制单元、图像处理器、传感器及警报系统等组成。目前，车道偏离预警系统广泛应用于各种车型，尤其在高速公路驾驶和长途旅行中，为驾驶人提供额外的安全保障，减少交通事故的发生。

图 7-4-7　全景泊车系统示意

2. 车道偏离预警系统的工作原理

车道偏离预警系统的工作原理涉及数据处理、监测预判、警告等多个步骤，如图 7-4-8 所示。系统通过安装在车辆前部的摄像头实时捕捉前方道路的图像，将其传输到图像处理单元进行数据分析，并与车道标线的相对位置进行比较。系统实时监测车辆在车道中的位置，当检测到车辆无意中偏离车道（如未打转向灯而向左或向右移动）时，系统会通过声音或视觉警报提醒驾驶人，包括声音警告、仪表盘上的闪烁指示灯或显示屏上的文字提示等。如果车辆重新回到车道内，系统将停止警报，并恢复正常监测。在部分高级系统中，如果驾驶人未能及时纠正行驶方向，系统可能会集成辅助驾驶功能，提供方向控制以帮助车辆回到车道内。

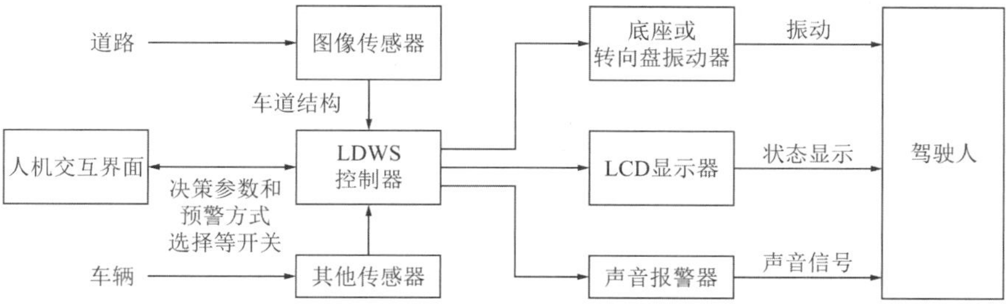

图 7-4-8　车道偏离预警系统工作原理

（二）前向碰撞预警系统

1. 前向碰撞预警系统的定义

前向碰撞预警系统（Forward Collision Warning System，FCWS）利用传感器（如摄像头、雷达）技术，实时分析车辆与前方物体（如其他车辆、行人或障碍物）之间的距离和相对速度，通过监测前方交通状况，判断是否存在碰撞的可能性，并及时警告驾驶人潜在的碰撞风险。前向碰撞预警系统通常由传感器模块、数据处理模块、控制单元和警告系统等组成，目前已广泛应用于各类乘用车、商用车和重型车辆。

2. 前向碰撞预警系统的工作原理

前向碰撞预警系统的工作原理通过多种传感器和算法实现。系统通常配备前视摄像头、雷达或激光传感器，实时监测车辆前方的道路、交通状况和周围物体，并使用图像处理和信号处理算法分析前方场景，识别前方的车辆、行人和其他障碍物。系统根据车辆与前方物体的相对速度和距离，运用预设的算法判断是否存在碰撞的可能性，当系统评估出碰撞风险高于设定阈值时，会通过声音或视觉信号向驾驶人发出警报，包括音响警告、仪表盘上的闪烁警示灯或信息提示等。在一些高级前向碰撞预警系统中，还集成了自动制动功能，如果驾驶人未能及时反应，系统会自动激活制动，降低车辆速度，以减少碰撞的严重性或完全避免碰撞，如图 7-4-9 所示。

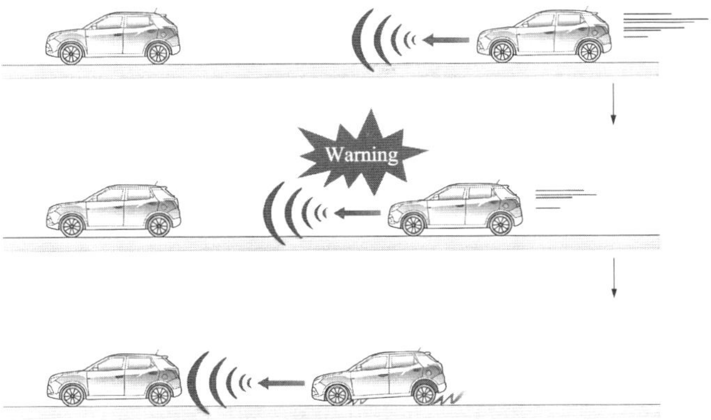

图 7-4-9　前向碰撞预警系统工作原理

（三）盲区监测系统

1. 盲区监测系统的定义

盲区监测系统（Blind Spot Monitoring System，BSM）通过安装在车辆侧面或后部的传感器，实时检测盲区内是否有其他车辆、行人或障碍物，以帮助驾驶人在复杂的行驶、停车环境中监测车辆周围的盲区，增强驾驶人的周围感知能力，降低事故发生的可能性，如图 7-4-10 所示。盲区监测系统通常由超声波传感器、摄像头、毫米波雷达、控制单元及警报系统等组成。

2. 盲区监测系统的工作原理

盲区监测系统的工作原理主要依赖于传感器的实时数据采集和处理。安装在车辆后部和侧面的传感器会发射和接收无线电波或光线，监测盲区内是否有其他车辆或物体进入，并实时计算与周围物体的相对位置、速度和运动轨迹。处理单元将收集到的数据分析处理，通过使用特定的算法判断盲区内是否存在潜在危险。一旦系统检测到有物体进入盲区并且存在碰撞风险，将立即通过警报系统向驾驶人发出警告。在警报触发后，系统会继续监测盲区的状态，直到危险解除。

（四）疲劳预警系统

1. 疲劳预警系统的定义

疲劳预警系统（Driver Fatigue Monitor System，DFMS）通常通过分析驾驶人的行为、面部表情、眼部运动和生理指标等信息来评估其疲劳程度，旨在监测和识别驾驶人的疲劳状态，及时发出警报，以帮助减少因疲劳驾驶导致的交通事故。疲劳预警系统通常由摄像头、控制单元、疲劳检测算法及警报系统等组成。

2. 疲劳预警系统的工作原理

疲劳预警系统的工作原理如图 7-4-11 所示。摄像头通常安装在车辆的前方，主要用于实时监测驾驶人的面部特征和眼睛状态，捕捉驾驶人的面部表情、眨眼频率以及眼睛的注视方向。某些系统还可能使用心率监测器、皮肤电反应传感器等生理监测设备，提供更全面的驾驶人状态数据。收集到的数据被传输到控制单元，通过图像处理技术评估驾驶人的疲劳迹象。一旦识别出驾驶人可能疲劳，系统就会立即通过视觉警报、声音警报、振动反馈等方式发出预警，如果驾驶人采取措施（如休息）并且状态改善，警报自动停止。

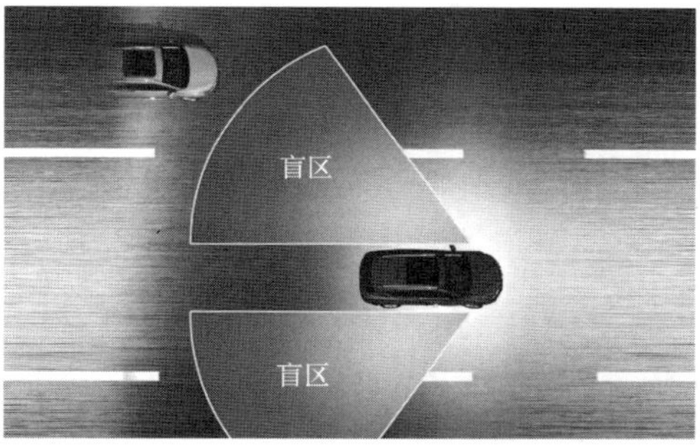

图 7-4-10　盲区监测系统示意图

图 7-4-11　疲劳预警系统工作原理

三、主动控制类高级驾驶辅助系统的认知

（一）自适应巡航控制系统

1. 自适应巡航控制系统的定义

自适应巡航控制（Adaptive Cruise Control，ACC）系统通过实时监测周围交通状况，自动控制加速和制动，减轻驾驶人的负担，如图 7-4-12 所示。在传统巡航控制的基础上，自适应巡航控制系统增加了速度控制、距离监测、自动跟车等功能，能够自动调整车辆速度以保持与前方车辆的安全距离，

图 7-4-12　自适应巡航控制系统示意

有助于降低因追尾等交通事故的风险，提高行车安全性和舒适性。自适应巡航控制系统通常由雷达传感器、摄像头、数字信号处理器、执行模块等组成。

2. 自适应巡航控制系统的工作原理

自适应巡航控制系统的工作原理主要包括感知、计算和控制几个关键环节，如图 7-4-13 所示。驾驶人在车辆行驶时设定期望速度，系统据此进行后续控制。利用前置雷达传感器、前视摄像头等设备监测前方路况，并通过控制单元接收、融合数据信息，系统可对交通状况进行准确判断并控制车辆。如果前方车辆减速或有障碍物，系统会通过轻微制动或减小加速来减慢车速，以保持设定的安全距离。当前方道路畅通时，系统会自动加速到期望速度。驾驶人界面会显示当前巡航状态，包括目标速度、当前速度、与前方车辆的距离等信息，以便驾驶人实时了解系统的工作状态。此外，一些高级自适应巡航系统可以在交通流量非常低或车辆停止的情况下，自动停车并在交通恢复后重新起动。

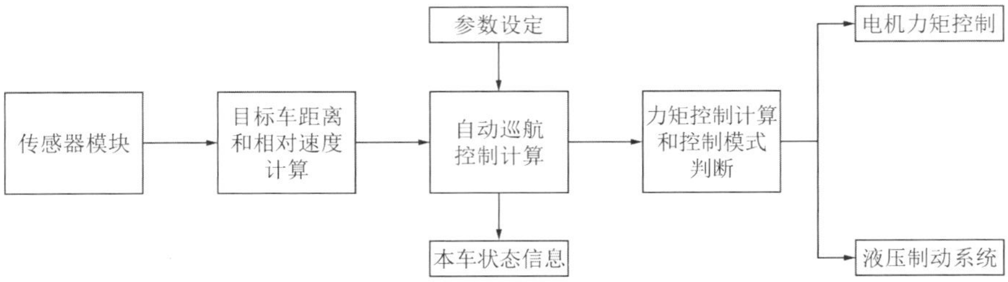

图 7-4-13　自适应巡航控制系统工作原理

（二）车道保持辅助系统

1. 车道保持辅助系统的定义

车道保持辅助系统（Lane Keeping Assist System，LKAS）广泛应用于高速公路驾驶和长途旅行，通过实时监测车辆与车道标线的相对位置，自动调整转向以防止车辆偏离车道，旨在帮助驾驶人保持车辆在车道内行驶，减少因疲劳或分心造成的偏离车道事故，提高行车安全性和舒适性，如图 7-4-14 所示。车道保持辅助系统通常由摄像头、激光雷达或超声波传感器、图像处理器、控制单元、警报系统等组成。

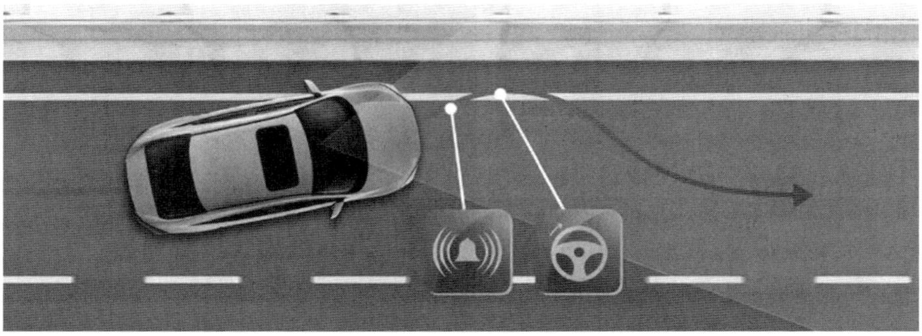

图 7-4-14　车道保持辅助系统示意图

2. 车道保持辅助系统的工作原理

车道保持辅助系统的工作原理主要涉及环境感知到车辆控制。系统通过安装在车辆前部的传感器实时监测道路情况，使用图像处理算法分析传感器数据，识别车道标线的形状和位置，确定所处车道以及车道边界，并计算车辆与车道标线之间的相对位置和偏差。如果系统检测到车辆即将偏离车道，通常会通过声音、视觉信号或转向盘的振动等方式提醒驾驶人。当驾驶人未采取任何措施（如手动修正方向）且车辆继续偏离车道时，系统会通过电动助力转向系统或液压助力转向系统自动施加转向力，调整车辆的行驶方向，以使车辆回到车道内。在路况变化或驾驶人干预后，系统会重新评估环境并恢复监测，以确保车辆始终处于安全的行驶状态。

（三）自动紧急制动系统

1. 自动紧急制动系统的定义

自动紧急制动系统（Automatic Emergency Braking，AEB）利用多种传感器实时监测前方交通状况，并在检测到危险的情况下自动激活制动，确保车辆在发生潜在碰撞时快速减速或完全停车，以减少或避免事故的发生，显著提高行车安全性，如图 7-4-15 所示。自动紧急制动系统通常由雷达传感器、摄像头、控制单元、制动系统、警报系统等组成。

图 7-4-15　自动紧急制动系统示意

2. 自动紧急制动系统的工作原理

自动紧急制动系统的工作原理主要涉及感知、评估、警报与干预四个关键步骤，如图 7-4-16 所示。系统通过前置的传感器实时监测车辆前方的交通状况，识别潜在的障碍物（如其他车辆、行人或固定物体），计算自身与前方障碍物之间的相对速度和距离，并评估潜在碰撞的风险。如果系统判断存在碰撞风险，会通过声光警告或振动反馈来提醒驾驶人，以促使其采取必要的措施（如制动或转向）。如果驾驶人未能及时响应，且系统判断碰撞风险高于设定阈值，系统将自动决定启动制动。在制动过程中，如果出现新的障碍物或原有障碍物的状态发生变化，系统将根据新的数据动态调整制动策略。

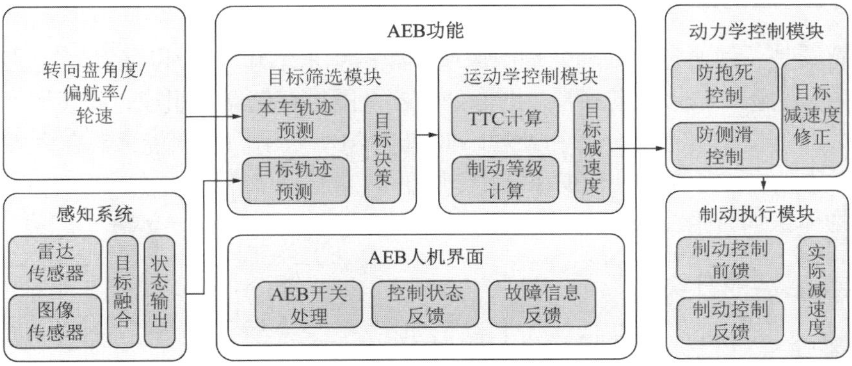

图 7-4-16　自动紧急制动系统工作原理

（四）自动泊车辅助系统

1. 自动泊车辅助系统的定义

自动泊车辅助系统（Automatic Parking Assist，APA）利用传感器（如超声波、雷达和摄像头）检测周围环境，包括可用的停车位和周围障碍物，以帮助驾驶人在城市环境和狭窄空间时自动控制车辆的转向、加速和制动，从而实现精准的平行或垂直停车，在提高停车效率的同时，还降低了由操作失误导致的碰撞风险，为驾驶人提供了额外的安全保障，如图 7-4-17 所示。自动泊车辅助系统通常由信息检测单元、控制单元、转向控制系统、制动和加速控制系统、人机界面等组成。

图 7-4-17　自动泊车辅助系统示意

2. 自动泊车辅助系统的工作原理

自动泊车辅助系统的工作原理主要包括环境感知、停车位检测、控制决策和执行及安全监测。系统通过超声波传感器、雷达和摄像头等多种传感器实时监测车辆周围的环境，当驾驶人将车辆驶入停车区域时，系统会自动扫描并识别周围的可用停车位，并评估其是否足够容纳车辆并决定是否进行自动停车操作。一旦确定可用停车位，系统就计算车辆进入停车位所需的转向角度、行驶速度和路径曲线，并通过电动助力转向系统自动控制车辆完成泊车。在整个停车过程中，系统持续监测周围环境，并根据车辆与障碍物之间的距离自动调整加速和制动，以确保车辆在停车过程中的安全。一旦车辆成功停入停车位，系统就会通知驾驶人，停车过程结束。

四、高级驾驶辅助系统关键部件的认知

（一）视觉传感器

1. 视觉传感器的组成

视觉传感器是一种通过捕捉和处理图像或视频信息来感知周围环境的设备。它们通常由光源、镜头、感光传感器、模/数转换器、图像处理器及图像存储器等组成，能够将光信号转换为电子信号，并对这些信号进行分析和处理，如图 7-4-18 所示。视觉传感器在许多领域广泛应用，尤其在自动驾驶和高级驾驶辅助系统中，用于环境感知、物体识别与跟踪及辅助决策等。

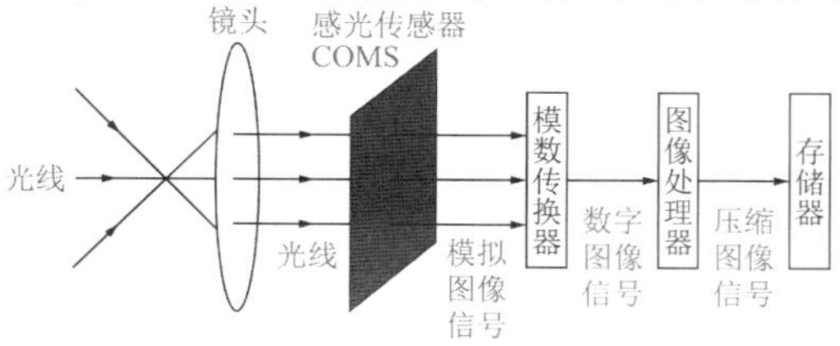

图 7-4-18　视觉传感器的组成

2. 视觉传感器的分类

视觉传感器可以根据不同标准进行多种分类，见表 7-4-1。

视觉传感器的分类　　表 7-4-1

分类方式	传感器种类	图例	原理/功用
工作原理	CCD 传感器		使用电荷转移技术捕捉光信号，具有高图像质量和低噪声性能，常用于高端监控系统
	CMOS 传感器	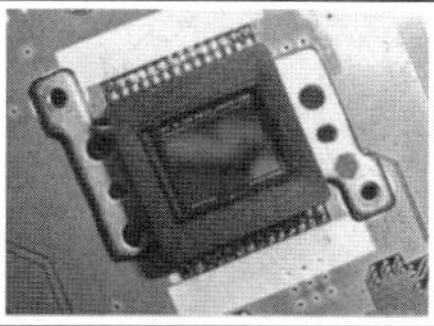	在每个像素中集成了放大电路，能够直接将光信号转换为电信号，相对成本较低、功耗较小
成像技术	可见光传感器		捕捉可见光波段内的图像，通常用于标准摄影和视频监控
	红外线传感器		捕捉红外线波段的图像，常用于夜视和热成像应用
	多光谱和超光谱传感器		通过捕捉不同波长的电磁辐射来探测和分析物体的特性，广泛应用于自动驾驶系统
镜头类别	单目视觉传感器		只有一个镜头的视觉传感器，适用于一般成像需求
	双目视觉传感器		包含两个摄像头和两个镜头，利用时差计算距离，无识别率限制，但计算量大
	三目视觉传感器		三个不同焦距的单目视觉传感器的组合，精度高，对算法要求高
	环视视觉传感器		采用鱼眼镜头，能够捕捉超广角的图像，适用于 360°全景监控

（二）激光雷达

1. 激光雷达的组成与分类

激光雷达（Light Detection and Ranging，LiDAR）是一种利用激光光束测量物体与传感器之间距离的设备。通过发射激光脉冲并接收反射回来的信号，激光雷达能够快速而精确地获取周围环境的三维空间信息，具有分辨率高、探测范围广、信息量丰富、抗干扰能力强、大范围覆盖等优点。激光雷达通常由激光源、接收器、编码器、伺服电机、圆光栅、斜面镜、旋转激光器等组成，如图 7-4-19 所示。

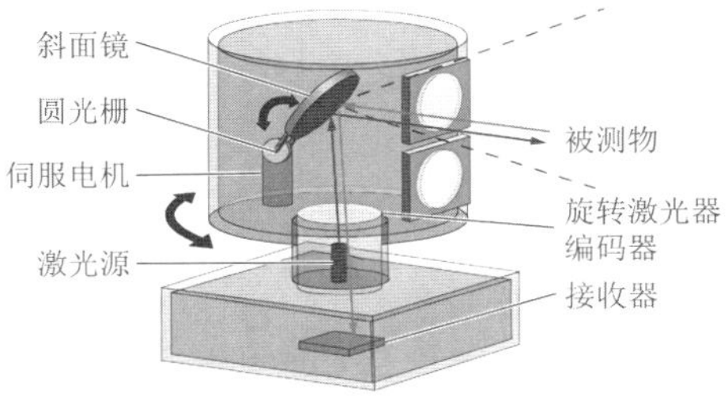

图 7-4-19　激光雷达的组成

激光雷达可根据工作原理和结构进行分类，如图 7-4-20 所示。

a) 脉冲激光雷达

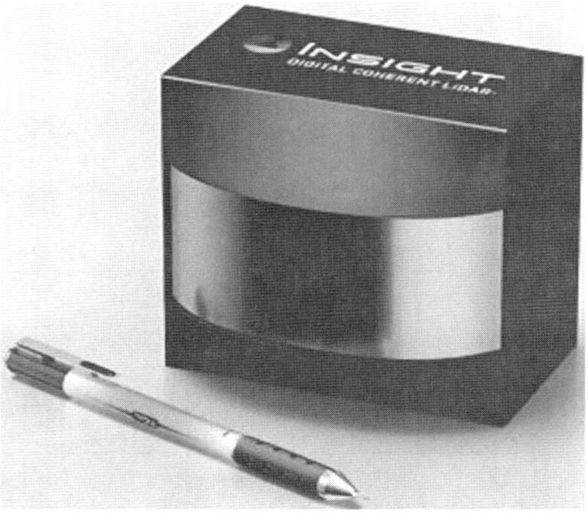

b) 连续波激光雷达

c) 机械旋转激光雷达

d) 固态激光雷达

图 7-4-20　激光雷达的分类

（1）按工作原理分类。车载激光雷达根据其工作原理的不同，可分为脉冲激光雷达和连续波激光雷达。其中，脉冲激光雷达发射短脉冲激光并测量返回时间，适用于长距离测量；连续波激光雷达发射持续的激光光束，基于频率变化进行测距，适合短距离测量。

（2）按结构分类。车载激光雷达根据其结构的不同，可分为机械旋转激光雷达和固态激光雷达。其中，机械旋转激光雷达通过旋转激光器和接收器实现全方位扫描，具有调试、装配工艺复杂，生产周期长，成本高，机械部件寿命低等问题。此外，机械旋转激光雷达由于光学结构固定，适配不同车辆往往需要精密调节其位置和角度。固态激光雷达不存在移动部件，使用阵列式激光发射和接收，具有体积小、质量轻、结构简单等优点，适用于紧凑型设计。

2. 激光雷达的工作原理

现今市场上主流的车载激光雷达主要是基于 3 种原理测距：三角测距法、飞行时间（Time of Flight，TOF）测距法和调幅连续波（Amplitude Modulated Continuous Wave，AMCW）测距法。

（三）毫米波雷达

1. 毫米波雷达的组成与分类

毫米波雷达是一种使用毫米波频段（通常为 30～300GHz，波长在 1～10mm）的雷达系统，通常由发射器、接收器、天线、信号处理单元等组成，如图 7-4-21 所示。毫米波雷达利用信号的反射特性来探测目标的位置、速度和其他特性，具有探测距离远、响应速度快、适应能力强等特点，在高分辨率成像和目标识别方面具有明显的优势，已被广泛应用于自动驾驶汽车车间距离探测。然而，毫米波雷达覆盖呈扇形，有盲点区域，且无法识别道路标线、交通标志和交通信号灯。

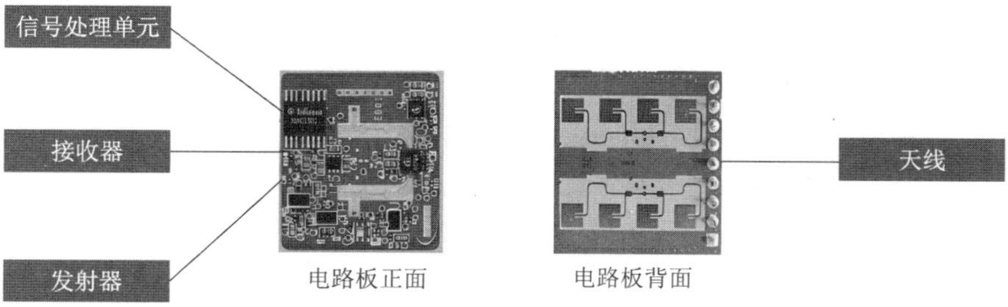

图 7-4-21 毫米波雷达的组成

目前，毫米波段有 24GHz、60GHz、77GHz 和 120GHz。其中，24GHz 和 77GHz 用于汽车。

（1）24GHz 频段。处在该频段上的雷达检测距离有限，在自动驾驶系统中常用于感知车辆近处的障碍物，如盲区检测系统、车道偏离预警系统、车道保持辅助系统、自动泊车辅助系统等。

（2）77GHz 频段。性能良好的 77GHz 雷达的最大检测距离可达 160m 以上，长距离雷达常用于实现紧急制动、自适应巡航，同时也能满足自动驾驶领域对障碍物距离、速度和角度的测量需求，如自适应巡航控制系统、前向碰撞预警系统、自动紧急制动系统等。

2. 毫米波雷达的工作原理

毫米波雷达是利用多普勒效应进行障碍物的探测，其工作原理包括信号的发射、反射、接收和信号处理。发射的毫米波信号遇到目标物体（如车辆、行人或障碍物）后，会被反射回雷达系统，分析发射信号频率和反射信号频率之间的差值，即可精确测量出目标相对于雷达的距离、运动速度和方位角等信息。

（1）测距原理。

以雷达发射三角波信号为例，发射信号与回波信号对比如图 7-4-22 所示。通过测量发射信号和回波信号之间的时间延迟，可计算目标距离，具体公式为

$$\text{距离} = \frac{c\Delta t}{2}$$

式中：c——光速；

Δt——信号往返时间。

可以看出，信号往返时间越长，两物体间的距离越大。

（2）测速原理。

毫米波雷达的测速原理是利用电磁波在空间传播到运动目标时产生多普勒效应来进行的。通过分析接收到的信号频率变化，计算目标的相对速度，具体公式为

$$f_{\mathrm{d}} = \frac{2v}{\lambda}$$

式中：f_{d}——多普勒频率偏移；

v——目标速度；

λ——信号波长。

（3）测量方位角原理。

毫米波雷达测量方位角的原理如图 7-4-23 所示。通过毫米波雷达的发射天线（TX）发射出毫米波后，遇到被监测物体反射回来，通过毫米波雷达并列的接收天线 RX1、RX2，收到同一监测目标反射回来的毫米波的相位差，就可以计算出被监测目标的方位角。

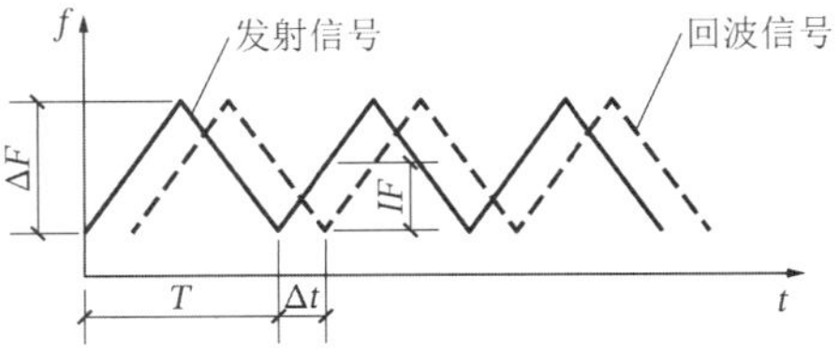

图 7-4-22　发射信号与回波信号对比图

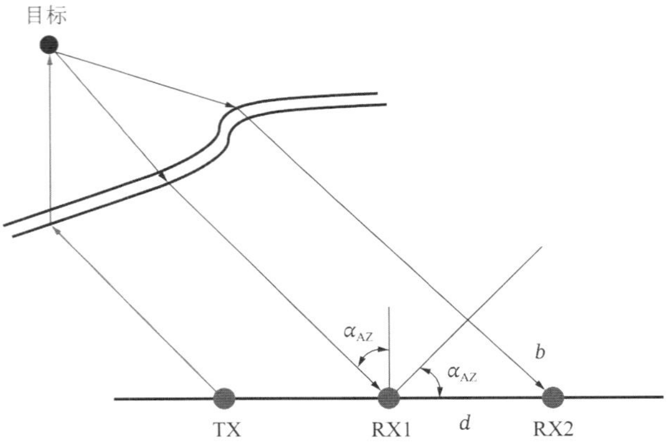

图 7-4-23　毫米波雷达测量方位角原理

五、高级驾驶辅助系统的安装与调试方法

（一）高级驾驶辅助系统主要部件的安装规范

1. 视觉传感器布局

（1）安装位置。

前视摄像头通常安装于风窗玻璃后视镜附近，以确保视野覆盖前方道路，并能够有效识别车辆、行人及交通标志。其水平视角通常设定为约 45°，俯仰角误差控制在±0.5°以内，以确保探测精度和算法的稳定性。环视摄像头通常布置于车身四周，包括外后视镜、前后保险杠等位置，用于实现全景影像及短距离障碍物识别。

（2）方向与角度。

视觉传感器的安装需确保摄像头轴线与车辆行驶方向平行，以避免图像畸变导致的目标识别偏差。对于双目或三目摄像头，必须严格校准光轴间距，以保证深度感知和测距精度。此外，应采用稳固的防震支架，减少车辆振动对图像质量的影响。

2. 激光雷达布局

（1）安装位置。

激光雷达的布置方式需兼顾探测范围与车辆结构的适应性。车顶安装方式可提供360°全方位扫描能力，有助于提升环境感知能力，但需注意高温暴晒对激光雷达性能的影响。前保险杠或车头安装方式可降低温度影响，但可能受到剐蹭风险增加的限制，维护成本较高。为了优化探测效果，还可考虑多激光雷达融合布局，以提升对低矮障碍物的感知能力。

（2）安装精度。

激光雷达安装需保持水平，以避免倾斜角度过大导致的探测盲区。多线激光雷达安装时，需与车辆坐标系精确对齐，以保证 3D 点云数据的准确性。此外，应采用防尘防水措施，确保激光雷达在复杂环境下的长期稳定运行。

3. 毫米波雷达布局

（1）安装位置。

前向毫米波雷达通常安装在前保险杠内部或中网区域，以确保最远可达 150～200m 的探测能力。侧向毫米波雷达通常安装在车身四角，用于盲区监测和变道辅助功能。后向毫米波雷达可布置在后保险杠区域，以提供后方车辆检测及辅助泊车功能。

（2）机械安装要求。

毫米波雷达安装时，需确保雷达轴线垂直于覆盖件表面，且安装倾角偏差控制在±1°以内（5m 处横向误差 ≤ 0.87m）。此外，覆盖件与雷达的间距应控制在 20～30mm 之间。若过于近，则可能引发遮挡检测误报；若过于远，则可能导致目标虚告警。

4. 其他要求

（1）多传感器需融合探测范围，避免相互干扰（如摄像头与毫米波雷达波束交叉）。

（2）所有传感器信号线需使用屏蔽线缆（如双绞线）以降低电磁干扰，同时电源线（12V）与信号线应分离布线，以减少共模干扰。

（3）安装完成后，需进行多传感器联合标定，以确保数据的时空同步及一致性。

（二）高级驾驶辅助系统及主要部件的工作调试流程

1. 系统初始化配置

（1）传感器参数导入。

传感器参数导入。通过 OBD 或专用诊断工具（如 AutoSys、Vector）写入传感器 ID、安装角度、基线距离等参数，以确保各传感器工作状态与车辆系统匹配。

（2）通信协议配置。

配置 CAN 总线（如 500kbit/s 速率）、LIN 总线节点地址，确保 ECU 与传感器之间数据同步，并验证信号传输的稳定性和抗干扰能力。

2. 视觉传感器校准

（1）摄像头校准。

单目摄像头需使用棋盘格标定板（如 5 × 5 棋盘格）进行畸变校正与内参标定，以消除镜头的径向和切向畸变。双目或多目摄像头需进行立体标定，确保光轴间距误差小于 0.1mm，以实现深度感知的高精度校准。

（2）动态标定要求。

需在真实道路场景下测试动态目标（如车辆、行人）的测距精度，误差需控制在±5%以内。同时，在逆光、雨雾等复杂环境下，需采用动态曝光调整和图像增强算法，以提高识别稳定性。

3. 激光雷达校准

（1）反射率校准。

使用标准漫反射板（如 10% + 50% + 80%反射率组合）校准点云反射率，以确保不同材质的物体均能准确识别。校准板应与激光雷达轴线垂直，且测试距离控制在 10～50m 范围内，以满足不同探测距离的精度需求。

（2）点云对齐校准。

多线激光雷达需与车辆坐标系精确对齐，并通过地面平面拟合校准安装倾角，确保偏差 ≤ 0.5°。点云数据与摄像头图像需保持时空同步，数据延迟误差应控制在 10ms 以内。

4. 毫米波雷达校准

（1）角度与距离校准。

前向雷达需通过目标模拟器校准探测角度（水平覆盖±60°，垂直覆盖±15°），确保测距误差 ≤ 1%。侧向雷达需验证盲区监测范围（典型覆盖 3～30m），并保证目标横向速度检测误差 ≤ 0.1m/s。

（2）覆盖件影响补偿。

毫米波雷达前的覆盖件需满足厚度均匀性要求（≤0.4mm），并通过材料介电常数校准，消除信号衰减误差。此外，对于金属漆或镀层可能导致的信号干扰，可通过反射强度补偿算法进行修正。

● 知识延伸

高级驾驶辅助系统发展趋势

近年来，在电动汽车高级驾驶辅助系统领域的科技创新成果显著。如今的高级驾驶辅助系统不仅依赖于先进的传感器和数据处理能力，还结合了人工智能和机器学习，以实时优化驾驶决策，提高行车安全。

1. 传感器与数据融合

现代高级驾驶辅助系统集成了激光雷达、雷达、摄像头等多重传感器，使电动汽车能够全面感知周围环境，同时实现准确的目标检测和距离测量，增强了行车的安全性。Texas Instruments 推出的 AWR 2544 单芯片雷达传感器将感测范围扩展至 200m 以上，适用于基于卫星的架构。这一架构允许传感器在处理数据后将其传递至中央 ADAS（Advanced Driving Assistance System，高级驾驶辅助系统）处理器，从而提升数据融合的决策能力。这种集中式处理设计可高效管理多个传感器的数据，尤其有助于电动车减少能耗并提高安全性。

2. 人工智能和机器学习

人工智能（AI）和机器学习进一步增强了 ADAS 的应变能力，使其适应动态路况，分析实时数据并预测潜在危险，并提供预测性碰撞避免和车道保持辅助的能力。这些进展支持了汽车行业向全自动驾驶的转型，通过传感器与 AI 的结合来提升电动汽车的安全性和环保性。HORIBA MIRA 等设施利用自动化和 GPS 同步技术，提高测试精度，确保高级驾驶辅助系统能在现实条件下作出准确反应，从而减少误报或漏报的情况。这些测试简化了高级驾驶辅助系统的开发，减少了广泛的道路测试需求。

3. 自动驾驶和增强现实显示

一些领先的电动车品牌正在测试高度自动化的驾驶功能，如全自动泊车和自动变道功能。增强现实显示也正在应用，使驾驶人能够直观查看行车路线、速度以及潜在障碍，从而减少分心，提升驾驶体验。Qualcomm 与 Bosch 推出了一款功能强大的车载中央计算机，将信息娱乐和高级驾驶辅助系统功能集成到单一芯片上。这一创新为物体检测、自动泊车和车道检测等功能提供了高性价比且可扩展的解决方案，并提升了处理能力。

任务实施

任务 1：电动汽车高级驾驶辅助系统认知

请根据工作任务单的指引（表 7-4-2），在车上指出视觉传感器、激光雷达、毫米波雷达的安装位置，并操作常用高级驾驶辅助系统的功能。

电动汽车高级驾驶辅助系统认知工作页　　表 7-4-2

电动汽车高级驾驶辅助系统认知				班级：	
				姓名：	
实训地点：			实训时间：		
1. 车辆信息记录					
品牌		整车型号		生产年月	
驱动电机型号		电池电量		行驶里程	
车辆识别码					
2. 作业场地准备					
检查设置隔离栏					□是　□否
检查设置安全警示牌					□是　□否
检查灭火器压力、有效期					□是　□否
安装车辆挡块					□是　□否
3. 对仪器进行检查					
检查仪器名称					是否正常
防护用具：绝缘手套、车辆防护用具					□是　□否
4. 检查与维护前的准备工作					
实施步骤					是否完成
视觉传感器的实车查找					□是　□否
激光雷达的实车查找					□是　□否
毫米波雷达的实车查找					□是　□否
介绍并操作常用改善视野类高级驾驶辅助系统的功能					□是　□否
介绍并操作常用预警类高级驾驶辅助系统的功能					□是　□否
介绍并操作常用主动控制类高级驾驶辅助系统的功能					□是　□否
5. 7S 管理					
建立安全操作环境					□是　□否
清理及整理工具量具					□是　□否
清理及复原车辆正常状况					□是　□否
清洗场地					□是　□否
物品回收和环保					□是　□否
完善和检查工作					□是　□否
实训人（签字）：			监督人（签字）：		

任务 2：电动汽车高级驾驶辅助系统检测

请根据工作任务单的指引（表 7-4-3），进行常用车载摄像头、激光雷达、毫米波雷达安装、校准与检测任务。

电动汽车高级驾驶辅助系统检测工作页　　表 7-4-3

电动汽车高级驾驶辅助系统检测				班级：	
				姓名：	
实训地点：			实训时间：		
1. 车辆信息记录					
品牌		整车型号		生产年月	
驱动电机型号		电池电量		行驶里程	
车辆识别码					
2. 作业场地准备					
检查设置隔离栏					□是　□否
检查设置安全警示牌					□是　□否
检查灭火器压力、有效期					□是　□否
安装车辆挡块					□是　□否
3. 对仪器进行检查					
检查仪器名称					是否正常
防护用具：绝缘手套、车辆防护用具					□是　□否
4. 检查与维护前的准备工作					
实施步骤					是否完成
安装视觉传感器					□是　□否
调试视觉传感器					□是　□否
安装激光雷达					□是　□否
调试激光雷达					□是　□否
安装毫米波雷达					□是　□否
调试毫米波雷达					□是　□否
5. 7S 管理					
建立安全操作环境					□是　□否
清理及整理工具量具					□是　□否
清理及复原车辆正常状况					□是　□否
清洗场地					□是　□否
物品回收和环保					□是　□否
完善和检查工作					□是　□否
实训人（签字）：			监督人（签字）：		

任务评价

通过自评、互评及师评对电动汽车高级驾驶辅助系统认知的学习情况进行考评（表 7-4-4），掌握学习效果。

电动汽车高级驾驶辅助系统认知考核评分 表 7-4-4

电动汽车高级驾驶辅助系统认知				实习日期：			
姓名：		班级：		学号：		导师签名：	
自评：□熟练 □不熟练		互评：□熟练 □不熟练		师评：□合格 □不合格			
日期：		日期：		日期：			
评分细则							
序号	评分项	得分条件	分值（分）	评分要求	自评	互评	师评
1	安全/7S/态度	□ 1. 能进行工位 7S 操作 □ 2. 能进行设备和工具安全检查 □ 3. 能进行车辆安全防护操作 □ 4. 能进行工具清洁、校准、存放操作 □ 5. 能进行三不落地操作	15	未完成 1 项扣 3 分	□熟练 □不熟练	□熟练 □不熟练	□合格 □不合格
2	专业技能能力	□ 1. 能说出常用高级驾驶辅助系统的功能 □ 2. 能在实车上正确查找高级驾驶辅助系统常用部件的安装位置 □ 3. 能正确进入常用高级驾驶辅助系统操作界面 □ 4. 能说出常用高级驾驶辅助系统的操作功能	50	未完成 1 项扣 15 分，扣分不得超过 50 分	□熟练 □不熟练	□熟练 □不熟练	□合格 □不合格
3	工具及设备的使用能力	□ 1. 能正确使用车辆的中控屏 □ 2. 能正确使用维护工具	10	未完成 1 项扣 5 分，扣分不得超过 10 分	□熟练 □不熟练	□熟练 □不熟练	□合格 □不合格
4	资料、信息查询能力	□ 1. 能正确查询常用 ADAS 的功能 □ 2. 能正确使用车辆使用手册查询资料 □ 3. 能正确记录查询资料章节页码	10	未完成 1 项扣 4 分，扣分不得超过 10 分	□熟练 □不熟练	□熟练 □不熟练	□合格 □不合格
5	数据判断和分析能力	□ 1. 能判断车辆上电是否正常 □ 2. 能判断中控屏工作是否正常 □ 3. 能判断高级驾驶辅助系统工作是否正常	10	未完成 1 项扣 4 分，扣分不得超过 10 分	□熟练 □不熟练	□熟练 □不熟练	□合格 □不合格
6	表单填写及报告撰写能力	□ 1. 字迹清晰 □ 2. 语句通顺 □ 3. 无错别字 □ 4. 无抄袭	5	未完成 1 项扣 1 分	□熟练 □不熟练	□熟练 □不熟练	□合格 □不合格
总分：							

通过自评、互评及师评对电动汽车高级驾驶辅助系统检测的学习情况进行考评（表 7-4-5），掌握学习效果。

电动汽车高级驾驶辅助系统检测考核评分　　表 7-4-5

电动汽车高级驾驶辅助系统检测		实习日期：	
姓名：	班级：	学号：	导师签名：
自评：□熟练 □不熟练	互评：□熟练 □不熟练	师评：□合格 □不合格	
日期：	日期：	日期：	

评分细则							
序号	评分项	得分条件	分值（分）	评分要求	自评	互评	师评
1	安全/7S/态度	□ 1. 能进行工位 7S 操作 □ 2. 能进行设备和工具安全检查 □ 3. 能进行车辆安全防护操作 □ 4. 能进行工具清洁、校准、存放操作 □ 5. 能进行三不落地操作	15	未完成 1 项扣 3 分	□熟练 □不熟练	□熟练 □不熟练	□合格 □不合格
2	专业技能能力	□ 1. 能正确进行视觉传感器的安装、调试 □ 2. 能正确进行激光雷达的安装、调试 □ 3. 能正确进行毫米波雷达的安装、调试	50	未完成 1 项扣 15 分，扣分不得超过 50 分	□熟练 □不熟练	□熟练 □不熟练	□合格 □不合格
3	工具及设备的使用能力	□ 1. 能正确使用校准设备 □ 2. 能正确使用检测工具	10	未完成 1 项扣 4 分，扣分不得超过 10 分	□熟练 □不熟练	□熟练 □不熟练	□合格 □不合格
4	资料、信息查询能力	□ 1. 能正确查询 ADAS 部件含义 □ 2. 能正确使用车辆使用手册查询资料 □ 3. 能正确使用维修手册查询资料 □ 4. 能正确记录查询资料章节页码	10	未完成 1 项扣 3 分，扣分不得超过 10 分	□熟练 □不熟练	□熟练 □不熟练	□合格 □不合格
5	数据判断和分析能力	□ 1. 能判断车辆上电是否正常 □ 2. 能判断控制面板工作是否正常 □ 3. 能判断测量数据是否正常	10	未完成 1 项扣 4 分，扣分不得超过 10 分	□熟练 □不熟练	□熟练 □不熟练	□合格 □不合格
6	表单填写及报告撰写能力	□ 1. 字迹清晰 □ 2. 语句通顺 □ 3. 无错别字 □ 4. 无抄袭	5	未完成 1 项扣 1 分	□熟练 □不熟练	□熟练 □不熟练	□合格 □不合格
总分：							

任务拓展

比亚迪 DiPilot 高级智能驾驶辅助系统

思考测试

一、填空题

1. 汽车自适应前照灯系统通常能实现________、________、________和________等功能。

2. 夜视辅助驾驶系统通常由________、________、________及________等组成。

3. 自动紧急制动系统的工作原理主要涉及________、________、________与________四个关键步骤

4. 主流的车载激光雷达通常采用________、________和________三种原理测距。

二、选择题

1. (　　)传感器采用电荷转移技术。

A. CCD　　B. CMOS　　C. 可见光　　D. 红外线

2. 电动汽车高级驾驶辅助系统常用(　　)频段的毫米波雷达。

A. 24GHz　　B. 60GHz　　C. 77GHz　　D. 120GHz

三、判断题

1. 全景泊车系统属于改善视野类ADAS。(　　)

2. 自动紧急制动系统属于预警类ADAS。(　　)

参考答案

参考文献

[1] 赵振宁, 侯丽春. 新能源汽车整车控制系统原理与检修[M]. 北京: 北京理工大学出版社, 2019.

[2] 李正国, 何军, 朱小春. 电动汽车整车故障诊断与分析[M]. 北京: 清华大学出版社, 2019.

[3] 赵振宁. 新能源汽车整车控制系统诊断[M]. 北京: 机械工业出版社, 2022.

[4] 田晋跃, 郭荣. 新能源汽车整车控制技术[M]. 北京: 人民邮电出版社, 2021.

[5] 龚文资, 李志军. 新能源汽车整车控制技术[M]. 北京: 机械工业出版社, 2024.

[6] 李伟. 新能源汽车构造原理与故障检修[M]. 北京: 化学工业出版社, 2015.

[7] 夏建武. 电动汽车整车控制技术[M]. 北京: 人民交通出版社股份有限公司, 2018.

[8] 许建忠. 道通 MaxiSys 906S 诊断仪实测[J]. 汽车与驾驶维修（维修版）, 2019(6).

[9] 道通 MaxiSys 906S 诊断仪实测[EB/OL]. 参考网, 2019-09-10.

[10] 张旭. 基于系统复杂性分析的锂电池组状态估计与安全管理[D]. 合肥: 中国科学技术大学, 2018.

[11] 孙维毅. 锂离子动力电池充电特性及优化控制技术研究[D]. 长春: 吉林大学, 2018.

[12] 王博石. 锂离子动力电池充电控制策略研究[D]. 长春: 吉林大学, 2022.

[13] 赵钱. 车用锂离子动力电池 SOH 估算方法及成组可靠性模型与均衡控制研究[D]. 镇江: 江苏大学, 2022.

[14] 曹铭. 电池管理系统关键技术研究及测试系统构建[D]. 南昌: 南昌大学, 2020.

[15] 王锐. 电动汽车动力锂电池组均衡方案设计及仿真验证[D]. 哈尔滨: 东北农业大学, 2018.

[16] 何瑢. 动力电池 SOC 估算及充电优化策略的研究[D]. 西安: 长安大学, 2018.

[17] 徐文军. 锂离子电池充放电循环过程的热行为及液冷策略模拟研究[D]. 合肥: 中国科学技术大学, 2020.

[18] 刘洋. 动力电池参数优化与热安全管理研究[D]. 成都: 西南交通大学, 2020.

[19] 翁志福. 新能源汽车动力电池管理系统研究[D]. 成都: 西南交通大学, 2019.

[20] 于博. 新能源汽车动力电池热失控风险安全管理策略研究[J]. 汽车测试报告, 2024(16): 38-40.

[21] 洪吉超, 梁峰伟, 杨海旭, 等. 大数据驱动动力电池智能安全管理与控制方法研究[J]. 汽车工程, 2023, 45(10): 1845-1861，1907.

[22] 杨世春, 周思达, 周新岸, 等. 动力电池云端管理关键技术研究综述[J]. 机械工程学报, 2023, 59(10): 134-151.

[23] 陈晓平. 新能源汽车动力电池安全技术研究综述[J]. 今日科技, 2020(11): 49-51.

[24] 徐利强. 新能源汽车辅助系统拆装与检测[M]. 北京: 北京理工大学出版社, 2020.

[25] 刘海云. 新能源汽车动力电池系统故障诊断分析[J]. 内燃机与配件, 2024(12): 80-82.
[26] 董静, 潘江如, 苟春梅. 关于新能源汽车的驱动电机系统设计与研究[J]. 科技风, 2018(28):1.
[27] 朱小春, 贺萍, 任少云, 等. 国家示范性高等职业院校成果教材——新能源汽车技术系列: 驱动电机及控制技术[M]. 2 版.北京: 清华大学出版社, 2021.
[28] 高大威, 张卓然, 田光宇, 等. 汽车驱动电机原理与控制[M]. 北京: 清华大学出版社, 2022.